# 조종현 전집 2

**지은이**

**조종현**(趙宗玄, Jo, Jong-hyun, 1906~1989)
1906년 2월 8일(음력) 전남 고흥군 남양면 왕주리 315번지에서 아버지 함안 조씨 용명(趙鏞明)과 어머니 여산 송씨 장동(宋璋洞)의 3남 중 장남으로 출생하였다. 1922년 2월 24일 전라남도 순천 선암사로 경운(金擎雲)스님의 손상좌로 금봉스님을 은사로 불교 공부를 시작하였다. 1926년 3월 11일 범어사 전문강원 진진응 스님에게서 사교과(四敎科)를 수료하였고, 1928년 1월 동화사 강원 대표로 이운허, 이청담과 주도하여 전국 불교학인대회를 개최하였으며, 조선불교 학인연맹 기관지 『회광』을 편집 발행하였다. 1929년 8월 잡지 『불교』에 첫 시조 「庭有花」를 '석범(石帆)'이라는 필명으로 발표하였고, 『조선일보』에 11월 16일 첫 동요 「엄마숨박곡질」을 발표하면서 시조시인이자 동요작가로 활동하였다. 1931년 3월 23~24일 총동맹 발기를 위한 조선불교청년대회에 참가하여 임시집행부 서기 및 맹헌(盟憲)제정 전형위원으로 선출, 조선불교청년동맹 창립대회에서 중앙검사위원회 위원으로 선출되는 등 불교개혁운동에 앞장섰다. 1932년 4월 선암사 전문 강원 5대 강주로 부임하였고, 1937년 9월 일본 동경 구택(駒澤)대학에 1년간 유학하여 위등랑응(衛藤郎應)박사에게 불교학을 수료하였다. 1946년 선암사 주지로 부임하였으나 1948년 환속하여 교직에 종사하다. 1963년 동국대학 재단이사를 역임하고, 1986년 총화종 종정으로 추대되었다. 1960년 이태극과 『시조문학』을 창간하여 시조문학의 발전에 힘썼으며, 시집으로 『자정의 지구』, 『의상대 해돋이』, 『거 누가 날 찾아』, 『나그네 길』이 있다. 승려로, 동요작가로, 시조시인으로, 교육자로 살다가 1989년 8월 31일 운명하였다.

**엮은이**

**이동순**(李東順, Lee, Dong-soon, 조선대 자유전공학부 교수)_전남대학교에서 「조태일 시 연구」로 박사학위를 받았다. 저서로 『움직이는 시와 상상력』, 『광주전남의 숨은 작가들』이 있으며, 편저로 『조태일 전집』, 『박흡 문학전집』, 『목일신 전집』, 『목일신 동요곡집』, 『정태병 전집』, 『정태병 동화집』, 『땅의 노래』가 있다.

## 조종현 전집 2 산문편

**초판인쇄** 2015년 11월 20일 **초판발행** 2015년 12월 1일
**엮은이** 이동순 **펴낸이** 박성모 **펴낸곳** 소명출판
**출판등록** 제13-522호 **주소** 서울시 서초구 서초중앙로6길 15, 1층
**전화** 02-585-7840 **팩스** 02-585-7848 **전자우편** somyong@korea.com **홈페이지** www.somyong.co.kr

값 30,000원
ISBN 979-11-5905-031-2 04810
979-11-5905-029-9 (세트)


이 책은 고흥군의 지원에 의해 발간되었음

비밀결사 '만당'의 조직원이 되었던 24세 때(1930)

일제의 종교 황국화 정책으로 이렇게 결혼해 일본식 대처승이 되었다(1933)

52세, 광주제일고등학교 국어 선생 시절(1957)

둘째아들의 동국대 졸업식 날. 왼쪽부터 큰아들 진래, 조종현, 셋째아들 건래,
둘째아들 정래, 부인, 큰딸 양덕(1966)

장남 조건래 휴가 기념 가족사진

덕수궁 뜰에서(1968)

손자란 황혼인생에게 하늘이 준 마지막 선물이라는 말이 있다. 손자들과 즐거운 한때.
왼쪽부터 손자 도현, 헌준, 외손자 재훈(1978)

설날 시조시인 아버지, 시인 며느리, 소설가 아들이 나누는 문학에 대한 이야기(1983)

초여름의 나들이(1985)

81년 세월이 담긴 모습(1987)

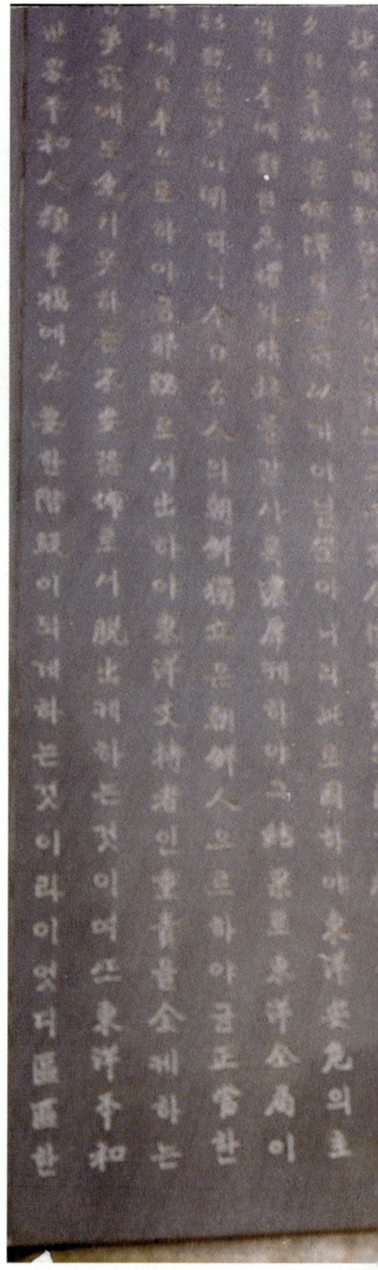

일제시대 만해 한용운 선생이 이끌었던 승려들의 비밀 독립운동 조직인 '만당'의 재무위원이기도 했던 조종현은 민족의식이 강한 작품을 많이 썼다. 파고다공원에서(1985)

어느 잔치 자리에서 부인 박성순 여사와 함께 파안대소(1987)

『태백산맥』이 2부까지 출간되고, 형제들이 출판 축하연을 열었다.
그 주인공인 작은아들 내외를 상석에 앉혀 주었다(1987)

작은아들이 천안공원묘지에 잠든 아버지를 찾았다(1992)

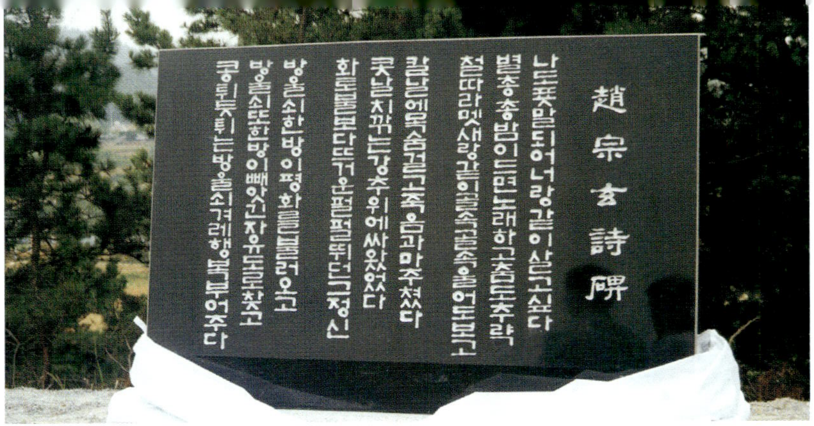


전남 고흥군 남양면 한마음공원에 시조 「나도 풋말 되어 살고 싶다」의 일부가 새겨진 시비 (1998)

낙산사에 있는 시비-의상대 해돋이

철운조종현대법사비

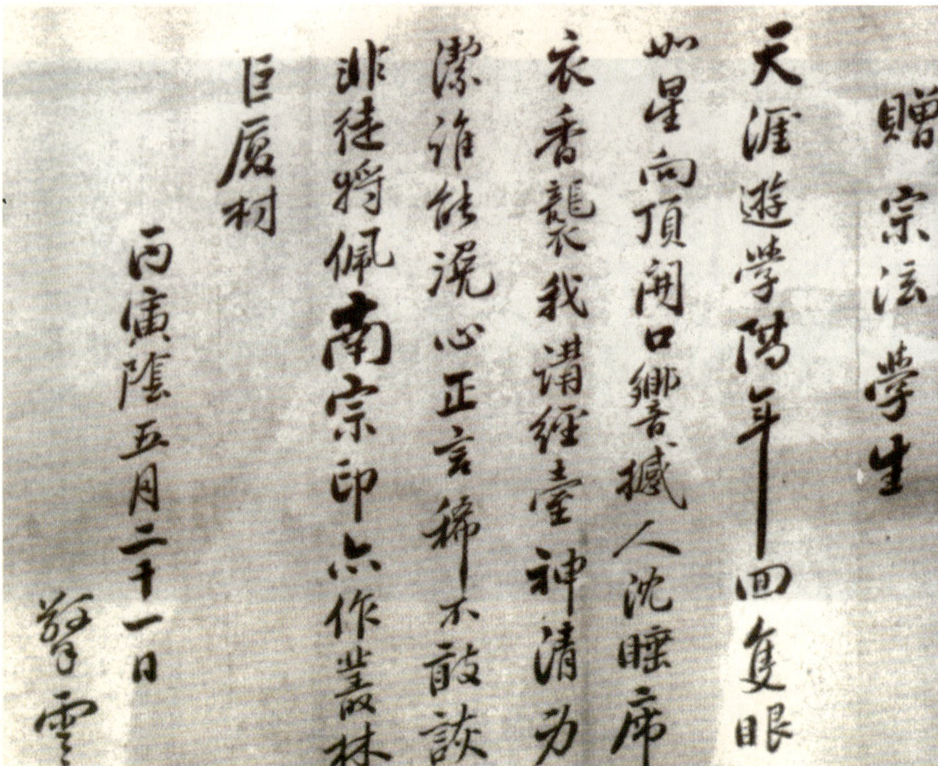
贈宗法學生

天涯遊學隔年回隻眼
如星向頂開口響撼人沈睡席
衣香襲我講經臺神清骨
潔誰能浣心正言稀不敢詼
非徒將佩南宗印亦作叢林
巨廈材

丙寅陰五月二十一日
擎雲

경운스님이 손상좌인 조종현이 크게 되기를 기대한 글

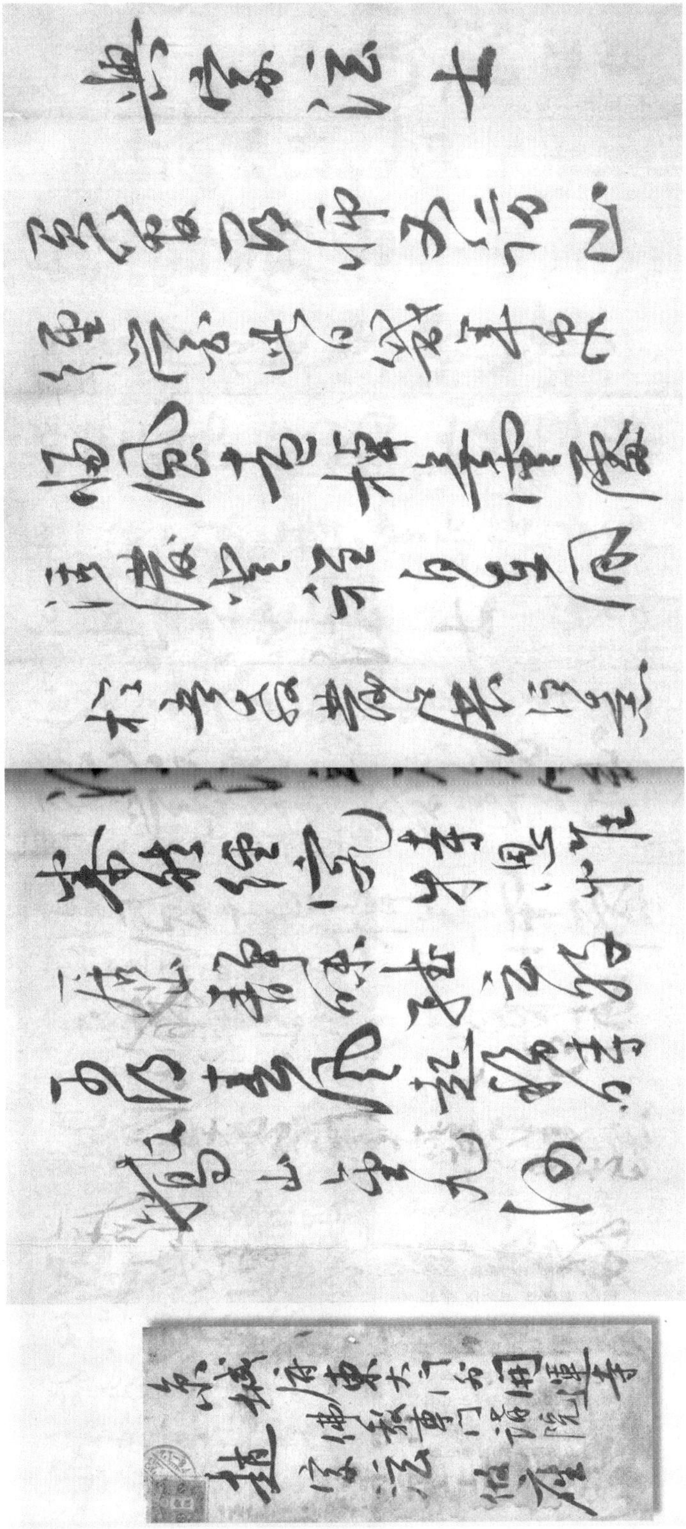

경운스님이 조종현에게 보낸 글

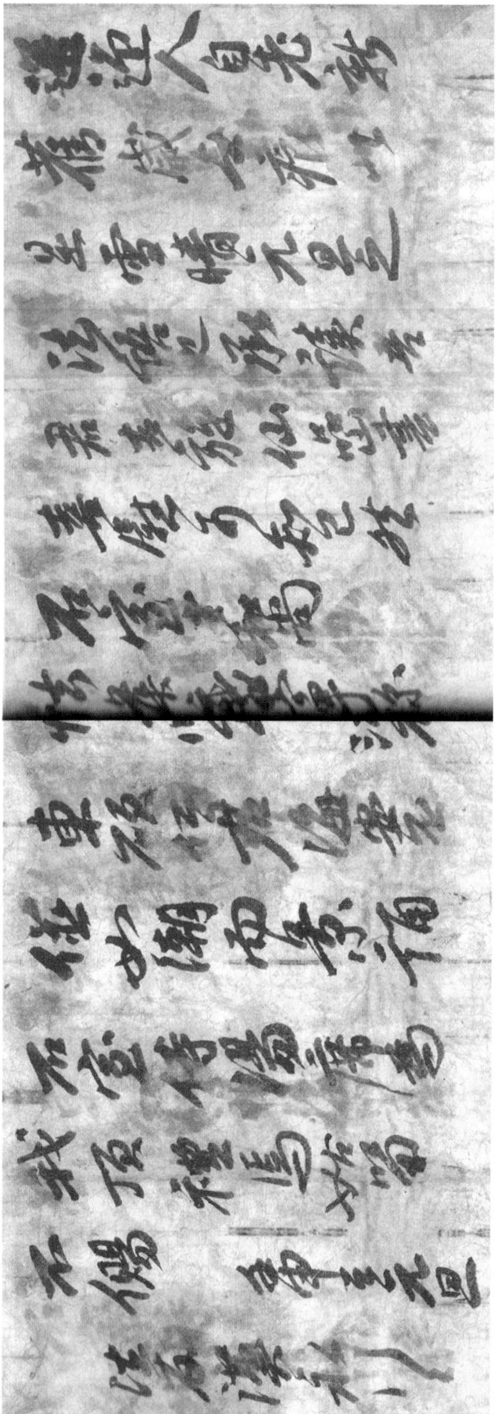

박한영 스님의 편지

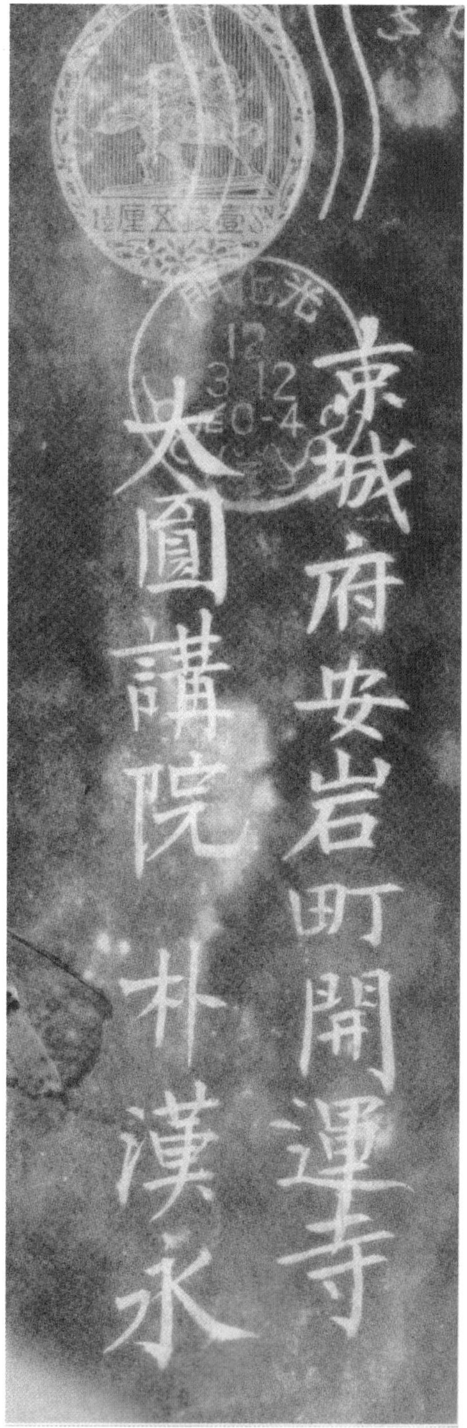


박한영 스님이 보낸 편지봉투

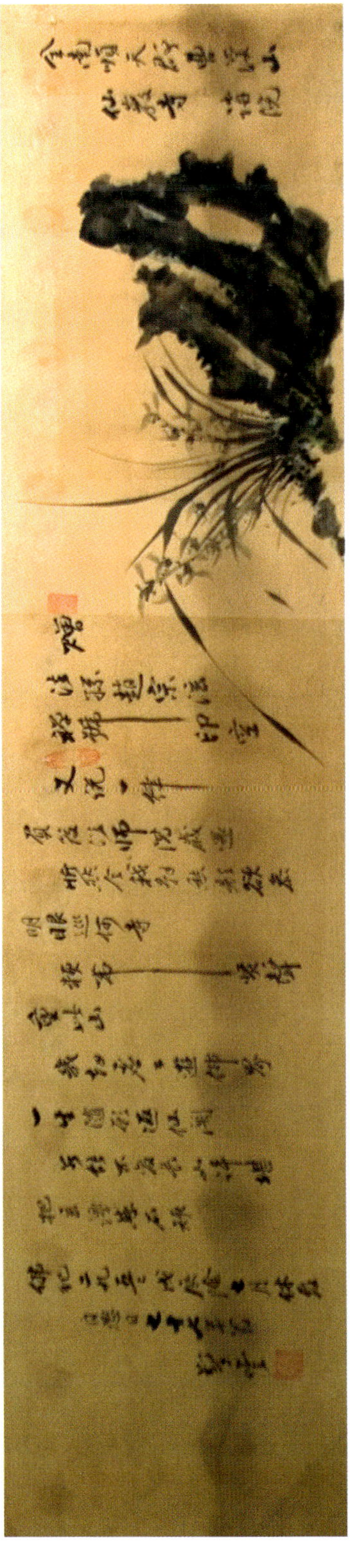

유학을 마치고 온 손상좌 조종현에게 '인공'이라는 호를 내린 경운스님의 시와 그림

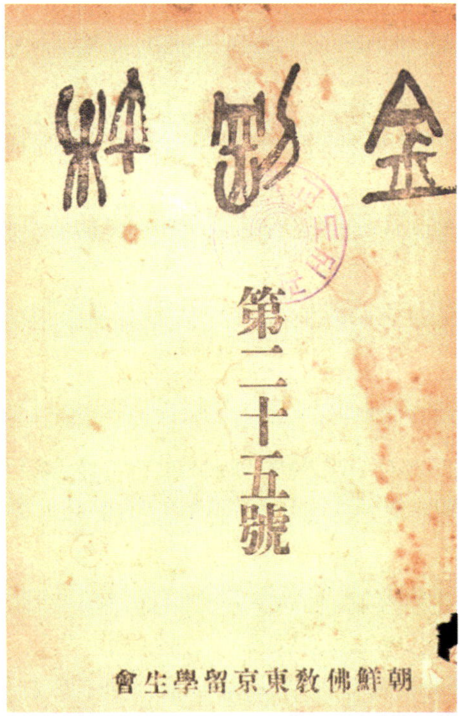


『금강저』

『범성』 창간호

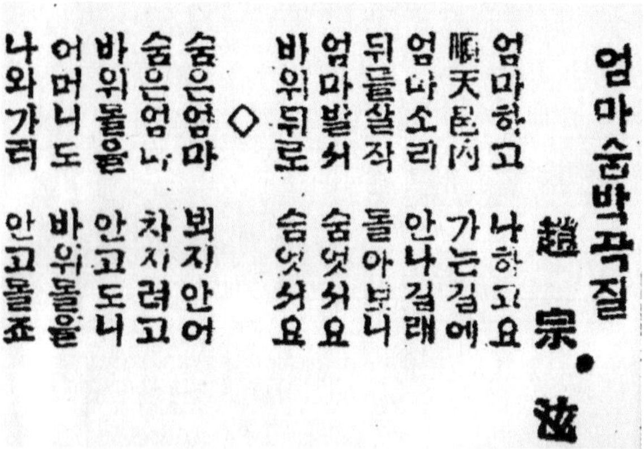

엄마숨박곡질

趙宗泫

엄마하고 나하고요
順天邑內 가는길에
엄마소리 안나길래
뒤를살작 돌아보니
엄마발서 숨엇서요
바위뒤로 숨엇서요
◇
숨은엄마 뵈지안어
숨은엄마 차지려고
바위돌을 안고도니
어머니도 바위돌을
나와가티 안고돌죠

첫 동요작품 〈엄마 숨박곡질〉
(『조선일보』, 1929.11.16)

형석기 작곡한 조종현의 동요
〈한말 · 한글〉
(『동아일보』, 1930.11.19)

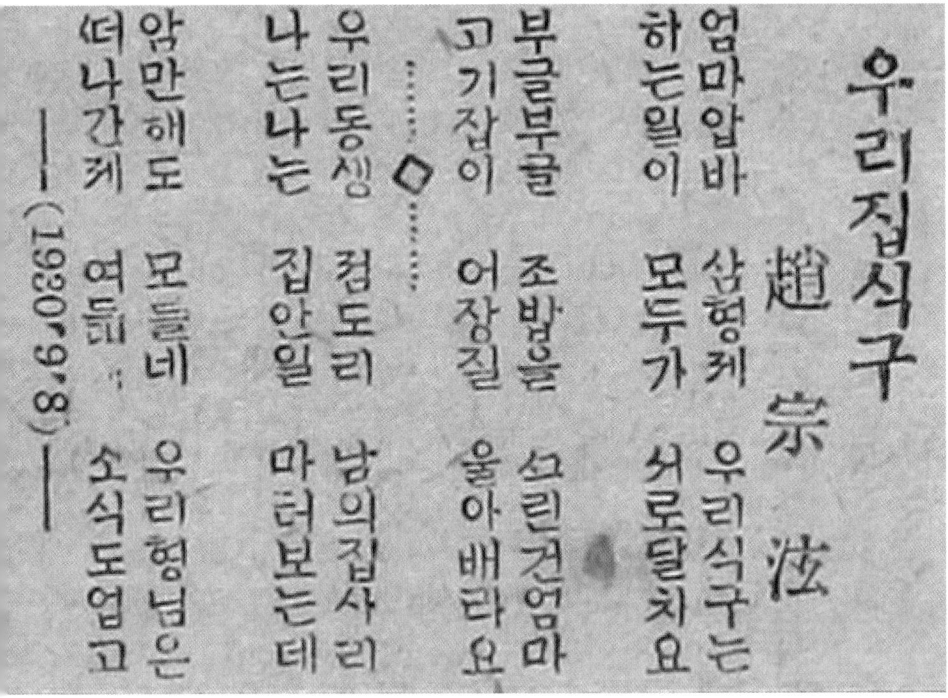

우리집식구

趙宗法

엄마압바 삼형제 우리식구는
하는일이 모두가 서로달치요
부글부글 조밥을 쓰린건엄마
고기잡이 어장질 울아배라요
……◇……
우리동생 첨도리 남의집사리
나는나는 집안일 마터보는데
암만해도 모들네 우리형님은
떠나간께 여듧해 소식도업고

——(1930, 9, 8)——

동요 〈우리집식구〉(『중외일보』, 1930.9.8)

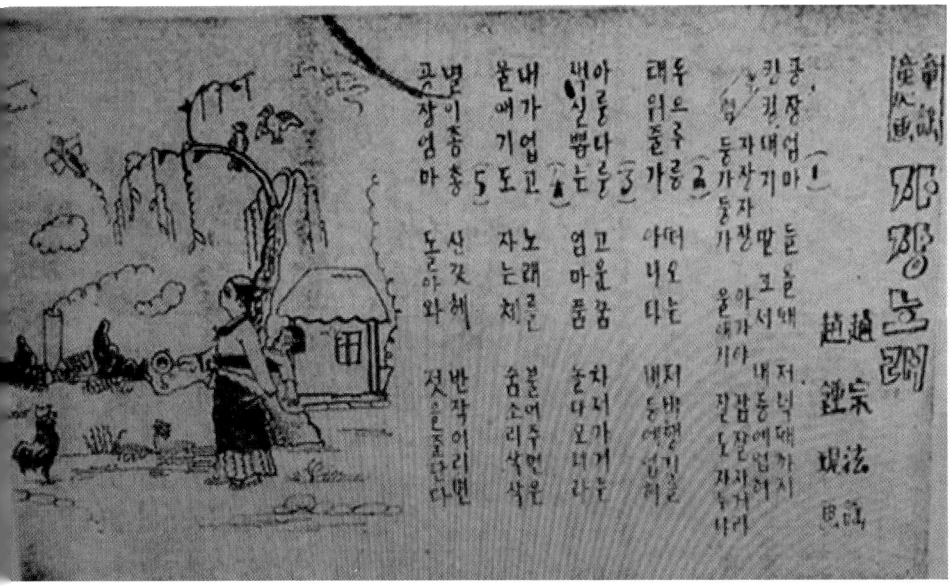

조종현이 쓰고 그린 동요작품

첫 시조집 『자정의 지구』(1969) 케이스

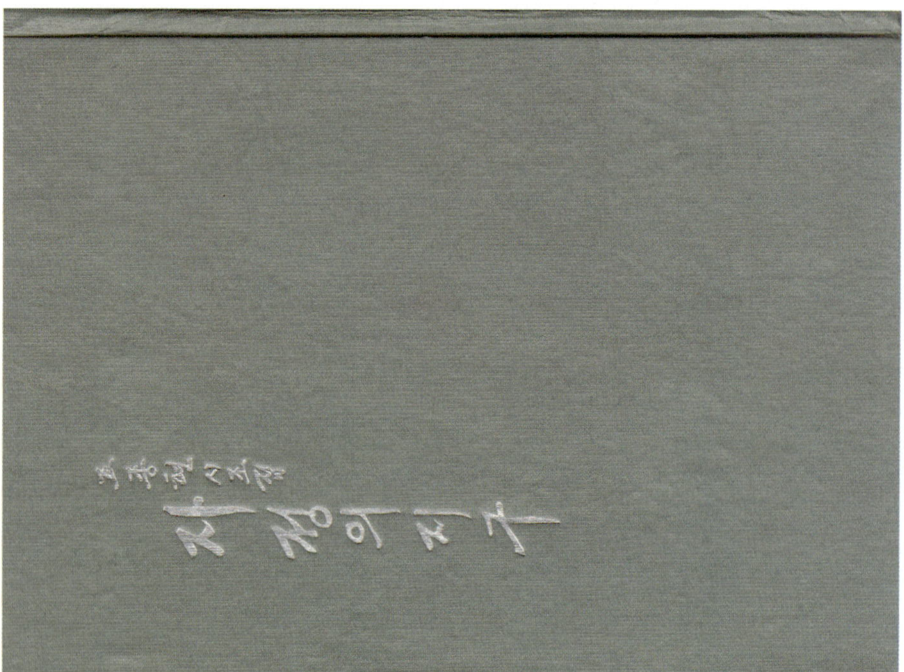


첫 시조집 『자정의 지구』 표지

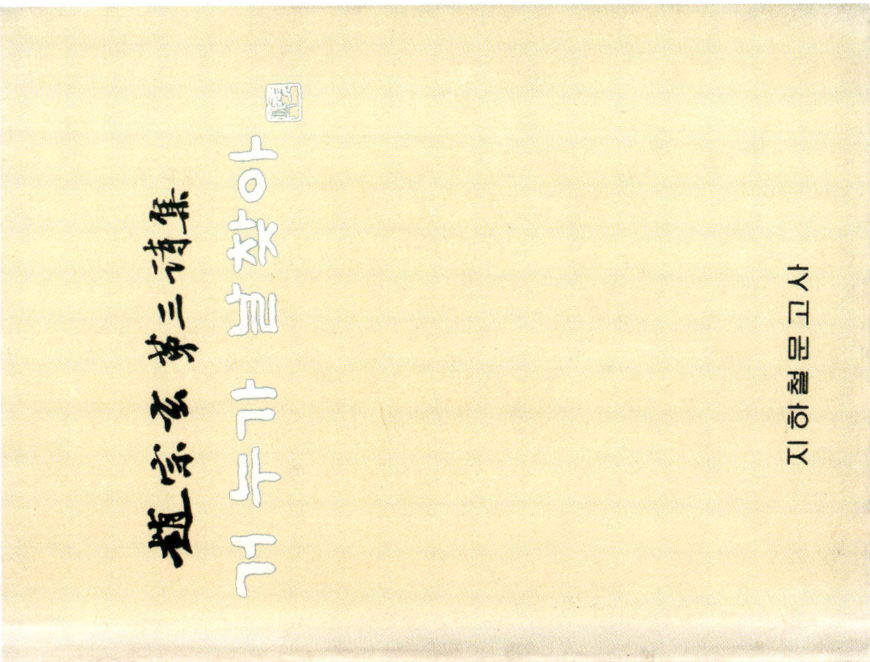


시조집 『거 누가 날 찾아』(1986)

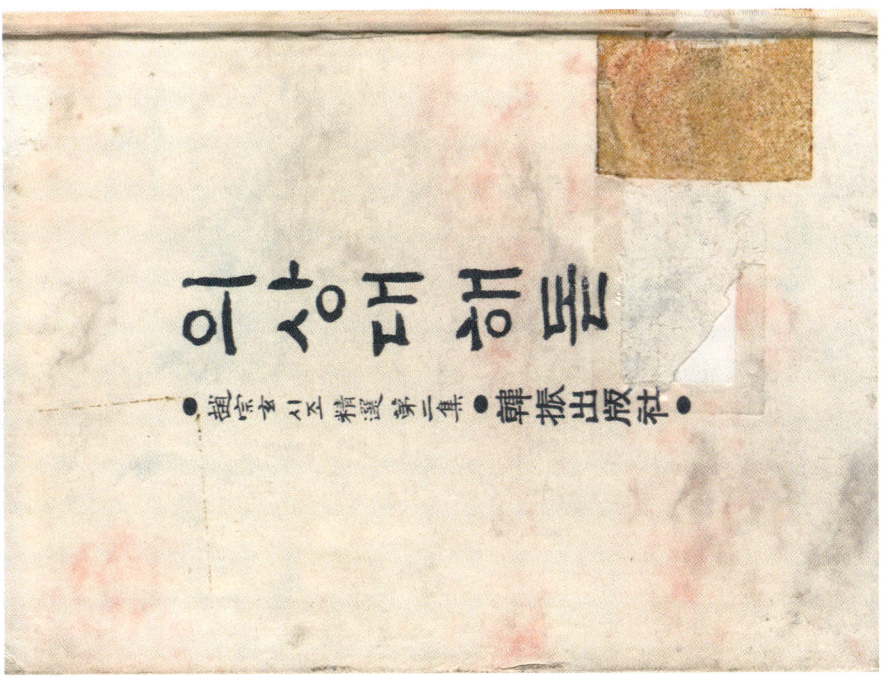


시조집 『의상대 해돋이』(1978)

시조집 『나그네 길』(1988)

# 조종현 전집 2

The Complete Works of Jo Jong-hyun

## 산문편

이동순 엮음

소명출판

**일러두기**

- 동요는 발표 당시 원문을 그대로 작품발표 순서대로 배열하였다.
- 시조는 발표 당시의 원문을 그대로 싣는 것을 원칙으로 하였으나, 시조집에 실린 작품은 시조집의 작품을 옮겼다. 시조는 작품발표 순서대로 배열하였고, 시조집 출간 순서에 따라 배열하였다. 원문의 출처를 밝히지 못한 것은 작품 끝에 붙인 창작 시기를 고려하여 배열하였다.
- 산문은 원문 그대로를 작품 발표 순서대로 배열하였다. 단, 띄어쓰기는 현대 표기법에 따랐으며, 오기가 분명한 것만 바로 잡았다.
- 단행본은『 』, 작품과 글 제목은「 」으로 통일하였고,「 」,『 』로 표기된 대화, 인용은“ ”로 통일하였다.
- 원문 판독이 불능한 글자는 ○로 표시하였다.
- * 표시한 부분은 엮은이가 밝혀 적은 것이다.

# 『조종현 전집』을 엮으며

한 작가의 행적을 찾아 자료를 정리하는 일은 이론중심의 연구보다 열배 스무 배는 고되고 힘든 일이다. 그래서 누구도 쉽게 하려고 하지 않는다. 학문 연구에 있어서 가장 중요한 것은 연구의 기본적인 토대를 마련하는 것이다. 기본적인 연구가 선행되어야만 다른 연구들이 진행될 수 있기 때문이다. 조종현의 작품에 대한 연구가 거의 전무했던 것도 기본적인 연구가 진행되지 않았기 때문이다. 문단에서 행세를 하지 않은 조종현의 무소유의 성품에 기인한 바도 있지만 무엇보다도 연구자들이 힘들다는 이유로 연구를 게을리 한 탓이다. 그래서 유명한 작가의 작품을 중심으로 연구해야 뛰어난 연구자라고 인정받는 분위기는 재고되어야 한다. 그래야만 소중한 자료들이 한 자리에 모아져서 문화유산으로 집적될 것이고 많은 후속 연구가 진행될 것이다. 물론 힘이 들고 고된 일이다. 많은 시간을 들여야 하는 어려움도 있다. 뿐만 아니라 누가 알아주는 일도 아니다. 하지만 누군가는 반드시 해야 할 일이다. 그래서 나는 오늘도 미련하게 이 길을 걷는다.

일제의 식민정치에도 굴하지 않고 민족의 독립을 위해 목숨을 바친 독립운동가들이 있었다. 찬란한 민족문화를 계승하기 위한 몸부림이 없었다면 우리는 지금 역사와 문학을 예술을 논할 수 없으리라. 그래서 『조종현 전집』이 갖는 의미는 특별하다. 승려이자 동요작가였고, 시조시인이었던 조종현의 진면목을 확인할 수 있을 것이기 때문이다.

철운 조종현은 승려였다. 전라남도 고흥군 남양면 왕주리 315번지에서 태어나 16살 나이에 전라남도 순천의 선암사에서 경운스님을 노사로, 금봉스님을 은사로 출가하였다. 그는 순천 선암사의 법맥을 이은 학승이자 강원의 강사였다. 그는 일제의 조선불교 사찰령을 거부하고, 불교의 개혁과 불교의 대중화에 앞장섰다. 뿐만 아니라 한용운이 이끈 항일비밀결사체 '만당'의 맹원으로 활동했다. 승려 조종현은 시인 조종현보다 훨씬 더 큰 사람이다.

조종현은 동요작가였다. 조종현은 동요를 통해 민족의 미래를 책임질 기표로 등장한 '어린이'들이 당면한 민족적 현실과, 어린이들의 앞날에 희망을 주고자하였다. 1920년대부터 30년대는 민족운동의 성격을 띤 동요운동이 전국적으로 전개되었던 때로 일제의 식민교육을 전유하여 되돌려주고자 한 동요에 주목하고 동심의 구현에 열심이었다.

조종현은 시조시인이었다. 그는 1928년 『불교』에 첫 시조 「정유화」를 시작으로 생을 마칠 때까지 332편의 시조를 썼다. 생전에 『자정의 지구』, 『의상대 해돋이』, 『거 누가 날 찾아』, 『나그네 길』 등 4권의 시조집을 발간하였다. 그는 박한영 스님이 설립하여 운영한 개운사 강원(중앙불전, 현 동국대)에서 유식을 공부할 때 정인보, 이병기, 이은상, 최남선에게 시조를 배웠다. 1920년대의 시조부흥운동을 이어받은 시조시인으로, 1960년대 이태극과 『시조문학』을 창간하여 신인들을 발굴하여 시조문학의 발전을 위해 헌신한 시인이었다.

조종현은 교육자였다. 그는 승려들을 가르친 강원의 강사였고, 시인이었기 때문에 교직에 종사하였으며 고등학교 교장으로 정년퇴임하였다. 승려요, 동요작가요, 시조시인이요, 교육자였던 조종현. 이렇게 다양한 이력을 가진 그를 한 마디로 정의할 수 없다. 다만 그의 작품을 한

자리에 모아 다양한 이력이 말해주는 그의 자리가 무엇을 의미하는 지 밝혀지기를 바란다. 『조종현 전집』을 엮는 뜻이 여기에 있다.

『조종현 전집』은 총 3부로 구성되었다. 1부는 아동문학으로 동요와 평론, 동요극을 묶었다. 동요는 『조선일보』에 발표한 첫 동요 「엄마숨박곡질」에서부터 발굴하여 정리한 동요는 58편이다. 그리고 아동문학 평론 2편과 동요극 1편을 찾아 아동문학사에서 그가 활동했던 영역을 확보하여 묶었다. 작품은 발표된 순서대로 정리하였으며, 서지를 밝혔다. 1920년대와 1930년대는 가장 활발하게 동요가 창작된 시기였다. 조종현도 이에 적극적으로 동요를 발표하였다는 것을 알 수 있게 하였다.

2부는 시조로 총 332편이다. 첫 작품인 「정유화」에서부터 육필원고까지 망라하였다. 생전에 발행했던 시집 4권에 실린 작품을 정본으로 삼았다. 발표당시 원문에는 하나의 제목으로 발표하였으나 이후 시집에 수록할 때는 각 수마다 제목을 붙여 수록하거나, 몇 수를 삭제하고 수록한 것은 각각 독립된 작품으로 정리하였다. 발표 당시의 원문을 그대로 옮겨 실었고, 제목이 바뀐 경우는 하단에 정리하였으며 시집에 수록된 작품도 별도 표기하였다. 그리고 2부 말미에 번역한 시조를 넣어 그의 문학의 지향한 세계를 확인할 수 있게 하였다.

3부는 산문이다. 조종현의 삶의 여정과 정신세계를 고스란히 담고 있는 산문은 53편이다. 일제하의 불교개혁운동과 관련한 글에서부터 1960년대의 불교분쟁, 그리고 교훈적인 글까지를 망라하였다. 그리고 3부 말미에 만해 한용운이 쓴 「조선독립의서」 등의 번역문도 넣어 번역의 뜻을 알게 하였고, 회갑을 맞이한 문인들의 「문학좌담회」도 넣어 문단의 흐름도 알 수 있게 하였다.

또한 동요를 비롯한 아동문학 작품, 시조, 산문의 연보를 정리하여 작품이 창작된 시기별 특성을 파악하는데 도움이 되도록 하였다. 조종현의 생애연보도 간략하게 정리하여 생애를 살필 수 있도록 하였으며, 부록에는 육필원고를 영인하여 넣음으로써 창작의 순간을 고스란히 느낄 수 있도록 하였다.

『조종현 전집』의 발간을 위해 많은 시간과 노력을 들였다. 그럼에도 불구하고 아쉬운 것이 한두 가지가 아니다. 서지를 밝히지 못한 작품들이 많고 필명을 확인하지 못해 심증은 있으나 확신이 서지 않은 글은 담지 못했다. 하지만 그동안 엄두내기도 어려웠던 그의 작품을 한 자리에 모았다는 것만으로 의미가 있는 일이라고 스스로 위안하고 싶다. 완벽한 전집은 없다고들 한다. 그러기에 앞으로도 그의 작품들과 서지를 밝히는 일을 멈추지 않으려고 한다.

『조종현 전집』이 나오기까지 많은 분들의 도움이 있었다. 특히 조종현의 고향인 전남 고흥군의 수장인 박병종 군수님의 문화예술에 대한 사랑과 관심이 없었다면 이 책이 나오기 힘들었을 것이다. 각별한 애정에 고개 숙이지 않을 수 없다. 또한 조종현의 차남인 소설가 조정래 선생님은 형제들을 대표해서 사진 등을 비롯하여 여러 자료를 제공해 주셨다. 진심으로 감사드린다. 그리고 언제나 그렇듯이 나의 모든 작업을 출판해준 소명출판 박성모 사장님과 소명 식구들, 특히 방대한 분량의 편집과 교정을 맡아준 채현아 님께 고맙다는 말을 전한다. 공부에게 엄마를 빼앗긴 솔·빛과 가족들, 지금도 보이지 않는 곳에서 마음을 모아주는 모든 이들에게 두 손을 모아 감사드린다.

가을이 깊어가는, 무등산 자락에서
엮은이 이동순 쓰다

# 목차



## 산문편



## 번역문



## 좌담회

# 산문편

# 石顚映湖老師의 別語(時調)

## 影山偶衣話題에按하야

『佛教』 81, 1931.3

하고 싶은 말 = 影山! 얻는 말만 들어도 우리 東方 佛教徒로서는 올치 一影山, 二盧舟하야 거의 다 잘 아는 李朝 中葉 以後의 大善知識이시니 茂長 禪雲寺에서 祝髮하신 安居 十有餘年에 世壽 - 임의 三十을 넘으실 때에 忽然히 開心하야 世事를 都莫思量하고 頭陀行으로써 飄然히 名山勝刹를 두루踏破하야 明眼宗師를 親見하실 때에 淳昌 靈龜山 龜岩寺 華嚴宗主 白坡長老께 禪戒를 淨受하야 弟資 - 되섯으며 이어 一衣一鉢로써 一生을 逍遙自在히 지내실새 有時에는 "天下太平春, 四方無一事 - 非我而誰며 山霞朝作飯, 慕月夜爲燈이 指我而言이라" 이러한 物外의 灑然한 노래도 興겨워 불르섯다 합니다.

× ×

어느해 淸秋에 田園을 지내시는 影山스님은 허수아비의 누덕이옷(偶人衣)을 벗기시다가 때맞음 通過하든 一官人(?)의게 이러한 詰問을 받으섯다 합니다.

"여보게 大師! 그 사람은 어쩌고?"

이 設問에 對하야 卽席에 酬答應對치 못하시고 돌아서신 影山스님은 數十年을 닥그신 老來에 일으어사 바야흐로

"如何是人고?"

하신 對句를 나리섯다하야 지금까지 槿邦淸風衲子의 입으로써 傳하여 오거니와

× ×

今日의 現教界에 十方學徒를 提接하시는 靈龜山 象王室의 當位主壁이신 石顚映湖(朴漢永)老師의 이에 對한 『別語』 兩段이 게신바

"無人我處에 吾故求之로라"

"我衣衣彼도 亦得다"

하신 것이매 우리 老師의 이 別語의 深玄한 뜻을 膺受의 學人으로서 誤譯穿解할가 그윽히 두려워하면서도 門下에 親聞炙膾의 喜悅을 익이지 못하야 불연듯 才機의 및이지 못함을 채 혜아리지 못하고 自己딴은 우리의 노래로 時調化하야 보느라고 퍽 苦心을 하엿읍니다. 그러나 앞으로 두고 두고 보다가 만일 未及한 點을 내 스사로 發見하는 때에는 또 다듬고 다듬고하야 老師의 玄奧한 別語의 旨趣를 되도록은 漏流함이 없이 훌륭히 잘 담도록 만들겟읍니다 우리 老師의 兩段 『別語』를 特히 이 江山 이 疆土의 노래의 源流요 固有型인 時調로 轉譯變化하야 우리가 다 같이 불르자함은 한 意味가 깊이 깊이 있읍니다.

………"活字노름이로군" 이렇게 허술이 말해버릴 사람이야 어찌 可히 더불어 이약이 하겟읍니까 ………

辛未上元, 漢城에서

◇

그댄 어이하여 네오 내오 이르는다
너와 내 둘없스니 둘없는 이자리에
짐짓고 내이렇거니 이러 한들 어떻리.

……無人我處, 吾故求之……

◇

허재비 옷을 빈다 어이달리 녀기리까
내옷을 입히렷다 그도 또한 좋을것이
애닲다 길가는손의 말에 말이 길고녀.

……我衣衣彼, 亦得……

이 紙上發表에 對한 老師의 下責은 敢히 竚得하옵니다. (玄)

# 歸鄕小曲

『佛敎』 90, 1931.12

星園兄!

해는 가고가고 나는 하는 것 없이 또 한해를 속절없이 보내게 됩니다. 해마다 해를 맞을 때의 새로운 마음은 ― 今年에는 긔어히 뜻과 같이 살어보리라는 것이 歲暮에 이르러보면 도로마찬가지. 헛우슴을 아니 우슬수가 없게 됩니다. 이것이 나의 살어온 발자최입니다. 이렇게 所得없이 살어온 지가 임이 오래인줄을 認識하면서도 또 그렇게 그 軌道를 다시 밟고 나가는 것이 우리 人生인가요?

星園兄!

今年은 나의게 잇서서 한토막의 一紀를 지어주고 가게 됩니다. 적고 짧으나마 出家 十年! 나가 佛門에 歸依한지가 발서 十年이 되엇습니다. 回顧컨대 眞實로 부끄럽습니다. 그동안 무엇을 하여왓는지요 배운 것이 무엇이며 아는 것이 얼마나되는지? 그렇나 나는 알고 몰은것으로써 말하지 안흐려고 합니다. 다만 내가 아즉까지 俗界로 굴러가지 안이하고 痴行散心이나마 고대로 本師를 섬겨왓다는 것만 스사로 깃뻐할 뿐입니다. 나는 앞으로 더 着實한 行者와 學僧이 되지 못할진대 차라리 過去의 十年과 같은 그 生活이나 하엿스면 합니다.

星園兄!

이러고 보니 무슨 所感이나 길게 쓰려는 것 같이 되엇습니다. 거두워 말하자면 出家 十年가운데 多恨多感하고 慷慨無量한 적이 많기도 하엿지만 다 그만두고 十年만에 故鄕에 한번 단여온 그 感懷의 一節로써 十年一

紀의 歲暮의 片感으로 부처두고저 합니다. 그리하야 「故鄕小曲」을 다음에 읇습니다.

읇허주시렵니까?

× × ×

八影山 들어가다 三十里 띄워두고
下瓦 배다리 仙亭을 안고돌면
海邊에 王蛛머리가 바로故鄕 일러라

× × ×

十年 지난故鄕 가보니 어떻더니
잘산이 줄어들고 못산이는 더못살고
늙은이 돌어가시고 젊은이는 늙더라

× × ×

父母를 모를네라 늙으시니 모를네라
兄弟는 더모를네 커나느니 더모를네
남이야 알고모르고 말해무엇 하리요

—辛未夏, 高興鄕第—

# 寺法改正에 對한 意見

『佛敎』 91, 1932.1

編輯先生.

저다려 寺法改正에 對한 가장 要點될 만한 意見을 簡單히 쓰라구요? 그러나 저는 改正을 根本的으로 是認치 않는 意見을 가젓스니 구타여 말하자면 다음과 같습니다.

**一, 根本的으로 反對**

寺法을 改正할 것도 없다. 現 植民地政策으로서 甚히 佛敎團의 宗務行政까지 干與하기 爲하야 本位로 한 그의 認可制인 寺法에 對하야 朝鮮佛徒는 宗務行政上 임이 認可되여 잇는 寺法이 適合하느니 不適하느니를 指摘發論하야 改正의 必要까지를 늣길 것도 없다.

朝鮮佛敎維新時代로부터 朝鮮寺刹令撤廢運動 及 理論은 無論 只今에는 一層 더 深刻化하야 意識的으로 政敎分立을 主張하고 絶叫함에도 不拘하고 此에 反하야 새삼스러이 寺法改正手續을 政治當局에 한다함은 어찌 朝鮮佛徒로서 脫線의 行動이 아니고 무엇이냐? 運動陣營의 自體矛盾과 우리(宗徒)의 根本精神에 背馳될 뿐만 아니라 도리혀 앞으로 政治當局의 干與를 自招함이 되겟슴으로 今番에 提論되는 寺法改正案에 對하야 自己는 猛烈히 反旗를 든다. 朝鮮佛徒는 絶對의 自力으로써 朝鮮佛敎의 宗務를 自治自制하야 朝鮮佛敎를 運轉할지니 卽 다음과 같은 새로운 方法 兩宗宗憲이 神聖하게 잇지 안느냐?

**二, 宗憲實施! 寺規制定!**

宗憲實施! 이 問題는 己巳春 宗憲이 비로소 頒布되면서부터이다. 임이 數三個年을 지나온 今日에 더구나 이러한 機會(寺法改正을 云謂할때)에서 宗憲實施! 이 말을 내게 될 때에 痛嘆치 안홀 수 없다. 實로 寒心하고 鬱憤하기 짝이 없다 어찌하야 實行치 못하엿든가? 뉘가 實行하지 말라든가? 宗會를 創立하고 宗憲을 提定通過하야 本師佛前에 實行을 誓約한 宗徒로서 어찌 背信的 行爲를 敢行하야 宗憲은 架上에 放置하고 寺法改正의 必要를 부르짓는고? 뭇노니 寺法改正의 焦點이 各本末寺의 施行寺法을 一致共進함에 잇다면 어찌함으로 宗憲에 基準하야 一致된 施行寺剎規正 — 卽 寺規를 提定치 안는고? 웨 못하는고? 또 만일 三十一本末寺를 統制하기 爲하야 寺法을 改正한다면 어찌 外部에서 阿諛하야 實行을 期할 줄은 알고 웨 우리 宗憲을 하로밥비 徹底히 實行할줄은 몰으는가? 官許로 된 寺法은 行할 줄 알고 佛前에 宣誓한 宗憲은 實施안는 宗徒 特히 執權者層이여! 寺法改正이 寺剎統制 又는 寺法一致를 主要로 녀기는데 잇다면

1, 寺剎統制에는 宗憲을 徹底히 實行할 것이요

2, 寺法一致에는 宗憲에 依하야 一致된 寺規를 制定施行할 것이다.

이렇게 하면은 朝鮮佛敎 宗務行政이 圓滑되리라고 믿는다. 여긔에서 바야흐로 우리(宗徒)의 企待하든 바 目的을 多少 達할 수 잇는 것이다. 宗憲은 無論 宗憲이니 만치 直接 宗務執行에 잇서서 踈漏한 點이 없지 안흘 것이매 執務에 便宜하고 適合하도록 宗憲에 依한 寺規를 提定할 必要가 이에 잇는 것이다. 따라서 先進諸氏의 持論과 法規委員의 任務的 若究覃思라야 完全을 期할 수 잇스리라고 믿는 바이다.

### 三, 要컨대 問題는 오즉 自覺!

宗憲을 徹底히 實行함에는 寺剎令 그것을 撤廢하기 爲한 運動을 別로히 全力量을 集中하야 開始할 것이 없을 것이요. 具體的으로 宗憲에 依한 寺規를 制定施行하야 敎務宗政을 運用하면은 何等의 寺法改正의 必要를 云謂할 것도 없을 것이다. 內務가 圓滑機敏하면은 同時에 外來의 干涉이 붓틀 수가 없고 붓지를 못하는 것이다. 이렇한 過程은 歷史推理上 必然的 歸結이라느니 보다 事實이 證左하고 잇는 바이다.

朝鮮佛敎를 朝鮮佛徒로서 朝鮮佛敎다웁게 運轉하고 建設하고 發展하려면은 오즉 宗徒各自의 眞正한 自覺만에서 비로소 出發된 것을 깊이 믿는 바이다.

# 講院教育과 制度改新

『佛敎』 93, 1932.3

筆者－비록 膚受의 學이언만 임이 講院敎育을 받고 進하야 硏究院에 學籍을 둔지 발서 數個星霜을 지나며 그 年限에 찻섯다. 짜라서 石顚(朴漢永)老師의 諄諄하신 提耳의 慈訓法語에 親灸키 어렵지 안타 아니할 수 업게 되엇다. 그리하야 그동안에 筆者自身으로서 現講院 敎育制度의 改善에 對한 多少의 苦究覃思와 石顚老師의 現今 敎授講說하시는 內典 敎科書를 小窺의 參酌한바잇서 이에 龜論粗筆을 무릅쓰고 이 小論을 走抄하야 現下 講院敎育을 奬勵하고 동시의 그의 制度改善을 絶叫하는 此時에 幸여 斯界에 小分의 參考가 될가 하야 한갓 정성스러운 마음으로써 드리오니 卓見大家는 敎育界를 爲하야 一針의 指南을 慈垂하소서.(作者)

## 가. 現制度의 批判

現代僧侶의 徒弟에게 講院敎育이 適宜하느냐? 不適宜하느냐? 하는 이 論題는 임이 지나고 말엇다. 過度時期에서만 提論되고 말엇든 것이엇다. 只今은 意識的으로 講院敎育을 到處에 奬勵한다느니보다 時代民衆의 佛化를 要求함에 響應할 責任과 義務의 所有의 法侶敎徒로서는 純粹 佛學者를 養性치 아니할 수 없게 되엇다. 그리하야 歷史循環의 必然的 過程에서 一時沈停되엿든 講院敎育을 再唱하게 되엇으며 方今 施設하고 奬勵하는 한 途中에 잇는 바이다. 그러나 何等의 制度改善의 功課의 完全한 實現을 아즉 볼 수 없는 것만은 事實이니 여긔에는 設立 宗務 當局者의 守舊的 看經만을 要하고 時代思潮와 現代敎育을 理解치못함도 한 原因이라 아니할 수 없는 것이다. 어찌 誠意로의 着心치 안는다고만 할가 부냐. 또는 講師로서도 因循姑息的으로 隨問隨答할 따름이요. 何等의 注心着眼과 思究的

議論이 없는 것도 이에 痛嘆치 않을 수 없게 되엇다. 敎育者는 固定的으로 敎授時間에 敎科만을 解釋說明하는데 근치고 말것이 아니요, 반듯이 時代가 要求하는 敎育制度를 施現하고 改善할 責任이 잇는 바이다. 現講院制度에서 民衆이 要求하는 佛學者를 涵養할 수 잇느냐는 質問에 이에 酬答할 者 躊躇치 아니할이 없으리라 斷言키 어려우리라.

在來의 講院制度 — 卽 現講院의 敎育制度가 어떠한 弊端과 不適當한 點이 잇는가를 細審究明하야 嚴密히 批判할 것이다

1. 四集(初等科)은 講院에 入學하는 初機의 程度에 지내차는 敎科이다. 四集을 通하야 禪과 敎의 旨趣를 了得悟入한다느니보다 此에 反하야 愕然罔措하고 마는 것이다. 佛敎를 처음 배우는 사람에게 敎理의 難解함부터 대뜸 認識케 하여서야 어떠케하랴? 書狀과 禪要는 祖師의 公案을 編輯한 것이니 宗主가 宗徒에게 禪門話頭 提撕하는 方法과 了悟邊의 格言妙談이다. 함으로써 禪門拈頌을 볼 程度에게 學得케함이 適當지 않을가 한다. 그러면은 그때에 바야흐로 禪理를 體得하고도 오히려 남으리라. 高等科 卒業者의 程度라야 可能할 것이다.

都序는 禪三宗, 敎三宗을 會統한 것이니 一代佛敎大義와 諸宗禪旨를 引用釋名한이만치 浩澣莫測하고 旨歸不知라 하여도 過言이 안임즉하게 되어섯다. 통털어 말하자면 禪敎兩宗의 批判文學이다. 여간 禪과 敎를 理解하고 了得한 程度일지라도 오히려 容喙키 甚亂할 이 高級文學이거든 어찌 함을며 初學者에게 읽히랴.

節要는 都序를 編纂한 圭峰 宗密禪師의 손에서 製作된이만치 荷澤性宗(?)을 闡揚發揮하여 놓은 것이 根本精神이다. 都序에 主로 흐르는 그 體系를 받어 節要가 登梓出刊된 것이언만은 悟修次第 — 卽頓漸階降을 廣明細究한 點이 都序에 比較하야 적이 다른 點일 따름이다. 六對頓漸으로 七對頓漸에 한 發展過程을 밟은 文學이라고 보고습다. 都序를 못 읽힐 學人에게 더구나 節要를 가르킬 수 잇스랴. 이 都序와 節要는 한가지 高等科 卒業程度에게 禪敎의 批判書籍으로 涉獵케 하엿스면 맛당할가 한다.

2. 四敎(中等科)는 全部大體로 疏, 抄, 記가 太蔓甚延한 것이 欠이다. 初學者로 하여금 도리혀 經의 大義를 収拾지 못할만큼 疏釋이 豐富하게 되엇섯다. 楞嚴戒環疏, 起信賢首疏(圭峰의 錄疏注論) 及長水記도 그러하거니와 般若五家解와 圓覺圭峰疏抄에랴. 此 二經에는 學人뿐만 아니라 間或 講師로도 昧略靡知한바 없으리라 斷定키 어러우리니 그 反覆相成한 浩然澣漠한 疏抄를 어찌하랴. 已上에서 列擧한 疏抄는 現下 學人程度 以上의 敎科라 아니할 수 없는 바이다.

3. 私記는 敎科에 對한 唯一한 參考書라느니보다 眞價의 正解인줄 안다. 그러나 經文과 疏抄에도 指南을 일흔 學人程度에는 도리혀 冗文廉價의 評을 나리게 됨이 事實以上의 事實이니 이는 다만 研究生及 講師에게나 叅究의 資料로 限하여둠이 옳치 않을가 한다.

4. 論講制는 다른 敎育機關에서는 볼 수 없는 獨特한 制度이다. 公規로써 그 時間을 定하고 各自의 研究한 바를 自由롭게 發表하고 서로 듯게 되는 까닭이다. 그러나 學徒의 機根에 맛지 않음을 어찌하랴. 論講은 서로 了悟解得한 사람의 分上에서야 行할바이요, 初機로서 訓釋에도 不足한 學力을 가지고는 到底히 不可能함으로써 不可하다 할 수밖게 없으니 秋毫의 所得이 없이 空然히 時間만 虛費하고 마는 것인가 한다.

5. 問講도 亦是 論講制와 마찬가지로 잘 되엇섯다고 본다. 그렇치만은 初學을 提接하는 敎授方式에는 絶對의 完全한 方法이라 讃表치 못하게 된 것이다. 첫재로 先生이 敎授時間 에 容易히 圖示說明하기가 不便하고 困難한 것이며, 둘재로는 學人이 平生 或은 蝶坐하고 안는데 따라 精神이 昏迷하여 짐이 常茶飯이다. 그럼으로써 敎授時間에 椅子를 使用하는 것이 한 理由가 잇는 것이다. 敎授方式이 너무 因循姑息하야 守舊的인데서도 厭症이 나지 않을 수 없게 되는 바이다.

論問講制는 玄奧의 義理를 的然 自得한 道伴 끼리에 冊의 卷舒함에 小毫도 거릿길 것이 없이 說聽하는 데에만 가장 便宜하고 適當하며 또는 淸風適夏의 味가 잇게 된 것이엇다. 이러한 制度는 研究院의 敎授方式으로 採

用하엿스면은 上乘일가 한다.

6. 一講師로서 多課(四敎大敎四集等)를 敎授하게 된 것은 多言을 要할 것도 없이 無理無益한 制度이다. 여러課를 一人으로서 專任敎授하느니 만큼 時間의 餘裕가 없음으로써 學究가 徹底치 못하고 敎授가 能치 못할 것은 必然의 事實이니 이는 學人에게 不利한 點이요. 또는 講師自身이 休暇를 얻지 못하게 되니 肉體를 가진 以上 病나지 말라는 法이 어데 잇느냐? 運動時間이 없음에랴? 이는 講師의 將來를 위하야 肯定키 어려운 制度인가 한다.

7. 敎科編次의 그 精神이 那邊에 잇는가를 究明하건대, 華嚴宗을 爲主로 하고 華嚴經을 보히여 그 宗旨를 闡揚키 위하야 一段의 豫備의 知識을 얻게 하는 方便으로써 四敎를 修了케 한 것이니 卽 – 分同華嚴이란 理事無得의 所詮인 圓覺經. 一心 二門 三大의 義를 明釋한 性宗의 論旨가 華嚴十地에 三界唯心萬法唯識의 義와 冥合함으로써 起信論. 華嚴經의 六相十玄의 奧義를 體得하려면은 空理를 먼저 了知케 함이 捷徑임으로 般若經. 華嚴圓敎의 旨趣를 容易히 알리기 위한 方法으로써는 무슨 宗旨보다도 위선 頓宗인 楞嚴經. 이렇게 階梯를 삼음이 안인가 한다. 또 四集의 內容을 檢討할지라도 率爾히 羅烈한 것이 안인듯 하니 圭峰의 都序, 節要에 六對, 七對 頓漸이 圭峰圓覺에 八對頓漸과의 相應互通하는 點과 또는 都序에 迷悟兩十重이 起信論의 順流反流門과의 義理貫通함으로써 豫히 初學者에게 이 都와 要를 읽히는 바이요. 般若經五家解와 禪門拈頌 보히기 위하야 위선 禪句熟語부터나 習讀케 하자는 意味로 四集에서 書狀, 禪要를 가르키는 것인가 한다. 以上과 같이 審討하면은 華嚴經을 主로한 四敎의 編次이며, 四敎를 從하기 위한 四集의 順次인 것이다.

그러나 또 一邊으로 敎科次第를 討究할 수 잇스니 다못 佛敎를 常識的으로만 가르키기 위하야 頓敎로 楞嚴, 圓覺, 終敎로 起信, 始敎로 般若, 圓敎로 華嚴, 禪門으로 拈頌, 傳燈. 이 學課를 볼 準備의 科程으로 하야 禪으론 書狀, 禪要이요. 禪宗을 誇張하면서도 敎門行相을 明細詳釋한 都序, 節要를 四集으로 編入하야 가르키는 것도 같다. 從來의 講院敎科의 編輯次

例가 理敎와 階梯가 없는 것은 아니지만은 지금 學人의 程度에는 懸殊大差의 感과 欠의 實로 잇는 바이다.

### 나. 敎科書改編

徒弟를 敎育함은 釋迦本師의 使命과 願力을 다할 敎役者를 培養하는데 本意가 잇는 것이다. 時代와 民衆이 要求하는 人物과 師表를 내세울 宗敎家로서는 到底히 時代的 資格的 不具者인 徒弟를 涵育할 수 없고 涵育해서는 아니 된다. 여긔서 비로소 眞正한 敎育을 부르짓게 되고 새로운 制度를 講究하게 되는 바이다. 戊辰 春에 京城서 開催되엿든 우리 朝鮮佛敎學人大會 席上에서 講院敎育制度와 改善의 必要를 부르지젓든 것도 또한 여긔에 잇섯든 것이엇다. 하로 밥히 敎科부터 改正할지니 賀하言을 要할 것 없이 現代에 適應한 敎育策으로써 內典 外典을 반듯이 必修科로 規定하여야 할 것이다. 다음과 같이 三科에 分하야 論及하리라.

初等科(二年)

內典 – 1, 三合文(初心, 發心, 自警) 2, 佛祖三經(四十二章經, 佛遺敎經, 大圓警策文) 3, 八大人覺經, 4, 釋迦如來成道記, 5, 禪林寶訓 6, 楞嚴經文

外典 – 普校程度에 限.

中等科(二年)

內典 – 1, 楞嚴經纂註(眞界疏二本) 2, 八識規矩直解(智旭疏一本) 3, 因明論直解(智旭蔬一本) 4, 起信論纂註(眞界疏一本) 5, 金剛經宗通(鳳儀疏二本) 6, 百法論直解(智旭疏一本) 7, 圓覺經近釋 (通潤疏二本) 8, 圓覺玄談精選(朴漢永先生著「依圭峰疏抄」), 朝鮮及中國佛敎史 以上

外典 – 高普校 程度에 限.

高等科

內典 ─ 1, 華嚴玄談(自天至宙六本淸凉疏抄) 2, 華嚴三賢(自日至秋十三本同疏) 3, 俱舍論 4, 唯識論直解(智旭疏一本) 5, 華嚴十地(自麗至闕十本 淸凉疏抄) 6, 拈頌選話(朴漢永先生著一本) 8, 書狀 9, 都序. 印度及日本佛史 以上

外典 ─ 專門教 程度에 限.

以上의 編科中에 外典을 細論치 아니한 바는 必要한 學課만 內典을 採用하면 그만일 것이다. 從來의 講院에서는 或 沙彌科를 必修의 科目으로 定하엿지만은 그는 得度爲僧者로서 師傳의 侍席에서 讚誦할 朝夕禮懺 等임으로 講院教育의 教科에 編入할 必要가 없는 바이다. 以上의 學課에 對한 修業年限을 附記하엿지만은 이는 實地의 實驗에 依하야 規定함이 妥當할가한다.

이 改正案의 根本精神은 佛教를 常識的으로 教授하는 講院 教育制度를 만드자는 것이다.그럼으로써 初機佛學者의 程度 ─ 卽 初等科에 對하야 더욱 周密한 着必을 한바가 이 點에 잇는 것이다. 講院教育은 僧侶의 普通教育 義務教育 機關으로 할 것이요 佛教 最高學府는 專門的인 研究院이라야 맛당할 것이다. 이 新編 教科書에 對하야 一一의 說明을 하기에는 그렇게 紙面이 許하지 안는다. 從來의 講院制度의 改善에 多小 關心用意하신 분이면 點頭 或은 批判이 잇스려니와 明眼講師 利根學人에게 무슨 呶呶한 說明이 必要하랴─. 이 教科로써 筆者自身이 實地의 實驗을 한 後에 自進하야 批判을 쓰기로 이에 約束하야 둔다.

### 다. 教授方法

年 多額의 教育費를 支拂하야 아모리 教育을 奬勵한다 하드라도 根本的으로 教授方式이 適宜치 못한데 잇서서는 結局收穫이 적다느니보다 全혀 없을 것이 事實이니 因與果의 關係를 여긔서 잘 알어야 된다. 教授方法에 잇서 必要한 몇 가지만을 위선 들어보자.

1. 內外典 講師를 多數로 하고 各科를 專任教授케 할 것이다.

2. 內典을 在來와 같은 式으로 單科 單科로 修了의 階悌와 次序를 밟을 것이 아니라 該科에 限하야는 時間과 學課를 均等히 排定하야 敎授할 것이다.

3. 論問講制를 廢하고 그 時間을 더 利用하야 漆板敎授로써 할 것이다.

4. 試驗制度를 實施하야 學期 學年 終에 嚴正히 試驗成績에 査準하야 進級을 식힐 것이다.

以上과 같은 敎科와 制度를 採用하고 使用하엿스면은 敎育施設의 根本本意와 所企에 잇서 相當한 收穫을 얻으리라고 自信하며 이에 끝인다.

一月十七日

# 文藝日記

灘鄕, 『回光』 2, 1932.3

### 夕汀이 떠나는밤

×月×日 밤차로 夕汀은 떠낫다. 夕汀은 나의 詩友 中에서도 퍽 親한 벗이엇다. 多情하고 多恨한 나의 벗이엇다. 같이 안고 눕고 웃고 놀고 이야기하든 때가 몇 번이엇든고? 詩를 읇고 노래를 부르든 적은 뉘가 다 알고? 긴밤도 깊엇드니라 時間 가는 줄도 서로 몰랏드니 그래도 支難한 생각이 없을 때 더욱 時間이 短促함을 깨닷고 우스며 그를 서로 원망도 하엿섯다. 時間은 우리의 歡樂을 도막치고 가는 것이라고 ……. 三台星은 山마루에 기울고 하이한 눈은 뜰에 싸혓든 것을 子正이 넘은 그때에 서로 도륜거리며 빠각! 빠각! 소리를 神秘로운 듯이 드르며 한번돌고 되 방으로 들어오기도 하고 하엿섯다. 돌아오든 길머리에 안으로부터 電燈이 빛최는 영창을 두리 치위에 몸을 옹그리고 서서 어린애 작란처럼 그 문창을 톡! 톡! 손으로 두달게 보기도 하엿섯다. 그 방은 웨? 星園兄이 치운방에서 이불을 둘러쓰고 피곤스러운 듯이 잠에 들엇든 것이엇섯다. 그 兄이 자거나 놀거나 間에 그의 處所를 지나갈 때에는 어쩐지 그냥 지나가지 못하기 때문이다. 그대로 긔척없이 슬적 지나가도 싫든 것이엇다. 이러한 짓이 어찌 夕汀과 나와만 그러하랴. 星園兄도 또한 그러하고 그러할만한 우리 서이의 友情이엇다. 서이 같이 안저놀다가도 나가 어쩌다 한 번 졸고 비슥이 누울 때에는 두 벗은 나를 딱금하게 나무래거나 그렇지 아니하면 『ヒニク』를 하든 적도 한두 번이 아니엇섯다. 이렇게 서로 깨워가며 이약이하고 자미스럽게 놀앗든 벗들이엇섯다. 그러나 나는 이 벗에게 友情으로의 꽤 不恭不經한 짓이 적지 안헛섯다. 가다가 다맛 나의 性格대로 확! 하고 모닥불을 놓앗섯다. 夕汀은 故意로 화를 불근내어 나를 對한다. 이러한 微妙

의 方法으로서 나를 對治한다. 나의 不恭不遜한 짓을 根治하려는 銳利한 武器를 가진 夕汀이엇섯다. 좋은 벗이다. 내가 信賴하는 벗이엇다. 내가 夕汀의 부르로 화낼 때를 볼적에는 나는 어느듯 웃음이 不知中에 터지고 만다. 내 웃는 것을 보고야 같이 웃는 夕汀이엇섯다. 내가 웃을때에는 마주 웃음을 우서줄려고 準備하고 計劃的으로 화를 불근 내엇든 까닭이엇기 때문이다. 나의 화를 화로 치고 우슬 때에 우슴으로 항복을 맛는 妙한 나의 벗 夕汀이엇섯다. 이러한 적이 잇고 잇슬수록 빼치고 잊을려야 잊지 못한 情誼를 나는 알게 되고 더욱 깊이 늣기게 된 것이엇다.

나의 벗 夕汀辛兄은 떠낫다. 歸鄕의 길에 올랏다. 이 벗은 나와 동갑으로서 귀여운 아드님이 집에 잇다. 복슬복슬 잘 큰다. 큰 아드님은 뛰고 놀면서 아버지(夕汀)의 돌아올 일자를 손가락 곱을 만큼 커젓다. 幼稚園帽를 쓰고 귀엽게 드나드는 큰아드님이 말배우기에 애쓰는 어린 아우를 다리고 논다. 夕汀은 愛의 所有者이엇다. 미혼자로서는 到底히 想像치 못할 高貴한 애에 아드님을 안고 업고 할 情의 熱로 점점 行裝을 收合하엿다. 길을 떠낫다. 기쁨의 길이다. 그러나 치우쳐 情感이 많은 夕汀 詩의 世界에서 노는 夕汀 友情이 尤甚한 夕汀이로서는 떠나는 길머리에 몹시 섭섭히 늣기엇슬 것이다. 이러한 나의 벗을 나는 보내주지 못한 것이 恨이다. 遺憾이다. 罪이다. 罪라고 할 수 잇는 程度의 罪이면 차라리 좋으련만은 …….

나는 그날 바로 夕汀이 떠나려는 날 밤에 驛으로 나가기로 마음을 먹엇다. 보다 나는 나가보아야 될 사람이다. 나가지 않고는 안저서 그 벗의 떠나는 時間을 견데지 못할만큼 된 나이엇섯다. 이런 나의 뜻을 뉘가 다 알라주랴– 結局 나 失態만 남고 말엇스니 ……. 나의 그날밤의 그 處地를 辨明하기도 어러웁다. 맛치 辨明하기 위한 辨明같어여서 夕汀과 나와의 友情에 잇서 보내주지 못함이 나로서 이렇게 섭섭함보다 夕汀은 더 섭섭히 녁이고 나를 꾸짖고 가섯슬가? 친구의 사이니만큼 或 그때의 나의 處地를 推測하고 寬海스럽게 가섯슬가? 나는 밋는다. 夕汀과 星園은 서로가 허물업는 친구! 허물을 보지 않을 친구라고. 친구는 친구라느니보다 卽 自己의 自身과 같이 알기 때문임으로.

× ×

뜬구름 같이갓다 그린이가 벗이로다
초승달 고운양을 거긔서도 보시는가
떠나신 자리일망정 다시돌아 봅내다.

**空想**

空想은 希望의 世界에서이다. 未知의 未來를 그리는 自己의 憧憬의 世界에서만이 空想이 비롯한다. 空想처럼 우수운 것 시럽슨 것이 없건만은 사람은 여긔에서 기쁨을 늣기게 되고 살고 습고 이 齷齪하고 險惡한 世相을 살아갈 勇氣가 나는 것이다. '독장수 구구'가 우서운 것이 아니엇다. 어찌 蜃樓化라고 하랴. 독장수는 스스로 구구를 할 때에 남이 모르는 기쁨과 말로 다할 수 없는 크다란 希望이 잇는 것이다. 未來의 自己의 앞에 나타날 바 理想의 樂園을 憧憬할 그 때야말로 그 한날의 한 발자욱 살아오는 동안에 疲困한 肉體와 煩惱스러운 머리를 편안히 쉬게 된다. 고요한 꿈에 잠긴다. 이 어찌 空想인들 眞理안일 수가 잇다하랴. 空想은 現在에서 明了히 認識할 수 잇는 것이다. 過去의 理想이 幻滅化하고 말 때에서다. 그럼으로써 그 理想을 그리든 過去(現在)에 잇서서 現在(未來)를 바라볼 때에 理想을 自己의 希望대로 實現化되지 못할 데에서만 空想이 잇는 것이다. 다맛 自己의 憧憬의 世界에서는 理想 그대로이고 空想이 없는 것이다. 사람은 뉘기나 물론하고 여긔에서만히 滿足이 생기는 것이요 希望이 잇는 것이다. 이러함으로 沙漠의 人生의 길을 것기에 가장 기쁘고 自慰가 되는 것이다. 未知의 未來의 未來의 幸運을 바라고 살며 잇는 것이다.

이 日記를 쓰고 안젓는 나 自身도 亦是 人間으로서의 寸草의 自慰的 自樂을 늣기며 滿足하는 데 잇는 줄도 모른다. 뉘 아니랴—.

나는 이름을 하나 지어 보앗다. 이 이름을 지을 때의 마음은 길거웟섯다. 깨끗하고 고요한 瞬間이엇섯다. 三昧에 들엇든 것이엇섯다. 그렇게 하고 되려고 하엿기 때문이 아니라 自己도 모르게 心一境性이 되엇든 것임을 다음 瞬間에서야 바야흐로 認識하게 된 것이엇다. 사람은 自己로서 自己의 未來의 幸福을 憧憬할 때가 가장 기쁜 까닭이엇섯다. 自己는 自己의 慾求와 希望에 陶醉된다. 사람은 이러한 瞬間이 잇슴으로해서 사는 것이다.

내가 지은 이름도 내가 曠漠無依한 이 人間을 잘 살기 위한 慾求에서이요 生活을 美化하려는 自己의 理想에서이다. 이것이 後日의 물거품같은 空想이 되고 말른지도 지금 이 時間에서는 알지 못한다. 알지 못함으로써 기쁜 것이다. 기쁜 이 마음으로 未來의 幸福스러운 우슴을 기다리게 되는 것이다.

이름은 '프레센트'다. 깨끗한 마음 고운 마음에서 나온 것이엇다. 白玉에다 비기랴—. 푸른 하늘 은하수가에 반작어리는 별과 같이 귀엽고 고운 것이엇다. '프레센트'를 우두워 바들이는 나로서도 모르는 먼— 後日에 잇다. 수집은 마음으로 두 손을 벌리리라. 우두워 공순히 드리러라.

(×月×日)

### 東光社 헛거름

×月×日 午後엇다. 그전과 같이 동광社에를 가섯다. 特別히 뉘를 맛기 위한 것이 아니라 그동안 싀골도 갓다오고 해서 놀로가섯든 것이엇다. 그러나 요한氏도 보지 못하엿다. 그동안 동광社의 이약이도 듯고 하렷든것이 그냥 돌아서기는 갈때보다도 오히려 더욱 궁금하게 되엇섯다. 그러나 할 수 없이 다음에 또 가기로 스스로 約束하고 돌아섯섯다. 오래간만에 아니 한 二十日 남짓하야 가섯스니 만일 요한氏를 만낫드라면 이렇구 저렇구 文藝 — 詩에 對한 이야기를 듯고 하고 하엿슬걸.

돌아오는 길에 樂園洞 골목에서 恒錫氏를 만낫다. 서로 반가워하엿섯다. 어찌하야 요사이에 보기드므냐고? 웨 놀러 안왓냐고(東亞日報社)로? 그

동안에 싀골좀 단여왓노라고 하엿다. 餘暇잇는 대로 차저간다고 하엿다.

**「佛陀紀元 二千五百年祭」**－驛頭에서 손잡고 부탁

×月×日밤 열시반 車, 釜山行 列車는 떠나려한다. 가시는 손님과 보내는 이의 마음이 조마조마 하여질 이 時刻이다. 出發定刻에 六分을 앞두고 朴允進兄은 나에게 封緘 한장을 내어준다. 나는 感謝한 마음으로 우두워 바덧섯다. 주고 받는 이 때에 할 말은 다시 더수업섯다. 時間의 餘裕를 얻지 못한 것이니 곁에 다른 분들이 嶺梅朴兄을 보내주려 나왓든 것이엇다. 嶺梅朴兄은 冬期休學에 故國에를 오섯다. 도로 건너가는 길이다. 大正大學으로 －嶺梅도 나에게 무슨 말을 하고 습흔듯 한 表情을 보인듯 하면서도 얼마 남지 않은 車 時間! 밥버지는 마음! 다른 분들에게! 이렇게 두르번거리기만 한다. 나 亦是 떠나는 嶺梅에게 언지 할 말이 없으랴만은 더욱 嶺梅의 말을 얻어듯지 못하게 된 것이 遺憾이다. 나는 받엇든 封緘을 포케트에 집어 넣엇다. 車에서 나려섯다. 車간에서 嶺梅의 손을 서로(餞送갓든 이들이) 번가러 잡고 등을 서로 시스면서－.

嶺梅는 우리(餞送갓든이)의 뒤를 따라 나렷다. 埠頭로 나렷다. 이 瞬間이엇다. 두리 손을 거듭잡을 때에 보내는 나로서는 저윽히 섭섭한중 정이 불켠듯이 들건만은 嶺梅는 壯快하고 强熱한 表情으로 「二千五百年祭」불타기원을 徹底히 實行하여 달나는 懇囑이엇다. 아까번에 車간에서 주신 封緘도 亦是 그 부탁을 쓴 것이라 하신다. 嶺梅兄의 이러한 말습은 －驛頭에서의 부탁은 참으로 意味잇고 깊은 일이다. 友情으로의 送別의 悵悵을 늣기는 나보다 本師의 佛紀에 對한 情熱의 教界에 對한 誠熱의 囑託이 再三에 이른 것은 實로 嶺梅의 平素의 教界에 對한 誠熱을 左證하는 것이다. 嶺梅는 朝鮮心을 가진 우리 朝鮮佛徒다. 滿腔의 企待와 渴望을 갓는 우리 朝鮮青年佛徒다.

××

嶺梅兄이 주고가신 封緘에는 이러한 글이 잇는 佛教社로 傳하여줄 原稿

엿다. 要題만을 이에 轉寫하리라.

× ×

우리 부쳐님 紀元을 朝鮮에서는 二九五九年(西紀 一九三二年)으로 쓰고 日本及 世界各國에서는 二四九八年(西紀 一九三二年)으로 쓰는 것은 大衆一般이 잘 알 것이다. 勿論 二九五九年이나 四九八年이 둘 다 正確한 것은 아니나 그러나 學者가 佛陀紀元에 關해서 學的으로 苦心硏究한 結果 二四九八年이 正確한데 갓가웁다는 것은 學者間에 일즉이 首肯한 것이 事實이다. 이 紀元에 對해서 朝鮮에서도 二四九八年으로 스자는 議論이 擡頭되엿고 同時에 佛敎社에서는 (權相老先生社長때) 얼마동안 實行한 일도 잇섯다. 그럼으로 今春에 열린 宗會에서도 이 紀元에 對해서 討議가 잇슬 것을 스스로 밋고 二四九八年으로 實行하기를 바라고 二四九八年으로 決定되거든 二千五百年祭(二千五百年 四月 八日에)를 擧國一致로 擧行하기를 바란다.

以下는 省略한다. 이상에 抄한 것만 보아도 嶺梅의 朝鮮佛敎中央行政機關에 對한 希望을 알 수 잇는 바이다. '佛紀二四九八年'은 朝鮮佛敎靑年總同盟 東京同盟에서 實行을 決議한 바는 임이 東京同盟機關紙인 金剛杵(第十九號)를 通하야 알게도 되엇거니와 嶺梅朴兄은 東京同盟 現檢查委員으로 冬期休學에 東京同盟의 盟務를 帶하고 歸國하엿든바 더욱 切實히 '佛紀二四九八年'의 實行에 力說하고 넓히 宣傳하기에 한 責任을 다한다고 볼 수 잇는 바이다. (東京同盟의 決議에 現 檢查委員임으로) 朝鮮佛敎界에 對한 嶺梅兄의 熱誠은 實로 이러하다. 感服할 바이다.

× ×

나는 拙作을 부끄러이 녁이지않고 同志의 信誼와 友情의 情誼로 「別曲三章」을 拜呈하엿다. 이번 거름에

× ×

오신뜻 알겟거니 가시는뜻 모르릿까
　가신뜻 크삽길래 오신뜻도 장할시고
　　손한번 마주잡을때 하올말을 이젓네

은하 기운밤에 별은고히 빛나건만
　물결이 이는 강ㅅ가 白鷗꿈은 깊엇서라
　　손한번 다시잡을때 해박권줄 알러라

구름이 떠가는곧 가는거름 갸륵하다
　돌아서 웨치는소리 들은이가 그뉘런고
　　손한번 또다시잡을제 새로뵐가 함내다.

# 大乘起信論講義(一)

『佛教』94, 1932.4

**凡例**

一, 本論은 印度馬鳴菩薩의 造述인바 舊譯(梁眞諦三藏譯)에 依하야 이제 講義하노라.

一, 本講義는 諸家의 疏記를 徧考參酌함이요 一人一師의 見解疏釋에 專依偏重치 않노라.

一, 本講義는 教理를 大衆的으로 普及的 闡揚하려 함에 目的과 本意를 두엇슴으로써 平易를 經으로 하고 簡明을 緯로함이로라.

一, 本講義에 잇서 多少의 踈漏함과 未洽稍略한 點은 他日의 機會에 完善을 期할바이요 大乘法師의 頂門慈示를 佇待하는 者이외다.

**「講義」**

〔**釋題**〕(大乘起信論) 衆生의 心法當體를 가르켜 「大」라 이름(名)함이니 體相用 三大의 義와 廣博包含의 義가 잇슴을 씀이요 「小」를 揀別하기 爲하야 「大」라 云謂함은 안임이니 만일 「大」의 以外에 「小」 ―可히 揀擇할바 잇다면 어찌서 至大라 할 수 잇스리요. 譬喩에 寄就하야 「乘」이라 일커름이니 運載의 功能이 잇슴을 取함이라 菩薩은 悲智의 六度(布施, 持戒, 忍辱, 精進, 禪定, 智慧) 法門으로써 生死此岸의 衆生을 運載하야 無上涅槃의 彼岸에 到達케 하시니 卽菩薩은 能乘이 되며 衆生은 所乘이 되거니와 本論에 잇서서는 直接 「衆生心」을 指目하야 大乘法體를 삼엇스니 다맛 各自의 스스로가 明明了知하고 惺惺不昧한 自己의 本有心性을 悟得運用하며 運用乘載하면 卽時 涅槃常淨이요 만일 自己의 마음을 迷하야 아지 못하며 迷하되 迷한줄도 모르면 卽 그대로 生死劫波에 轉轉漂浪함이 되나니 무슨 心

性自體을 回光反照하며 解脫運乘함이 잇스랴. 이 論文을 依支하야 모든 衆生으로 하여금 信心을 내게 할새 그럼으로써 「起」라 함이니라.

衆生心中에 眞如自性이 이 凡聖의 通依가 되는지라 迷하면 六趣(天道, 人道, 地獄, 餓鬼, 畜生, 修羅)가 無窮하고 깨다르면 三寶(佛, 法, 僧)가 不斷함이니 卽眞如自性은 實有요 虛僞가 아니며 本來性功德이 具有하며 一切時 一切處에 用爲치 아니함이 없는 줄로 恒沙衆生으로 하여금 스스로 個個圓成의 本有心性을 「信」케 함이니라. 이는 信키 가장 쉬우면서 極히 어려움이니 곳 自性이기 때문이라. 멋트러히 釋迦 彌勒을 가르켜 信하라면 容易히 點頭歸依할는지 모르리라.

決了할 可軌의 文言을 建立하야 甚深한 法相의 道理를 判說함이니 卽決了함을 依支하야 義理를 辨釋判明함이 「論」이 되나니라. 一題를 總括하건대 大乘은 이 論의 宗體요 所信의 境(法)이며 起信은 이 論의 勝用이요 同時에 能信의 心이니 곳 體用을 合擧하고 心境을 雙標함이 될 새 그런故로 이룬 「大乘起信論」이라 함이니라.

〔**造緣**〕 造論의 緣由는 馬鳴菩薩이 無緣大悲로써 生死劫海에 輪廻한 三聚(私定聚, 不定聚, 正定聚) 五性(聲聞性, 緣覺性, 菩薩性, 不定性, 無种性)의 一切衆生을 憐愍히하사 그(衆生)로 하여금 三苦(苦苦, 壞苦, 行苦) 八苦(竪四苦 — 生, 老, 病, 死, 橫四苦 — 愛別離苦, 怨憎會苦, 求不得苦, 五陰盛苦)와 分段(凡夫道) 變易(二乘道) 二種生死苦를 여이고 無上菩提(리) 覺法樂과 無上涅(열) 槃寂靜樂을 얻게 함에 잇나니 卽 迷를 도리케 開悟케 하며 偏見을 버리고 圓通케 하야 佛種을 紹隆케 하심이니라.

〔**宗趣**〕 이 論中에 所詮의 義理는 비록 廣多無量하나 그러나 오즉 一心法과 三大(體, 相, 用)의 義로써 宗崇한바이니 卽 衆生으로 하여금 大乘正信을 이르케 正解를 내게하며 正解로써 萬行을 勤修하야 行이 圓成하면 菩薩의 證位에 들며 證位의 頂極에 達하는 때가 바야흐로 如來의 無上大果를 얻게 되나니 卽始(覺) 本(覺)不異의 究竟覺이며 因(迷界 — 衆生)果(悟界 — 諸佛) 無差의 本源一心에 歸趣케할새 그럼으로써 宗趣를 삼나니라.

〔**宗辨**〕佛敎의 諸部經論이다 — 宗崇主尊한바 잇스니 例컨대 法華는 一乘을 宗하고 華嚴은 法界를 宗하엿스며 維摩는 不思義解脫을 宗하고 般若은 俱空을 宗하엿스며 百論은 空理로 百法은 唯識으로 俱舍는 事法으로 寶性은 唯心이니 이러한 諸部經論의 所宗을 貫通類攝하야 分類立名함을 列擧하건대 (1) 隨相法執宗 (2) 眞宗無相宗 (3) 唯識法相宗 (4) 如來藏緣起宗 (5) 圓融俱德宗이라. 本論은 如來藏緣起宗에 當함이니 卽一心法이 染淨諸緣을 딸아 能히 世出世의 諸法을 生起하며 攝該하는 義理를 崇重하야 밝힌 緣故라. 그럼으로써 如來藏緣起宗의 略稱으로 性宗이라 함이니라.

〔**宗體**〕大乘의 法體는 際畔이 없으며 分量이 끊이인지라 心識의 境界아니언만은 心識이 아니면 能히 究鑽證悟치 못하며 玄之又玄하고 寂之又寂한지라 口言의 形容할배 아니언만은 口言을 여이고는 可히 說罷提示할 수 없으며 蕭焉空寂하야 色相이 안인지라 眼見으로써 窺視치 못하련만은 오즉 眼見으로써 照了可得할 수 잇나니 蕭然空寂하기 때문에 眼識의 所緣인 森羅萬象의 밖에 超出함이 없나니. 諸法에 卽하야 實相을 照見한다함이 어찌 이를 云謂함이 안이랴. 凡聖愚智 — 無二한 眞源이라 眞妄差別를 分位할 수 없건만은 染淨諸法이 歷然하며 動靜明昧에 逈出하엿건만은 寂焉能動하며 昧而靈鑑하나니 大라 이르고자 할지라도 無內의 芥子에 納入하되 少毫도 遺漏한바 없음이요 微라 말코자 할지나 無外의 太虛를 包含하되 오히려 裕餘함이 잇으며 時分과 度量이 끊이엿건만은 竪로 三世(時間)에 貫桶하야 無始無終하며 橫으로 十方(空間)를 該博하야 無邊無涯함이 勝用의 邊으로는 有인 듯 하나 克體에 就하야는 空인 듯 하니 아지모커라. 무어라 말하리요. 實로는 大乘宗體라 이를 수도 없건만은 구타여 大乘宗體라 함이니라. 이 말도 또한 不得已하야 씀이니라.

**◇正歸三寶**

○ 歸命盡十方 最勝業徧知 色無礙自在 救世大悲者 及彼身體相 法性眞如海 無量功德藏 如實修行等

〔**訓讀**〕 命을 十方에 다한 最上의 勝業과 徧知와 色이 無礙하며 自在하신 救世의 大悲者와 밋 彼身의 體相인 法性眞如海와 無量功德을 藏하신 如實修行 等께 돌려보내옵나니.

〔**講義**〕 馬鳴菩薩이 將次造論하렴에 三寶의 加護의 力을 빌기위하야 몬서 三寶께 歸命하나니 卽十方界와 三世際에 盡極周徧하사 可化의 物倫을 딸아 모든 佛事를 지으신 最上의 勝妙業用과 如理如量의 徧知와 佛의 身體色相이 端嚴妙好하며 無際無限하야 妙色이 잇스되 障碍가 없으며 비록 質碍는 없으나 示現의 義用이 잇는 色無礙와 五根을 互用하며 十身을 相作함에 自由自在하신 救世度生의 無緣(人我能所의 差別緣) 大悲心을 가지신 佛陁와 저 佛身의 法界體相으로부터 流出하신 甚深廣大한 法性眞如法寶와 一行닥금을 딸아 萬行을 集成케 되며 一一行이 法界量과 같은 無量功德을 갓추어 菩提願을 發하며 智慧를 滿足히 하야 實다이 修行하는 僧寶니라.

一身의 主要인 無二의 命根을 들어 無上絶倫의 寶尊께 歸依함은 敬順信心의 極致를 表함도 되려니와 또는 六根을 總御하는 命根을 들므로써 六塵에 恒常馳散하는 六情을 總攝하야 一心의 本源에 還歸함이 되나니 歸依할 바의 一心이 卽是三寶요 自己의 心性 以外에 別로히 佛法僧이 없기 때문이라.

〔**辭抄**〕 三寶(名數) 佛法僧. 三世亦云三際(術語) 過去, 現世, 未來. 十方(雜語) 東, 西, 南, 北, 四維, 上, 下. 十身(名數) 菩提身, 願身, 化身, 九指身, 相好莊嚴身, 威勢身, 意生身, 福德身, 法身, 智身. 五根(名數) 眼根, 耳根, 鼻根, 舌根, 身根. 六根(名數) 五根에 意根을 加六情亦云六識(名數) 眼識, 耳識, 鼻識, 舌識, 身識, 意識. 六塵(名數) 色, 聲, 香, 味, 觸, 法. 亦云六境. 菩薩(術語) 具云菩提薩埵. 譯云道衆生. 又覺有情이니 道를 求하야 大覺하엿기 때문이라.

### ◇述造論意

○ 爲欲令衆生 除疑捨邪執 起大乘正信 佛種不斷故

〔**訓讀**〕 衆生으로 하여금 疑心을 除하며 邪執을 버리고 大乘正信을 이르

켜 佛種이 끊어지지 않케고자 함을 爲하옵는 緣故이니다.

〔**講義**〕 造論의 大意가 下로 衆生을 敎化하고 上으로 佛道를 弘闡코자 함에 지나지 아니하나니 衆生이 길히 生死劫海에 沈淪하야 涅槃彼岸에 趣向치 못함은 다맛 疑惑邪執을 말므얌기 때문이니 그럼으로써 이제 衆生으로 하여금 大乘法을 求證코자 함에 몬저 發心을 障碍하는 疑法의 心과 修行을 憂慮하는 疑問의 心을 除하며 我法二種의 邪見妄執을 버리고서 大乘正信을 이르켜 大乘은 오즉 一心뿐 인줄로 信解하야 맛츰내 如來의 家에 得生하야 正法을 護持하며 佛位를 紹隆하야 佛種慧命이 斷絶치 않게고자 함이니라.

〔**辭抄**〕 涅(열) 槃(術語) 梵語이니 華語로 翻云하면 滅度며 寂滅이며 無爲며 安樂等. 我法二執(名數) (1) 我執. 亦云人執이니 五蘊(色, 受, 想, 行, 識) 假和合의 色身中에 人我의 主宰之義가 잇는 줄로 固執함이요. (2) 法執이니 五蘊等 諸法이 因緣所生이라. 如幻如泡如化인 줄로 아지 못하고 實性自體가 잇는 줄로만 固執함이니라. 衆生(術語) 梵에 薩捶. 翻云有情이며, 衆生이니 五蘊(陰)이 和合함을 因하야 生할새 是故로 云衆生.

◇**總標起說**

○ 論日 有法 能起摩訶衍信根 是故應說

〔**訓讀**〕 論하야 曰 法이 잇서 能히 摩訶衍信根을 이르킬새 이러한 緣故로 應說하나니라.

〔**講義**〕 어떠한 이든지 一心大乘法이 잇는 줄로 信解하야 廣大信根을 發起하면 卽時 佛의 道에 들미요 들기를 하마(已) 함에 眞如門中에 理致決定을 信得하며 生滅門中에 因果不亡함을 信從하며 三大義中에 三寶不壞를 信順하야 所修의 自分功德을 일치 아니하고 前進勝求하는 大利益이 잇슬새 이러함으로써 衆生을 爲하야 應當히 說함이니 卽 此論의 本意는 大體로位를 因中의 衆生心法에 두엇나니라

〔**辭抄**〕 摩訶衍(術語) 具云摩訶衍那니 譯云 大乘. 眞如門(術語) 其體性이

平等一味라 差別의 相이 離絶함이요. 生滅門(術語) 隨緣成事에 諸法差別의 相이 生起함이니라. 三大(名數) 體大, 相大, 用大.

◇**正陳所說**

○ 說有五分 云何爲五 一者因緣分 二者立義分三者解釋分 四者修行信心分 五者勤修利益分

〔**訓讀**〕 說하건대 五分이잇스니 어찌함으로 五가 되는가. 一者는 因緣分이요 二者는 立義分이요 三者는 解釋分이요 四者는 修行信心分이요 五者는 勤修利益分이니라.

〔**講義**〕 말이 저절로 나오지 않는지라 반듯이 因由가 잇슴이요 論을 偶然히 지음이 안이라 眞實로 因緣이 잇나니 이것이 이른바 智者의 所爲라. 凡人의 率爾함과는 같지 않음이요. 由致를 임이 밝혀슬진대 맛당히 正義를 略標할지니 만일 그렇지 않으면 어찌써 論의 宗本綱要를 了知하리요. 또 만일 立義의 略標宗綱을 廣明辨釋치 아니하면 奧妙의 義理를 難解케 될새 그러함으로써 解釋分이요 起信함을 依支하야 應當히 進修할지니 만일 智解만 잇고 實行이 없으면 論意를 領會치 못할뿐만 아니라 同時에 論義와 契合치 못하야 少毫의 利益도 없음이 終日토록 他家寶를 헤아림과 같을새 그런故로 修行信心分을 力說함이요 비록 行儀의 信心法門은 示說하엿스나 그렇나 鈍根은 懈慢하고 善根이 薄弱한 者는 길거히 造修치 아니할새 直接利益을 提擧하야 맛당히 勤修하기를 婆心으로써 勸하심이 卽勤修利益分이 되나니라.

◇**因緣分**

○ 初說因緣分 問曰 有何因緣 而造此論 答曰 是因緣 有八種 云何爲八 一者因緣總相 所謂 爲令衆生 離一切苦 得究竟樂 非求世間名利恭敬故 二者爲欲解釋 如來根本之義 令諸衆生 正解不謬故 三者爲令善根 成熟衆生於摩訶衍法 堪任不退信故 四者爲合善根 微少衆生 修習信心故 五者爲示方便 消惡

業障 善護其心 遠離癡慢 出邪網故 六者爲示修習止觀 對治凡夫二乘心過故 七者爲示專念方便 生於佛前 必定不退信心故 八者爲示利益 勸修行故 有如是等因緣 所以造論

〔**訓讀**〕 몬저 因緣分을 說하리라. 問曰 어떠한 因緣이 잇관대 이論을 지으나니꼬? 答曰 이 因緣이 八種이 잇나니라. 이룬 어떠함이 八이 되는고? 一者는 因緣總相이니 이른바 衆生으로 하여금 一切苦를 여이고 究竟樂을 얻게 하기 爲함이언정 世間과 名利恭敬을 求치 말게한 緣故요 二者는 如來의 根本의 義를 解釋하야 모든 衆生으로 하여금 正解하고 謬치 말게하기 爲한 緣故요. 三者는 善根이 成熟한 衆生으로 하여금 저 摩訶衍法에 堪任하야 退信치 않게 하기 爲한 緣故, 四者는 善根이 微少한 衆生으로 하여금 信心을 修習케 하기 爲한 緣故요. 五者는 方便을 보이혀 惡業障을 消滅하고 그 마음을 善護하야 멀리 疑慢을 여이고 邪網에 뛰어나게 케하기 爲한 緣故요. 六者는 正觀修習함을 보이혀 凡夫와 二乘의 心過를 對治케 하기 爲한 緣故요. 七者는 專念方便을 보이혀 佛前에 生하야 반듯이 決定코 信心에 退墮치 않게 하기 爲한 緣故요. 八者는 利益됨을 보이혀 修行을 勸키 爲한 緣故니 이러한 因緣이 잇슬새 所以로 論을 짓나니라.

〔**講義**〕 造論의 因緣이 通히 八種이 잇스니 (1)은 一部 論文의 總相이 되나니 卽一切衆生으로 하여금 三苦, 八苦 生死苦를 永離하고 無上涅槃의 究竟樂을 一得永得케 함이요 그(衆生)로 하여금 有漏의 後世人天樂을 求하게 함이 아니며 또는 現世의 浮雲草露같으 名利와 恭敬을 바라게 함도 안임이니라. (2)는 如來의 說하신바 一切法門의 根本義인 一心, 二門, 三大의 法義를 解脫釋明하야 모든 衆生으로 하여금 正信正解를 얻게 하고 邪師輩의 曲談妄說에 誘惑謬迷치 말게 함이며. (3)은 善根德本이 임이 成熟한 衆生으로 하여금 大乘法에 不退信位를 堪任하야 得住케 함이요. (4) 惑障이 厚重하야 善根이 微少한 衆生은 如來의 正法을 信解키 어려울새 四信, 五行으로써 信心을 發起修習케함이요. (5)三寶께 禮敬하는 그러한 方便으로써 모든 業障을 消滅하고 自己의 淸淨自心을 善護하야 안으로 聞法의 癡慢을

遠離自治하고 밖으로 邪魔의 羅網에 脫出케 함이요. (6)은 만일 止와 觀을 具修치 아니한즉 能히 菩提의 道에 悟入키 어려울새 그런 故로써 止觀을 雙修俱運하야 凡夫의 生死에 戀着하는 心過와 小乘의 自利에 偏重하야 大悲를 이르키지 아니하는 心過를 對治케 함이요. (7)는 三界에 昇沈하며 六道에 輪廻하는 衆生을 方便이 아니면 救出할 門이 없음으로써 淨土에 往生하기를 勸助하나니 阿彌陀佛을 專念한 功德으로 彌陀佛前에 現生하야 記別을 얻어 不退信位에 住定케 함이니 卽 現世에서 念佛할 때에 念이 念窮하야 無念한 곧에 이르면 六門(六根門頭)에 紫金光明을 놓으리니 어찌써 自性이 彌陀며 唯心이 淨土아니리요. (8) 어떠한 衆生이 如來의 甚深境界에 正信을 得生하야 大乘道에 悟入코자 할진대 맛당히 이 論을 受持하야 思惟修習하면 華竟에 能히 無上果를 證하며 또한 無量功德을 獲得할지니 이와같은 廣大의 利益이 잇슴으로써 修行키를 勸코자 함이니 어찌하야 造論치 아니하리요.

〔辭抄〕 如來(術語) 梵語에 多陁阿伽陁 翻云如來. 眞如의 道를 乘하고 三界에 來하사 物倫을 教化할새 故云如來. 三苦(名數) 苦苦, 壞苦, 行苦. 八苦(名數) 竪四 — 生, 老, 病, 死. 橫四苦 — 愛別離苦, 怨憎會苦, 求不得苦, 五陰盛苦. 生死苦(名數) 生老病死苦의 略稱. 四信(名數) 眞如, 佛法, 僧. 五行(名數) 布施, 持戒, 忍辱, 精進, 止觀. 三界(術語) 欲界, 色界, 無色界. 六道(名數) 六趣와 同一. 記別(術語) 又는 記莂로도 쓰나니 佛이 弟子의 成佛할 때에 劫數, 國土, 佛名, 壽命等事를 一一이 分別하사 말슴하실새 故云記別. 이 記莂을 弟子에게 授與하실새 또한 授記라고도 이르나니다.

◇**問答遣疑**

○ 問曰 修多羅中 具有此法 何須重說 答曰 脩多羅中 雖有此法 以衆生根行不等 受解緣別

〔**訓讀**〕 물어가로대 修多羅中에 이 法이 가추어 잇거니 어찌함으로 重說함을 須求하는고? 答하야曰 條多羅中에 비록 이 法이 잇스나 衆生의 根

과行이 같지 아니하며 受하야 解하는 緣이 다름을 씀이니.

〔**講義**〕 八種因緣과 같은 그러한 法을 모든 經中에 具足히 說하야 衆生으로 하여금 苦를 여이고 樂을 얻게 하고자 하섯거늘 이제 論中에 重說함이 비록 繁蔓하듯 하나 그렇나 衆生이 根機가 利鈍이 잇고 意行의 所樂이 같지 아니함으로써 廣多한 契經을 尋究하야 문듯 了解하기도 하며 簡略한 論文을 探索하다가 瞭然히 悟入함도 잇스며 佛이 住世하시는 때로 조차 敎化를 받어 豁然解悟키도 하며 設使供佛의 宿緣은 없을지라도 像法, 季法中에 多幸히 敎法을 信受케 되면 卽時 敎의 敎化를받어 一軸之中에 朗然解得하는 緣이 各各 다르기 때문이요 또는 所化의 機로서 菩薩에게는 設或 因緣이 없을지라도 佛에게는 化緣이 잇슬 수 잇는것과 맛찬가지로 佛의 經敎에는 비록 因緣이 없는 衆生일지라도 菩薩의 論에는 開示悟入의 緣이 잇슬새 곳 論을 지어 大乘法義를 曉得了知케 함이니라.

〔**辭抄**〕 脩多羅 (術語) 又修單羅 修單簡多. 正翻云線이니 線으로써 花를 貫穿함에 散失치 아니함과 같이 言敎가 能히 法義를 貫穿하야 散失함이 없음으로써 線(綖)이라하며 義譯云契經. 像法(語) 像卽似이니 敎法의 行規가 正法과 倣似함을 云謂. 季法 (術語) 像法의 末季를 云謂함이니라.

# 大乘起信論講義(二)

『佛教』 95, 1932

◇問答遣疑(續)

○ 所謂 如來在世 衆生利根 能說之人 色心業勝 圓音一演異類等解 則不須論

〔訓讀〕 이른바 如來ㅡ世에 在하심에는 衆生도 利根이요 能說의 人도 色心業이 勝하야 圓音一演에 異類가 等解한지라 곳 論을 須(求)할 것 없거니와.

〔講義〕 釋迦如來께서 住世하실 때에는 當時의 所化衆生도 根機가 殊勝하고 能說의 教主도 紫金色身과 大智慧心業이 清淨하며 殊勝하사 그 法音이 無障無碍하야 十方界에 周徧徧滿하거든 各各根性의 成熟함을 딸아 듯지 안이함이 없을새 그럼으로써 圓音이니 이 佛의 圓音은 一切衆生의 種種語言法을 다 가추신지라 한번 演暢하심에 三乘 五乘이 一時一會에서 一齊히 解悟한지라 佛陁의 經典도 오히려 假藉치 안이하거든 어찌 함을며 菩薩의 論藏을 須求할바리요.

〔辭抄〕 三乘(術語) 聲聞, 緣覺, 菩薩. 五乘(術語) 三乘에人乘 天乘을加.

○ 若如來滅後 或有衆生 能以自力 廣聞而取解者 或有衆生 亦以自力 少聞而多解者 或有衆生 無自心力 因於廣論 而得解者

〔訓讀〕 만일 如來 滅하신 後에는 어떤 衆生은 能히 自力으로써 廣聞하야 取解할 者도 잇슬지며. 어떤 衆生은 또한 自力으로써 少聞하야 多解할 者도 잇슬지며. 어떤 衆生은 自心力이 없어 廣論을 因하야 得解할 者도 잇슬지며.

〔講義〕 自力이 잇는 衆生은 文義가 豐富한 廣博한 經筴을 轉讀多聞하야 佛의 甚深義를 解悟하거나 그렇지 아니하면 簡約한 經典을 樂誦하야 能히 佛意를 深海키도 할지며. 다맛 經文만으로써 佛의 廣大甚深한 無邊의 義

趣를 解得할 自心力이 없는 衆生은 菩薩의 廣論을 依支하야사 비로소 悟入하기도 할지니라.

○ 自有衆生 復以廣論 文多爲煩 心樂總持少文 而攝多義 能取解者 如是此論爲欲總攝 如來廣大深法 無邊義故應 說此論

〔訓讀〕 스사로 衆生이 다시 廣論의 文多함으로써 煩을 삼어 마음에 少文을 總持하야 多義攝함을 질거하야 能히 取解할 者 一잇슬새 이럼으로 이 論은 如來의 廣大深法의 無邊義를 總持코저하는 (緣)故로 應(當)히 論을 說함이니라.

〔講義〕 廣論文繁함을 須求치 안은 이 衆生은 비록 利根이지만은 그래도 마음에 文은 簡約하고 義가 豐富한 論을 假藉하야사 바야흐로 甚深한 佛經의 旨趣를 了得케 됨으로써 少文의 論을 總持하야 經敎의 無邊多義를 攝收踐得코자 할새 이러함으로 如來의 一代時敎의 廣大甚深法과 그의 無量無邊不可說義를 撮略總攝하야 이 一卷論을 造述케 됨이니 譬컨대 一의 窓孔으로 能히 無邊大空을 凌視할 수 잇슴과 같으며 一滴의 海水로써 足히 萬頃滄波의 醎味를 嘗得할 수 잇슴과 같나니 어찌 萬卷의 經敎를 涉獵코자 一心의 指歸를 아리요. 要컨대 佛敎의 敎理는 當句卽得이요 當句卽絶이라야 始得하리라.

◇**立義分**

○ 已說因緣分 次說立義分 摩訶衍者 總說有二種 云何爲二 一者法 二者義 所言法者 謂衆生心 是心 則攝一切世間法 出世間法 依於此心 顯示摩訶衍義 何以故 是心眞如相 卽示摩訶體故 是心生滅因緣相 能示摩訶衍 自體常用故

〔訓讀〕 임이 因緣分을 說하엿스니 다음엔 立義分을 說하리라. 摩訶衍者는 總說컨대 二種이 잇스니 이른 어떠함이 둘이 되는고? 一者는 法이요 二者는 義라. 法이라 말하밧者는 이른 衆生心이니 이 마음이 곳 一切世間과 出世間法을 攝하나니 이 마음을 依(支)하야 摩訶衍義를 顯示함이니라 어

찌 쓴(緣)故뇨? 이 心眞如의 相이 곳 摩訶衍의 體를 보인 (緣)故며. 이 心生滅의 因緣과 相이 能히 摩訶衍의 自體와 相과 用을 보인(緣)故다.

〔**講義**〕大乘法體가 卽是衆生心이니 이 心이 諸法의 源이 된지라 一切諸法이 이 一心으로써 自體를 삼고 別로 自相實體가 잇슴이 없을 새 그럼으로 이 衆生心이 一切世間法과 出世間法을 收攝하며 攝生케 되나니 卽 心眞如門은 染淨의 通相이라 오즉 體이니 世, 出世의 差別法義를 融鎔總攝함이요 心生滅門은 染淨差別法相을 別顯함이라 치우처 相에 屬하나니 順流反流의 諸位行相을 歷然該攝한지라 그런 故로 眞如門의 義相 그대로가 卽是 摩訶衍의 體를 顯示케 되는 緣故며. 生滅門의 因緣과 相 卽發業, 潤業과 受報形狀에 能히 性淨本覺인 摩訶衍體를 示謂具含하엿나니 卽依眞起妄이며 事攬理性의 起動門인 까닭이요. 또는 反流上의 飜染淨相과 順流邊의 隨染業用이 具有雙詮하엿슬새 能히 大乘의 相用을 具顯所示함이니 卽一心이 體相이 無碍하며 染淨의 同依가 되는지라 順流, 反流, 發心, 畢竟, 凡聖諸位! 오즉 이 摩訶衍法인 一心을 依支하야 迷悟轉成할 뿐이니라. 總括하면 衆生心은 眞妄이 具有하엿기 때문에 迷悟 事理 萬行萬德 三細六麤에 任性任用하며 能生能滅하나니 卽此論의 崇尙趣向한 바의 宗旨어니와 了義佛教의 本宗本法이 되나니라.

〔**辭抄**〕三細 (術語) 業相, 轉相, 現相. 六麤 (術語) 智相, 相續, 執取, 計名, 造業, 受報.

○ 所言義者 則有三種 云何爲三 一者體大 謂一切法 眞如平等 不增滅故 二者相大 謂如來藏 具足無量 性功德故 三者用大 能生 一切世間 出世間 善因果故 一切諸佛 本所乘故 一切菩薩 皆乘此法 到如來地故

〔**訓讀**〕義라 말한밧者는 곳 三種이 잇스니 이른 어떠함이 三이 되는고? 一者는 體大이니 이른 一切法에 眞如 ㅡ平等하야 增滅치 않는(緣)故요. 二者는 相大이니 이는 如來藏이 無量한 成功德을 具足한(緣) 故요. 三者는 用大이니 能히 一切世間과 出世間의 善因果를 내는 (緣)故라.

〔**講義**〕眞性心體는 竪로 三世에 深窮하나 去來가 끊어젓스며 橫으로 十

方에 廣遍하건만은 中外가 없는지라 凡聖의 正報와 染淨의 依報가 다 이 性體로써 所依를 삼을새 그런 故로 이른 體大이니 卽生死에 處하야 染相을 더하드라도 增한바 없으며 涅槃에 在하야 妄念을 除할지라도 減한바 없음이요. 또는 反流에 淨用을 얻으라도 增치 아니하며 隨流에 性德이 闕하여도 減되니 않을새 진실로써 染淨의 諸法에 橫在하나 缺虧한 바없으며 古今의 始終을 貫通하되 變易치 않음으로써 眞如가 平等하다 함이니라. 無量無邊의 恒沙性功德을 具足한 如來藏은 곳 常恒不變한 眞心의 體와 다르지 아니할새 相大라함이요 眞如의 熏習力으로써 世間의 有漏業인 十善을 닥그매 樂果를 亨受하며 스사로 生死苦를 厭離하고 無住의 六度를 勤修하야 涅槃寂滅樂을 獲得함이 出世의 無上果이니 이것이 卽用大의 勝用이니라.

이 摩訶衍의 法義는 一切諸佛이 究竟에 이른 本乘인 緣故며 또는 一切菩薩이 다 이 大乘法을 乘運하야 장차 如來地에 到達케 될새 그럼으로 이른 摩訶衍이라 함이니라.

〔辭抄〕 正報 (術語) 亦云正果. 過法의 業因으로써 現世의 果報를 感得함을 云謂함이니 卽果報의 正體를 正報라함이라. 依報 (術語) 身外의 諸物을 指稱함이니 卽此身의 所依의 世界, 國土, 家屋, 衣食等. 十善 (術語) 放生, 施食, 梵行, 實語, 直語, 軟語, 和合語, 不淨觀, 慈悲觀, 因緣觀, 六度 (名數) 布施, 持戒, 忍辱, 精進, 禪定. 智慧. 如來藏 (雜語) 空如來藏 不空如來藏 二種이 잇스니 空은 煩惱空無를 이름이요. 不空은 恒沙性功德이 具有함을 指稱함이라. 二種如來藏은 因位의 衆生心이 煩惱本空하고, 功德具足하야 果位의 如來를 合藏함을 意味함이라.

◇**解釋分**

○ 已說立義分 次說解釋分 解釋有三種 云何爲三 一者顯示正義 二者對治邪執 三者分別發趣道相 顯示正義者 依一心法 有二種門 云何爲二 一者眞如門 二者生滅門 是二種門 皆各總攝一切法 此義云何 以是二門 不相捨離故

〔訓讀〕 임이 立義分을 說하엿스니 다음엔 解釋分을 說하리라. 解釋에

三種이 잇스니 이른 어떠함이 三이 되는고? 一者는 正義를 顯示함이요 二者는 邪執을 對治함이요 三者는 發(心)하야 道에 나아가는 行相을 分別함이니라. 正義를 顯示한단者는 一心法을 依(支) 하야 二種門이 잇스니 이른 어떠함이 二가 되는고? 一者는 眞如門이요 二者는 生滅門이니 이 二種門이 各各 總히 一切法을 攝하나니 이 뜻이 어떠함인고? 이 二門이 서로 捨離치 않음을 쓴 (緣)故라.

〔**講義**〕 前分에 此論의 正義를 略標하엿슬진대 이제 맛당히 그 一心, 二門, 三大의 義를 彰顯開示하야 衆生으로 하여금 正解를 내겧게 함이요 非正의 道理에 妄영되이 計着을 내여 憂患이 頗甚함이 될 새 그 異計의 心을 對治하야 除滌케 함이요. 發心하야 正理에 나아가는 階降差位를 廣明細釋함이니라.

衆生心의 一法이 眞妄二義를 具含하엿스니 一은 克體絶相義이니 卽 眞如門이라 非染非淨이며 無生無滅이며 不動不轉하야 平等一味라 元來 差別의 相이 없음이요. 二는 隨緣起滅義니 卽生滅門이라 無明이 眞如를 熏習하는 緣故로 眞如가 妄緣을 딸아 一切染法을 生起하며. 또는 眞如가 無明을 熏灸함을 말미암어 妄心妄境을 滅하고 모든 淨法을 이루나니 비록 染淨의 緣을 딸을지언정 그 眞如의 體性은 常恒不動하나니 正히 不動함을 말미암을새 能染能淨하나니라. 이렇은 緣故로 不動의 體性이 起滅의 門中에 잇나니 卽 體大니라. 이것이 이른바 不染而染이며 染而不染인저－

眞如은 이 泯相顯實門이나 그렇나 相을 壞치 아니하고 곳 泯할새 저 染淨의 通相이 되는지라. 이 通相의 外에 別로히 染淨－ 可得할 바 없는 緣故로 貫出의 一切法을 總攝함이요. 生滅은 攬理成事門이지만 實로 理를 壞

**立義分의 略圖**

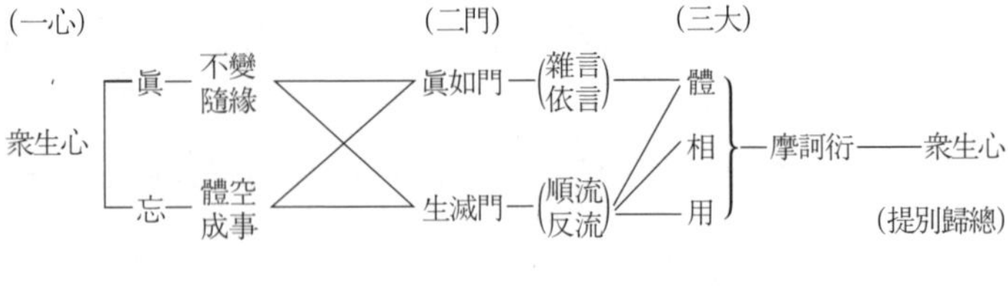

치 않고 事를 得成하나니 卽 染淨을 別顯하는지라. 이 染淨의 法이 該收치 않음이 없을새 그런 緣故로 또한 一切諸法을 能히 總攝하나니라. 만일 眞如生滅二門이 各別할진대 可히 相順치 못할 것이며. 또한 만일 本來 오즉 一心뿐일진대 諸法을 影攝치 못할 것이어늘 어찌함으로써 二門이 諸法을 各別總攝함이 되는고? 體相이 各別일진대 二門이 各存이련만은 이 二門이 一心上의 義일새 卽 體相이 相卽한지라 二門이 不相捨離한 緣故니라. 譬컨대 波與水가 同一한 濕性의上에 互不相離함과 같나니라. 金으로써 지은 椀與盞이 어찌 서로 다름이 잇스리요.

무릇 名相을 딸아 執着하면은 卽 時謬解邪見이 甚하여 지는지라. 觸目이 다妄이요. 虛心坦懷하야 潛心默照하면 心地! 朗然한지라 句々에 薦得하리니 證了悟入이 어찌 一心 二門의 字句에 잇스리요. 眞如生滅의 名字만에 膠求치 말고 眞如門中의 隨緣과 生滅門中의 體空의 義를 覃思苦究하면 不相捨離의 義理― 顯顯了了하리니 言說의 道를 依支하야 無言說의 道에 이르러사 바야흐로 옳으리라.

**〔辭抄〕** 無明 (術語) 梵語 阿尾儞也. 譯云無明이니 痴闇하야 慧明이 없는 故라.

# 大乘起信論講義(三)

『佛教』98, 1932

◇**解釋分**(續)

○ 心眞如者 卽是一法界 大總相法門體 所謂心性 不生不滅 一切諸法 唯依妄念 而有差別 若離心念 則無一切 境界之相

〔**訓讀**〕心眞如－란者는 곳이 一法界大總相法門體이니 이른바 心性은 不生不滅하것만은 一切諸法이 오즉 妄念을 依(支)하야 差別이 잇나니 만일 心念을 여히면 곳 一切境界의 相이 없나니라.

〔**講義**〕無二의 眞如의 理는 卽是靈鑑虛融한 平等不二의 一法界大總相法門의 體가 되나니 이른바 本有心性은 妄을 따라 나지도 않으며 妄긇음을 因하야 滅하지도 않으것만은 世間의 現顯諸法이 差別遷流함은 오즉 偏計妄情의 所作을 씀이라. 有漏法의 本來無實함이 譬컨대 翳眼邊의 空花와 같나니 翳眼도 오히려 病이거니 함을며 空花리요. 만일 偏計의 妄心雜念을 여히면 곳 一切有漏境界의 妄有假相이 없나니라.

〔**辭抄**〕偏計(術語) 凡夫의 妄心으로써 諸法을 周偏計度함이라. 有漏法(術語) 妄念을 依支하야 所顯된 世間諸法을 이름이라.

○ 是故 一切法 從本已來 離言說相 離名字相 離心緣相 畢竟平等 無有變異 不可破壞 唯是一心 故名眞如

〔**訓讀**〕이러한 (緣)故로 一切法이 本을 좇아 임이 옴으로 言說相을 여혓스며 名字相을 여혓스며 心緣相을 여혀서 畢竟平等하야 變異함이 잇슴이 없서 可히 破壞치 못하야 오즉 이一心일새 그러한 (緣)故로 眞如라 이름이니라.

〔**講義**〕眞心을 依支하야 妄念이 生起하며 妄念生起함으로부터 所現된 一切世間의 諸法의 實性은 無時의 過去로 좇아 옴으로써 스사로 言說相과

名字相과 心緣을 여히엿는지라 입으로 形言할 수 없으며 무어라 부를 수 없으며 마음으로도 可히 어떻다 녀길 수 없어서 未來의 畢竟에까지 平等하야 少毫도 그 自體는 變異함이 없어 染에 處하여도 可히 破치 못하며 道를 行할때라도 可히 壞치 못함으로써 오즉 一心이니 그런 緣故로 眞如라 함이니라.

○ 以一切言說 假名無實 但隨妄念 不可得故

〔訓讀〕 써 一切言說은 假名이요 實이 없나니 다맛 妄念을 딸을 지언정 可히 얻지는 못하는 (緣)故라.

〔講義〕 모든 言說이란 假名이 實性自體가 없는지라 다맛 妄念을 딸아서 臨期하야 表現發露될 뿐이요 眞心常體에는 可히 取得할바 없기 때문이라

○ 言眞如者 亦無有相 謂言說之極 因言遣言 此眞如體 無有可遣 以一切法 悉皆眞故 亦無可立 以一切法 皆同如故 當知一切法 不可說 不可念 故名爲眞如

〔訓讀〕 眞如란 者도 또한 相잇슴이 없나니 이른 言說의 極일새 말을 因하야 말을 遣함이니라. 이 眞如體는 可히 遣할 것 잇슴이 없으니 써 一切法이 다 眞인 故며 또한 可히 立할것도 없나니 써 一切法이 다 같은 如인故라 맛당히 알괘라 一切法은 可히 說치도 못하며 可히 念치도 못할새 故로 이름이 眞如―됨이니라.

〔講義〕 名相言敎만 不可得일뿐 아니라 이른바 「眞如」란 것도 또한 이 形相 可히 얻을 것 없나니 「眞如」란 名字는 모든 一言說의 가운데 最頂極致임으로 이 「眞如」란 이름을 因하야 餘他의 言說을 遣拂키 爲함이니라. 그렇나 이 眞如의 體는 可히 遣拂할 것 없으니 써 世間諸法이 그대로 다 眞인 緣故며 또한 可히 建立할 바도 없으니 一切諸法이 다 如인 故라. 그럼으로써 諸法의 法性이 卽是 眞如인줄 알것도다.

○ 問曰 若如是義者 諸衆生等 云何隨順 而能得入 答曰若知一切法雖說 無有能說可說 雖念 亦無能念可念 是名隨順 若離於念 名爲得入

〔訓讀〕 물어갈온 만일 이와같은 義일진대 모든 衆生 等이 이른 어떻게

隨順하며 能히 得人하리니꼬? 대답하야 갈온 만일 一切法을 비록說하대 能說可說잇슴이 없으며, 비록 念하대 또한 能念可念이 없는 줄로 알면 이것이 이름이 隨順이니 만일 念을 여히면 이름이 得入이 되나니라.

〔講義〕 만일 一切法이 言語를 여히고 心慮가 끊어진지라 眞實로 不可說이며 不可念이라야 眞如라할 진대 煩惱具縛의 모든 衆生이 임이 發言하면 곳 違理되며, 動念하면 卽是乖眞이어니 이른 어떻게 隨順하며 能히 得入하리니까? 一切法을 可히 說할 수 없고 可히 念할 수 없으나 그렇나 說하고 念할 수 잇나니, 卽 斷見을 여힘이요, 足히 說하고 念할 수 잇스나 그렇나 도모지 能所의 說과 念이 없나니 卽 常見을 여힘이 되나니라 이렇게 알면 곳 中道理를 隨順하야 契悟케 됨이요.

또한 만일 分別念을 여히면 正智가 現前하며 正智에 能所가 없거니하는 觀念까지 없어야사 바야흐로 眞如法界理에 悟入함을 自得하리라.

○ 復次眞如者 依言說分別 有二種義 云何爲二 一者如實空 以能究竟顯實故 二者如實不空 以有自體 具足無漏性 功德故

〔訓讀〕 다시 이르노니 眞如를 言說를 依(支)하야 分別컨대 二種義가 잇스니 이른 어찌함이 二-되는고? 一者는 如實空이니 써能히 究竟에 實을 날우는 (緣)故요. 二者는 如實不空이니 써 自體에 無漏性功德이 具足한 故라

〔講義〕 以上에는 離言絶慮의 眞如當體를 밝힘이니 卽觀智의 照了의 境이요. 이 大文으로 부터는 言語道를 依支한 起信發心의 境인 眞如의 德相을 說하야 無言의 道에 歸趣케 함이니라.

○ 所言空者 從本已來 一切染法 不相應故 謂離一切法 差別之相 以無虛妄心念故 當知 眞如自性 非有相 非無相 非非有相 非非無相 非有無俱相 非一相 非異相 非非一相 非非異相 非一異俱相 乃至總說 依一切衆生 以有妄心 念念分別 皆不相應 故說爲空 若離妄心 實無可空故

〔訓讀〕 空이라 말한밧者는 本을 좇아 임이옴으로 一切染法과이 相應치 않은 (緣)故니 이른 一切法差別의 相을 여히면 써 虛妄心念이 없는 (緣)故라. 맛당히 알괘라 眞如自性은 有相도 안이며 無相도 안이며 有相안임도

안이며 無相안임도 안이며 有無俱相도 안이며. 一相도 안이며 異相도 안이며 一相안임도 안이며 異相안임도 안이며 一異俱相도 안이니 乃至總히 說하건대 一切衆生을 依(支)하야 써妄心이 잇는지라 念念分別함이 다 相應치 않을새 故로 說하야 空이라 할지언정 만일 妄心을 여히면 實로 可히 空이라할 것도 없는 (緣)故라.

〔講義〕「空」이라함은 眞如의 體가 無始已來로 모든 染法과와 相應치 않기 때문이요 眞如의 自體가 空하엿다함은 안임이니 一切法差別의 相을 여혓슴으로써 所執의 相이 없음이요 虛妄心念이 없기 때문에 能取의 心도 또한 없어서 眞如心體는 蕭然空寂하고 湛爾冲玄하야 玄之又寂하며 逈出思議일새 故로 有도 안이며 有안이라매 無인듯도 십지만은 또한 無도 안이며 有無「안이」라니「안인」그것이 곳 옳을는 듯하나 그렇나 有「안인」란 그것까지도 안이며 無「안인」라는 그것까지도 안이거니 어찌 새삼스러히 同時의 有無俱相이나 안인가 하리요. 有無俱相도 안이거니 어찌 함을며「一」「異」를 計較하야 推斷妄測인들 할바리요. 總히 說하건대 一切衆生을 依支하야 妄心이잇거든 그 잇는바 妄念分別이 다 眞如自性과와 相應치 못할새 그럼으로써 구타여 空이라 할지언정 만일 妄念 그까지 없을진대 實로 可히 空이랄 것도 없기 때문이라.

○ 所言不空者 已顯法體 空無妄故 卽是眞心 常恒不變 淨法滿足 則名不空 亦無有相可取 以離念境界 唯證相應故

〔訓讀〕「不空」이라 말한밧者는 임이 法體가 空하야 妄이 없음을 날우왓을새 故로 卽是 眞心이 常恒不變하야 淨法이 滿足함이 곳 이름이 不空이니 또한 相可히 取할 것 잇슴이 없으니 써 念을 여힌 境界는 오즉 證하야사 서로 應하는 故니라.

〔講義〕이에 不空이라 이름은 前에 眞如의 法體는 空하야 妄念이 없음을 날우운 緣故로 곳이 眞心은 三際에 竪窮하대 恒常 變치 않으며 妙用淨法이 滿足하며 無盡할새 곳 不空이라 할지언정 또한 不空의 如相 可히 取할 것 없나니 써 分別念을 여힌 眞如의 境界는 오즉 그 心體를 證得한이라

야 서로 冥應現符하는 故니라.

○ 心生滅者 依如來藏故 有生滅心 所謂 不生不滅 與生滅和合 非一非異 名爲 阿梨耶識

〔訓讀〕 心生滅이란 者는 如來藏을 依(支)한 (緣)故로 生滅心이 잇나니 이른바 不生不滅이 生滅로 더브러 和合하야 一도 안이며 異도 안임이 이름이 阿梨耶識이 됨이니라.

〔講義〕 刹那刹那에 念念이 生滅하는 心識이 本來淸淨한 如來藏을 依支하야 잇게 되나니 換言하면 三世際를 亘하야 十方界에 常徧하는 不生不滅의 心性自體가 生滅의 相으로 더브러 和合하야 眞性은 不變일새 生滅과 一이 안이며 眞如全體가 動할새 生滅과 異도 안임으로써 阿梨耶識이라 이름함이니라.

만일 不生滅의 心體가 生滅의 相과의 一이라하야 同體라 할진대 反流門中에 生滅相이 滅盡할 때에 本有의 心神의 體도 또한 딸아서 應當히 滅하리니 이는 正覺의 路가 없음이 되는 지라 虛無의 斷滅을 免치 못할 것이며 또 만일 異라하야 體가 各別이라 할진대 이도 또한 無窮의 失이 잇나니 無明風이 動함을 말미암어 順流邊의 生滅相이 變現할 때에 心性自體는 凝然不變하고 堅如玉石하야 隨緣成事의 功用이 없을지니라. 어찌 心體를 여히고 來緣의 生滅相이 假立存續하리요. 靜水의 濕性을 여힌 밖에 風波의 動相이 別로 없음과 같나니라. 그럼으로써 不變의 體가 隨緣의 相으로 和合하야 一異가 안임이니라.

그렇나 體與相이 歷然히 一과 異가 되나니 生滅의 體 그대로가 卽是 不變의 體요 不變의 體 그대로가 바로 生滅의 相일새 異가 안이고 一이니 不得已하야 一이라 할지언정 一이랄 것도 없는 一이요. 體는 體요 相은 相이거니 어찌 一이 되랴 凡聖因果 煩惱 菩提 生死 涅槃等이 劃然하니 異라 多論廣文을 須求할 바 안이로다.

〔講抄〕 如來藏(術語) 眞如法身如來는 無相이라 不可見인 故로 云藏.

○ 此識 有二種義 能攝一切法 生一切法

〔訓講〕 이 識이 二種義 잇서 能히 一切法을 攝하며 一切法을 生하나니라.

〔講義〕 眞과 妄 卽不變의 眞心體와 隨緣의 妄業用으로 和合構成하야 頓變된 이 阿梨耶識이 覺・(眞)과 不覺(妄) 二種의 義用自體가 잇슴으로써 不覺이 本覺을 熏習함을 말미암는 故 能히 世間의 生死染法을 내며 本覺의 本有淨用이 不覺 熏함을 因하는 覺로 能히 濕槃無漏의法을 내나니 임이 이 識이 染淨諸法을 내엿슬새 所生의 一切法이 이 識을 여히지 않는지라 이識이 能히 諸法을 攝收함이 되나니 夢中의 所現의 物相이 어찌 夢中을 여히고 存在하리요.

○ 云何爲二 一者覺義 二者不覺義 所言覺義者 謂心體離念 離念相者 等虛空界 無所不徧 法界一相 卽是如來 平等法身 依此法身 說名本覺 何以故 本覺義者 對始覺義說 以始覺者 卽同本覺 始覺義者 依本覺故 而有不覺 依不覺故 說有始覺

〔訓讀〕 이른 어찌 二되는고? 一者는 覺義요 二者는 不覺義니라 覺義라 말한밧者는 이른 心體가 念을 여히미니 念을 여힌 相이 虛空界와 같어여 徧치 않음이 없스며 法界一相이라 곳이 如來의 平等法身이니라 이 法身을 依(支)하야 本覺이라 說名함이니 어찌 쓴(緣)故뇨? 本覺義者는 始覺義를 對하야 說할새 써 始覺義者가 곳 本覺과 같나니라. 始覺義者는 本覺을 依(支)한(緣)故로 不覺이 잇고 不覺을 依(支)한 (緣)故로 始覺이 잇슴을 說하나니라.

〔講義〕 眞如心體가 妄念을 여힌 邊으로 覺이란 이름을 얻나니 念을 여힌 心體의 相이 虛空界와 같어야 周徧이 하나니 卽 三世에 貫通하며 凡聖에 竪通하며 差別이 없는 法界一相이라 在纏하야 生死劫海에 輪廻하거나 出障하야 涅槃彼岸에 自樂하여도 性은 恒常 二相이 없는 故라 二相이 없는 이 法界 一相이 곳이 如來의 平等法身이니 이 自性法身을 依支하야 卽 自性法身을 指稱하야 本覺이라고도 함이니 그 뜻이 어떻든고? 始覺을 對코 本覺이라 할지언정 始覺이 極頂致位하야 心源에 契合하야 融同一體하면 始覺이 곳 本覺과 같나니라.

始覺이라 함은 本覺心性이 잇기 때문에 忽然히 染緣을 딸아 一念의 不

覺이 남이 잇슴이요. 本覺內熏力으로써 生死苦를 싫어하고 淨妙樂을 얻고저 하야 發心修行함으로 漸夕不覺을 깨닷게 됨이 이름이 始覺이 됨이다. 譬컨대 어떠한 사람(本覺)이 忽然히 잠(不覺)을 자다가 그 잠의 깨게(始覺)됨 갈나니 잠을 깬 사람(始覺)이 곳 잠을 자기 前 사람(本覺)이요 前後의 二人은 안임이니라.

○ 又以覺心源故 名究竟覺 不覺心源故 非究竟覺 此義云何 如凡夫人 覺知 前念起要故 能止後念 今其不起 雖復名覺 卽是不覺故 如二乘觀智 初發意菩薩等 覺於念異念無異相 以捨麤分別 執着相故 名相似覺 如法身菩薩等 覺於念住 念無住相 以離分別麤念相故 名隨分覺 如菩薩地盡 滿足方便 一念相應 覺心初期 心無初相 以違離微細念故 得見心性 心卽常住 名究竟覺 是故 脩多羅說 若有衆生 能觀無念者 則爲向佛智故

〔**訓讀**〕 또써 心源을 깨들은 故로 이름의 究竟覺이요 心源을 깨닫지 못한 故로 非究竟覺이니 이義ㅡ 어떠함인고? 凡夫人이 前念의 起惡을 覺知한 故로 能히 後念을 근처 그로 하여금 起치 못하게 하나니 비록 다시 覺이라 이르나 卽是 不覺인 (緣)故며 二乘觀智와 初發意菩薩等이 念異를 覺하야 念에 異相이 없으니 써 麤分別執着相을 버린 故로 이름이 相似覺이요 法身菩薩이 念住를 覺하야 念에 住相이 없으니 써 分別麤念相을 여힌 故로 이름이 隨分覺이요 菩薩地盡하야 方便이 滿足하야 一念이 相應함에 心初起를 覺한지라 心이 初相이 없으니 써 멀리 微細念을 여힌 故로 心性을 得見하니 心이 곳 常住한지라 이름이 究竟覺이니 이렇한 故 脩多羅에 說하사대 만일 어떤 衆生이라도 能히 無念을 觀할 者일진대 곳 佛智에 向함이되는 故라 함이니라.

〔**講義**〕 妄心의 本源인 根本無明을 깨들어 本自具足한 自性心源 卽如來藏에로 契合하야 契合하여도 能所의 二相이 없으며 始本의 差別이 없어 融合一體됨을 究竟覺이라 함이어니와 만일 그렇지 못하면 非究竟覺이니 이 義ㅡ 어찜인고? 假使 凡夫人이 身口를 發動하야 種種惡業을 진다가 문듯 業을 진는 줄로 自覺하면 能히 後起의 惡念을 근처 造業치 않나니 이를

일러 비록 覺이라 할 성싶으나 그렇나 卽是 不覺이 되는 것이니 造業하든 것만 中斷하엿슬 뿐이요 全혀 自己의 心性을 踐得지 못한 연고니라. 또 我空觀智로써 我空의 所顯眞理를 證한 二乘과 我法二執을 여히고 六度를 닥는 三賢菩薩等이 妄念의 異相인 計名字 執取 卽麤分別念과 執着相을 깨여 永히 念異相이 없을새 故로 相似覺이 됨이요 登地의 法身菩薩이 비록 一切法이 오즉 自識의 所變相인 줄로 了知하나 그렇나 出觀後에는 定力이 微劣하고 所證未徹할새 所現法上에 오히려 分別麤念相을 이르키게 되나니 이 麤念相인 念住 一卽相續 智相 現相 轉相을 여힌 同時에 漸夕 眞如를 證하야 佛의 道에 向함이 될새 故로 隨分覺이요. 菩薩의 修行十地가 다하야 十波羅密의 方便이 滿足하야 第十地의 住心의 最後一念에 根本不覺心의 初起의 相인 業相을 깨들으면 다시 染心의 初起의 相이 없나니 永遠히 根本微細의 妄念을 여혓기 때문에 本覺眞性이 顯現하야 湛然常住함을 了得證見함이 究竟覺이 됨이니 卽第十地의 出心인 妙覺位니라 이렇함으로써 經에 說하사대 어떠한 衆生이라도 無念의 自心性을 觀察하면 비로소 妙覺佛智에로 向한다하니라.

○ 又心起者 無有初相可知 而言初相者 卽謂無念 是故一切衆生 不名爲覺 以從本來 念念相續 未曾離念故 說無始無明 若得無念者 則知心相 生住異滅 以無念等故 而實無有 始覺之異 以四相 俱時而有 皆無自立 本來平等 同一覺故

〔**訓讀**〕 또 心起란 者는 初相 可히 알 것 있음이 없거늘 初相인 줄로 안다말한 者는 곳 이른 無念이니라 이런 故로 一切衆生을 覺이라 이름치 못하나니 本을 좇아 옴으로써 念念히 相續하야 일즉 念을 여히지 못하엿슬새 故로 無始無明이라 說함이니라 만일 無念을 얻은 者일진대 곳 心相의 生住異滅을 아나니 써 無念과 같는 故라 實로 始覺의 다름이 있음이 없으니 써 四相이 俱時에 잇는지라 다 自立함이 없으며 本來平等하야 覺과 同一한(緣)故니라.

〔**講義**〕 前에 不覺心의 初起의 相을 깻다함은 實로 그 初相 비로소 可히

깨엿다 할 것도 없나니 不覺有念의 初相을 깸이 卽是 本有眞性의 無念이니 깨여도 깨엇거니 하는 念相이 없기 때문이다. 이렇함으로 妄有有念의 衆生을 깨엿다하지 못하리니 無始의 過去으로 좇아옴으로 不覺의 前後念이 念念相續하야 輪廻六趣할 뿐이요 所纏의 妄念을 여히지 못하엿슴으로써 衆生을 일러 無始無明의 所轉이라 함이니라.

만일 本覺心源의 無念을 알者인대 곳 一切衆生의 妄心行相의 念念相續하는 生住異滅의 差別四相을 逸然了知하리니 衆生의 有念이 本是無念인 故로 임이 無念을 얻은 覺者에게는 有念과 無念과와 平等한 緣故라 實로 無念을 얻고 有念을 了知始覺하나 覺知하는 能慧能念이 없나니 有念差別의 四相이 妄念一念의 所成이라 前後際가 없어 俱時에 連鎖하야 存續할 뿐이요 다 各個의 自立體가 없으며 自立의 自體가 없는 故로 本來平等하야 本覺과 같은 緣故라 그런 故로 無念心體를 證得한 者 一有念의 差別相을 了知케 되나니라.

〔辭抄〕 無始無明(術語) 生起의 時가 없이 癡闇하야 慧明이 없는 故.

# 大乘起信論講義(四)

「佛教」99, 1932

◇**解釋分**(續)

○ 復次本覺 隨染分別 生二種相 與彼本覺 不相捨離 云何爲二 一者智淨相 二者不思議業相 智淨相者 謂依法力熏習 如實修行 滿足方便故 破和合識相 滅相續心相 顯現法身 智淳淨故 此義云何 以一切心識之相 皆是無明無明之相 不離覺性 非可壞 非不可壞

〔**訓讀**〕 復次 本覺이 隨染分別하야 二種相을 새되저 本覺으로 더브러 서로 捨離치 않나니라 이른 어찌二-되는고? 一者는 智淨相이요 二者는 不思議業相이니 智淨相者는 이른 法力熏習을 依(支)하야 如實히 修行하야 方便이 滿足한 故로 和合識相을 破하며 相續心相을 滅하야 法身이 顯現하며 智-淳淨한 故니라 此義가 어떠함인고? 써 一切心識의 相이 다 이 無明이나 無明의 相이 覺性을 여히지 않음이니 可히 壞치 못하며 可히 壞치 못함도 않음이니라.

〔**講義**〕 다시 本覺이 染汚의 緣用을 딸아 二種相을 生起하나니 이 隨染本覺의 二種相이 저 性淨本覺과와 捨離치 않음이니 隨動門中에 不動의 體가 잇음을 쓰는 故니라. (一)智淨相者는 眞如法의 內熏의 力과 聞法外熏을 依支하야 修習資糧하야 地上의 如實修行함을 얻어 無垢地의 方便이 滿足함에 일으러 能히 和合識內의 生滅의 相을 破하고 不生滅의 法身을 顯現하며 同時에 相續心中의 業相 轉相를 滅하고 隨染本覺의 心으로써 返本還源하야 智 淳淨함을 일운 故이니 이 뜻이 어떤고? 一切衆生의 心識의 相이 다 無明이연만은 無明의 相이 實로 自體잇음이 없는지라 本來 本覺를 依支하야 妄연더이 生起하엿슬새 그럼으로써 覺性을 여임이 안이니 이 無明의 相이 本覺眞性과 非異하야 여이지 안엿는지라 無明의 相을 可히 破壞

할 것 잇음이 없음이요 그렇나 眞妄이 非一이라 迷悟가 歷然함으로써 그 無明의 相을 可히 破壞치 않을 수도 없나니 起心動念하면 卽是無明이라 生死無窮警함이요 前後際斷하며 觸處涅槃이라 無碍自在하리라.

○ 如大海水 因風波動 水相風相 不相捨離 而水非動性 若風止滅 動相則滅 濕性不壞故 如是 衆生 自性淸淨心 因無風動 心與無明 俱無形相 不相捨離 而心非動性 若無明滅 相續則滅 智性不壞故

(二)不思議業相者 依智淨 能作一切 勝妙境界 所謂無量 功德之相 常無斷絶 隨衆生根 自然相應 種種而現 得利益故

〔**訓讀**〕大海水가 바람을 因하야 물결이 動함에 水相과 風相이 서로 여이지 않으되 물은 動性이 안임이니 만일 바람이 근치면 動相이 곳 滅하나 濕性은 壞치 않는 故이니 이와 같아여 衆生의 自性淸淨心이 無明風이 動함을 因하야 마음과 다맛 無明이 다 形相이 없어 서로 여이지 않으되 마음은 動性이 않임이니 만일 無明이 滅하면 相續이 곳 滅할지언정 智性은 壞처 않는 故니라.

不思議業相이란 者는 智淨을 依(支)하야 能히 一切의 勝妙境界를 짓나니 이른바 無量功德의 相이 恒常 斷絶함이 딸어 衆生의 根(機)을 딸어 自然相應하야 種種으로 낳다나 利益을 얻게 한 故라.

〔**講義**〕衆生의 自性淸淨心이 스사로 動함이 아니라 無明이 動함을 因하야 動케 되나니 마음이 全體로 動하는 지라 그런 故로 全혀 無明의 相뿐이요 心淸淨의 自相이 隨滅케 되야 心相을 딸오 볼 수 없으며 動하는 無明의 行相이 心性 以外에 別로 自體 잇음이 없는지라 無明動相 그대로가 心性의 發顯한 발새 故로 心與無明이다 各自의 形相이 顯別著露함이 없어 서로 여히지 않으나 心의 自體 卽 自然常知는 元來動性이 않임이니라 만일 저 無明의 激動함을 因치 않고 心性이 自動함일진대 根本無明이 滅함을 딸아 枝末不覺의 相續心念이 滅하면 同時에 心性도 斷滅함을 免치 못할바이라. 그렇나 心性이 스사로 動함이 않이며 自體 動相이 않일새 念念生滅하는 無明은 滅하나 本覺智性은 壞滅치 않나니 譬컨대 海心(心性)가 바람

(無明)이 激發함을 말으암어 물결(相續心)이 動함에 물결과 바람결이 서로 여히지 않으되 물의 濕性(心體 常知) 元來動性이 않임이니 만일 바람(無明)이 근치면 물결(相續心相)도 딸아 滅하나 濕性(靈知)은 壞치 않음과 같나니라.

相續妄念이 滅함을 딸아 智性이 淳淨할새 그럼으로 不思議業用이 잇어 모든 殊勝微妙한 境界를 짓나니 自受用의 無量功德이 恒常 斷滅치 않을 뿐 만아니라 利他邊으로 一切 衆生의 心所樂을 딸아 應하나 自他의 差別緣이 없이 種種의 身相을 낳두워 所感의 衆生으로 하여끔 利益을 얻게 하나니 이른바 果位의 一切種智의 不思議業用이며 不可思議應身이니라.

○ 復次 覺體相者 有四種大義 與虛空等 猶如淨鏡 云何爲四 一者如實空鏡 遠離一切 心境界相 無法可現 非覺照義故 二者因熏習鏡 謂如實不空 一切世間境界 悉如中現 不出不入 不失不壞 常住一心 以一切法 卽眞實性故 又一切染法 所不能染 智體不動 具足無漏 熏衆生故 三者法出離鏡 謂不空法 出煩惱礙 智礙 離和合相 淳淨明故 四者緣熏習鏡 謂依法出離故 偏照衆生之心 令修善根 隨念示現故

〔**訓讀**〕 復次 覺體相者는 四種大義가 잇서 虛空으로 더브러 같으며 말이 淨鏡과 같나니 이른 어떠함이 四가 되는고? 一者는 如實空鏡이니 멀리 一切心境界相을 여혀 法, 可히 낳아날 것 없음이니 覺照義가 않인 故라 二者는 因熏習鏡이니 이른 如實不空이라 一切世間境界를 於中에 낳두되 入치도 않으며 失치도 않으며 壞치도 않이하야 常住한 一心이니 써 一切法이 곳 眞實性인 故라 또 一切染法이 能히 染치 못한 바이니 써 智體가 動하지 않이하야 具足無漏하야 衆生을 熏한 故라 三者는 法出離鏡이니 이른 不空法이 煩惱礙와 智礙에 뛰어나 和合相을 여혀 淳하며 淨하며 밝은 故라 四者는 緣熏習鏡이니 이른 法을 依(支)하야 出離한 故니 두루 衆生心을 빛우워 하여끔 善根을 닥거 念을 딸어 示視하는 故니라.

〔**講義**〕 또한 本覺의 體相은 本來明淨하야 四種大義의 用이 잇슴이 虛空과도 같으며, 맑은 겨울과도 같나니라 一은 本覺體性이 如實히 空하야 妄法 元來 없슴이 鏡體가 明淨하야 一切物色을 여힘과 같나니 倒心妄境이 本

來 如實空의 覺體와 相應치 못한지라 그럼으로써 妄有의 俗法이 可히 낳더날 것 없나니 緣生諸法이 本是覺照의 功能이 없음이요 다맛 情執妄見으로 有인 듯 함이니라 二는 本覺이 淸淨自體 잇스며 恒沙性功德이 잇서 如實히 空치 않음이니 一切世間의 모든 境界를 自心中에 낳둠이 맞아 鏡中의 所現의 影像과 같나니 그렇나 心을 여히고 別로히 能熏이 없는지라 心의 밖으로 좇아 들어오지도 않으며, 비록 안으로부터 낳지도 않으며 밖으로 좇아 들지도 않으나 그렇다하야 緣生의 諸法이 失함도 않이며 緣生의 諸法이기 때문에 所從來가 없는지라 眞如와 달르지 않을 새 그런 故로 可히 壞할수도 없나니 緣生의 法 그대로 常住한 一心이라 諸法의 自相이 卽是實相인 故며 眞實性인 故라 一心의 밖에 한 法도 可히 出入失壞할 것 잇슴이 없나니라 또 本覺이 비록 一切染法을 낳두나 染法의 染汚한 바 되지 않음이니라 染法을 낳둘때에 染에게 染汚하지 않을 뿐만 아니라 染法을 能히 낳두는 緣故로 本覺自體의 本淨함을 오히려 反證케 되나니라 써 本覺의 智體는 本來 無染하엿스며 이제 비로소 無染케 됨은 안임이니 함으로써 智의 體는 不動이요 設使 비록 染法을 낳둔다하나 染法의 染汚한 바 되지 않을새 또한 不動이니라 本覺中에 本自具有한 恒沙性德으로써 衆生으로 더브러 內熏의 因을 지어 生死苦를 싫어하고 涅槃樂을 求케 함이니라 三은 不空의 性淨本覺이 煩惱障과 分別智礙의 邪網에 뛰어낳스며 同時에 和合識相을 여혓슬새 그런 故로 法出離鏡이니 鏡이 塵垢을 여임과 같나니라 本自淸淨의 覺體가 在纏하야는 雜하며, 染하며, 無光인듯하더니 이제 和合識相을 여혓슴으로 雜이 않이고 淳粹하며 煩惱障에 뛰어낳슴으로 染이 없고 淸淨하며 分別智礙에 버서 낳슴으로 또한 無明念心이 없고 오즉 大智慧光明이 낳다남이니라 四는 本覺眞心이 煩惱 智礙和合識等에 出離할 때 바야흐로 모든 衆生의 心所樂을 두루 觀照하야 示現萬化케 되나니 이는 利他의 受用身이니 明鏡을 高臺에 安置하고 自在히 受用함과 같나니라.

〔辭抄〕 煩惱礙(術語) 心神을 惱亂케 함이니 涅槃을 障碍함이니라 智礙(術

語) 亦云所知障이니 菩提를 障碍하는 無明을 智礙라 함이니라.

○ 所言不覺義者 謂不如實知 眞如法一故 不覺心起 而有其忘 忘無自相 不離本覺 猶如迷人 依方故迷 若離於方 則無有迷 衆生亦爾 依覺故迷 若離覺性 則無不覺 以有不覺 妄想心故 能知名義 爲說眞覺 若離 不覺之心 則無眞覺 自相可說

〔**訓讀**〕 不覺義라 말한밧자는 이른 眞如法이 一인 줄로 如實히 알지 못한 故로 不覺心이 일어나 그 念이 잇스나 念이 自相이 없어 本覺을 여히지 않나니 맞이 迷한 사람이 方을 依(支)한 故로 迷하나니 만일 方을 여히면 곳 迷함이 잇슴과 없음 같어여 衆生도 또한 그러하야 覺을 依(支)한 故로 迷하나니 만일 覺性을 여히면 곳 不覺이 없나니라 不覺妄想心이 잇음을 쓴 故로 能히 名義를알어 眞覺을 說하게 되나니 만일 不覺의心을 여히면 곳 眞覺自相 可히 說할 것 없나니라.

〔**講義**〕 如理가 平等하야 本來 오즉 一相뿐일 줄로 實다이 알지 못함이 卽 不覺이니 이 不覺의 心은 잇슬지언정 不覺의 體는 別로 없어 本覺과와 달르지 않으니 譬컨대 愚迷한 사람이 正東方을 正東方인 줄로 알지 못하기 때에 西方, 或은 北方을 삼는 것과 같나니 만일 正東方이 않이엿드면 그 愚迷한 사람에게는 錯覺의 西北의 邪方이 없어스리니 生死에 輪轉하는 衆生도 또한 마찬가지로 本覺을 本覺인 줄로 알지 못하는 때가 卽是 不覺이니 만일 本覺眞性이 없다면 同時에 不覺도 없으리니 이 不覺이 卽是 本覺이요 本覺을 不覺을 여히고 求치 못할지니 錯覺의 西北의 邪方이 卽 正東方이요 그 邪方인 西北方 以外에 따로 正東方이 잇지 않음과 같나니라

以上에 말한 바는 本覺이 잇슴으로 不覺이 잇고 正東方을 依支함으로써 邪의 西方이 잇다 하엿지만 이를 換言하면 邪의 西方이 잇기 때문에 正東方이란 名과 義를 불일 수 잇슴과 매한가지로 妄想의 不覺心이 잇슴으로써 眞覺이라하야 그의 名과 義를 分析하거니와 만일 不覺이라함이 없을진대 따라서 眞覺이랄 것도 없을지니 待對의 法이 없음에야 어찌하랴 邪의 西方이 없는 以上 무슨 正東方인들 잇스리요.

○ 復次 依不覺故 生三種相 與彼不覺 相應不離 云何爲三 一者 無明業相 以依不覺故心動 說名爲業 覺則不動 動則有苦 果不離因故 二者 能見相 以依動故能見 不動則無見 三者 境界相 能以依見故 境界妄現 離見 則無境界

〔**訓讀**〕 復次 不覺을 依(支)한 故로 三種相이 낳나저 不覺으로 더브러 相應하야 여히지 않음이니 이른 어떠함이 三이 되는고? 一者는 無明業相이니 不覺을 依(支)함을 쓴(緣) 故로 心이 動함을 業이 된다 說名하나니 깨달으면 곳 動하지 않것만은 動하면 곳 苦가 잇는 지라 果가 因을 여히지 않는 故니라 二者는 能見相이니 써 動함을 依(支)한 故로 能見이나 動치 않으면 곳 見이 없음이요 三者는 境界相이니 써 能見을 依(支)한 故로 境界가 妄現함이언정 見을 여히면 곳 境界가 없음이니라.

〔**講義**〕 眞과로 더브러 無如俱有인 微細根本 不覺이 갓 動함이 業相이니 業卽是動이라 動하면 반듯이 未來의 苦果가 잇나니 이 苦果가 業의 因을 여히지 않는 故며 微細하야 能所不分인 業相이 生起함을 말미암어 外境을 能現能變하는 能見의 心相이 잇는 故며 이 能見의 心相이 갓 麤現함을 因한 緣故로 所變所現의 外境이 妄有케 되나니라 妄有의 俗諦諸法이 有인 듯 하지만은 만일 能見의 心相을 여히면 實로 所有存在의 自相自體가 없는 故니라.

○ 以有妄境界緣故 復生 六種相 云何爲六 一者智相 依於境界 心起分別 愛與不愛故 二者相續相 依於智故 生其苦樂覺心 起念相應不斷故 三者執取相 依於相續 緣念境界 住持苦樂 心起着故 四者計名字相 依於妄執 分別 假名言相故 五者起業相 依於名字 尋名取着 造種種業業故 六者業繫苦相 以於業受報 不自在故

當知 無明能生 一切染法 以一切染法 皆是 不覺相故

〔**訓讀**〕 妄境界의 緣이 잇슴을 쓴 故로 다시 六種相이 낳나니 이른 어떰이 六이 되는고? 一者는 智相이니 境界를 依하야 마음을 일으켜 愛와 不愛를 分別한 故며 二者는 相續相이니 智를 依한 故로 그 苦樂覺心을 내허 起念相應하야 不斷한 故며 三者는 執取相이니 相續을 依하야 境界를 緣念하야 苦樂을 住持하야 마음에 着을 일앗는 故며 四者는 計名字相이니 妄執

을 依하야 假名言相을 分別한 故며 五者는 起業相이니 名字를 依하야 尋名取着하야 種種業을 짓는 故며 六者는 業繫苦相이니 써 業을 依하야 報를 받어 自在치 못한 故니라.

맛당히 알괘라 無明히 能히 一切染法을 내나니 써一切染法이 다이 不覺相인 故니라.

〔**講義**〕 (1)變現한 바의 境界緣을 性無요 相有인줄로 알지 못하고 實有인 줄로 認着하야 마음에 憎愛姸媸를 固執分別케 되나니 이름이 分別智相이요 (2)分別智로써 轉轉히 苦樂의 境을 觸受하야 綿綿相應하야 不斷함이 될새 이름이 相續相이요 (3)苦樂의 境을 緣念하는 覺心이 苦樂이 變改하며 虛無한 것인 줄로 了達치 못하고 堅固執持함이 될새 이름이 執取相이요 (4)所執所着의 苦樂境이 實로 虛無하야 所在가 없는 줄 了知치 못하고 다시 그 所執上에 나아가 名相을 計較케 됨이 이름이 計名字相이요 (5)妄연된 假名字相을 堅執하야 身三 口四를 發動하야 善惡諸業을 지을새 이름이 造(起)業相이요 (6)임이 지은 바 業因을 말미암어 반듯이 報果를 받을새 이름을 業繫苦相이라 함이니라

이와 같이 根本不覺을 依支하야 三細가 낳며 다시 三細가 生起하엿슴으로써 因하야 六麤鱗次生起하니 卽三界의 因果惑業이 이에 지냄이 없는지라 一切染法의 種種相이 그대로 다이 一不覺의 所變相이니라 不覺은 眞如法에 一인 줄로 了達치 못함에서 비롯하나니라

○ 復次 覺與不覺 有二種相 云何爲二 一者同相 二者異相 言同相者 譬如種種瓦器 皆同 微塵性相 如是 無漏無明 種種業幻 皆同 眞如性相 是故 脩多羅中 依於此眞如義故 說一切衆生 本來常住 入於涅槃 菩提之法 非可修相 非可作相 畢竟無得 亦無色相可見 而有見色相 者唯是隨染 業幻所作 非是智色不空之性 以智相 無可見故

〔**訓讀**〕 復次 覺과 不覺이 二種相이 잇스니 이른 어떰이 二 되는고? 一者는 同相이요 二者는 異相이니 同相이라 말한 者는 譬컨대 種種瓦器가 다 微塵의 性相과 같나니 이와 같이여 無漏와 無明의 種種業幻이 다 眞如의

性相과 같을새 이런 故로 脩多羅中에 이 眞如義를 依한 故로 說하대 一切衆生이 本來常住하야 涅槃과 菩提의 法에 들되 可히 닦을 相도 않이며 可히 지을 相도 않이라 畢竟에 얻을 것도 없으며 또한 色相 可히 볼 것도 없나니 色相을 봄이 잇는 者는 오즉 이 染을 딸은 業幻의 지은 바라 이 智色不空의 性이 않임이니 써 智相은 可見이 없는 故니라

〔講義〕 無始幻無明이 性淨本覺으로 더브러 同相이니 譬컨대 種種瓦器가 形形不同하야 그 受容됨이 各各 달르나 種種瓦器의 根本質素는 同一한 微塵이라 瓦器가 卽微塵인거와 맞안가지로 無漏와 無明의 種種業幻으로 써 所變된 諸法諸相도 一眞相性이니 이 眞性을 여히면 곳 無漏法과 無明이 없음이요 同時에 所作業幻도 없거니와 어느 곧에 所成의 果法이 잇스리요 이렇기 때문에 부처님 말슴에도 모든 衆生이 生死에 輪轉無常함이 않이라 法界理에 常住하야 舊來로 涅槃과 菩提法에 드나 因位에 可히 닦은 바 相도 않이며 果住에 또한 지음도 없어 畢竟에까지 證得함이 없는 本如如相이라 色相 可見할 것이 없는 緣故니라 만일 色相을 可히 본다하면 그는 오즉 隨染業幻의 所作이요 平等眞如理에는 없음이니 이 業幻所作의 色相은 저 不可見인 眞智妙色의 色相은 않임이니 眞智色相은 肉眼의 所見은 않이요 오즉 慧眼의 所證인 緣故며 業幻의 所作色相은 可見有對色인 故니 卽凡情商度의 凡眼所緣境이니라.

〔解抄〕 可見有對色(術語) 눈으로써 可히 볼 수 있는 色法을 이름이니라.

○ 言異相者 如種種瓦器 各各不同 如是 無漏無明 隨染幻差別 性染差別故

〔訓讀〕 異相이라 말한 者는 種種瓦器가 各各不同함과 같아여 이와 같이 無漏와 無明이 染을 딸아 幻差別이며 性이 染幻差別인 故니라.

〔講義〕 無漏淨法의 體는 이 覺性이라 元來 差別이 없것만은 다맛 無明의 熏習함을 因하야 差別을 낳둘 뿐이며 無明은 平等如理를 迷하야 그 性이 스사로 差別함이 되나니 譬컨대 種種瓦器가 各形不同함과 같나니라

그렇나 染淨의 諸法이 眞如의 隨緣顯現함이라 相이 잇는 듯하나 實로 自體가 없을새 故로 이른 幻差別이라 함이니라(계속)

# 大乘起信論講義(五)

『佛教』 101, 1932

◇解釋分(續)

○ 復次 生滅因緣者 所謂衆生 依心 意 意識轉 此義云何 以依阿梨耶識 說有無明 不覺而起 能見 能現 能取境界 起念相續 故說爲意

〔訓讀〕 復次 生滅의 因과 緣이란 者는 이른바 衆生이 心을 依(支)하야 意와 意識이 轉하는 故니라. 이 뜻이 어떠함인고? 써 阿梨耶識을 依(支)하야 無明이 있다 說하리니 不覺이 起하야 能見과 能現이며 能히 境界를 取하야 念을 이르켜 相續할새 故로 意 ―된다 說함이라.

〔講義〕 대저 衆生이 生하고 滅하는 그 因과 緣은 어데 있으며 무엇으로써 그렇게 되는 것인고? 第八阿梨耶의 心體가 自性 그대로 있지 않고 緣을 딿게 됨이 곳 生滅의 因이요 根本無明이 親히(直接) 眞心覺體를 迷하야 事를 일우게 됨이 緣이니 이는 生滅의 因緣의 根本을 推究함이어니와 만일 生滅과 가장 갓가운 因緣 ―卽 生滅의 原因인 因緣을 들추자면 根本 無明住地로부터 諸染를 轉生하야 未來의 果報를 招致케 됨은 因이요 妄영되이 顯現하는 境界를 말미암어 識心波浪이 일어나며 또는 妄現境界가 識浪을 激動喚起하야 造業케 됨이 緣이 되나니 그럼으로써 阿梨耶識의 一分인 不覺이 因이 되거든 그로부터 枝末노 業相(業識)乃至起念相續까지 變現轉生케 되나니라.

○ 此意復有五種 云何爲五 一者 名爲業識 謂無明力不覺心動故 二者 名爲轉識 依於動心 能見相故 三者 名爲現識 所謂 能現一切境界 猶如 明鏡 現於色像 現識亦爾 隨其五塵 對至卽現 無有前後 以一切時 任運而起 常在前故 四者 名爲智識 謂分別染淨故 五者 名爲相續識 以念相應不斷故 住持過去 無量世等 善惡之業 令不失故 復能成熟 現在未來 苦樂等報 無差違故 能

令現在 已經之事 忽然而念 未來之事 不覺妄慮

〔**訓讀**〕 此意가 다시 五種名이 있으니 이른 어떠함이 五가 됨인고? 一者는 이름이 業識이 됨이니 이른 無明力으로 不覺心이 動한 故요. 二者는 이름이 轉識이 됨이니 動心을 依(支)하야 能見의 相인 故요. 三者는 이름이 現識이 됨이니 이른바 能히 一切境界를 날움이 맟이 明鏡이 色像을 날움과 같나니라 現識도 또한 그러하야 그 五塵을 짧으나 對至하면 곳 날아남이요 前後가 있음이 없음이니 써 一切時에 任運히 일어나 항상 앞에 있는 故요. 四者는 이름이 智識이 됨이니 이른 染淨法을 分別한 故요. 五者는 이름이 相續識이 됨이니 써 念이 相應하야 不斷한 故며 過去의 無量世等의 善惡의 業을 任持하야 하여금 잊이 않은 故며 다시 能히 現在와 未來의 苦樂等 報를 成熟하야 어기찜이 없는 故며 能히 現在의 已經의 事로 하여금 忽然히 念하며 未來의 事로 몰난 결에 妄영되이 (緣)慮함이니라.

〔**講義**〕 이에 좀 더 細論廣辨할진대 (1) 根本無明의 微細한 熏力으로 因하야 枝末不覺心이 일어나게 되나니 卽 九相의 第一念이라 이것이 業識이요. (2) 이 業識 卽 動心을 依支하야 能見(能緣)의 心相이 제기 現然케 됨이 이름이 轉識이니 바로 動心의 그 後念이니라. (3) 能見의 心相으로부터 妄心能見의 相이 있기 때문에 能히 心外의 一切境界를 날아내우게 됨이 卽 現識이니 譬컨대 明鏡이 있어 모든 色의 像을 照現함과 같나니라. 現識이 비록 外境을 짧은 듯 하나 그러함이 않이라 外境이 對게 됨에 곳 날아남이요. 刹那도 前後際의 差別이 없나니라. 써 一切時中에 外境을 對하야 自由自在히 任運히 일어나 있음이요 暫時도 斷滅할 적이 있음이 없음이요 (4) 現識의 變現한 바 染淨諸法을 分別케 됨이 이름이 智識이니 이 智識은 所緣의 諸法이 前起의 心相의 所變인 줄노 알지 못하게 되기 때문이라 (5) 分別智念이 念念相續하야 智(分別念)의 自體가 끊이지 않고 前後念이 相應하기 때문에 이름이 相應識이니 이 識의 功能은 過去의 無量世等의 善惡業을 留住任持하야 遺失치도 않으며 또한 現在의 現報와 未來의 生後二報를 成熟하야 因과 果와가 서로 어기찜이 없게도 하며 지금에 있어서는 現在

의 임이 지난 일도 忽然히 생각키도 하며 아즉 닥처오지 않은 일도 몰난결에 妄영되히 짐작거려 보는 것이 모다 相應識의 作用功能이니라.

○ 是故 三界虛僞 唯心所作 離心則 無六塵境界 此義云何 以一切法 皆從心起 妄念而生 一切分別 卽分別自心 心不見心 無相可得 當知 世間一切境界 皆依衆生無明妄心 而得住持 是故 一切法 如鏡中像 無體可得 唯心虛妄 以心生則 種種法生 心滅則 種種法滅故

〔**訓讀**〕 이러한 故로 三界가 虛僞하야 오즉 마음의 지은 바이니 마음을 여히면 곳 六塵境界가 없나니라. 이 뜻이 이른 어찜인고? 써 一切法이 다 마음으로 좇아 일어난 故며 妄念으로 낳음이니 一切分別이 곳 自心을 分別함이니라. 마음이 마음을 보지 못한지라 相可히 얻을 것 없나니 맛당히 알괘라 世間一切境界가 다 衆生의 無明妄念을 依(支)하야 住持함을 얻음이로다. 이런 故로 一切法이 鏡中의 像과 같아여 體可히 얻을 것이 없는지라. 오즉 마음에는 虛妄함이니 써 마음이 낳면 곳 種種法이 낳고 마음이 滅하면 곳 種種法이 滅하는 (緣)故니라.

〔**講義**〕 本覺眞心이 根本無明의 熏動함을 맡아 以上의 五種識을 짓게 되며 이 五種識中의 第三位의 現識이 能히 一切境界를 變現케 됨으로써 所變의 三界와 萬像이 모다 自相 그대로가 虛妄하며 假僞로 作現作生할 따름이요 그의 實體本狀이 없을새 그런 緣故로 오즉 마음으로 지은 바요. 다름이 않임이니 그럼으로써 能現能見의 心體를 여히고는 所緣의 六塵境界가 存在치 못할 뿐 않이라 本來 生起하지를 못함이니라. 現像의 一切法을 推究硏尋하면 모다 所依의 眞心과 能熏의 妄念의 所生이니 이 所生인 一切分別染法이 곳 本源覺性인 自心을 分別케 되나니라. 쉽게 말하자면 心外의 諸法이 卽心의 所作이기 때문에 諸法의 自相 그대로 도로시 自心뿐이요 別로 可히 所變의 諸法이 있다고 못할지니라 設或 肉眼의 可見諸法이 있을지라도 있는 그 現狀界 통헐어 그대로의 自心이니라 이렇게 때문에 能見의 心과 所緣의 境이 따로 있지 않는지라 能所의 相을 可히 指稱할 만한 무엇이 없으니 이른바 마음이 마음을 보지 못함이니라 換言하면 心外所

現의 分別諸法이 所現의 諸法이 않이라 그대로가 自心일새 그럼으로써 所緣의 相이 別로 없기 때문에 마음이 마음을 보지 못한다 함이니 卽 能見의 心과 所見의 心(卽境)이 없다는 말이니라.

그렇나 눈앞에 宛然히 所緣 一切境界가 있음은 어쩜인고? 오! 다맛 衆生의 妄念으로 所成인 동시에 도리혀 妄念을 依支하야 留住할 따름이요. 實로 染淨諸法의 自體가 있지 못함이 譬컨대 鏡中의 所現影像과 같나니라. 形狀만 있고 獨立의 自體없는 이 諸法은 오즉 眞心의 性上에는 空虛하며 妄相일 뿐이니 이럼으로써 不覺心이 動하야 乃至 五識의 妄心이 轉生하면 뚫아서 種種諸法이 낳게 되며 만일 이 能見의 心相이 斷滅케 되면은 그와 동시에 所緣의 染淨法도 뚫아 滅하는 緣故니라.

○ 復次言意識者 卽此相續識 依諸凡夫 取着轉深 計我我所 種種妄執 隨事攀緣 分別六塵 名爲意識 亦名分離識 又復說名分別事識 此識 依見愛煩惱增長義故

〔**訓讀**〕 復次 意識이라 말할 者는 곳 이 相續識이 모든 凡夫를 依(支)하야 取着함이 轉(轉) 깊어 我와 我所를 計(較)하야 種種으로 妄執하야 事을 뚫아 攀緣하야 六塵을 分別하나니 이름이 意識이 되며 또한 이름을 分離識이라 하며 또 다시 이름하야 分別事識이라 함이니 이 識이 見愛煩惱를 依(支)하야 增長한 義인 故라.

〔**講義**〕 이 相續識은 能히 人我貪瞋見愛煩惱를 일으켜 麤惑으로 더브러 相應케 되야 生後의 義가 있을새 故로 이름하야 生起識이라고도 할지언정 前意中에의 第五識을 分立하얏을 뿐이요 別體는 있지 않음이니라. 意로부터 (意의第五識)轉麤하는 邊으로 分類함이 이 識이니 그럼으로 意의 識이기 때문에 意識이라 이르나니라 이 識의 作用은 치우처 凡夫에게 所有됨이니 凡夫로서 日常 中에 妄念의 所現인 境界를 轉轉取着하야 無我에 我를 計較하며 外六塵上에 我所를 헤아려 가지가지로 妄영되이 執着하야 倒境의 事相을 뚫아 外境(六塵)을 攀緣分別케 됨으로 意識(第六)이며 六根을 依支하야 六識을 發生해서 六塵을 따로따로 吸緣할새 分離識도 되며 內根外

塵色心諸法의 事相을 分別키로 함으로 分別事識의 이름도 띄나니라. 이 識은 見愛煩惱로부터 一層增長케 되는 緣故라.

〔辭抄〕 我所(術語) 我所有略稱이니 自身 外의 一切萬物을 我의 所有로 計較하는 故. 見 愛(術語) 見은 見道位의 所斷의 惑이요. 愛는 欲愛 色愛 有愛(無色界) 卽 三愛란 말이니 이는 修道位의 所斷細惑이니라.

○ 依無明熏習 所起識者 非凡夫能知 亦非二乘智慧所覺 謂依菩薩 從初正信 發心觀察 若證法身 得少分知 乃至菩薩究竟地 不能盡知 唯佛窮了

〔訓讀〕 無明의 熏習함을 依(支)하야 일어난 바 識이란 者는 凡夫가 能히 알 바 않이며 또한 二乘의 智慧로 깨달을 바도 않이니 이른 菩薩을 依(支)할진대 初正信으로 좇아 發心觀察하야 만일 法身을 證한다 할지라도 少分이나 앎을 얻으며 乃至 菩薩의 究竟地에라도 能히 다 알지는 못하나니 오즉 佛이야사 窮了케 되나니라.

〔講義〕 根本無明이 眞如靜心을 熏習함을 依支하야 이 事識을 일우게 되나니 이 識의 體性과 또는 了別作用은 凡夫로는 毋論 二乘의 智慧로도 그 根底를 覺知치 못하며 菩薩일지라도 十信과 三賢을 지내어 設使十地初心에 法身을 分證케 될지라도 겨우 少分밖에 알게 되지 못하며 맞임내 十地滿心에 일을지라도 能히 了悟確知치는 못하나니라. 그러면 이 識은 어느 位의 깨달을 배 境界뇨? 오즉 妙覺位의 佛陀시라야 그 根源을 窮了케 될 뿐이니라.

○ 何以故 是心 從本已來 自性淸淨 而有無明 爲無明所染 有其染心 雖有染心 而常恒不變 是故 此義 唯佛能知

〔訓讀〕 이 마음은 本을 좇아 임이 옴으로 自性이 淸淨하거늘 無明이 있어 無明의 染한 바가 되야 그 染心이 있으니 비록 染心이 있을지언정 恒常變치 않나니 이런 (緣)故로 이 義는 오즉 佛(陀)시라야 아나니라.

〔講義〕 어찌 함으로 오즉 佛(陀)만이 (그 識의 所依緣體를) 안다 하는고? 그 識의 靜心覺體는 無始로 좇아옴으로 自性이 淸淨하야 湛然空寂하건만은 忽然히 根本無明이 일어남을 말미암어 그의 染汚한 바 되야 枝末無明 卽

染心이 轉生轉起케 되나니라. 비록 染心의 染汚한 바 되건만은 本自淸淨한 心體는 變함도 없으며 變하지도 않으니 이른바 染而不染이며 不染而染이니 이 難思의 義는 妙覺尊만이 了悟케 되나니라.

# 大乘起信論講義(六)

「佛教」104, 1932

◇解釋分(續)

○ 所謂心性 當無念故 名爲不變 以不達一法界故 心不相應 忽然念起 名爲無明

〔訓讀〕 이른바 心性이 (恒)常 無念일새 그런 故로 이름이 不變이 됨이요. 一法界를 達치 못함을 쓴 故로 心不相應하야 忽然히 念이 일어남이 이름이 無明이 됨이니라.

〔講義〕 비록 生滅染心이 있으나 다맛 眞如가 隨緣할 따름이요 其體는 恒常 變易치 않을새 그런 緣故로 이름하야 無念이라 하나니, 本來寂靜하며 未來無盡토록 如如함이니라.

그렇것만은 本一淸淨法界의 體性을 了達치 못함으로써 微細根本無明의 一念이 채 能所王數의 差別이 잇지 못하것만은 갓 動念되는 卽時로 불어 無明의 名相을 띄이게 되나니 이로붙어 起因하야 枝末無明이 轉起攝生케 됨이니라.

○ 染心者 有六種 云何爲六 一者執相應染 依二乘解脫 及信相應地 遠離故 二者不斷相應染 依信相應地 修學方便 漸夕能捨 得淨心地 究竟離故 三者分別智相應染 依具戒地漸離 乃至 無相方便地 究竟離故.

〔訓讀〕 染心이란 者는 六種이 있으니 이른 어떰이 六이 됨인고? 一者는 執相應染이니 二乘의 解脫과 밋信相應地를 依(支)하야 멀리 여흼이요. 二者는 不斷相應染이니 信相應地를 依(支)하야 方便을 修學하야 漸漸能히 여히다가 淨心地를 얻어서 맞임내 여힌 故요. 三者는分別智相應染이니 具戒地를 依(支)하야 漸(漸)여히다가 乃至 無相方便을 얻어서 맞임내 여힌故요.

〔講義〕 (1)執相應染은 執着하야 相應하는 染心이란 말의 略詮이니 卽 九

相 六麤中의 執取, 計名二相이니 妄영되이 我我所가 實로 있는 줄 執着하야 心外의 境으로 더부러 相應하야 轉轉하야 修行의 淨行을 染汚케 할새 함으로써 染이라 하나니 이 染心은 二乘의 解脫境界인 無學位에서나 또는 十解以去 卽信相應地에 이르러 永遠히 여히게 되는 故며 (2)不斷相應染이니 이는 六麤中의 第二相續相에 當함이니 染淨諸法이 續生하는 줄로 認着하야 生起不斷함이 相續의 義이니라 이 染은 大乘의 信相應地에서 尋伺方便의 唯識觀으로써 漸斷漸捨하다가 淨心地 卽十地의 初地에 이르러서 偏滿眞如를 證케 될 때에 바야흐로 永히 여힌 故며, (3)分別智相應染世, 出世의 染淨諸法을 分別할새 그 緣故로써 이름함이니 이는 具戒地 卽 十地中의 七地已還(二地로불어)에는 出觀, 入觀의 異相을 띄여 漸伏漸斷하다가 無相方便地의 卽 七地의 無相有功用道에 이르러사 맞임내 여힌 故니라.

○ 四者 現色不相應染 依色自在地 能離故 五者能見心不相應染 依心自在地 能離故 六者根本業不相應染 依菩薩盡地 得入如來地 能離故

〔**訓讀**〕 四者 現色不相應染 色自在地를 依(支)하야 能히 여힌 故며, 五者能見心不相應染이니 心自在地를 依(支)하야 能히 여힌 故며 六者 根本業不相應染이니 菩薩盡地를 依(支)하야 如來地에 得入하야 能히 여힌 故니라.

〔**講義**〕 (4)現色不相應染 이는 九相中의 三細의 第三인 現相에 當함이니 微細根本無明이 비록 淸淨本心을 動하야 境界가 現顯하였을지라도 境의 自體는 微細하야 能所緣이 없을 새 故로 能見의 心과와 可히 相應될 것이 없음으로써 이름함이니 이 染心은 色自在地 卽 第八地에 三種世間의 自在色性을 얻어서 觀照하는 마음이 一切處에 隔碍됨이 있음이 없어 能히 이(染相)를 여힌 故며, (5)能見心不相應染은 卽 三細中의 第二轉相에 當함이니 비록 能見의 心이 現然하였으나 채 心王 心所가 分位되기 已前의 微細妄念인 故로 所現의 諸法色相과와로 더부러 不相應이 됨이니 이 染心은 心自在地 卽第九地에 이르러 衆生의 心所行을 알게 되며, 또는 스스로 無碍智를 얻게 됨으로 因하야 能히 永斷케 되나니라 換言하면 第九地에 이르러서 바야흐로 이 染心 永斷케 될새 써 自利觀智와 利他智用이 있게 되나니

中秋明月이 雲碍가 없어야사 그 皎皎한 빛을 낱음과 같나니라. (6)根本業不相應染 이는 三細의 第一位인 業相에 當함이니 이 枝末無明이 비록 根本不覺으로붙어 鱗次現然히 生起함이 되였으나 그렇나 自體-極히 微細하야 根本不覺妄心과와도 더부러 무엇 相應할바 可히 없을새 그런 緣故로 이를 함이니 이는 菩薩盡地 卽第十地에 들어 妙覺佛位에 까지 이르러사 永히 能斷케 되나니 이 位에 得入하야 根本業不相應染까지 끊은이라야 바야흐로 可히 佛果를 證하엿다 함이니라. 이 如來位선 一刹那에 根本無明까지 永斷하나니라.

○ 不了一法界義者 從信相應地 觀察學斷 入淨心地 隨分得離 乃至如來地能究竟離故

〔**訓讀**〕 一法界義를 了(達)치 못한 者란 信相應地로 좇아 觀察學斷하다가 淨心地에 들어야 사 分을 뜷아 여힘을 얻으며 乃至 如來地에라사 能히 究竟에 여히는 故니라.

〔**講義**〕 本淸淨一法界의 義相을 그대로 了知了達치 못한 그것이 卽是根本無明이니 이無明은 枝末無明(九相)의 生起의 始가되나니 枝末無明이 이 根本無明으로 불어 鱗次하야 轉轉生起케 되나니라. 本覺淨心에로 불어 忽然히 일어낳는 이 微細의 微細根本無明은 發心의 初 卽 信相應地로 좇아 尋伺學觀의 觀察力智로써 伏斷하다가 淨心地에 들어 곳 徧滿眞如를 分證할 때에 隨分隨力하야 漸漸 끊다가 乃至 如來地인 最後妙覺果位에 이르는 一刹那頃에 맞임내 永히 斷離케 되나니라.

○ 言相應義者 謂心念法異, 依染淨差別 而知相緣相同故

〔**訓讀**〕 相應義라 말한 者는 이른 心과 念法이 달으니 染淨差別을 依(支)하나 知相과 緣相이 같은 故니라

〔**講義**〕 執着相應染과 不斷相應染과 分別智相應染은 心王과 心所念法의 作用과 그의 自體가 서로 같지 않을 새 그런 緣故로 닳아 함이요 그렇나 染淨差別諸法을 依支하야 攀緣할 때에는 能知의 相과 所緣의 相이 같나니 心王이 緣染케 되면 心所도 또한 그러함이요. 心王이 緣淨할 때에는 心所

도 또한 그러함이니 그럼으로써 外境을 緣慮할 때에 心王 心所가 서로의 知相(能), 緣相(所)이 같음이니라.

또는 染淨의 境에 있어 染淨의 解냄도(心王, 心所가) 서로 같음이요. 染淨의 境을 攀緣할 때에만 오즉 같이함은 않임이니라.

○ 不相應義者 謂卽心不覺 常無別異 不同 知相緣相故

〔訓讀〕 不相應義란 者는 이른 卽心不覺인 故로 (恒)常 달음이 없어 知相과 緣相이 같지 않은 故니라.

〔講義〕 現色不相應染과 能見心不相應染과 根本業不相應染은 卽是 根本無明인 故며 根本無明은 (眞)心에 卽한 故로 이 三染이 極히 微細한지라 다시 心王 心所의 달음이 없거니 무엇 可히 能知의 相이니 所緣의 相이니 함이 있으리요. 닭아서 心王과 心所의 知相, 緣相이 같다할 것도 없나니라.

○ 又染心義者 名爲煩惱礙 能障 眞如根本智故 無明義者名爲智礙 能障 世間自然業智故 此義云何 以染心故 能見能現 妄取境界 違平等性故 以一切法常靜 無有起相 無明不覺 妄與法違故 不能得 隨順世間 一切境界 種種知故

〔訓讀〕 染心義란 者는 이름이 煩惱礙가 됨이니 能히 眞如根本智를 障하는 故요. 無明義란 者는 이름이 智礙가 됨이니 能히 世間自然業智를 障하는 故니라. 이 義 ―어떰인고? 써 染心의 能見能現함을 依(支)하야 妄영되이 境界를 取하야 平等性을 어긴 故며 써 一切法이 常하며 靜하야 일어낳는 相 있음이 없것만은 無明不覺이 妄영되이 法으로 더부러 어긴 故일새 能히 世間一切境界를 隨順하는 種種知를 얻지 못하는 故니라.

〔講義〕 前의 六染心이 眞如寂靜을 喧動하는 緣故로 煩惱礙라 함이니 煩惱는 卽是 動義인 故라 이 煩惱礙가 能히 寂照妙慧如理인 根本智를 障碍하야 染心의 能見의 心과 能現境을 依支하야 그 위에 轉轉히 妄영되이 心外假有의 境界를 取着轉深함으로써 平等眞如法性을 어기는 緣故요.

前의 微細根本無明이 그 自體 昏迷하야 分別한 자 없건만은 後得如量智用을 어기기 때문에 礙란 이름을 얻게 되나니 이는 能障인 無明自體로써 智礙가 않이요, 다맛 所障의 智(後得智)를 좇아 智礙라 하게 됨이니 이가 能

히 世間自然不思議業用(後得)智를 障하나니라. 世間一切諸法은 그의 體가 常하야 變易이 없으며 靜하야 喧動이 않이라 起滅相이 있음이 없건만은 오즉 無明不覺(根本)이 眞如法性을 迷하야 如法寂靜을 了達치 못한 緣故로 眞如寂靜法과로 서로 어김이 될새 그럼으로써 世間의 一切境界를 隨順하는 不思議業用智를 얻지 못함이니라.

그럴뿐만 않이라 도리혀 一切法의 起滅相을 妄영되이 計着케 까지도 되나니라.

〔辭抄〕 根本智(術語)又는 如理智, 無分別智, 正智, 眞智라고도 하나니, 이 智는 正히 眞理에 冥符되야 能緣, 所緣의 差別이 없는 一念의 眞智니라. 後得智(術語) 一切差別의 相을 分別하는 智인 故로 分別智라고도 하나니 이 後得智라 함은 根本智의 後에 얻게 됨으로써 이름짓나니라.

○ 復次 分別主滅相者 有二種 云何爲二 추一者麤 與心相應故 二者細 與心不相應故 又麤中之麤 凡夫境界 麤中之細 及細中之麤 菩薩境界 細中之細 是佛境界

〔訓讀〕 復次 分別生滅相이란 者는 二種이 있으니 이른 어떠함이 二 ― 됨인고? 一者는 麤이니 心으로 더부러 相應한 故 그 者는 細이니 心으로 더부러 不相應인 故니라. 또 麤中의 麤는 凡夫의 境界요 麤中의 細와 밋細中의 麤는 菩薩의 境界요 細中의 細는 이 佛의 境界이니라.

〔講義〕 生滅의 行相을 分別컨대 統히 二種이 있나니 麤와 細니라. 麤라 함은 六染中의 三種相應染心이니, 이는 其生滅하는 相이 粗雜麤現됨이요. 細라함은 三種不相應染心이니 이는 心王, 心所의 麤現의 相이 없는지라 그 體 ―極히 微細함이니 念念이 流注生滅함이니라.

그런데 麤中의 麤相인 三種相應染은 三賢位의 內凡夫의 깨달을배 境界요 外凡의 境界! 않이며. 麤中의 細相인 卽不斷相應染과 分別相應染과 또는 細中의 麤인 所現色不相應染과 能見心不應染은 十地位의 菩薩의 能히 깨달을 바이요, 三賢菩薩의 所悟境界는 않음이니라. 細中의 細인 卽 根本業不相應染은 能所未分이며 그의 行相이 極히 微細할 새 그런 緣故로 오

즉 妙覺位의 佛이야사 깨닷게 됨이요 其餘의 十地菩薩의 알바 境界는 않임이니라(계속)

# 大乘起信論講義(七)

『佛敎』105, 1933

◇解釋分(續)

○ 此二種生滅 依於無明熏習而有 所謂依因依緣 依因者不覺義故 依緣者妄作境界義故 若因滅則緣滅 因滅故 不相應心滅 緣滅故 相應心滅

〔訓讀〕이 二種生滅이 無明의 熏習함을 依하야 있나니 이른바 因을 依하고 緣을 依함이니 因을 依하단 者는 不覺義인 故요 緣을 依한단 者는 妄作境界義인 故니라. 만일 因이 滅하면 緣이 滅하나니 因이 滅한 故로 不相應心이 滅하고 緣이 滅한 故로 相應心이 滅하나니라.

〔講義〕이상에 論한 麤細二種生滅識이 通히 根本無明을 依支하야 있나니 根本無明이 갓動함에 三細가 生起함이요 이 三細가 生起함을 말미암어 六麤가 轉生하나니 그럼으로써 麤細二識이 通히 無明으로써 根本을 삼거니와 만일 別別히 詳論할진대 無明(卽不覺義)이 因됨을 말미암어 三細不相應心이 낳나니 無明이 卽 親因이 됨이요 妄境界가 緣이 됨으로써 四麤相應心이 現起하나니 妄境이 卽 親緣이니라. 三不相應心은 根本識이니 內熏無明으로써 親因을삼어 生起하거니와 三相應心은 分別事識이기 때문에 外現妄境을 因하야 일어남이니라.

麤細의 生起次第는 이렇거니와 만일 修斷行相일진대 妄境界의 因인 無明이 滅함으로써 妄現의 境界의 緣도 딿아 滅함이요 不相應心의 親依의 無明因이 滅하기 때문에 依支所生의 不相應心이 滅함이요 相應心의 親依의 境界緣이 滅하기 때문에 緣生所起의 相應心이 滅하나니라.

○ 問曰 若心滅者 云何相續 若相續者 云何說究竟滅 答曰 所言滅者 唯心相滅 非心體滅 如風依水 而有動相 若水滅者 則風相斷絕 無所依止 以水不滅 風相相續 唯風滅故 動相隨滅 非是水滅 無明亦爾 依心體而動 若心體滅

者 則衆生斷絶 無所依止 以體不滅 心得相續 唯癡滅故 心相隨滅 非心智滅

〔**訓讀**〕 問曰 만일 心이 滅할진대 이른 어떻게 相續하며 만일 相續할진대 이른 어찌 究意滅을 說함인니고? 答曰 滅한다 말한바 者는 오즉 心相이 滅할지언정 心體는 滅함이 않임이니 바람이 물을 依(支)하야 動相이 있는 지라 만일 물이 滅할진대 곳 風과 相이 斷絶하야 依止할 바가 없을지언정 써 물이 滅치 않을새 風相이 相續하나니라 오즉 바람이 滅한 故로 動相이 뚫아 滅할지언정 이 물은 滅하지 않음과 같나니라. 無明도 또한 그러하야 心體를 依(支)하야 動함이니 만일 心體가 滅할진대 곳 衆生이 斷絶하야 依止할 바가 없을지언정 써 體는 滅함이 않일새 心이 相續함을 得함이니라 오즉 癡가 滅하는 故로 心相이 뚫아 滅할지언정 心智는 滅함이 않음이니라.

〔**講義**〕 만일 妄境界緣이 滅할 때에 相應心體도 또한 뚫아 滅할진대 不相應心은 아즉 未盡하엿거니 이 未盡의 無明三細가 어떠한 法을 依支하야 相續할 것이며? 또 만일 相應心體가 滅치 않으야 無明으로 하여끔 相續한달진대 이른 어찌 究竟寂滅樂을 얻는다 하는고? 境界가滅할 때에 오즉 相應心의 麤相이 滅할지언정 輕細自淨의 心體는 滅함이 않이며 無明因이 滅盡할 때에 오즉 不相應心의 微細의 相이 뚫아 滅함이요 또 圓妙精明의 心體는 斷滅치 않나니 譬컨대 바람(無明)이 물(心體)을 依支하야 動相(不相應心, 相應心ー六染心.)이 있는지라. 만일 물(心體)이 滅할진대 곳 바람(無明)과 動相(六染心)이 끊어저 依支할 바가 없을지언정 물(心)이 滅치 않을 새 바람(無明)과 動相(六染心)이 相續함이니라 오즉 바람(無明)이 滅한 緣故로 動相(六染心)이 뚫아 滅할지언정 이 물(心體)은 滅치 않음과 같나니라.

無明도 또한 그러하야 心體를 依支하야 動함이니라 만일 心體가 滅할진대 곳 衆生(六染心)이 斷絶하야 依支할 바가 없지만은 心體는 決코 滅함이 않일새 染心이 相續할 수 있음이요 오즉 癡心(卽無明)이 滅함으로써 染心의 麤細의 相이 뚫아 滅함이언정 淸淨本有의 圓覺心智는 滅함이 않임이니라. 本覺妙體가 어찌 斷惑成智에 增滅虧滿의 無常의 功이 있으리요.

○ 復次 有四種法 熏習義故 染法淨法 起不斷絶 云何爲四 一者淨法名位

眞如 二者一切染因名爲無明 三者妄心名爲業識 四者妄境界所謂六塵 熏習義者 如世間衣服實務於香 若人以香 而熏習故 則有香氣 此亦如是 眞如淨法實無於染 但以無明 而熏習故 則有染相 無明染法 實無淨業 但以眞如 而熏習故 則有淨用

〔**訓讀**〕復次 四種法이 熏習하는 義가 있는 故로 染法과 淨法이 起하야 斷絶치 않나니라. 이른 어떰이 四 —됨인고? 一者는 淨法이니 이름이 眞如됨이요. 二者는 一切染의 因이니 이름이 無明이 됨이요 三者는 妄心이니 이름이 業識이 됨이요 四者는 妄境界이니 이른바 六塵이니라. 熏習義란 者는 世間의 衣服이 實로는 香(臭)가 없것만은 若人이 香으로써 熏習하는 故로 뭇 香氣가 있음과 같나니 이도 또한 이러하야 眞如淨法은 實로 染이 없것만은 다맛 無明의 熏習함을 쓴 (緣)故로 곳 染相이 있음이요 無明染法이 實로 淨業은 없것만은 다맛 眞如의 熏習을 쓴 (緣)故로 곳 淨用이 있나니라.

〔**講義**〕眞如, 無明(根本無明—不覺), 妄心(枝末無明—不覺), 境界(六塵)이 四種法이 習熏과 資熏의 習力이 있는 緣故로 染淨二法이 連環生起하야 因果酬感함으로써 끊이일 때가 없나니 이 眞如(이는 生滅門中의 眞妄二義의 眞이요 生滅門對의 眞如門의 眞如는 않임) 淨法은 自體가 本來淸淨하야 反染成淨의 相熏과 應機成(淨)緣의 用熏만 있을 따름이요 實로 妄染心(本識, 事識)이 없것만은 根本無明의 熏習力을 입기 때문에 染心의 相이 있음과 또 無明染法이 한갓 妄心卽 六染心 —本識, 事識等을 生起하는 染用만 있을 뿐이요 實로는 一分의 淨業이 없지만은 다맛 眞如卽 本覺이 內熏함을 쓰는 緣故로 곳 能히 生死苦를 싫어하고 涅槃樂을 얻으려는 施戒等의 淨用이 있나니 이(眞如法의 染相과, 無明法의 淨用)는 모다 譬컨대 世間의 衣服이 元來는 實로 香臭가 없엇것만은 어떤 사람이 香으로써 쪼임을 말미암은 緣故로 香氣가 있음과 같나니라.

〔**辭抄**〕本識은 根本識의 略稱. 業識 轉識 現識(三細) 等微細識이요 事識은 分別事識의 略稱. 智識 相續識(以下二麤) 等分別識이니라.

○ 云何熏習 起染法不斷 所謂 依眞如法故 有於無明 以有無明染法因故 卽熏習眞如 以熏習故 則有妄心 以有妄心 卽熏習無明 不了眞如法故 不覺念起 現妄境界 以有妄境界 染法緣故 卽熏習妄心 令其念着 造種種業 受於一切身心等苦

〔訓讀〕 이른 어떻게 熏習하야 染法을 이르켜 不斷케 하는고? 이른바 眞如法을 依함을 쓴 故로 無明이 있음이요, 熏習染法因이 있음을 쓴 故로 곳 眞如를 熏習하며 熏習함을 쓴 故로 곳 妄心이 있음이요 써 妄心이 있음으로 곳 無明을 熏習하야 眞如法을 了(達)치 못한 故로 不覺念이 起하야 妄境界를 낳둠이요 妄境界染法緣이 있음을 쓴 故로 곳 妄心을 熏習하야 그로 하여끔 念着하야 種種業을 짛어 一切의 身心等苦를 받나니라.

〔講義〕 眞如淨法엔 實로 染法相이 없을진대 어찌함으로써 앓이 어떠게 熏習함이 되관대 染法이 顯然히 生起하며 相續不斷함이 있는고? 元自淸淨하야 染相이 없는 眞如淨法이 本有한 緣故로 그 圓淨妙明의 眞如를 依支하야 忽然히 無明이 있게 됨이 흡사 淸空에 雲翳가 點起하며 健人에 睡夢이 忽 함과 같나니 이 一切染心의 親因인 無明이 있기 때문에 즉시 眞如淨法을 熏習함이 있음이요 이 眞如淨法을 熏習하는 無明力이 있기 때문에 業識 轉識 等의 妄心이 있음이요 이 妄念相續하며 轉轉取着하는 妄心이 있는 緣故로 無明을 資熏하야 本有의 眞如淨法을 了悟了達치 못하기 때문에 妄心所變인 六塵妄境界가 顯現함이요 이 所緣의 妄境界染法이 있음으로써 곳 能緣의 妄心을 牽引하며 資熏하야 그 妄心으로 하여끔 種種業을 짛어서 分段 變易等 生死苦를 받게 하나니라.

○ 此妄境界熏習義 則有二種 云何爲二 一者增長念熏習 二者增長取熏習 妄心熏習義 有二種 云何爲二 一者業識根本熏習 能受阿羅漢辟支弗 一切菩薩生滅苦故 二者增長分別事識熏習 能受凡夫業繫苦故 無明熏習義 有二種 云何爲二 一者根本熏習 以能成就業識故 二者所起見愛熏習 以能成就分別事識義故

〔訓讀〕 이 境界妄熏習義가 二種이 있으니 이른 어떠함이 二됨인고? 一

者는 增長念熏習요 二者는 增長取熏習이니라. 妄心熏習義가 二種이 있나니 이른 어떠함이 二됨인고? 一者는 業識根本熏習이니 能히 阿羅漢辟支弗 一切菩薩의 生滅苦를 받는 故며 二者는 增長事識 分別熏習이니 能히 凡夫의 業繫苦를 받는 故니라. 無明熏義가 二種이 있나니 이른 어떠함이 二됨인고? 一者는 根本熏習이니 써 能히 業識을 成就하는 義인 故며 二者는 所起見愛熏習이니 써 能히 分別事識을 成就하는 義인 故니라.

〔**講義**〕 熏영되이 낳다난 境界가 妄心을 熏習하야 妄心으로 하여끔 轉染念着하야 種種業을 짛어 一切身心等苦報를 받게함이 二種熏習力이 있나니 一은 智相 相續의 妄念으로 하여끔 分別하며 不斷의 作用을 더욱 轉深케 하며 增長케 하야 無實의 法上에 그릇 自體가 있는 줄로 計較함이요 二는 執取 計名의 麤念으로 하여끔 取着하고 認名하는 喜怒愛惡의 見을 더욱 强하게 牽引하야 本來主宰의 義가 없는 五陰色身中에 實義가 있는 줄로 執着하야 모든 惡業을 짛어 當來의 苦果를 받게 하나니라.

六染心이 根本無明을 熏習하야 眞如實法을 了達치 못하게 함은 卽 背覺合塵의 生滅門을 幻現妄起케 함이니 이에 熏習力이 二種이 있으니 一은 業識等(轉識, 現識) 三種不相應染 根本識이니 이는 我空偏眞의 理를 證한 小乘無學과 權菩薩이 永히 끊지 못하고 오히려 變易生死를 받나니, 凡夫의 알바 境界않이요 二는 智識等 (相續乃至計名) 三種相應染心이니 喜怒見愛煩惱를 增長助發하야 違順等境을 分別하는 事識이니 이는 二執俱有의 三界衆生으로 하여끔 分段生死를 받게 함이니 悟流의 無學과 菩薩은 임이 여혀는 지라 저의 境界는 않임이니라.

無明이 眞如第一義諦를 熏習하야 六染心을 轉生케 함에 卽二種의 熏習力이 있으니 一은 根本熏習이니 根本無明이 갓 動함에 그 卽時에 自體一轉하며 漸麤함이니 즉 後의 業識等三種不相染心을 낳음이요 二는 見愛熏習이니 卽 枝末不覺이 念念히 心體를 熏習함으로써 六塵을 攀緣하는 種種分別事識을 增長하며 成就함이니라.

〔**辭辭**〕 變易生死(術語) 二乘이 받는 生死이니 麤身을 變하야 慧身을 삼

고 短壽를 易하야 長壽를 삼는故. 分段生死(術語) 凡夫가 받는 生死이니 身이 形段이있고 命이 分限이 있는 故.(未完)

# 詩歌總評

## 佳作을 主로 『佛教』誌 其他!

趙大順, 『佛教』 103, 1933.1

一

壬申 一年間을 通하야 教界의 發刊 雜誌에 詩歌 發表를 많이 보게 되엇다 可謂 空前의 多量收穫이라 않이 할 수 없는 동시에 斯界에 精進하는 作者 諸氏에게 感賀(?)하는 바이요. 뚫아서 筆者 自身의 기쁨을 禁치 못하겟다. 그리하야 機會잇는 대로 佳作(筆者가 읽은데서) 만을 뽑아 讀後感이든 評이든 間에 한번 붓을 들겟다는 것이 作品을 읽을 때마다 筆者의 心情이엿든 것이다. 그러다가 이번에 새해를 맞게 됨으로 過去 一年間의 發表된 中에서 몇首 추려 보기로 한 것은 임이 發表된 佳作을 다시 엚이 推薦賞味하자는 것보다 앞으로 그(佳作 主人公) 詩人들에게 크다란 企待를 갖고 동시에 不斷의 精勤을 비는 데에 오로시 뜻이 있다.

이에 評하고저 하는 詩는 主로 新進詩人의 作品들이다. 旣成詩人들은 發表數도 적거니와 또는 絶作이라고 헬만한 것도 極少數에 屬하게 된다. 新進作家를 紙面으로 새로 對하게 될 쌔에 滿腔의 기쁨을 익이지 못하는 反面, 旣成文士의 作이 極히 적음을 作品製作의 不振을 寒心치 않을 수 없다. 實로 섭섭한 마음이 돈다.

그런데 이 原稿를 抄하려 하면서 「佛教」 十一月號가 到着되기를 퍽으나 苦待하엿다. 그렇나 時日(佛教 新年號 原稿 編輯 期限)이 자꾸 닥처옴으로 하다 못하야 이 原稿를 「佛教」 十月號까지 손에 들고 쓰기로 決定하엿다. 그렇나 이 글을 抄하는 中에라도 多幸히 十一月號(佛教)를 보게 된다면 繼續하야 精讀할 것이며 그 結果 또한 佳作을 얻는다면 끝에 부처 評할것이다.

一十一月 十三日 宗玄一

二

◇南江曲

유문作(佛教 十月號)

이 作品은 晉州 矗石樓에서 잔잔히 흐르는 南江을 내려다 보면서 읊은 것이니 卽 詩調 二首이다 누구나 晉州 촉석루라면 얼핏 義岩을 聯想케 될 것이며 政治的으로 受難時代이든 그 當時의 이 國土 이 江山을 回顧케 될 것은 이 땅에서 자라난 民族의 常情일 것이다. 그렇나 나는 常情의 回顧와 聯想을 넘어서서 뼤에 맞인 恨으로 가루와 같은 이 땅을 애닯이 回顧하고 기쁘게 展望하는 동무를 보았으니 그는 이 南江曲의 詩人인 姜裕文氏엿다 氏는 方今 異域의 螢窓에 芳名을 부처두고 있는 中이다. 異域螢窓! 異域에 있든 몸으로 夏休를 利用하야 故國으로 돌아오게 되엿스니 金剛杵 刊費로 말미암어 진주까지 이르게 된 것이다. 진주에 발을 부친 氏는 南江을 그냥보고 지낼 수가 없다. 無心히 지내지 않는 것이 氏의 平素의 思想이요 感情이다. 異域으로 붙어 歸來케 된지라 惟獨히 倍前의 强한 感情에서 울려나온 것이 이 南江曲 二首엿다. 氏는 恒常一如하게 보인다 思想과 感想이 — 懷古的이요 愛國詩人이다. 보라! 그의 詩 初章에 "百사람 우슴준들 내님을 이즐것가" 하는 노래로 義岩의 殉節忠義를 읊은 데에 作者의 隱然이 所有한 千斤萬鈞의 不拔의 思想이 潛在하였음을 엿볼 수 있다. 다음 首에 "百가지로 귀틈해도 들을말이 따루라네" 하는 것도 亦是 同一한 感情과 思想에서 나온 것이어니와 "어지버 江물소리에 내魂뛰어 놀더라" 한 이 終章은 作者의 南江에 이르러서 義血에 끌어오른 한줄기의 直感이다. 氣槪다. 義岩의 그때와 只今과가 무엇이 다르랴—. 作者의 魂은 뛰논다.

이 南江曲은 언제나 읽고 싶은 作이다 이 作者는 文壇에 나온 지 임이 오래다 그 前에 무슨 雜誌이든가 (誌名만은 잘 記憶 되지 않으나) 이로 붙어 限七八年전 붙어 詩歌을 發表하야 오든 이다. 그렇나 寡作이다. 寡作이면서 佳作을 낼어 놓는다. 特히 詩調에서 그의 能함을 볼 수 있다. 詩調作家다.

◇ **絕影島에서** ……

羅雲鄕作(佛敎 七月號)

이 詩에 낱아난 作者의 心情은 潔白하다. 高貴한 感情의 所有者이다. 이 作者는 언제든지 한 自然을 읊으는데 技巧가 흐른다. 이 詩는 詩想도 端雅하고 文章도 퍽으나 좋다. 詩的 語感이 豊富한 術語를 잘 잡어 썻다.

저멀니 흩어지는 흰구름새이로
바다와한울은 서로입마추나니
나그내의낡은신이그곳까지밟고십고나
× ×
夕陽을실은배 漁村으로向하는대
날으는물새떼는 어데로가느냐
배를조칠까 새를따를까?

詩로써 吟味할 價値가 있는 作이다. 이 얼마나 깨끔한 詩歌이냐 읽어도 읽고 싶은 心情을 끄어는 作品이다. 詩 全篇에 흐르는 그 戀戀한 情이 貴엽다. 詩로서 하나 굼색하거나 어석스러운 點이없다 이러한 作品은 얻어보기 드문 것이다. "나그내의낡은신이 그곳까지밟고십고나"의 句絶이 얼마나 아름답고 잘된 것이냐. "배를조칠까 새를따를까"도 좋다. 能하게 읊엇다. 精進하기 바란다. 그리고 羅雲鄕(方右)의 "오오잠이여! 안어주소"(佛敎 十月號)도 愛讀할만한 作이다. 이 분은 詩調도 짓는다. 그렇나 그 手法이 詩가 훨신 낫다. 그의 詩調는 노상 보건만은 終章에서 可惜히도 失手를 하고 만다. 文壇出世日淺의 新進으로서 놀랍다. 詩만으로는—.

◇ **님의손길** ………

金一葉作(佛敎 五月號)

隨筆에 長技를 가진 氏는 女流文士에 名望이 높앗다. 只今은 旣成文士

로 一流에 손곱는다. 氏가 佛門에 歸依하야 最近에 와서는 그의 歸依處－所感을 詩로 읊은 것이 이 『님의손길』이다. 過去(壬申) 一年間에는 그의 能한 隨筆보다도, 詩를 많이 發表하엿다 그렇나 그중에서 골를 수 있고 詩歌及生命이－想이 있는 것은 「님의손길」한편 뿐이다. 이 詩調의 終章에 "눈멀고 귀어둔 衆生 헛손질만 하더라"가 氏의 詩篇에 躍動하는 情感이다. 迷路의 人類를 哀歎한 語調요 心思다. 이 詩에서 作者의 生活과 思想傾向을 엿볼 수 있으니 氏로서 信佛生活을 新紀元으로 하야 過去를 回想하면서 一端의 所感을 이 詩調 一篇에 담어둔 것이다. 氏는 唯獨 詩調만 全力을 集中한다. 素質은 있어 보이나 詩的으로 된 語感이 豊富한 術語를 잘 쓰지 못한 듯하다. 그렇나 『님의손길』은 佳作이다. 앞으로 詩調 傑作을 빈다.

◇ **人生**………

吳樂教(佛教 四月號)

「人生」! 이 作品은 全篇 三首로 읊었으니 詩調이다. 氏의 作은 種種히 一般 社會雜誌를 通하야서도 같이 (編者의 作같이) 읽은 적이 많다. 氏는 오로시 詩調道에로 精進을 全力하신 분인 것 같다. 詩는 아즉 發表한 적이 없어 보힌다. 詩調로서 氏의 作品 中에 손곱아 헤일만한 것이 많건이와, 위선 「人生」 一篇을 뽑앗다. 이 作은 塵世에 汲汲히 沒頭하야 自己를 省察치 못하는 人生의 娑婆生活을 애닯이 녀기는 詩眼으로써 懇曲스럽게 쓴 것이다 .詩想이 寂然하고 純化해 보인다. 表現手段이 이 篇에 限하야는 좀 難澁한 感이 없지 않다 그렇나 全篇을 通讀할 때에 反省의 힘을 무겁게 주는 作品이다. 諷刺的 詩風이 作品의 裏面에 潛流하는 맛이 貴엽다. 첫 首를 읊어보면,

고은밤 갓고와서 거친일은 무삼일고
苦海에 부대긴다 本性조차 일탄말가
한살에 가젓던마음 칠십까지 지나세

이 詩人에게 끝으로 한말 부칠 것은 三四, 四四式의 整形律에 拘碍되지 말라는 것이다. 字數에 詩調의 全生命이 있는 것이 않임을 아는 데서 비로소 詩調의 妙味를 體得케 되는 것이다. 字數는 재조있게 破格할수록 詩調에 잇어서 不可測의 不可說의 妙理가 있게 되는 것이다. 언제나 調數만을 主意할 것 뿐이다. 詩調作家인 氏에게 유다른 囑望을 갓는다. 加行에 加行하기를 빈다. 主義主張을 闡明히 하야주시기 바란다.

◇桃花………

金永煥作(佛教三月號)

詩나 詩調 나를 莫問하고 닥치는 대로 붓을 내어뽑는 이가 卽氏이엿다. 詩로는 「山詩一夜」(禪苑 第三號)를 들 수도 있으나 詩調 「桃花」에 밋이지 못한다. 作品으로서의 「桃花」 二首를 推薦할 것이다. 이 詩調의 作風과 想이 全篇에 날아낳는 點이 맞이 봄바람에 하늘거리는 桃花잎과 같이 戀戀하고 읽는 이로 하여곰 '아슷!아슷!' 한 感을 주는 것이 이 「桃花」 二首다. 이 作者는 아즉 處女時代에 屬하느니 만큼 詩想도 幼然하면서 純雅하며 詩語도 퍽으나 애릿애릿한 맛이 있는 것이 이 作의 特色이다. 끝 首를 이에 들어보면

미덤성도 적노매라 낙화될가 가깝노니
난대없은 까치한쌍 가지에 날아들제
행여나 꽂입떠러질가 마음조려 하노라

落花가 되략마략하는「桃花」를 보고 늣겨 읇은 것이 이 詩調이다. 詩人은 自己가 感興되야 느낀 그 境界라면 가을밤에 뜰에 듣는 닢하나를 아낀다. 生命과 같이 歸重히 녀기는 것이 詩人의 心情이다. 物我無二의 眞境에 透入하는 것이 詩人이요 作家다. "행여나……"하는 終章이 이 作者의 落花될 번하는 桃花를 보든 그 때의 心情을 如實히 表現하고 있다. 換言하자면 自然스럽게 情感을 끄린 作이다. 遜色이 없다. 詩? 詩調? 一道로만 精進하라.

### ◇幻想·········

金魚水(佛教 二月號)

三節로 된 一篇이 시 「幻想」이다. 一節 二節도 다 좋거니와 끝節이 썩 잘 되엇다. 技巧에 있어 조금 不自然한 句節이 있긴 하나 大體로 成功한 作品이다. 이 「幻想」의 作者의 環境과 心的苦悶의 一段小感을 실끝풀듯 재주있게 썻다. 氏의 作에 있어서는 間或 天才的 素質과 재주로 얽어놓은 句節을 찾을 수가 있다. 이 作品 中에 "감을거리는 등잔불"이란 句는 鄕村情景을 自然스럽게 그렷는 동시에 古雅한 맛이 떠돈다. 朝鮮의 固有의 感興을 돋는다. 朝鮮사람이 않이면 "감을거리는 등잔불"이란 말을 할 줄 몰으거니와 또한 朝鮮사람이 않이곤 이 詩句에 感興을 내지도 못할 것이다. 이 「幻想」이 羅方右氏의 「絶影島에서」하는 作의 다음에는 간다 「絶影島에서」가 九五라면 이 幻想은 九0은 된다는 말이다. 그런데 이 幻想의 作者는 詩調도 發表하엿다. 多小 읽을 만한 作이 있다는 것을 말하야 둔다.

### ◇잠인들 고이자랴······

尹漢星作(佛靑運動七八號)

"天下가 奔走커니 잠인들 고이자랴"하는 句節이 이 詩調의 初章이니 나는 척걱 對할때에 눈에 띄읫다. "飢寒에 우는사람 고함소리 높아가네!"가 中章이다. 初章을 說明한 것이 이 中章이다. "가삼에 뜻있는사람 잠못일워하더라" 終章을 이렇게 받어넘겻다. 이것이 一篇의 詩調다. 尹氏의 過去一年間의 詩調作中에서 새로운 意識과 情感에 나온 것이라 할 수 잇는 것이 卽 以上의 이약이한 一篇의 詩調다. 終章에 있어 조금 修正을 要할 點이 없지 않다. 그런데 氏의 作品에서 落望한 點은 間或 다른 이의 作을 剽窃하는 것이다. 習作時期에 있어서 改頭換面式으로 他作 剽窃에 눈을 듣는 것은 絶對禁物이다. 어찌 藝術的 良心을 所有한 者의 行動이랴—. 氏여! 獨創的 見地에서 새로운 作品을 냏어주기 바란다. 氏에게 敬畏하는 點은 詩調로만 一段精力을 다하시는 것이다.

◇ **目連의至孝**………

金泰洽作

할 줄 몰은다면서 곳잘 하는 이가 金泰洽氏다. 氏는 或間 서로 맛나 글 이약이를 할 때에 "우리네는 詩는 지을 줄 몰으겠읍데다"하고서도 그 뒤에 얼핏하면 한 首식 發表한다. 氏는 그 前붙어 詩를 썻지만은 詩道를 위하는 데서 精進加工이 않이고 어떤 機會에 感懷나는 대로 봇들고 갈길 뿐이다. 氏는 氏의 말과 같이 詩짓는다는 것보다 敎理硏究에 宣傳에 汲頭하고 全力量을 다하시는 분이다 佛敎의 學者니만큼 佛敎理的으로 歌詞를 짓는데 唯一의 技能을 가젓다할 것이다. 年前에 『佛敎』誌에 佛敎歌詞를 發表한 것이 많다. 이 「目連의至孝」 一篇도 吟味할 價値가 있다는 것이다. 五節로 난우워 썻는데 그 內容은 目連經一軸을 一軸의 所詮의 義理를 撮略하야 뭉둥거려서 옴박 집어넣은 作品이 곳 歌詞 一篇이다. 이 作品에 要하는 바는 文章을 좀더 精微롭게 再修正하였으면 더 훌륭한 歌詞가 되겠다는 것이다 이 「目連의 至孝」를 作曲하야 붉어쓰면 좋을 歌詞다. 이 作者의 佛敎歌詞는 全혀 佛敎宣傳을 目的으로 하고 짛은 것이요 다른 것은 않이라고 斷言하야도 無妨하다. 氏는 이약이한다. 우리는 詩를 짛으면 敎理宣傳道具로 하겠읍데다라고 氏여! 己往이면 民衆佛敎의 實現에 適宜한 佛敎歌詞를 發表하야 주시는데 藝術的 價値를 尊重히 하야주기 바란다. 『月印千江曲』이 어떻든가?

◇ **卷頭言**………

萬海作(佛敎 四月號의)

이른봄 적은언덕
싸인눈을 집허마소
제아모리 차다기로
돋는엄을 어이하리

봄옷을 새로지어
가신님께 (보내고저)

이 詩調를 읽을 때에 바로 「님의沈默」을 聯想케 한다. 이 一篇의 詩想이 「님의 침묵」의 想 그대로이다. 萬海(韓龍雲)先生은 가신 님을 그리워한다. 님만 님이랴 그리운 것 다 님이라고 불었다. 이 詩調도 또한 가신 님께 선물하고 싶은 마음에서 불엇다 詩想이 곱－고 고요하다. 님을 그리는 마음이 이렇한가보다. 이 江山에 봄이 들면, 봄을 맞는 이 江山에서 가신 님께 무얼 보내고 싶은 마음이 가슴에 불련듯 치밀어 올음이 이 韓先生의 心情일 것이다. 뉘가 다 아랴

몸은 비록 老軀이시나 '봄옷을 새로지어'하시는 마음을 갖으섯다. 사람은 여긔에서 사는 것이다 永遠히 살아있을 精神이다. 이런 精神에서 불어진 노래랴－. 나는 이 詩歌를 읽을 때에 感激의 눈물을 흘이지 않을 수 없엇다. 다시금 보는 오늘날에 亦是 그렇다. "印度를배운 朝鮮의韓先生이다"라고 나는 불는 적이 있다. 尊敬하는 어룬이시다. ××思想으론 印度의 ××와 같고 詩歌론 印度의 타고어와 같고 佛敎론 印度의 釋迦牟尼(本師)를 배우신다. 이렇한 先生의 詩歌였다. 이 詩調는 型에 있어서도 古套을 벗고 새로운 옷을 입었으니 퍽으나 嶄新한 맛이 돈다. "하노라, 하더라, 하노매라"하든 在來의 그것과 比較하야 읽을 때에 얼마나 새로운 氣力이 있고, 詩調復興, 詩調普編의 이 때에 있어 얼마한 새로운 길을 보여주엇는가 앞으로 詩調의 發展史上에 詩調型의 革新的 新型을 記錄치 않을 수 없을 것이다. 以上의 말한 이 詩調 한 篇은 手法이나 想이나가 다 깨금하다. 말속하다. 읽을 때에 新詩를 읽는 感을 주는 것도 같으면서 完全히 詩調로서의 獨立된 것이요 詩調道에 있어 劃時期的 新型을 斯道에 提供한 것이다.

詩調를 뎃겁덕이로 아는 作者가 或 있다면 在來의 型에 있어 終章의 初句에 三, 第二句에 五(或五二上) 三五調라는 데에 捕虜되야서 "봄옷을 새로지어"라는 이 終章의 第二句를 針질하고 쑥불을 놓을 것이다. 그러나 그

렁잔다. 三五調라는 調字가 調數를 意味함이요 絶決코 三五字라는 字자는 않이다. 쉽게 말하자면 三五調란 것은 글자수로 말한 것이 않이요 律調－卽調數를 三五로 되게케 尊重히 하라는 詩調界의 傳訓이다. 詩調에 對한 理論은 여긔서 張遑히 붗일 것이 않이다. 다른 機會를 自約하야둔다. 詩調 時調의 字義까지도

三

이 原稿는 이에 끝을 막게 된다. 以上에 列擧走評한 作品 以外의 作品作者 諸氏는 앞으로 무게있는 傑作을 製作 發表하야 주기 懇曲히 바란다. 以上에 評한 作品 가운데에서라도 特히 羅方右(雲鄕), 金魚水, 金永煥, 尹漢星 이 네 분만은 處女作家로서의 新進에 屬하느니 만큼 一層 加行의 精進이 있기를 바라는 동시에 때때로 이데올로기를 把握한 作品이 發表되기를 苦待하는 바이다.

筆者(宗玄)의 作品은 筆者 스스로가 어떻다고 할 수 없기 때문에 이에 숙빼어 버림이 한 유감이다. 烱眼 諸氏의 親切하신 高評을 蹺望할 뿐이다

(順天仙巖寺)

# 宗憲頒布紀念日과 青年同盟

趙大順,『佛教』104, 1933.2

**一月 四日!**

언제든지 新年이요, 一月 四日은 우리의 宗憲頒布日이다. 教界宗徒는 이 날을 永遠히 紀念할 것이다. 世界 佛教徒가 釋迦本師의 誕生節을 奉祝한다면, 朝鮮의 佛教宗徒는 宗憲頒布日을 義意있게 盛大히 紀念擧行할 것이다 宗憲은 朝鮮佛教史上에 있어 新紀元을 作한 것이요, 朝鮮佛教의 再輝의 道이다. 朝鮮佛教의 現教團의 制度에서 이는 全宗徒의 必然的으로 統一合致된 思想과 精神의 結晶體의 發露인 것이다. 이를 뉘가 拒否하며, 敢히 反逆하랴.

癸酉 一月 四日은 第五回의 宗憲頒布紀念日을 맞게 된다. 이 날을 紀念하자는 것은 第四回宗會(壬申春) 議題의 一로써 可決 (日字만콤은 其後委員會에서 定하엿지만)된 것이다. 卽 宗憲徹底實行 方法中의 一方便이다. 宗會는 現教界에 있어서 宗憲不振, 않이 實行의 不徹底를 痛切히 늣기고 消極的 應急治療의 一段으로써 議決된 것이다. 그렇나 宗徒는 積極的으로 永遠히 紀念할 것과 同時에, 이 一月 四日을—宗憲頒布日을 맞일 때에, 朝鮮佛教의 現狀을 거듭 삷이고, 開催되엿든 僧侶大會의 動機와 佛前에 宣誓하고 宗憲頒布한 그 根本精神을 甚深히 回顧再三하여야 될 것이며, 宗憲의 理想! 頒布의 精神! 宣誓의 本義!에로 返本還元하여야 할 것이다. 一月 四日을 紀念할 때에 우리 宗徒는 宗憲頒布를 비로소 하는 것과 같은 意識을 切實히 把持함으로부터 이날을 맞는 義意와 價値가 있을 것이요, 教界의 明日을 爲하야 祝賀할 바이다. 더구나 朝鮮佛教를 爲하야 宗政確立을 爲하야 苦心遠慮로써 獻身的 犧牲的 勞力을 不斷히 하고, 할 志師殉德이랴.

中央教務院으로부터 임이 各 本山에 對한 宗憲頒布日紀念의 件을 通牒

한 바도 잇거니와, 各 本山 宗務主職 諸氏는 該本末 及 所屬團體를 聯合一致하야 鄭重히 紀念式을 擧行할 것이요 宗憲의 理想과 精神을 鼓吹하며, 或은 講說하야 該本末 僧侶 及 該所屬 信徒에게 一般的으로 普及化 意識化식히고, 하도록 努力하여야 될 것이다. 朝鮮佛敎의 敎團現狀과 敎團의 現制度를 改革進展하려는 데 있어 努力하고 活躍하는 데서만이 各 本山 主職者로서의 그의 任務의 職責을 다하는 것이다. 여기에서 現朝鮮佛敎를 救出하야 未來의 新佛敎를 建設케 되는 것이다. 이에 對한 道具의 方法이 卽宗憲徹底實行이다. 宗憲을 徹底히 實行하고 宗憲의 旗職下에로 一令에 돌듯이 集中集團이 된다면, 朝鮮佛敎는 對內 對外的으로 新光明을 놓으리라.

보라! 宗憲을 徹底히 實行하고 頒布日을 紀念못할 것이 무엔가? 言必稱잘 않된다는 것이다 잘 않된다는 原因과 理由가 어데 있는가? 다맛 誠意가 없고 不足할 뿐이다. 敎團을 憂慮하는 마음이 없을 뿐이다. 宣誓頒布의 根本精神과 意識을 沒却함이 않이냐? 웨? 못한다는 말인가 어찌하야 塗口利舌의 口實만 쓰는가? 各 本山 住職者가 寺法을 등에 지고 末寺를 울렁거리듯이 않이 그 威令을 自家返照하야 神聖한 宗憲을 奉戴하고 該末寺를 濟濟히 指揮指導하여 보아라! 무엇이 理想대로 되지 않으랴 ―各 本山 主職諸氏는 該本末을 通하야 宗憲頒布日을 紀念하고 徹底實行함으로부터 中央集團을 鞏固且敏活케 하고 統一機關을 完成할지며, 宗政確立을 圖키에 切實히 努力할 것이다. 이에 再唱하노니, 朝鮮佛敎의 更生再輝의 道는 오즉 宗憲의 理想에로! 徹底實行함으로부터 實現될 것이다.

各 本山 主職諸氏여! 奮起하라! 義血 殉敎的 精神으로써 宗憲頒布日을 紀念하자! 宗憲의 理想을 實現하자! 特殊情勢에 陷하고 있는 朝鮮佛敎는 오즉 自覺實行하는 敎職者만을 要하고 잇다. 各 本山으로부터 宗憲을 奉戴實行케 되면 中央統一機關은 一超의 勢로 完成을 告할 수 있으나 만일 이에 反한다면 宗憲이 規定하고 宗會가 委托한 敎界宗政의 實行을 어데에 得見할 수 있는가. 아모리 委囑을 받은 中央幹部라 할지라도 不得已의 寒心을 發치 않을 수 없을 것이다. 宗憲頒布日을 紀念하고 徹底實行함에는 中央幹

部 以上의 實地力量은 오즉 各 本山 主職諸氏에게 잇다. 朝鮮佛敎를 憂慮하는 本山 主職諸氏는 하로밧비 宗憲實行에 努力하고 邁進키를 懇望한다.

**宗憲絕對支持!**

青總 第一回 全體大會에서 宗憲絕對 支持를 議決함은 오히려 明白한 事實이다. 青總 運動의 最急務는 무엇보다도 "合理宗政의 確立"이다. 對內的으로 朝鮮佛敎의 宗政이 合理的으로 確立되어야 大衆佛敎! 佛敎의 民衆化를 實現할 수 있음이 本末階次의 必然이요, 內外有序의 行進이다. 青總本部는 무론 各 同盟은 該所屬 本山의 主職者를 時時로 勸告, 警告, 策動, 鞭韃하야 宗憲을 實行하는 데 忠職者를 만들어 주어야 한다. 前哨隊의 任務를 다하여야 한다. 宗憲의 理想과 青總綱領(合理宗政의 確立!)의 精神은 一致된다. 宗憲을 各本 末寺로부터 徹底히 實行履踐하는 날이면 亂麻狀態의 朝鮮佛敎團에 於是乎 統一機關은 完成確立이 되는 것이니 卽 合理宗政의 實現이다.

宗憲頒布日을 맞을 때에 各 同盟은 宗務所 主催의 紀念式은 무론이요 同盟으로서의 講演, 素人劇, 提燈行列, 宗憲講義 等等으로써 紀念할 것이다. 紀念의 義意는 宗憲實行이 아즉 微淺하고 宗憲에 對한 意識이 一般的으로 確立되지 못한 今日의 世界에 있어서 宗憲의 理想과 根本精神을 鼓吹宣傳하야 一般法侶로 하여금 信守奉戴케 하며 徹底實行을 促發하는 것이다. 同盟所屬 寺院으로서의 宗憲을 實行하는 데도 그렇거니와 一步未進하야 宗憲을 不贊成하거나 沒理解하거나 또는 反對 寺院이면 그 寺院일수록 該寺同盟은 加一層 奮起하야 宗憲頒布日을 紀念할 任務와 必要가 더욱 重且大함을 切實히 늣겨야 할 것이요 一部의 壓力에 被捉되야 徒然히 袖手傍觀的 態度를 自取敢行케 됨은 絕對禁物이다. 青總의 根本精神과 綱領貫徹에 背馳되는 行動임을 指摘할 것이다. 宗憲을 絕對支持하는 同時에 徹底行實을 務圖하고 促進激勵함이 青總의 精神이요 任務다. "合理宗政의 確立!" 卽 宗憲徹底 實行의 實現이다.

—(順天仙巖寺)—

# 民衆敎化와 敎化資金

趙大順,『佛敎』106, 1933.4

## 一

朝鮮佛敎는 敎政確立이 時急을 要한다느니보다 焦眉的 救援이 事實을 超越한 現狀이지만은 正히 이와 同伴되는 問題는 民衆的으로의 敎化事業이다. 敎政確立이 對內的으로 敎團의 宗政을 敏滑 鞏固 統一을 圖한다면 敎化事業은 民衆에로 向하야 敎理宣揚 佛國土化 福利增進을 寄與할 宗敎家的 慈悲的 對外의 義務요 佛陀의 本願을 直系稟承하고 佛敎의 根本義와 目的을 體得하고 認識한 敎徒의 使命일 것이다.

우리 佛敎의 本領과 究竟이 利他中心이라느니 보다 全혀 利他를 目的으로하고 出發의 基點을 세웟스니 一切衆生으로 하여금 轉迷開悟케 하며 離苦得樂케 한다함도 그 하나요 永斷苦惱하고 速證菩提케 하며 悟人佛知見케 한다함도 또한 그 하나일 것이다. 衆生心의 所樂을 따라 佛과 菩薩身을 應現度生함이 佛敎요 佛敎獨存의 佛菩薩의 隨緣赴感이며 自存方便이다. 佛菩薩은 無量劫으로 小毫一念의 疲厭心이 없이 難忍難行을 能仁能行함으로써 修行하야옴은 決코 自己彼岸을 目的하고 發心함이 않이요 그 苦行의 覺滿成果 最後의 對象은 卽度生接物인 까닭이다.

佛敎의 民衆 敎化方式 卽 方便 方法은 언제든지 그 時代와 處所 그 敎化大衆의 機宜를 適宜히 觀察함에 따라 自由自在히 隨緣應辯하나니 卽 種種身이 그것이며 空 有 苦 樂 等 義는 卽 法義의 施立施破의 說의 自在이다. 敎의 千經萬論의 橫竪說이 都是 應機度脫에 넘지 않으며 禪의 良久棒喝의 格外風도 또한 度脫케 함에 근칠 따름이다. 아무렇거나 佛敎의 本義意는 民衆敎化 그것뿐이요 拔苦與樂의 以外에는 다른 무엇이 없다. 만일 敎徒로서의 佛陀의 本願과 佛敎의 究竟目的인 民衆敎化의 任務를 背任하거나

賣佛資生을 姦計妄圖하기 爲하야 神聖한 佛敎를 販路線上의 甘言利說의 廣告式으로써 敎化를 云謂함은 敎團의 逆徒요 悖侶이다. 朝鮮佛敎의 威信과 敎勢는 여기에서 萎縮되고 民衆社會로부터의 放逐를 當케 되며 또한 佛敎自體의 衰運을 自招自貧케 되는 것이다.

朝鮮佛徒로서는 民衆敎化를 標榜하고 大計를 鴻圖함에 있어서 敬在의 傳販如來하는 似而非敎徒를 敎團的 大衆的으로로 取締하고 制限하며 處置淸算하여야 될 것이다. 大小의 都市를 莫論하고 在在處處에 羅列하야 있고 날날로 增加의 數字를 볼 수있는 所謂 私設寺院이니 私設 敎堂이니 하는 따위의 人物과 그 機關의 所謂 事業(?)이 무엇이며? 民衆 敎化에의 活動力量과 有機賦與되는 點이 무엇인가? 彼輩의 橫行 掉尾가 年復年深하고 日加月增할수록 社會風紀上 莫大한 惡影響을 끼치고 宗敎 道德上으로 보아 容赦치 못할 非敎徒의 行動이다. 이러한 惡流輩의 出沒로 因하야 漸漸 佛敎는 民衆으로부터 放逐되고 反宗運動의 猛烈化의 旗幟를 當케 되며 받게 됨이 佛敎로서의 하로 하로가 더 가까워지는 것이며 지는 줄을 明瞭히 認識하여야 된다.

現下의 敎化事業 狀況으로 보아 中央과 各要都를 通하야 中央及 各 本山의 所屬直營인 有爲有機的 民衆 敎化機關이 많은 數를 보이고 있는 것이 事實이며 民衆에의 속에서 民衆을 爲하야 活動하며 있다. 그렇나 敎團의 敎化 事業은 여기에 滿足할 수 없으며 滿足히 녁여서는 않이 된다. 이에 一步 進하야 質로 量으로 民衆에의 敎化事業에 全敎團的으로 全力量을 置重하여야 될 것이며 非常히 飛躍하여야 할 것이요 할 必要가 있는 同時에 할 義務가 있는 것이다.

敎化事 業機關은 民衆에게 有益하게 民衆으로서의 要할만한 施設과 要素며 條件을 갖우워야 되고 갖운 것이라야 비로소 現代의 民衆의 呼吸에 適宜響應할 수 있는 것이다. 民衆의 現生活에 賦與되고 直接間接으로 扶助되는 敎化機關이라야 敎化의 本義이요 目的인 現實에서의 與樂解脫의 理想을 實現實錢케만 될 것이다.

이제 이러한 教此機關의 必須的으로 所要되는 教化資金이 現 各 本山의 經濟恐慌에 잇어서 辨出의 方途에 對한 因難이 적지 않다느니 보다 거의 不可能 不可容手의 現狀이요 또한 問題일 것이다.

이 教化資金의 辨出의 方途와 方法은 現寺刹을 中心 背景으로 하고 다음과 같이 究明 考案하러 한다.

二

첫재 獨處 寺刹과 그와 類似한 寺刹은 그 所管 本山으로부터 時日을 要할 것 없이 斷不餘待하고 廢止併合 又는 位置移轉 等의 手續을 할 것이다. 元來로 寺刹이란 淸風納子 修道行僧의 住錫洗鉢의 居住處로 된 것이요 鐘頭同住할 그네들이 雲集함으로써 그의 修道生活에 便宜를 圖키 爲하야 需用케하기 爲하야 建築하고 修補하며 그에 所要되는 經費를 鳩募掌理함이니 이는 오로시 出世修業의 大衆의 生活을 爲한 네만에 義意와 主旨가 있은 따름이다. 그럼에도 不拘하고 現下 各 寺刹(大衆寺刹은 除하고) 이 法侶의 共住狀況을 觀察한다면 獨處와 또는 그와 類似한 寺刹이 數字를 超越할 만한 現狀이다. 이러한 寺刹은 對內 對外的으로 何等의 事業經營도 없이 年收入의 全額(多小를 勿論하고)을 消耗支出하고 마나니 그 消費 裏面을 들추어본다면 所謂 該寺 住持이니 監院이니 하는 一人의 口腹生活을 潤澤케 함에 足하다. 修道大衆을 爲하야 募緣建造된 寺刹이 寺刹을 看守하는 一人의 生活問題를 解決함에 지나지 않으니 이 얼마나 本末顚倒되는 現狀이며 더구나 深山窮谷의 寺刹建物 그것을 守護키 爲하야 一人을 派送止住(本山으로 부터의)케 하고 該寺 寶淨財를 肥己支出케 함이 이 얼마나 愚痴스럽고 地獄의 種子를 發潤케 함인가. 智者 驚愕할 일이다. 차라리 全收入 全支出이면 收支相殺이나 되거니와 所管의 何等 事業도 없이 建物 道場 修補修築도 없이 尨大한 債務를 云謂하고 또는 數字가 證明한 事實 現狀이란 鬼神이 哭을 할 일이요 참으로 不可思議의 裏面이요 그 內容이다.

이러한 寺刹은 衆生 濟度 民衆教化를 根本目的으로하고 發願한 佛教에서의 一日이라도 그 現狀을 存續식힐 必要가 없다 그 必要의 所在處를 究

明하고 發見할 수도 없다. 持保修存할 理由義意며 價値가 무엇이며? 어데 있는가! 말이다.

獨處寺刹及 그와 類似한 寺刹은 該所管 本山으로부터 廢止併合의 手續을 經하야 該寺의 收入額으로서 民衆教化 資金에 充當할 것이요 또는 該寺別 位置를 適當히 移轉하야 農民 勞動者에게 有爲의 教化機關이 되도록 教化機關을 施設하도록 農村及 都市를 中心으로 하고 關心 整理하며 着目盡力의 手續만이 絶對로 必要하다.

둘재 大衆寺刹(本山其他)은 經常收入 卽 地上 收入만으로써 年經費에 充當할 것이요 其他 雜收入의 一例로서의 山林收入같은 것은 此를 別道取扱하야 教化資金에 充當함이 가장 有義하고 絶對 必要하다 教團으로서 언제든지 民衆教化를 忘置하고 한갓 一個 寺院의 經濟餘浴만을 着眼하고서 常例 以外의 顯大高强한 雜收入일지라도 僧伽寺院만을 中心으로 하고 消費消耗함은 獨善的 爲己 處世에 不禍함이니 이는 絶對不可요 教徒로서의 絶對禁物이다. 民衆福和 教化 施設의 意識을 意識的으로 把持하고 그를 實現實踐할 道具로서 寺刹의 收支를 適當히 調定함이 本義요 任務이다.

셋재 教徒는 반듯이 義務金을 義務的으로 誠實히 納付하야 此를 教化資金에 充當함이 무엇보다도 第一 義意가 있고 깊으며 거룩한 일이다. 教徒로서의 履行할 義務의 하나로도 또한 되는 것이다.

教團의 原始時代 生活에 있어서는 教徒의 私有財産이 없이 教團的 圓融살림을 하엿느니만큼 그때에는 教徒로서 教團에 對한 物質的으로 履行할 義務 條件이 要求될 수 없고 되지 못한 것은 自然의 例則이겟지만은 教團도 赤是 아니 教徒의 生活制度도 資本本義의 軌道를 超越치 못하고 그 餘波 潮流에 生活을 規定한 今日에 있어서는 精神 以外의 物質的 義務條件이 隨伴케 됨은 必然의 法則이라느니 보다 現在 教徒의 生活制度가 規定한 結果요 産物이다. 換言하면 法侶 教徒로서의 私有財産을 所有한 까닭임으로서이다.

各寺刹 宗務所는 義務金 收納規定을 細定하야 徵收에 督勵 勞力할 것이

요 收納金額은 寺刹經費에 充當할 것이 아니라 敎化資金에 積立 充當할 것이다. 이 義務金은 寺刹財產보다도 特異性을 가젓느니만큼 如上의 眞實한 意味에서만 支拂할 것을 重言하야 둔다.

三

佛敎는 佛敎의 民衆化라느니보다 民衆의 佛敎化할 有爲有機的 敎化機關을 施設하기에만 大計鴻圖를 樹立하여야 될 것이다. 이의 實現의 方法을 時急히 講究함이 무엇보다 要諦요 敎家로의 政策이다. 所要의 敎化資金의 捻出에 對하야는 如上의 提示한 바의 三條가 施設實現에 있어 初步的 一助가 되지 안을가 생각한다. 오로시 佛敎의 敎化機關은 社會的 民族的 民衆의 한 文化機關으로 됨이 必要하고 또한 切實한 바다. 여긔에서만 비로소 民衆의 佛敎化가 되고 볼 것을 斷言하야 마지 안는다.

敎徒여! 現代의 思潮가 어떻고 民衆의 要求가 무엇인가를 宗敎家的 立場에서 冷靜히 再三 思考하여 볼 必要와 關係가 있음을 끝으로 苦言하야 두노니 이에 敎化機關 施設이 어떤가.

(二月 十八日 稿)

# 報恩과 自律

趙大順, 『매일신보』, 1935.9.15

사람으로서 남의 恩惠를 입지 아니함이 업스며 또는 남에게 恩惠를 끼치지 아니함도 엄슴이 人類社會의 原則的 因果關係이다 그러타면 내가 다름 사람을 對할 때에 모다 내의 恩人안임이 업는 同時에 나도 또한 모든 사람들의 恩人이 되는 것이다. 이와가치 우리는 서로서로 恩惠 가운데서 살고 죽고함은 더 말할 必要도 업는 것이다.

이러케 廣汎한 恩惠를 늣길 때에 그러한 恩惠를 갑지 아니할 수 업고 갑지 아니하여서는 아니된다.

만일 今生에 恩惠를 다 갑지 못하면 後生에라도 그 恩惠를 갑는다함을 大聖佛陀의 遺訓이시니 全혀 人類는 恩惠의 使徒가 아니고 무엇이랴.

恩惠를 입음이 廣多하니 만큼 입은 恩惠를 되갑흐랴면 無限하고 極難인 듯하나 그러치도 아니하야 퍽으나 有限이며 容易하다. 要는 우리 人類는 國土가 아니면 날 수가 업스이 卽 父母가 國土업시 어데 住居하며 住居할 수 업는 父母가 어쩌케 우리를 나흐시랴 그럼으로써 우리에게는 첫재 國恩이 큰 것이요 限量업는 사람이지마는 모다 우리를 나코 길르신 것이 아니라 各各 우리를 나흐시고 기르신 이가 게시니 둘재 父母恩惠가 큰 것이며 設使 父母님이 우리를 나혀 길으섯다 하드라도 先生의 가르치심을 밧지 아니하고 배호지 못하엿다면 무엇을 가주고써 가장 귀여운 사람이라 하리요. 함으로써 셋재 師傅의 恩惠가 큰 것이요. 아모리 훌륭한 推仰을 밧고 相當한 資格을 가추웟다 하드라도 社會의 公機公德과 相互扶助의 愛가 업다면 엇지 自己를 發揮하고 어쩌게 活動할 수 잇슬가 하니 넷재 社會의 恩惠가 크다함도 佛典에 이르신 말슴이다.

以上과 갓흔 五大 恩惠을 갑자면 첫재 忠誠이니 이는 한 國民으로서 國

家에 對하야 忠直誠衷으로 國事國政을 밧들 것이며 曉月晨窓과 燈火慕濂에 敬虔한 精誠으로써 國運降昌과 民衆福利를 香불사룹고 祝願할 것이요 둘재 孝心이니 이는 子女된 몸으로서 父母님의 마음을 밧들어 煖衣美供을 추어올림은 무론, 父母님이 흡허하실 째에는 기쁘게 하야드리고 말슴이 게실째에는 卽時奉行하야 하로라도 우숨 웃고 게시게 할 것이며, 百年이라도 安樂安過하시도록 마음으로 祈禱하고 몸으로써 밧들 것이다

셋재 尊敬이니 이는 나를 가르치시고 내 배운 先生을 맛나거나 뵈올 째에는 무론이려니와 뵈옵고 맛나지 못할 境遇와 時日일수록 尊敬하는 마음을 더 가질 것이며 先生의 安康을 빌고 그 敎養하신 恩惠를 永劫에 잇지 말 것이다. 父母는 사람가튼 사람을 나흐섯다면, 先生은 사람다운 사람을 만드섯스니 그 恩惠 얼마나 重하고 크신가. 다시 한 번 생각하고 尊敬하자.

넷재 奉仕니 나를 싸고도는 社會, 아니 나를 안고 잇는 이 社會에 對하야 奉公의 精神을 길르고 닥지 아니하면 아니될 것이다. 다른 사람의 扶助하는 愛와 情을 밧고 입는 우리로서 엇지 自己安逸과 幸福만을 函하고 家族的 享樂만에 汲汲할짜부냐.

위에 말한 忠誠, 孝心, 尊敬, 奉仕는 무엇보다 우리로서 먼저 自律的 精神을 가짐이 아니고, 또는 그로부터 基因함이 아니면 아니된다. 修身함으로부터 諸家하고 治國하며 平天下한다함은 先哲의 말슴이어니와, 時時刻刻으로 아니 一刹那間에 九百生滅이 잇는 安 一念이 일어날 째 벌서 一日一夜 萬死萬生의 苦痛을 밧는 無間地獄이 建立되고, 一念을 淸淨히 할 째에 天堂極樂이 現前한다. 부처님께서 일르섯스니 이는 다름이 아니라 現世의 우리로서 自律的 精神生活의 軌道를 逸脫하고 信仰과 修養이 不足하야 悖倫, 不義, 不道德 等 罪惡 行動을 敢行케 될 째에는 社會的 制裁를 넘어선 苛酷한 排斥과 放逐를 當하고, 國家法律의 處分을 밧게 되니 이것 이곳 現世의 地獄苦다. 個人으로부터 一家庭으로부터 새로운 生活境地를 開拓하기에 努力하야 信仰을 確立하고 攝心하고 修身하자. 日常生活은 信仰

과 攝心과 修身함으로부터 홰불을 들자. (終)

—佛教專門 講院講師—

# 佛教紛爭의 止揚點

## 「分派共存」의 唯一한 解決策

『조선일보』, 1960.12.29

世稱 佛教紛爭은 그 度를 넘어서 法의 神聖과 尊嚴을 짓밟고 國家社會의 嚬蹙의 對象이 되고 말았다. 이러고서도 아직도 佛教徒들은 兩派 서로의 自家反省이 없는가? 있다면 무엇인가? 그 意思 그 態度를 國民大衆 앞에서 어떻게 表示했으며 그 歸趨의 結果가 무엇이란 말인가. 이 時間까지에도 少毫의 懺悔의 빛이 없이 兩派가 서로들 勝訴를 다투어 노리고 我田引水格의 樣相을 펼치고 있지 않는가? 宗教人으로써의 威信은 커녕 어느 程度의 體禮도 지켜야하고 社會的인 體面도 갖추어야 되지 않겠는가. 宗教人이라면 누구보다도 最先 머리에 突立하여 社會惡과 鬪爭해야 할 것이 아닌가. 이 나라 이 民族에서 뿌리박고 피어난 千六百年의 歷史를 쌓아올린 大韓佛教라면 이 佛教의 慧命을 相續하고 輔國安民의 聖스롭고 偉大한 使命을 達成할 教徒들의 行願이 이렇게 國家民族의 指彈을 받는 逆行 菩薩化해야만 마땅할 것인가. 「大韓佛教」는 僧侶들만의 專有物이 아니요 그 信徒들만의 歸依道場도 아니란 것을 새롭게 認識해야 할 것이 바로 이 段階이다. 우리들 先民들이 身心과 財産을 바쳐서 悠久한 세월에 亘하여 開拓하고 建設하고 發展시켜 무늬를 찬란히 수놓아 온 것이 「大韓佛教」이기 때문이다. 三寶의 淨財를, 檀信徒들의 信仰發露의 喜捨誠金을 「헤게모니」 爭鬪戰의 軍資金으로 無限大하게 濫用消費한대서야 어찌 信仰과 良識의 所有者써의 그 自身들이 너무나도 良心에 찔리지 않겠는가 말이다. 於焉 八年間 過積된 齟齬를 相互一念에 頓湯除하고 一鏃으로 被三關하는 禪宗 本然의 氣魄을 漂漂히 發揮하여 變身一擲할 勇氣는 아직도 없는가? 이 나라의 大宗教인 佛教에 對한 우리 民族社會는 雙方이 豁然大悟하여 呵呵大笑를 한번 터뜨릴 때라고 渴望하고 있는 것이다. 破顔微笑를 어찌 迦葉尊者만이 지을 수 있단 말인가?

兩派의 爭點이 惑 教理解釋의 學究的 差異의 角度라면 佛教 自體의 發展에 無上의 光明 일는지도 모른다. 허나 이 紛爭이야말로 그렇지 않은 것이 아닌가? 너무나 低俗하고 지나치게 쑥스럽기 마련이다. 이에 對句할 말이 있는가? 極히 低劣幼稚하고 問題以下의 問題거리도 되지 못하는 「僧伽形態」－ 生活樣式－의 最末端을 指摘하고 捕捉하여서 雙方의 暴露戰術이란 그 演出 自身들의 卽興的인 快感(?)을 滿足시키는데 不過할 뿐이요 오히려 一般社會의 嚬蹙을 사고 말았다. 무엇 奏效된 바 있었던가 말이다. 난이 갈수록 家醜를 들추어 自身들 法衣의 威信을 스스로가 墮落시키고만 結果에는 아무 것도 所得이 없었다. 「마이너스」 뿐이다. 空이 되고 말았다는 것을 잊어서는 안될 것이다. 오늘의 國民大衆은 그런 것에 귀를 기울이거나 눈을 뜰 때는 이미 아니라는 것도 알아야 할 것이다. 一般國民의 文化水準은 높다. 날로 높아가고 있는 客觀的 現象을 正視한다면 낡은 形態의 宗教紛爭의 舞臺는 幕을 내려야 할 것이다. 評價 以下의 批判의 對象이 되고 嘲笑거리가 될 것이 무엇인가. 오늘의 社會要請하고 있는 것은 健全하고 眞正한 信仰의 宗教人으로서의 國利民福에 이바지할 수 있는 建設的인 教化活動에 있어 무엇을 어떻게 할 것이냐를 講究하고 多少나마 關心을 한다면 어느 겨를에 紛爭을 念頭엔들 두겠는가 말이다. 이 八年間 佛教紛爭을 어떻게 消化해야 되느냐? 佛教徒는 이 겨레의 呼吸을 어떻게 받아들여야 하느냐가 오늘에 주어진 佛教에의 커다란 問題다.

여기에서 紛爭의 兩派는 佛祖의 精神과 遺訓에 赤裸裸하게 똑바로 서지 아니한다면, '僧伽'의 根本姿勢와 本分에 沈着하게 立脚치 아니한다면 再出發할 時機도 다 잃고 말 것이다. 終着驛은 自己 스스로가 파는 墓窟이요, 最後까지 國家民族社會로부터 버림을 받을 段階에 直面할 대로 直面하고 말았다는 것을 깊이 覺悟치 않으면 안될 것이다. 國家民族社會는 더 容認하지 않고 이 以上 더 寬容할 수 없을 것이다. 最尖端에 '佛教問題'가 가로 놓였다는 것을 冷徹히 認識해야 될 것이 바로 오늘의 佛教徒들이다. 이 佛教紛爭은 民族宗教文化의 向上發展을 沮害하고 있는 것이다. 民族文化에의 罪人이 오늘의 佛敎徒가 될 것이 무슨 心算인가? 무슨 布施인가? 묻노니 '信仰自由'라 하여 아무렇게나 佛敎를 '노략질'한대서야 될 말인가? 될 것 같은가? 될 것같이 아직도 생각하고 있는가? 이것은 誤算인 것을 賢明한 佛敎徒 自身들은 옳은 診斷을 내릴 것으로 믿는다. 健全하고 眞正한 信仰만이 自由이지 紛爭의 渦中으로 佛敎를 끌고 들어가는 것은 敎徒들의 自由가 아니요, 絶對 禁物이며, 罪요, 獅子虫인 것을 뼈저리게 痛感할 줄로 믿어진다. 헌데, 4·19혁명을 어떻게 보는가? 너무나도 부끄럽지 않는가? 第二共和國의 誕生과 더불어 새로운 法寶의 幢竿을 꽂고 찬란한 旗幟를 휘날려야 되지 않겠는가 말이다. 佛敎紛爭은 陣痛期로 보고 싶다. 大韓佛敎는 한 고비를 넘으려는 歷史的인 過程을 걷고 있다 할 것이다. 그렇다면 여기에서 佛敎의 새로운 進路를 바야흐로 摸索할 段階요 時機가 아닌가 한다. 從來의 '理判'(無家族側)·'事判'(有家族側)은 信仰의 生理가 서로 맞지 않고 思想的 思考方式의 差異와 修行節次의 門路가 判異하여서 언제나 隱然中 不條理가 內包되어 왔던 것이 事實이다. 이것이 不幸히도 不純한 時機에 反民主的인 政權의 背景을 발받침으로 하여 爆發되었을 뿐이다. 當然之事라기보다 돌아가는 自然法則의 바퀴라 아니할 수 없을 것이다. 이 信仰的 思想對立, 不相容의 旗幟는 急轉直下로 宗主權 爭鬪戰에로 變貌突入하고 말았다. 오늘의 紛爭收拾策은 이 原因을 如實히 把握하고서 새로운 길을 摸索하지 않으면 百年 河清格이요 空念佛로 化하고 말 것이다. 紛爭 八年에 百年大計의 나아갈 길은 저절로 뚫어지게 된다. 뚫리는 길을 善用하고 잘 料理할 것이 佛敎徒들의 오늘의 課題일 것이다.

歷史的으로 自然的으로 뚫린 새로운 佛敎의 進路란 무엇인가? 宗이 있다면 거기에서 自然發生的으로 形成되는 것이 派이다. 이것은 必然的인 現象이요 當然한 生成發達의 過程이다. 香기로운 꽃을 피우기 爲하여, 아름다운 結實을 하기 爲하여 茂盛하고 繁榮하게 뻗어가는 가지에 구태여 人工的인 剪刀를 加할 必要는 없지 아니할까. 曹溪宗은 '兩派'로 分派하여야 할 것이 當然하고 또는 現代가 要請하고 있는 것이다. 分派란 決코 一

宗門의 教勢가 萎縮되거나 衰退의 相을 모한 것이 아니라, 實로는 過去繁榮의 結果요, 擴張되는 現象이며, 未來를 向하여 새로운 建設에의 礎石이 될 것이다. 兩派가 內部的인 不條理 不和合의 要素와 矛盾을 內包한 채 언제까지나 危懼不安에서 熾烈한 信仰的 思想對立이 醞醸된 紛爭이 外部에까지 展開되는 것보다는 이 때에 正히 合法的으로 雙方이 會同하여 明朗한 雰圍氣로 嚴肅히 '分派'를 佛祖께 宣誓하고 나아가 共同聲明을 天下에 公開할 段階에 놓여 있음은 너무나 明瞭한 事實이다. 이리하여 兩派 서로가 信賴度와 安定感을 갖고 三百九十萬의 信徒와 渾然一體가 되어 國家 社會에 福利 奉公할 拍車를 加해야만이 負荷된 宗教的인 使命을 完遂할 수 있을 것이다. 要는 比丘派는 '曹溪寺派'로 帶妻派는 '太古寺派'로 協定分派하고 各其 所定의 宗規에 依한 機構를 組織하여 各自의 宗團을 運營하면 될 것이다. 여기에 相互聯合體로 社會教化事業을 施設한다면 더욱 錦上添花가 아닐까. 附隨되는 問題는 兩派의 傳法布教에 必要한 根本道場은 現在의 寺刹을 按分比例하면 될 것이다. 이리하여서 惡辣한 世紀末的인 最尖端을 걷고 있는 佛教紛爭은 止揚되어야 하고 止揚해야만 된다. 만일 兩派가 서로 宗主權을 專制하려고 하여 끝까지 法의 勝訴를 劃策한다면 이는 信仰生命의 宗教人의 所行이 아니라 貪・嗔・痴 三毒의 毒素를 가진 賣不自生하는 獅子虫이 될 것이다. 佛教徒는 宗教家다운 矜持와 度量이며 自尊心으로써 제발 官邊에 佛教紛爭問題 解決을 求하지 말고 自體가 圓滿히 解決終止시켜야 한다.

오직 '分派共存'의 새로운 길을 가야 할 것이다. 中國佛教史는 그만 두고라도 우리나라 新羅佛教만 하더라도 '禪寂家'(曹溪寺의 異稱)의 一門下에 九山門派가 蔚興했을 때야말로 얼마나 佛教가 降威하였으며 民族佛教文化의 最高峰을 이루었던가? 이 歷史的인 事實은 儼然히 싱싱하여서 오늘의 '大韓佛教'의 새로운 方向으로 나아갈 大道를 明示하고 있지 않는가? '分派共存'에서만이 現代가 要請하고 渴求하는 새로운 佛教가 建設될 줄로 믿는 바이다.

詩人・佛教學者

# 人間釋迦牟尼

## 『釋尊誕日』을 맞으며

『조선일보』, 1961.5.11

微風이 누긋한 맑고 푸른 하늘에 햇발이 퍼질대로 탁 퍼지는 계절, 新綠이 짙어가는 '룸비니'동산에 香薰이 그윽한 無愛樹아래서 새로운 빨가숭이가 한마디 소리를 외쳤다. 탄생이다. 후일의 '석가모니'가 될 갓난이인 것이다.

그 한마디 소리란 무슨 의미일가? 무엇을 의미한 것이라고 해야 할 것인가? 여기에는 何等의 神秘感을 주입시켜가면서 神話的인 해석을 붙일 必要까지는 없지 않을가.

만일 그 무엇을 별스럽게 의미했다고 한다면 이는 人間인 釋迦를 人間이상의 무슨 神의 存在로 우상화할 우려가 있는 危險性이 다분히 내포되어 있기가 쉽기 때문이다. '人間釋迦'의 本來面目에 당치도 안은 분을 바르게 된 것밖에 아무것도 아니며 따라서 '석가모니'의 깔끔하고 赤裸裸한 自然스러운 眞面目을 똑바로 體得치 못할 結果를 자아내고 말 것이다.

그러므로 그 한마디 소리를 佛敎에서는 "天上의 世界와 人間의 世界에서 오직 「나」만이 尊貴 — 天上天下 唯我獨尊—하다"고 풀이한다. 이 '나'라는 것은 곧 生命이요, 生의 願動이다. 존귀하고 尊嚴한 生命이 嚴肅하게 약동하는 것이 즉 分娩하자마자 빨가숭이가 自然스럽게 고사리 같은 두 주먹이며 연꽃 같은 두 발을 놀리고 파닥거리면서 '응아'소리를 힘차게 터뜨릴 뿐인 것이다. 여기에는 오직 그의 한 世界가 벌써 展開되었을 뿐이요, 아무런 意識的이거나, 무의식적이거나 나의 작위가 있을 수 없는 것이다. 네 활개를 그대로 펴고 움직이니 東西南北을 가리켜 間行七步란 것이 아니며, 머리는 하늘을 향하고, 발은 땅을 밟게 되니 上下四方 四維로서 十方世界가 구성된 것이 아니겠는가?

'석가모니'어디까지나 儼然한 역사적인 人間의 存在다. 인간으로서 탄생하는 순간에 터뜨린 그 한마디의 '응아' 소리는 모든 중생들과 何等 다를 것이 없는 尊貴한 生命의 호흡이요, 躍動인 것이다. 그러나 똑같은 生命體를 지니고도 醉生夢死하기 때문에 衆生이라면 '석가모니'는 본래 스스로 具有한 이 생명체를 바로잡고, 정화하고, 時間的으로 向上시키고, 空間的으로 擴大시켜서 모든 중생들을 濟度할 수 있는 法力과 품안에 다 안을 수 있는 慈悲의 사랑을 가졌으므로 '부처님'인 것이다. '석가모니'는 '나'라는 모든 衆生들의 공유인 生命體를 든든히 붙들었기 때문에 모든 중생들로 하여금 제각기 제의 生命을 길이 살리고, 살 수 있도록 그 길로 이끄는데 寓躍躬行한 것이다.

'석가모니'와 衆生은 서로 그 生命體가 同一하기 때문에 「화엄경」에 "부처님과 중생과 마음 — 생명체 — 이 똑같다"고 설하였다. 그러므로 衆生과 부처님은 因緣이 밀접하고 그 길이 共通되어 있는 것이다. 衆生이 곧 佛이란 것이 理論이 아니요, 生命이 同一體이기 때문인 것이다.

'석가모니'의 탄생은 중생들의 생의 찬미와 우, 주의 빛이라 아니할 수 없다. '석가모니'는 흐뭇한 우리들의 가슴속에 誕生하고 있다.

# 推薦辭

『시조문학』 5, 1962.7

**「花石」………… 李德英**

이 시조 「花石」은 深淵 속 깊숙이 자리잡고 있는 영롱한 眞珠같다 하겠다.

이 作品은 水鏡과 아울러 '자멱질'하는 潛水夫라야 비로서 眞珠를 캐겠다. 水泳쯤은 문제도 안된다.

「花石」이라는 題는 隱喩가 아니라면 假想의 붙임일 것이나 한 實在라 해도 무방하다. 얼핏보면 무슨 敍景的인 題號인상 싶지만, 처음에서 끝까지 抒情에 속하는 것이 이 「花石」이 지니고 있는 憧憬 · 사람 · 孤獨인 것이다. 作者는 이러한 불꽃과 물결과 失望에 버물려서 굴러 떨어지지 않고, 冷徹하게 飛翔하고 있다. 이 作品의 思想이나 幅이나 技法이 놀랍다. 作者이 지닌 底力이 줄기차다. 五首로 이루어진 이 作品은 한 개의 統一性을 간직하고 있다. 한 수 한 수가 獨立임서도 …….

이 作品은 오늘의 時調가 걷고 있는 새로운 境地를 넓혀준 것이다. 따라서 作者의 作品에의 誠實性과 力量이 믿음즉 하므로 推薦하는 바다. 따라서 推薦의 責任도 무론 지는 바다.

그리고 이 作品의 "혈맥에 아픈 音樂으로 불지피고 날은 새"라든지 "不如歸 千年 울음 피먹어 찢긴 하늘"이며 "裸像의 生命에서 오늘이 곱게 타는"과 "눈멀은 沈默을 밤새워 永遠하는 아쉬움." 그리고 "향불로 휘돌아 문을 열고 나비되어 날리라"는 다 作者의 닦은바 힘의 發露일 것이다. 더구나 "罪스런 항아리 깊은 안벽 ……"과 "은핫문 아아라한 祈禱를 나래접고"는 이 作中의 '깊이'라 하겠다. 이러한 것은 무슨 悔恨이거나 觀念遊戱나 修飾이나 造作이 아니다.

그런데 "不如歸" "아아라한"의 구절에 각각 「 」표를 붙였드라면 …….

또 "사랑안에"의 '안'을 '속'으로 바꾸어 보면 어떨까? 이 作者는 이 작품에서 '안'이란 것으로써 어디까지나 그 심오한 사상을 표현하려고 애를 썼다. 누구다 작품에서 자기만이 유독히 애용하고 있는 말이 있긴 하지마는 …….

× ×

추천하는 이야기는 이쯤 끝맺고 이 作品에 대한 소감 — 감상이라해도 좋다 — 을 몇 마디 적어 이 작품의 주인공의 말을 되듣고도 싶다.

첫째수, "가슴 안 흐늘진 곳 침몰하는 꽃이 고와" 이렇게 대뜸 작자는 자기의 理想의 憧憬에의 指標를 터뜨리고 그에의 沈痛한 心思를 "혈맥에 아픈 音樂으로 불지피고 날은 새"로 終章을 용마름했다.

둘째수, "「不如歸」 千年 울음 피먹어 찢긴 하늘"일진대 "새하얀 숨결로"서 무늬지워 흘러가는 강물 소리를 사랑 속에서 듣는 것이 아니라 作者는 如實히 失望아닌 눈망울로 보았다 할 것이다.

셋째수, 작자의 情談은 第三首에서 "오늘이 곱게 타는"하고 肉薄하면서 있다. 저 第一·第二首가 마치 강물이 강기슭에 지분거리는 것이라면 이 第三首는 맑고 포름한 물결이 江心에서 滾滾히 구비치는 格이다. 그러므로 終章은 失望調가 아니고, 情恨이 서리고 도사림을 描寫한 것이다.

넷째수, 불꽃보다 熾烈하던 作者의 思念 그리움, 思想이라 해도 무방— 이 살그머니 자리잡고 孤獨의 本姿勢로 돌아가는 態度다. 그렇다. 이것이 詩人의 位置다. "은핫물 「아아라한」 기도를 나래접는" 靜謐의 世界에서 그야말로 눈먼 沈默을 궤뚫는 아쉬움만이 永遠할 뿐이다. 어디까지나 發散만으로는 滿足해질 수 없다. 그러므로 蘊蓄이 여기 있다. 情熱은 마침내 冷却의 段階에 올라야만 바야흐로 맑은 빛을 發揮할 것이다.

다섯째수, 그렇다 그러할 것이다. 現實과 理想과는 恰似 어느 異邦人의 얼굴일는지도 모른다. 그러나 그대로 주저앉을 순 없는 것이 詩人의 힘이다. "항불로 휘돌아 문을 열"수 밖에 없는 것이다. 昇華하곤 말 것이다. 앞으로의 上昇의 길을 스스로 보고 있는 것이 이 詩人이다. 이 作者는 그렇게 性急하지 않게 자못 沈着하고 조심스런 姿勢로 悠悠히 걸어갈 것을 나는 이 作品에서 보고 있다.

**「함박꽃」…………李相範**

李相範의 五편의 작품에서 그의 걷고 있는 '시조의 세계'를 찾았다. 「달무리」 「壁」 「思索의 뿌리」 「꿈」 이것은 內的인 精神의 世界에서 苦惱와 希望과 渴症과 神秘를 파헤친 것이라면 「함박꽃」은 悲憤의 餘波가 빛이고 있는 오늘의 목에 찬 民族의 뼈저림을 깨물었다할 것이다.

그의 作品 中에서 「함박꽃」을 들었다 그러나 놓기 어려운 것도 그 「꿈」이다. 作者는 자기의 두렷한 詩의 世界를 向하여 바람을 타지 아니할 姿勢가 作品에서 보인다. 앞으로 줄찬 步武가 있을 것 같다. 그 手法 또한 꾸준히 精進한 빛이 나타난다. 未安하나 한마디 부치고 싶은 것은

「함박꽃」의 첫째수 초장에 "외진 이 산골 기슭"을 이 "이 외진 산골 기슭"으로 종장에 "어진 少女 맘결이―"를 "어느 少女 맘결이―"로 둘째首 종장에 "이는다"를 "언젠가"로 다섯째首의 초장에 "아 지금은 길 큰 갈대"를 "지금은 길도 넘는 갈대"로 이렇게 생각해 보면 어떨는지 …….

그리고 "불연 듯 그려지는 아 마구 버린 땅에"라든지 "피 저른 잿더미 위 칡순만 마디 마디"라든지는 뛰어난 바 있다. 이 「함박꽃」은 醇化된 감정이 誠實性을 지니고 차분히 이루어진 좋은 作品이다. 잣힌 잘못하면 感情이 '방게'같이 기어가건만 이 作品은 이 作品의 領土에서 문득 범하기 쉬운 그러한 위험선은 숨 가쁘지 않게 잘 突破했다고 본다. 이러한 점은 作者가 평소에 끊임없이 쌓은 힘에서 온 것일 것이다. 이 作者의 앞에 새로운 詩의 世界가 활짝 전개될 것을 믿을 수 있다. 그렇기 때문에 推薦하는 理由도 여기 또 한 점 있는 것이다.

―위에 부지럾는 말을 사례하면서―

**先後感 〈少年部〉**

金景濟의 「鶴」은 그 경향이 낙천적이다. 꾸김살 없는 마음이 꾸김살 없이 곱게 피었다. 하나 평범한 작품이다. 차츰 깊이가 있게 다루었으면 한다. 한 가지 조심할 점은 '시조'를 지을 때에 '가사'와 같이 그릇 알아서는 안 될 것이다. 어디까지나 '문학적'이라야 할 것이다. 재래의 '영탄조'로 된 시조를 닮지 말기를 권하고 싶다.

이 作品은 그저 무난해서 좋으나, 그러나 깊이가 있어야하겠고 무기력한 것이 좀 유감이다. 둘째 수의 종장에 "천년이 지난 오늘에도"의 '천년이'는 "몇 만겁…"으로, 또 셋째 수의 초장에 "어짐이란 다사렸네"의 '네'는 '나'로 한번 바꾸어 읽어보기를 권하며 앞으로 꾸준히 나아가기를 바라는 바이다.

李鍾晟의 「古都春色」은 一題一首로 된 단조로운 一篇이다. "불국사"의 "어리 어리"는 "아른 아른"으로 중장의 "홀로우는"은 "한가로운"으로 첨성대의 종장에 "버림받고"를 "부여잡고"로, 또 종장의 "女人의 손길이"는 "女人의 손결"로 각각 바뀌어 읽어보기를 권하고도 싶다. 또 이 작품에서 "青苔"와 "女人"이란 用語가 어색하고 어울리지 않는다. 시상에 알맞은 어감 있는 말을 찾아야 할 것이다. 제 자리에 꼭 들어맞을 말은 한 개 뿐인 것이다. 이 점에 노력했으면 한다. 그리고 '青苔'란 말은 '푸른 이끼' — 여기에 그러란건 아니지만 — 로 쓰는 것이 훨씬 의욕을 도꾼다. 시대를 알고 말을 골라야할 것이다. 또 벌써 그 제가 「첨성대」인만큼, 구태어 "돌층"이라해서 인식을 강요하고 촉구할 필요는 없이 그저 순수하게 "층계"로 해도 무방할 것이다.

이 작풍(作風)은 너무 구태의 격과 조를 그대로 밟고 가는데 충실했다. 활짝 탈피해야 할 것이다. 용어부터 아니 시상부터, '佛國寺'니 '첨성대'니 하더라도 퇴폐적인 경향보다 "오늘의 소년"으로서의 보다 새로움을 느낄 수가 있지 않을까. 참신 경계를 개척하도록 정진해야 할 것이다.

평소에 시조 수업을 하는 젊은이들에게 내가 하는 말을 이 작자에게도 권해드리고 싶은 것은 처음부터 '고시조'를 읽지 말고 '현대시조'를 많이 읽고 다음에 '고시조'를 읽으라는 것이었다. 고마운 작품을 보게 되므로, 따라서 사랑하는 마음이 치솟는 바람에 실례를 무릅쓰고 수다한 말을 쓰게 된다. 이 심정을 짐작할는지 …….

이번에 一席될 만한 작품이 없어 섭섭한바 적지 않다.

**先後感 〈成人部〉**

安英子의 「꽃과 꿀벌」을 一席으로 뽑았다. 두 수로 이루어진 작품이다.

첫째 수의 중장에 "뜨겁게 지친 사랑 향기로 부서지고"는 따르기 어려운 뛰어난 솜씨다. 작자의 '시적 소질'이 풍부하다. 또 이 작품은 꽃봉우리 같은 아름다움이 묘사되어 있다할 것이다. 시조에 있어 이러한 형식은 뻗어가는 힘찬 오늘의 시조일 것이다. 그러면서도 작가는 퍽으나 조심성 있게 다투었다. 이 작품은 그 시상과 그 표현 수법이 모두 새롭다.

이 작자의 앞길이 눈부실 것을 믿고 싶다. 더욱 줄찬 정진이 있기를 바라면서 노바심절의 심경으로 한마디 일러 드리고 싶은 것은 첫째 수의 초장에 "너와 나"는 설명적이었고, 둘째 수의 중장에 "몸도 마음도"는 너무 노골적이었다. 시란 설명보다 '묘사'라야 하고 노골적인 것보다 '암시성(暗示性)'을 지녀야 할 것이다. 설명쪼는 작품으로 하여금 매력을 잃고 무기력하게 노골화는 함축미가 없고 멋을 잃게 되는 결과가 십중八九다. 유리창으로 보는 것 보다 '발 틈'으로 정면보다 측면으로 보는 것이 어떨까. 미안한 말일는지 모르나 지금 앞에서 지적한 구절이 없다면 차라리 어떠한가? 다시 읽어보면 스스로 알아챌 맛이 있지 않을까. 둘째 수는 더 야무지게 되었다.

이 작품은 새로운 맛이 풍겨서 좋다.

◇ ◇

李和美의 작품 「코스모스」는 三首의 一편으로 이루어졌다. "오롯한 가슴이라서 그림자로 보내온정"과 또 "이대로 언제까지든 맑아보고 싶음마음"은 가볍고 시원이 멋이 풍기면서도 싸고 감도는 깊이가 있는 맛이 있다. 말과 말을 연결시켜서 詩(여서는 時調)가 되는 것이 아니라 情에서 어울러진 말과 말이 살았기 때문에 詩가 되는 것이다. 이것이 詩의 生命이다. 作者의 밝은 감정이 꾸밈없이 솔직하고 소박하게 담겨있으므로서다.

三首中에 第一 第二首가 좋다. 옥에도 티라할까 "마음의 손"은 어쩐지 어색하다. '새로운 말'을 짓기도 한다 하나 반드시 '새로운 말'이라 하여 그대로 용납되는 것은 아닐 것 아닐까. "마음의 손(客)"은 한번 다시 생각해 보았으면 한다. 또 第三首의 초장 역시 前 二首의 종장만 못하지 않다. "무엔지 그리움에 저토록 늘어난 목!" 그렇다. 무엔지 그리움에 몸부림쳐 저렇게 청소한 맵씨(코스모스의)가 날씬하게 자랐다는 게다. 이 초장은 作者 자신도 모르는 사이에 '情의 世界'에서 자연스럽게 터져나왔을 겐데 왜 中, 終章에서, 구름같이 부푸고 폭포처럼 쏟아지는 '순정'을 억누르고 어째서 意識的인 加工을 더해가면서 造作을 했는지 ……. 셋째 수는 未成品이 되고 말았다.

詩를 쓸 때에는 폭발되는 심정(감전) 그대로를 그려야 한다. '純情'을 억누르는 것은 詩人의 자살행위다. 그렇기 때문에 '시인은 미치광이'란 말도 있지 않는가. 假飾의 제도에 얽힌 人間들이 본다면 확실히 本然의 詩人은 미치광이일는지도 모른다. 本然의 詩人 미치광이의 눈에는 도리혀 假飾의 탈바가지에 딩구는 人形과 같은 人間들이 가엾은 것이다. 각설 "오롯한 가슴이라서 그림자로 보내온정"은 옹달샘에 떠오르는 '코스모스'의 맑은 눈웃음을 섬세하게 그린 서정이러니와 구름 한 점 없는 가을 하늘보다 더 맑게 통찰한 李詩人의 눈도 人格도 맑음이 이 作品에서 움직인상하다. 三首中에 첫째수는 절창이라 해도 흠이 없겠다.

# 推薦辭

『시조문학』 6, 1962.11

「壁」〈吳圭玉〉은 「思母歌」 「音樂」과 같이 보내온 作品中의 一편이다.

이 作者는 「壁」의 귓속말을 들을 줄 알고, 壁의 靈魂의 미소가 안으로만 물결침을 잘 볼줄 알뿐 아니라, 허다한 꿈조각을 담근 혈맥속에 자리하고 있는 그 묵묵한 神話인 壁의 忍苦에의 姿勢를 파헤치고, 보다 깊이 사랑한 信仰의 섬김으로 하여 새로운 世界를 잉태하고 創造에의 계시가 隨喜의 안에서 넘치는 데까지 파고들고 육박했다.

이 「壁」에서 作者의 날카롭고 통철한 聽覺과 視覺의 소유자임을 알 수 있으며 보다 視聽의 線을 넘어서 그 內照的인 力量을 充分히 짐작하고, 더욱이 엄숙한 啓示에 까지 부딪쳐 物我無二의 경지에 바로 섰다는 것을 나는 보았다.

이 作品의 짜임새와 이루어진 想과 技法은 그야말로 「壁」을 쌓아올린 듯 高次的이라 할까.

들을 수 있는 귓속말에서 안으로면 흐르는 '자각의 微笑'로 發展하며, 혈맥에 담군 묵묵한 神話에로 上昇하다가 되돌아 땅에 발붙이고 있는 「壁」의 '삶의 보람'과 來日을 행한 創造의 계시로 끝을 맺었다. "꽃보다 순수하여 뭇사랑 피롭던가"라든가 "잇닿은 꿈 조각을 血脈에 담구어서"라든지 더구나 "살아있는 뜻만큼 사랑찬 信仰섬겨"는 보다 뛰어난 名句이다. 이 작자에게 蓄積된 底力이 깊이로 들까 넓이로 퍼릴까? 그 앞길이 촉망된다.

「臨津江」〈이상범〉은 몽당 보내온 其他 三편보다 눈에 띄이기에 第二回로 추천한다. 이 作品은 言順心痛하다. 文體 詩語가 순순하면서도 뼈속까지 쩔린다. 그렇다 "念願의 허리를 질러 한줄 血緣 가람"이다. "所望은 소용돌이 사슴 목뺀 벼장인 채"하고 絶望 아니 苦된 절정인 듯하다가, 다시 "빈對岸 焦慮치는가 머언여울 우룃소리…"는 그럴 듯 無限의 여유를 보이고 있다. 이쯤되면 그 솜씨도 뛰어난다. 時調의 本領에 들어선다.

作者는 새로운 말을 쓸 의욕으로 "나달"이라 했는지 모르나, 반드시 그러한 것도 아니다. "세월"이 어떨까? 一線服務의 소위인 作者는 매우 정력的이다. 作品만 통해 보지만 …….

# 推薦辭

『시조문학』 8, 1963.10

**「碑」…………李相範**

이 「碑」는 李相範의 推薦을 完了하는 作品이다. 이제 그는 그의 第三코스를 돌파한 것이다. 어언간 二年을 걸쳐 이 作者는 오늘에 이른 것이다. 그러나 나는 原來 이러한 制度가 最善의 過程이라곤 생각지 않는다.

한데 그의 第一回의 「함박꽃」에서 이미 그가 쌓고 있는 詩作에의 底力있는 資源을 보았던 것이다. 그 「함박꽃」이 '애틋한 향기'라면, 第二回의 「臨津江」은 '觀照의 詩眼'이라 하겠으며 이번의 「碑」는 '生命의 捕捉'이라 하겠다.

흐르는 歲月을 타고서 碑가 지니고 간직하여 오늘에 아니 끝없는 내일을 향하여 傳하려는 그 무엇을 이 詩人은 碑에서 발견하였다. 그러나 그는 그것이 어떻다는 說明以前에 '뜻모를 이끼한 恩惠……'라고 대뜸 잡아챘다. 그런가하면 '마알간 沈默의 둘레 耳鳴 가만 흐른다'하여 碑와 더불어 숨결을 같이하고 있다. 이만한 感情의 醇化— 物我同體 絶對境인 것이다. (物我無二)는, 超然아닌 가장 자연스러운 同化의 本然이 아닐 수 없다. 바른 姿勢로 내닫는 作者의 境地라 하겠다.

그 特異한 技法은 名詞·動詞로 三節의 끝귀를 多分히 終止시키는 妙를 또한 이루고 있는 點이다. 그의 새로운 機軸을 展望하면서 推薦의 完了辭를 쓴다.

**「저물어 온 山河에서」…兪炳奎**

그렇다 現實·人生이란 한낱 人造燈의 假裝行列인가? 人造燈이 아닌 永遠한 맑은 빛이 얼마나 그리우냐? 그러나 人造燈같은 現實的인 人生이라 할지라도 그나마 없다면 어떠할까? 그래서 목마르게 아쉽고 그리운 것이 또한 인생이요, 사랑이기 말이다.

어설픈 人造燈의 빛일망정 누려야하고 버티어야할 가냘픈 人生이기에 오히려 그리운 것이 人生일 것이다. 허잘 것 없는 人造燈같은 無常한 人生이기 때문에 빤히 내어다 보이는 時間을 재면서 한결 그리워지고, 또한 외롭고 無常한 人生이므로 나아가 高次的인 그 永遠에의 '眞常'을 追求하고 渴求하는 것이 아닐까?

虛構無常의 自體가 人生이면서도 無常의 存在인줄로 認識・徹悟치 못하고서, 파닥거려 보려는 가냘픈 意圖의 所有者가 人生이다. 그러나 그를 否定하지도 못할 것이 또한 人生自體다. 그러므로 作者는 스스로의 滿足의 喜悅을 느끼지 못한 채 그저 나무랄 수가 없어서 고개라도 끄덕여주자 했다. 얼핏 보아 單調롭고 平面的인듯 하나 그의 人生觀(作品에서의)은 盛熱의 度에 上昇하고 있다.

# 시조의 名稱再考

『현대문학』, 1964.9

지금 우리가 지향하고 있는 〈시조〉 文學作品에 있어, 그 名稱을 막연히 종래 漢字로써 '時調'라고 表記해 온 것을 그대로 無批判하게 因習的으로 사용하고 있는 현상이다.

이 漢字의 表記인 '時調'라는 命名이 과연 어디서 어떻게 유래한 것인가? 또 옳은 것인가? 아니, 〈시조〉 文學作品에 타당한 名稱인가?를 이에 再考의 促進을 要하게 된다.

〈시조〉의 語義·性格 그리고 文獻을 엄밀히 검토하지 않으면 그 名稱의 適否와 正鵠을 올바르게 판단하고 파악하기 어려울 뿐 아니라, 도리어 〈시조〉로 하여금 한갓 '노래가락'의 印象을 拂拭치 못한 채, 本意 아니게도 文學性을 상실하고 소홀하기 쉽고, 나아가서는 스스로 文學의 圈外에 떨어질 憂慮도 또한 없지 않는 바이다.

그러면 첫째, 종래의 諸家의 所論을 요약 소개하고 다음에 필자의 管見을 피력 제시하려한다.

1, "…… 時調라는 名稱은 「時節歌」라는 이름으로서 英祖 五十年 甲午(四一〇七) 申石北 光洙의 「關西樂府」에 初唱聞皆說太眞 至今如恨馬嵬塵 一般時調排長短 來日長安李世春이라는 데서 처음 時調라는 말이 보인다. … 時調는 우리 創作인 말로서 이미 普及된지라 그것이 唱調의 曲名이었을지라도, 하나의 詩歌形態의 名稱으로 쓰는 것도 無妨하리라고 본다."(李秉岐, 白鐵共著『國文學全史』P. 一四八)

2, "…… 時調는 高麗忠烈王 때 登科하여 注薄 벼슬을 지내던 金元祥이 지은 것이다. 時調로 쓰는 것이 옳다(趙潤濟論文, 「時調名稱의 文獻적 研究」, 『青丘學叢』 第四號).

3. "…… 時調의 名稱은 옛날에 新調 時調 詩調 등으로 表記되었지마는 이것은 漢字로 표기하자니 그렇게 달라졌던 것이고 원래의 國音은 그 어느 것도 아닌 ㅅ(s)頭音의 말이었을 것이라고 한 일이 있다. 그러나 지금 와서 생각하여 보면 新調 詩調가 時調와 동일한 그 異稱이라고 하기에는 再考할 필요가 있다고 생각되는데, 그러면 이 時調라는 말은 언제부터 쓰게 되는가? …時調라는 文獻은 대강 英祖 以後의 일인 것 같다. …… 一般의 時調는 지금 우리가 말하는 詩의 名稱으로서가 아니고, 時ㅅ調 卽 流行歌라는 말이니 …… 또 '一般時調'는 一般의 時ㅅ調 卽 流行歌일 것이 틀림없을 것이다."(趙潤濟著 國文學史 P.一○一 － 一○二)

4. "…… 時調는 詩體曲調다 ……"(李光洙 時調論文「東亞日報」)

5. "…… 時調의 名稱은 文籍마다 서로 달라 世宗實錄에는 始調라 하고, 樂學軌範에는 時調, 普通으로 여러 文集에는 短歌라 하였다. …… 時調라 함이 온당하다고 생각한다."(安自山論文 朝鮮古來歌曲의 內脈과 그 歌法,「朝鮮日報」)

6. "…… 誰憐花月夜 時調正悽懷, 그 注解 時調亦名 時節歌 皆閭俚語 曼聲歌之"(正朝代李學遠觚不觚詩集感章)

7. "春亭雜舊序 … 先生 嘗作新調 ……"(卞季良 春亭雜舊序)

8. "高麗 忠烈王 二十二年(一二九六) 金元祥 製詩調日本平曲 ……"(東國通鑑 卷四十)

9. "金元祥 製新調本平曲 ……"(高麗史節要 卷二十一, 高麗史卷一 百二十五)

10. "…… 詩調란 말은 元來 우리말이므로 漢字로 쓸 것이 아니라, 한글로 〈시조〉라고 쓰는 것이 옳다."(李殷相 平素持論)

11. "…… '時調'란 말의 名稱과 語義에 就하여서는 아직 定說이 없고 또 그 쓰는 文字도 通例 時調 外에 詩調 간혹 新調로도 되어 있다. 餘의 臆見으론 '時調 · 詩調 · 新調' 等이 모두 우리의 固有한 古語 '싀調'의 借字, 곧 '東方 固有의 歌調'를 뜻한다고 생각한다 ……"(梁柱東撰 鄭寅普 薝園時調集 序文)

이상의 諸說을 정리분류하여 보면, 다음과 같은 論調의 形態를 규지할 수 있다.

1. 漢字로써 「時調」로 표기함을 認證한 것(李秉岐, 安自山, 李光洙)
2. 漢字로써 「詩調」로 표기함을 認證한 것(趙潤濟)
3. 한글로써 「시조」로 記寫함을 주장한 것(李殷相)
4. 漢字로 表記한 「時調」란 말은, 唱調의 名稱이라고 認證하고 주장한 것(李秉岐, 趙潤濟)
5. 漢字로 表記한 「時調」란 말은, 詩의 名稱이 아니라고 주장한 것(趙潤濟)
6. 漢字로 表記한 「時調」란 말은 詩歌形態의 名稱으로도 무방하다는 것(李秉岐)
7. '시조'란 말은, 원래 우리 말(創作語)이란 것 (李秉岐, 李殷相)
8. '時調」「詩調」「新調' 등의 漢字를 國語學的으로 檢討分析한 것(梁柱東, 趙潤濟)

이에 注目되는 바는, 申石北集의 '一般時調排長短'과 觚不觚集의 '時調亦名時節歌'를 유일의 論據로 하여 전개한 李秉岐博士의 "時調는 唱調의 曲名이었을지라도, 하나의 詩歌形態의 名稱으로 쓰는 것도 무방하리라고 본다"는 說에 反하여 趙潤濟博士는 '一般時調'는 지금 우리가 말하는 詩의 名稱으로서가 아니고, 時ㅅ調卽 流行歌라는 말이니… "一般時調는 일반의 時ㅅ調卽 流行歌일 것이 틀림없을 것이다"하고, 또 "新調·詩調가 時調와 동일한 그 異稱이라고 하기에는 재고할 필요가 있다고 생각되는데…" 하였다. 즉 新調와 詩調는 時調와의 同質的인 異稱이 아니라, 어디까지나 異質的인 異稱으로 재고하려 하였다. 그러나 趙博士는 新調와 詩調가 時調와의 同質的인 異稱이 아님을 根本的으로 究明하지 않고, 다만 제시에 불과하면서 一步 멈추어 藏矢하고 말았다.

보다 學究的으로 또는 問題의 〈시조〉의 名稱과 語義를 考究함에 있어 卓然히 正法眼藏이 됨즉함은 梁柱東博士의 古語學的인 각도에서 다룬 學說이 畵龍點睛의 格이 아닐 수 없는 바일 것이다. 그러나 〈시조〉를 벼란간 「싀調」로 부르자는 것도 아니고, 또 그렇게 부를 수도 없고, 부를 필요도 없는 것이다. 부자연하기 때문이다.

그러면 〈시조〉의 名稱에 대하여 어떻게 표기해야 할 것인가? 〈시조〉란 말은 우리 말(創作語)이라 하여 '한글'로 記寫할 것인가? 또 李朝 英正祖時代의 石北集과 觚不觚集 및 기타 樂學軌範 또는 徐有榘의 園林經濟志의 遊藝誌 洋琴字譜에 의하여 時調로 인용할 것인가? 그렇지 않으면 高麗 忠烈王代의 金元祥條(東國通鑑)에 의한 詩調로 使用할 것인가? 진지한 研鑽이 더욱 필요하다. 理論이 성립되지 아니한 〈시조〉의 名稱은 설정될 수 없으며, 그 語義가 규명되지 않고는 〈시조〉의 性格을 이해하기 곤란한 바이다.

만일 〈시조〉의 名稱을 漢字로 표기함에 있어 時調가 마땅하다느니, 詩調가 옳다느니, 또 新調가 그럴듯 하다느니, 하는 것보다는, 오히려 먼저 제기되어야 할 것은 〈시조〉의 語義인 것이다. 〈시조〉의 語義를 정확히 파악한다면 그 名稱에 있어 구구한 漢字表記의 問題쯤이야 自明하여질 것이 아니겠는가?

第一的으로 梁博士의 設과 같이 〈시조〉는 "우리의 고유한 古語 '싀調' 곧 "東方 固有의 歌調"를 뜻한다"고 할진데, 問題의 '時調·詩調·新調'등이 모두 古語 '싀調'의 借字이란 그의 主論에 首肯치 아니할 수 없는 바이다.

'싀'가 音轉하여 '시'가 되었는바, 곧 싀 → 싀 → 시인 것이다. 이 〈시조〉의 原語型인 싀와 音轉化한 '시'를, 당시의 漢學者들이 표기할 때에, 各人各色 任意로 音相似하거나, 訓相似한 時, 詩, 始, 新 等의 漢字를 각각 使用하여 記寫한 것에 불과할 따름인 것이다.

이와 같이 불규칙하고 산만하게 '싀' '시'의 表記편이상 任意로 사용한 그러한 漢字 等에 집착 泥拘되어, 어찌 〈시조〉의 名稱을 확정하고 따라서 〈시조〉의 語義를 규정할 수 있으랴.

만일 이상과 같은 〈시조〉의 名稱을 표기한 漢字들을 表意文字로 취급하여 曰可曰否한다면, 이는 다 穿鑿太甚의 嘆과 具眼者의 一笑를 면치 못할까, 두려워하는 바이다.

그러면 〈시조〉의 名稱을 어떻게 표기해야할 것인가? '싀調'란 語義에 卽

하여, 創作인 우리말의 〈시조〉를 '한글'로 記寫하는 것이 타당하다고 생각한다. 또 一步讓하여 第二次的으로 思考되는 필연적인 문제가 제기되는 것은 〈시조〉는 곧 詩다. 더우기 定型詩다. 그러므로 만일 〈시조〉의 名稱을 漢字로써 표기할 必要性이 요청된다면 〈詩調〉로 記寫하는 것이 名實相符하고, 合理的이며, 자연스럽다. 보다 오히려 어디까지나 〈시조〉의 名稱과 아울러 그 語義까지 일목요연하여 의심할 바 없을 것이다. 〈詩調〉!

〈시조〉는 원래 文學性과 音樂性이 具有豊富함을 要하는 것이 그의 本質이요 特徵임으로써 〈詩調〉! 이렇게 쓴다면, 이 名稱은 장황한 說明을 새삼 요할 필요조차 없이, 일견 視覺的으로 '詩의 노래' '詩의 가락' 또 '詩의 格調'라는 意味, 語義로서의 곧 '定型詩'임을 直覺的으로 인식케 될 것이다. 동시에 〈시조〉는 格調詩이기 때문에 '詩로서의 노래요' '노래로서의 詩다' 이 독특한 妙味와 神風은, 오직 〈시조〉만이 同時具現할 수 있으므로 〈詩調〉!로 表記하는 것이며 더욱 마땅할까 한다.

〈시조〉는 본디 自由詩아닌 定型詩요 더구나 散文詩아닌 格調詩이므로 그 名稱을 前述한 바와 같이 〈詩調〉!로 記寫하는 것이 떳떳하고 最適이 아닐까 한다.

# 眞짜? 假짜?

『기독교사상』 9(5), 1965.5

'眞'짜? '假'짜 !

'假'짜? '眞'짜 ?

오늘 社會는, 社會相은 '眞'짜, '假'짜로 뒤범벅이 된 채 서로 휘감고 돌며 넘어간다.

이것이 오늘의 현실이요, 우리들의 周邊인가 한다.

대관절 무엇이 무엇인지? 구분하기 어려울 정도라 해도 그렇게 지나친 말은 아닐 것 같다.

어느 時代엔들 '眞' '假'가 없을까마는 유독 해방 후 아니 6·25 動亂을 겪고 釜山으로부터 還都한 후로 더욱 부쩍 늘어나고 서울의 거리를 휩쓸고 있는 것이 '眞'짜? '假'짜?란 말이다.

처음에 들을 때에는 퍽 쑥스럽고 야비하고 듣는 쪽이 오히려 수치스러웠다.

하지만 때로는 教會人들끼리 歡談삼아 '眞'짜? '假'짜? 하면서 너털웃음을 터뜨릴 때에는 또 어쩐지 구수한 그 무엇이 있는 상 들리기도 한다.

이 '眞'짜? '假'짜?란 말은 가까운 例로서 해방 후에 美國의 物品이 물결쳐 들어오고, 더우기 釜山 國際市場을 휩쓸어 엎을 때에 商品 去來에서 날개를 쳤다.

僞造, 模倣의 天才(?)들이 類似品을 밤사이에 그럴싸하게 産出하여 내기 때문에 玉石을 區分한다는 말이 곧 '眞'짜? '假'짜?로 튀어나온 것이었을 것이 아닌가?

차라리 物品에 대해서 '眞'짜냐 ? '假'짜냐? 하는 것은 오히려 그럴듯하고 그 말의 사용의 경우를 긍정할 수도 있거니와 엉뚱하게도 어떠한 사건을 다룰 때에 '眞'짜냐? '假'짜냐? 하는 것은 확실히 意味不通인 것이다. 事件의 眞 否를 추궁하고 문답할 境遇에는 '참말'이냐? '거짓말'이냐 해야 옳지 않을까?

더욱이 '사람'에 대해서 '眞'짜냐 ? '假'짜냐? 한다는 것 抱腹折倒하지 아니할 수 없는 바이다.

구태어 '사람'에 대해서 '眞' '假'로 따지고 확인할 필요가 있다는 그는 '眞犯'이냐? '아니'냐? 하면 그만일 것이 아닐까?

'사람'에 대해서 '眞'짜냐 ? '假'짜냐? 하는 것은 그 價値 標準이 '사람' 그 자체에 있는 것이 아니요, 그 '사람'의 행위를 대상으로 하는 것인만큼 '善良'하냐? '不良'하냐?로 尺度를 바꾸어야 할 것이다.

만일 그 '사람'의 信用道를 말할 경우라면, '眞實'하냐? '不實'하냐? 해야 옳을 것이지 '眞'짜냐 ? '假'짜냐?란 말은 千不當, 萬不當일 것이다.

하여간 우리들의 生活 周邊에 '眞'짜? '假'짜? 의 使用 頻度數는 날이 갈수록 멋모르고 멋모르게 上昇하고 있는 것이다.

이는 우리들이 '우리의 말'을 모르고 사용하는 때문이 아닐까? 우리들은 '우리의 말' 뜻부터 알아야 할 것 같다.

아무렇게나 서로 不信에서 나온 것이 곧 '眞'짜? '假'짜?인 것이라 하겠다.

이 말은 때로는 師弟의 間에도 예사로 쓰고 있고, 더러는 父母와 子女의 사이에도 씌어지고 있는 현상이다.

말이란 雅語건 俗語건 간에 시대적인 사회성을 띈 것이기 때문에, 그 生動하고 밀고 뻗어 나아가는 힘이 강하고 날카롭게 침투하기 마련인 것이다.

스승의 말 끝에 弟子가 '眞'짜요? 한다. '그렇다'고 대답하기 前에 '내가 언제 不信받을 일을 했던가?'하고 自家 反省이 다급하다. 자신에의 채찍질의 겨를이 없을 超頂點에 놓여 있다.

한 번은 막내둥이 國民校 三年 짜리가 크레용을 사 달라기에 첫 말에 대답을 했다. '眞'짜? 하면서 反問(?)인가, 확인(?)을 한다. 나는 깜짝 놀라지 않을 수가 없어 어안이 벙벙했다.

아버지의 말을 못 믿어선가? 어린이들의 말 버릇인가? 그렇지 않으면 내가 더러 食言을 했던가?

또 그렇지 않으면 아버지의 수월한 대답에 막내둥이도 하도 기뻐서 저의 기쁜 表情의 발로가 그저 (무심히) '眞'짜! 한 것일까?

얄궂은 이 '眞'짜? '假'짜? 란 말을 市場에서 거리로, 사회로, 학원으로, 가정으로 물밀듯하고 말았다.

우리들은 일상 생활에서 '眞'짜, '假'짜에 거의 정복을 당하다 싶이 되고 만 것 같은 느낌이다.

친구끼리 약속을 할 때에도 서슴지 않고 서로 '眞'짜? '假'짜? 하면서 주고받는 말을 종종 듣는다.

들을 때만다 '어쩌면 저러할까?'하고 나는 속으로 自問自答하여 보기도 한다.

그도 그럴 것이 '約束'을 까먹는 사람이 한 두 사람이 아니요, 한 두 번이 아니기에 말이다.

정작 '眞'짜냐 ? '假'짜냐?하고 손가락을 맞걸기 前에 '心印'을 꽉꽉 찍고 우체국의 日附印보다도 더 힘차게 탕탕칠 것이, 약혼식에 있어서 꼭 써야 할 말이 이 말이 아닐까?

더욱이 百年偕老를 宣言하는 婚禮式典에서 무엇보다 新郎 新婦는 서로 '眞'짜냐 ? '假'짜냐? 하고 '破鏡없는 偕老'를 거듭 約束하고 再確認하는 것이 어떨까?

인생의 가장 큰 불행은 約婚하자 破婚이 있는가 하면, 成禮 後의 破鏡의 悲劇이 있는 경우이다.

破婚이 없는 '眞'짜 約婚, 離婚이 없는 '眞'짜 結婚! 인생은 어디까지나 '眞'짜라야 할 것이다. 참으로 '眞'짜를 여기서부터 출발시켰으면 한다.

엊그제 '植木日'을 당해 보았다. 다 그렇다는 건 아니지마는, '식목일'은 거의 '假'짜 노름이 되고 만 것 같이 보였다. 消風日로, 公休日로 되고 만 셈이다. '植木日'의 의의와 趣旨가 무색하리만치 되고 말았다. 이것이야말로, "'假'짜 植木日"이 아닌가? 그렇다면 차라리 애당초 '國民 遊木日'이라 하는 것이 어떨까?

國土 綠化를 앞세운 국민의 植木日이 不知中에 이렇게 '假'짜化 한다는 것은 우리들 스스로가 생각할 때에 가슴 아픈 일이 아닐 수 없다.

植木日 하루를 꼬빡 식목할 수 없다면 '한 사람 한 그루'씩이라도 실천하였으면 오죽이나 좋았겠는가 말이다.

설사 아니 진정 식목을 뜻 있게 정성껏 하고 싶은 국민이라 할지라도 그날의 食生活에 쫓겨 나무를 뜻대로 구입하기가 곤란한 바 없지 않다.

그러므로 정부에서는 所期의 國土 綠化의 實을 거두기 위하여 국민으로 하여금 意義 깊게 조국 강산에 손수 한 그루의 나무를 심을 수 있도록 計劃을 수립하여서 市 道 郡 區別로 그 실천방법을 周到綿密한 誠實性 있는 有機的인 동력을 갖출 수 있도록 강구했어야 될 것이 아닌가?

그렇지 못한 올 해와 같은 植木日이야 말로 무의미하기 짝이 없다. "'假'짜 植木日"이 되고 말았다. 우리들은 우리들의 생활에서 직접 이와 같이 '假'짜를 제조하고 있는 것이다.

국가에서 식목일을 제정해 놓고서 국민으로 하여금 식목을 할 수 있는 환경을 조성해 주지 못하고 아니 한다면, 그야말로 '空手의 國民'들을 消日하는 道理밖에 무슨 妙案이 있는가. 생각할수록 이 "'假'짜 植木日"은 우리들 국민 자신이 僞造하는 것이 아니고 높다랗게 창작하는 곳이 있지 않은가?

'愛國心'! 하면 번개치듯 조국을 안고 돈다. 그러나 또한 가장 抽象的이기도 하다. 가장 진정한 '愛國心'은 국민들 자신이 직접 자신들의 실천을 통해서만 용솟음친다고 나는 믿는다.

내 손수 한 그루 나무라도 심어보고 심어보지 아니할 때를 비교해서 생각해 본다면 스스로 알 일이다.

국민을 향하여 '愛國心'을 强調 注入시키기에 앞서 국민 스스로가 '애국심'을 涵養하고 '애국심'에 불타 생활할 수 있도록 "'假'짜 植木日"부터 無意識 無計劃 중에 그렇게 위대하게 창작하지 말아야 할 것이다.

국민들이 '假'짜를 嗜好하거나, 사용하거나, 더구나 創作하지는 않는다는 것을 인식해야 할 것이다.

우리들은 조상으로부터 淳朴하고, 純潔하며, 樂天的인 성품의 소유자임이로 '誠實' '眞'짜를 좋아할지언정, 꿈에도 '虛僞' '假'자를 즐기지 안는 것을 눈여겨 보아야할 것이다. 볼 줄 알아야 하지 않겠는가?

밀가루면 밀가루 배급을 받는 것이 국민이다. 安南米하면 안남미 배급을 받는 것도 또한 국민이다. 국민은 말할 수 없이 선량하다. 솜 같이 부드러운 것이 국민의 마음이다.

정성껏 '眞'짜를 뿌릴지언정, 행여 솜 같이 부드럽고 깨끗한 국민의 마음에 '假'짜을랑 함부로 던져 비단결 같은 湖水에 물결을 일으키지 말아야 할 것이 아니겠는가?

—보성고등학교 교사—

# 聖者와 羊

『기독교사상』 11(2), 1967.2

1. 귀염 받는 어린 羊

動物을 사랑하는 것도 무론 사람에 따라서 저마다 다를 것이다. 個性이 다르기 때문이다.

家畜 중에서도, 나는 비둘기, 토끼, 羊을 좋아하는 편이라 할까.

토끼라도 하얀 토끼가 귀엽고, 비둘기 중에서도 자줏빛 지닌 놈이 더 情다워 보이고, 하얀 羊에서도 더욱 어린 羊이 사랑스럽다.

토끼는 순진한 맛이 있는 듯하고, 비둘기는 쌍쌍의 '구구구'하는 노랫가락이 平和로운 분위기를 자아내는 듯 흐뭇하거니와, 어린 羊이야말로 限없이 天眞스럽기만하다. 그러길래 무척 사랑스러워진다.

사랑의 매력을 스스로 지닌 天眞이여! 天眞스런 어린 羊이여!

토끼가 무슨 雜念이 있을 것이며, 비둘기가 어찌 눈인들 흘길까.

더구나 어린 羊들은 天眞스런 장난꾸러기이기에 무척 浪漫의 멋을 풍겨 준다.

봄 뜰에서 아주 어린 꼬마들의 장난도 제법 받아주는 듯, 고개를 개웃까딱이면서 살금살금 옆걸음을 치다가 홀딱 뛰노는 어린 羊의 놀음이야 時間가는 줄을 모르게 한다.

武陵桃園이 어디 따로 있으며, 靑鶴洞, 白鶴洞을 어찌 지리산에서만 찾을 것인가.

토끼도 제깜냥 먹이 주는 꼬마를 알아보는 듯하나 좀 둔감한 것 같고, 비둘기도 제라서 모이 주는 어린애를 따르는 것 같으나 그렇게 재치지지 못한 것 같고, 오직 어린 羊만은 꼬마와 같이 어울려 소꿉질하는 듯, 도란도란 대화도 즐기는 듯, 앞발을 내어 밀었다 뛰었다 한다. 살살살 꼬리 끝이 놀기도 한다. 表情도 각가지.

"따사론 봄나절은 마치 어린 羊을 위하여 오붓한 잔치를 푸푼 것만 같구나 ……."

## 2. 聖者와 羊

羊은 그 天質이 유순하고, 온화하고, 善하고, 아름답다.

그러길래 착한 사람, 온순한 사람을 보고, 대할 때에 문득 '羊과 같다'는 찬사를 보내게 되는 것이다. 이 소박한 한마디의 讚辭에는 그 性格과 그 人品과 그 아름다움을 單的으로 높이 評價하는 것이 된다. 무슨 수식사가 必要하겠는가.

만일 '이리 같은 人間!' 할 때에는 이와는 正反對의 意味를 내포한 것이다.

그렇다면 '羊과 같은 사람' 이야말로 얼마나 高貴하고, 高尙하고, 착하고, 유순하며 溫和한 人物인가? 平和型인 '새로운 人間像'인 것이다.

사람은 先天的으로 羊과 같은 사람도 있겠지마는, 後天的으로 능히 '羊과 같은 새로운 人間像'을 다듬어 이룩할 수도 있는 것이다.

무릇 좋은 環境 속에서, 훌륭한 指導와 교육을 통해서, 착한 친구를 본받아서, 또는 健全한 宗敎的 분위기에서, 더욱 한결 같은 信仰生活의 굳센 힘에서 스스로의 자기를 完成시킬 수 있는 것이 사람이다.

그러므로 聖者가 必要하다느니 보다, 오히려 聖者를 찾고, 聖者를 따르고, 우러르고, 받들고, 나아가 믿게까지 되는 것이다.

믿는다는 것은 곧 偉大한 聖者를 자기의 精神世界의 實現을 最高目標로 한 스승으로서의 崇仰하고 欽慕한다는 것이 된다.

그렇기 때문에 믿는 生活은 곧 人間 자기를 淨化하고, 昇華시켜 聖域에로 이끄는 힘이요, 길인 것이다. 여기에 비로소 '새로운 人間像'을 다짐 할 수 있는 信仰의 門이 열려 있는 것이 아닐까.

그러므로 신약聖書에 예수님을 '善한 牧者'로, 信者는 '羊과 같다'고 친절히 이르지 아니하였는가?

羊은 牧者의 거동과 소리를 잘 알아듣고 따른다. 牧者는 꽃다운 풀에, 甘味롭고 맑은 시냇가에 羊을 자유로이 놓아먹인다. 牧者는 사랑으로 羊을 기르고, 羊은 교리를 치면 서로 牧者를 에워싸고 따르는 것이다.

이와 같이 예수 그리스도는 '善한 牧者'로서의 철없는 人間들을 넓고 뜨거운 사랑으로 보살피고 감싸주고, 구제하여 주는 것이다. 이 거룩한 예수님의 恩寵을 받고 받을 줄 아는 人間은 羊과 같고, 外面하는 무리는 마치 牧者를 잃은 鑛野의 山羊과 같다고 한 것이다.

羊이냐? 山羊이냐?는 심판받는 날에 구분되리라는 것이다. 다시 말하면 구원을 받느냐? 못 받느냐?는 것이다.

구약성서에도 하나님을 '善한 牧者' 라 하였으니, 人間을 구원하는 은총의 아버지라는 뜻인 것이다.

예수님과 人間! 聖者와 羊!

예수님과 人間과의 倫理 관계는 예컨대 牧者와 羊과의 관계와 같다고 할 것이다.

### 3. 愛國魂에 번쩍이는 羊의 比喩

분하게도 우리나라와 日本과의 체결된 强制條約 – 소위 乙巳保護條約 – 이후의 1909年 가을에 安重根 義士가 할빈驛에서 民族의 賊 나라의 怨讐인 日本 伊藤博文이가 기차에서 내리자마자 한방 터뜨리고, 거듭 連發하여 그 자리에 꺼꾸러뜨렸다.

天地가 뒤집히고, 世界가 우끈했었다.

때마침 上海에 있던 愛國志士인 滄江 金澤榮 先生은 이 소식을 듣자 손벽을 치며 읊은 詩가 다음과 같다.

> 두 눈이 가로 째진 우리 壯士가
> 원수놈을 때려잡기 염소치듯 했네.
> 죽지 못한 채 소식만 들어도 좋구나

미친듯 걸친듯 국화 핀 뜰에서 춤추네.
〈平安壯士目雙張 快殺邦讐似殺羊 未死得聞消息好 狂歌亂舞菊花傍〉

海蔘天地를 鵬새같이 야수다가
할빈驛頭에 벼락을 내리쳤네
많거니 적거니 六洲 豪傑들이
一時에 넋을 잃고 秋風에 딩구는구나
〈海蔘港裏鶻磨空 哈爾濱頭霹火紅 多小六州豪傑士 一時匙箸落秋風〉

이 얼마나 痛快한 부르짖음인가. 愛國의 魂이 펄펄 뛴다.

우리 民族의 魂은 이렇게 뛰는 것이다. 살아서 뛰는 것이 우리 民族의 魂이다.

魂! 魂! 오늘도 펄펄 뛰고, 來日도 아니, 永遠히 펄 펄 뛸 것이 우리의 魂이다. 우리는 살았다. 魂의 所有者가 우리 民族이다.

새해! 東洋 歷法으로치면, 丁未年— '羊의 해'란다.

羊은 散發的인 生活을 하지 않는다. 언제나 集團的으로 뭉쳐 다니고, 뭉쳐서 살기를 좋아한다. 서로 類를 찾고, 부른다.

표범 —豹虎— 은 제 짝도 없다. 그는 暴虐하기 때문이다.

그러나 羊은 平和的이요, 民主的인 상징이다. 같은 무리로 한 떼를 이루는 것이다.

새해를 맞는 우리 겨레는 謙虛한 態度로 서로 돕고, 서로 理解하여서 크게 굳세게 단결할 것만이 오늘의 民族的인 課題인 것이다.

祖國의 近代化도, 國土統一도, 思想統一도, 새로운 建設도 오직 뭉치는 힘에 依해서만 이룩될 수 있는 것이다.

힘은 武器다. 武器는 魂의 鎔鑛爐에서 뽑아내야 할 것이다.

〈時調 詩人〉

# 羊年羊話

『신동아』 29, 1967

歲月이 흐르는 것이 아니라 人生이 흐르는 것이요, 晝夜가 바뀌는 것이 아니라 生活이 바뀌는가 보다.

끝없이 流浪하는 人生의 생활에 있어 '새해'라는 것은 마치 映畵 스크린의 字幕과 같은 瞬間적인 느낌에 지나지 않는 것 같다.

벌써 또 한 모퉁이를 도는 삶은, 어느덧 새로운 風景에 마주서게 되었다. 丁未年! 十二支의 '염소'에 해당되는가?

비둘기가 平和를 상징한다면, 염소는 童心을 자아낸다. 순하고 柔한 것, 더구나 새끼염소의 그 놀음놀이는 천진스럽기만 하다.

노상 보아도 사랑스럽다. 새끼염소란 놈이 봄볕살 아래, 장독 뚜껑을 짜박짜박 밟고 걸으면서 갸우뚱거리는 고갯짓이란 그야말로 공자다. 그림이다. 귀엽다.

實利적으로 염소를 기르기 앞서 觀賞用으로 아니, 보다 사랑스런 친구로 기르고 싶은 心情이다.

염소를 쓰다듬어 주는 순간! 마음의 바다는 고요해지고, 깨끗하고, 한결 「思無邪」의 天眞에 헤엄치고 昇華될 것이다.

'염소!'하면 어쩐지 多淸多感한 맛이 풍겨오지마는, '羊!'할 때에는 마치 양추대를 가로 무는 느낌과 같다. 아마 土着語에서 오는 語感일까.

오늘의 어린世代에는 꼭 그렇지도 않을는지 …….

그런데 내가 이렇게 귀여워하고, 사랑하고, 禮讚하는 염소가, 엉뚱하게도 딴 군데의 다른意味로 씌어지고 있음을 볼 때 못내 섭섭하고, 불쾌하고, 마음 언짢고, 개운찮다.

어쩌면 中國사람은 그렇게도 '羊肝餠' — 염소간 떡 — 을 만들고, '羊酒' — 염소술 — 를 빚었을까? 古書 — 荊文歲節記·史記盧綰傳 — 만 보아도 머리가 쭈뼛하다. 또 '羊膏' — 염소고 — 란 말만 들어도 소름이 끼친다.

그러니까 측은한 心淸이란 말인가? 아니, 거룩한 부처님의 慈悲法水의 한 방울이 이 衆生의 머리에도 떨어진 德일까.

그러나 저러나 오늘날은 '가짜時代'다. 僞善者가 꼬리에 꼬리를 맞물고 친다. 문 쥐떼같은 것이, 오늘의 이 하늘 아래 펼쳐진 狀況이라 하여도, 그렇게 그릇된 말은 아닐 것이다.

저 「漢書光武紀」에 '염소대가리를 달아 놓고 말고기를 판다' –懸羊頭賣馬脯– 는 말은, 그때는 그때대로를 慨嘆했겠지마는 그대로 또한 오늘의 움직임을 描破한 것이 아니라고, 어느 누구가 否定할 수 있겠는가? 옛사람이 賢哲하다느니 보다 머리를 하늘로 두른 人間社會의 世態는 古今이 매일반인 모양임을 짐작할 수 있다.

그 '말고기'가 차츰 格下되어 '개고기'로 代置되었음은, 더욱 지저분한 모습을 알맞게 表現한 것이라고나 할까. "염소대가리를 걸어놓고, 개고기를 판다" — 懸羊賣狗 — 는 말은, 입으로는 孔子然하면서 裏面으로는 盜跖의 行動을 한다는 것이다.

숫제 한술 더 뜨는 格으로 '겉치레 社會'다.

여기를 가나 저기를 가나 모두가 英雄이다. 행여나 밑질세라 서로 虛張聲勢뿐이다. "속은 텅텅 비었으면서 겉으로만 威勢가 堂堂하다" –揚子法語 吾子篇에 羊質虎皮–란, 이를 두고 하는 말인 성 싶다.

彈力性 없는 시울에 화살을 메우는 格이다. 空氣銃을 들고 우물쭈물대는 品이랄까. 實力없이 뽐내다가, 제바람에 제가 돌아 떨어지는 줄도 모르는 것이 虛構적인 社會現狀인가 보다. 架空적인 舞臺가 아니고 무엇이겠는가?

아무리 '西施'의 아름다움을 흉내내어 보았댔자, '東施'는 의연히 東施인 것을 어찌 하겠는가.

實效없는 假裝强勢는 禁物이다. 文·質이 彬彬한 것이 師表요, 表・裏가 一致한 것이 人格者다.

羊은 羊質이어야 하고, 호랑이는 虎皮여야 제格이다. 자기의 '分'에 맞아야 하고, 天賦의 '分'을 지킬 줄 알아야 하지 않겠는가.

文字 그대로 '알맹이 없는 生活'이 되고 말 것인가.

生活難에 直面할수록, 생활의 樣相은 더욱 물결치고, 복잡을 거듭할 뿐이다. 눈코를 못 뜰 정도를 넘어서, 오히려 精神分製症이 생길 段階인 것이다.

佛敎禪文에 "去年의 곤난이야 오히려 困難찮은 것, 今年 들어 굶주리기 참으로 눈물겹다. 昨年엔 바늘 꽂을 땅도 없더니, 今年이야 말로 바늘조차 없구나" – 去年貧是不是貧 今年貧是眞爲貧 去年無立 椎之地 今年赤貧錐也無 –

이쯤 되고 보면 허둥지둥하고 갈팡질팡 하지 않을 수 없는 것이, 오늘의 娑婆生活의 實情인 것이다. 安定感을 잃은 生活은 不安에 極하고, 생활이 威脅에 떨기 마련이다. 매일 무엇을 어떻게 하는 건지, 분간하기 어려울 地境인 것이다. 눈알이 핑핑 돌아갈 뿐이다. 生活이 갈래갈래 찢기고, 複雜하기 때문에 정작 생활의 '알맹이'를 잊기 마련인 것이다.

문득 생각나는 옛이야기 한 토막 "갈림길이 많기 때문에 염소를 잊었다" –多岐亡羊– 는 것이다.

列子說符篇에 하루는 楊子의 이웃사람이 염소를 찾기 위하여 많은 사람을 데리고 나섰다. 楊子의 꼬마까지 불러 갔었다. 염소 한 마리를 찾는데 웬 사람을 그렇게 많이 데리고 가느냐?고 楊子가 물은즉, 갈림길이 하도 많기 때문이라고 그는 대답하면서 떠났었다.

이윽고 땅거미를 밟으며 돌아오는 염소 주인은 허탕을 쳤었다. 楊子가 연유를 물은 즉, 갈수록 갈림길에 또 갈림길이 意外로 많기 때문에 결국 염소를 찾지 못했다는 것이다.

염소는 영영 놓치고 만 것이다. 수많은 사람은 갈림길에서, 갈림길로만 盡終日 헤매였을 뿐이다.

그렇듯 한平生을 살아도 '알맹이'없는 것이 人生의 삶이란 말인가.

그렇다고 아주 절망이거나 '虛無?' 그것은 아니다. 아니어야 한다.

어디까지나 '알맹이'를 스스로 發見하기에 노력하고, '알맹이'의 씨앗을 뿌리기에 몸소 정성을 다하는 것만이 '삶의 보람'인 것이다.

焦眉적인 오늘의 狀況보다, 永遠에의 來日에 희망을 푼더분하게 걸어야 된다. 滾滾하게 흐르는 가람처럼 悠悠하게 살아갈 精神이 喫緊한 것이다.

始發點도 없느니만큼 終着驛도 또한 없는 것이 나그네의 人生이다.

思無邪의 천진스런 어린 羊의 境地로 한번 돌아가 보고 싶다. 퍼지는 햇살이 쏟아지지 않을까.

# 슬프다 가람님의 가심이여

『경향신문』, 1968.12.2

"… 슬픈 소식, 오늘새벽에 가람선생이 돌아가셨네 …" 시외전화를 통한 辛夕汀의 목소리다. 나는 수화기를 든 채 멍했다. 섭섭하다 슬프다한 줄도 모르는 사이에 잠깐 시간은 흐른 것 같았다.

지금으로부터 12년 전 여름 金盃朝花를 사들고 夕汀과 같이 선생을 全州校洞의 養士齊로 찾아뵈은 일이 생각났다.

삼배 중의적삼을 입으신 선생은 언제나 소탈하고 眞率하고 허식이 없고 인간적인 체취가 맑게 풍겼다.

맑게 풍겨오는 그 인간적인 체위의 맑은 기운 그대로가 곧 선생의 眞面目이요, 참생활이며, 고매한 인격이라 하겠다.

선생의 구수한 이야기, 흥겨운 입담은 방죽물을 터놓은 것 같았다. 문학이야기면 문학, 史話면 사화, 만담도 구수하고 고전도 날개쳤다. 더구나 인간의 本緣談에는 배꼽을 움켜쥐지 않을 수가 없었었다.

梧木臺 南天에서 목욕을 할 때였다. 六旬이 훨씬 넘으신 선생은 오히려 夕汀과 나를 보라는 듯이 물결을 반쯤 베고 누워서 '웅웅웅' 시조도 읊고, 호탕한 이야기는 간의 생태를 그리듯 했다. 들을수록 정신적 부담 없이 경쾌하면서도 말씀 말씀이 인간수양의 묘체요 인간생활에의 諷刺였다.

약주는 선생에게선 감로수요, 세속적인 만담은 그대로 선생의 廣長舌이며 한줄기 蘭草는 선생의 品格에 비해 오히려 우스운 것이라 할 것이다. 선생은 학자적인 薰香이 그윽하면서도 예술적인 詩人의 浪漫이 물결쳤다. 서민적인 학자요 童心적인 詩人이라 하겠다.

선생의 출입이 부자유하실 때에 黃조기 한 뭇을 사들고 桂洞書齊로 위문 간 것이 또 어제련듯 하건만 슬프다. 오늘은 그림자 없는 걸음으로 天

堂佛刹로 逍遙함이여! 그러나 메아리 없는 말씀소리는 우리들의 귀에 쟁쟁하게 들려오나니…. 지난 己亥 五月에 당시 普成中高의 故 徐元出校長 華甲에 손수 써주신 선생의 이 遺墨은 자못 갖은 感懷가 첩첩할 따름이다.

산이고아 물이 고아
만(萬)山으로 가신다더니
오늘을 또 어디로
가시는데가 어디시오
그림자 없는 걸음을
누가 따라 가겠소.

# 끝에 붙임

『자정의 지구』, 현대문학사, 1969

궂은비와 모진 바람을 겪고 뚫고 살아오면서, 오늘도 불모지와 같은 바람벽에 몸을 기대고 앉아, 이 작은 책을 내게 된다.

그래! 안내면 어째서?

…………………………….

그런데 여기에 가려 모은 작품은 대개 연대순으로 一九三一年부터 朝鮮・東亞・每日申報・東光・佛教 잡지 등에, 또 해방 후 朝鮮・서울신문・現代文學・自由文學・文學春秋・漢陽・시조文學 잡지 등에 一九六七년까지 발표한 것 중에서다.

돌아다 보면 一九二九년에 시조「庭有花」를 佛教잡지에, 동요「엄마숨바꼭질」을 朝鮮日報에 발표한 것이 계기가 되어, 一九三0년에는 주로 동요「떠나신 오빠」등 九十여 편을 朝鮮・東亞・中外日報에 꽤 부지런히 발표했다.

그 무렵에 동요작가가 한목 쏟아져 나왔다. 서울의 尹石重・安松・金永壽・평양의 南宮琅 全鳳濟 黃順元 대구의 金水鄕 진주의 鄭祥奎 고흥의 睦一信・鄭琴淑 언양의 吳永壽 마산의 李元壽 그 외 韓泰泉 등 수십 명의 작품이 매일같이 朝鮮・東亞・中外日報의 학예면—지금의 문화면을 독차지 하다시피 했다.

또 시로는 毛允淑・盧天命・李揆元・安壽吉・金達鎭・金思燁・辛夕汀・片石村・鄭蘆風・李粲 등, 민요에는 韓晶東・蘇瑢叟・金哲鎬・梁雨庭 등의 작품이 또한 三大 신문에서 빛을 놓았다.

당시 安夕影(朝鮮의) · 徐恒錫(東亞의) · 異河潤(中外의) 세 분의 사백은 각각 학예부장의 자리에서, 日帝治下임에도 끈끈하게 우리 문예의 못자리판을 다듬어 주었다.

흘러간 四十년을 지금 돌이켜 생각해 보면 마치 이른 봄 새벽의 꿈결같은 채, 오히려 눈에 선하기만 하다.

그리다가 一九三一년 봄부터 시조의 문을 본격적으로 두들기기 시작했다. 내 깜냥 전공과목인 '唯識'과 못지않게 했다.

날마다 오후면 나는 바빴다. 爲堂 · 鷺山선생을 좇아 부지런히 시조의 지도를 받았다. 문장 수업에 밤 깊은 줄로 몰랐다.

延禧專門 교수실에서부터 시작한 爲堂선생의 자별하신 시조에의 말씀을 들으면서, 뒷산길로 미근동을 지나 내수동의 서재에까지, 또는 '東亞日報'社 학예부에서 정이 듣는 듯한 시조에 대한 종횡무진한 鷺山선생의 이야기에 반해서, 아현동의 서재에선 시조삼매에 들기도 했다.

하루는 '一覽閣'으로 六堂선생을 찾아뵈었다. 한창 원고쓰기에 눈코를 못 뜨시던 선생은 일변 원고를 쓰시면서 묻는 말에 대답을 아끼지 않으셨다.

"노형! 시조는 늘 쓰면 되요. '하노라'만 달 줄 알면 되지요!" 하신다.

'그렇지마는 배우러 온 사람에게 그렇게?'하고 나는 섭섭했다.

그 뒤 어느 날 六堂선생은 수수한 무명옷 차림으로 은사 石顚院長을 '中央佛敎硏院' 祖室 – 大圓山房으로 찾아오셨다.

나는 辛夕汀 · 裵性元 동창을 보고서 저기 "'노형선생'이 오셨는데, 노형들은 다 무얼해?"하고서 서로 웃기도 했다.

그 뒤에 나는 스스로 깨쳤다. "그렇지! '하노라'를 잘 달 줄만 알면 되지! 달 데, 안 달 데를 잘 알면 되고말고!"

한 번은 「普信閣鍾」 한 편을 『東光』잡지사에 모냈다. 불행히 日本 총독부 경무국 도서과의 원고 검렬에 걸려서 '削除'되어 나왔다. 한술 더 떠서

'削除'라는 기사까지도 쓰지 말라는 '注意'까지 붙어 나왔다.

편집의 주요한님도 무척 섭섭해 하셨다. 작품의 산모인 나는 속이 아프고 쓰렸다.

그 다음해— 一九三二년에 나는 다시 문제의 「普信閣鍾」을 한번 더 편집해 달라고 했다. 그때에는 천행으로 원고검렬의 가시눈을 뚫고 나왔다.

주요한님과 나는 기뻐 웃었다. '우리 갈 길은 막지 못하는 구나!' '이것이 진리가 아니냐!' 자신만만하기도 했다.

해방 후 주요한님은 다시 『東光』의 개제로 『새벽』을 발행했다. 그의 시조집 『鳳仙花』를 잠깐 빌려 주면, 베끼고 그대로 돌려주겠다고 광고문을 냈다.

나는 옛날 『東光』시대에 받았던 그 『鳳仙花』 시조집을 가지고 '京鄕新聞'사 중역실로 주요한님을 찾아, 손수 도로 기증하고 말았다. 주요한님은 자못 감개가 깊은 모양이었다.

주요한님은 이미 一九三一년 五월에 '東亞日報'에 '兩章時調(試圖) 「北國信・送年・交通데이」' 七首를 발표하기도 했다. 그 새로운 형에 나도 호기심을 갖기도 했다. 그런데 저자들이 자기의 작품을 거두고, 간직하지 못한 것이, 예나 이제나 다름이 없나 부다.

노산님도 그의 「香山遊記」를 갖지 못했다고 간혹 섭섭해 한다. 그러나 나는 그 三十一년에 게재된 '東亞日報'를 그대로 고스란히 오려서 스크랩해 놓은 것이 있으면서도, 자랑만 하고서 냉큼 드릴 생각이 선뜻 나질 아니했다.

'어쩌면 작품에 대해서 애착심이 그렇게 강할까?'

'작품을 사랑한 것일까?'

'아주 잊지는 못할까? 못하는 것일까?'

나는 이렇게 혼자 생각도 해보았다. 그러나 나는 三十八년간 갖고 있는 그 스크랩북을, 기쁘게 가벼운 마음으로 훅 내어드리지 못하는 내 자신을 스스로 웃지 않을 수도 없었다.

금년 十一월 二十七일에 나는 「香山遊記」의 스크랩북을 고이 싸다가 기증했다. 낭만의 물결이 넘치는 노산님은 애인을 만난 것보다 더 기뻐서 어쩔 줄을 모르신다. 三十八년만에 옛모습을 다시 본다면서, 스크랩북에 키스를 하는 것이 아닌가. 언제나 노산님은 시가에 있어 동심 그대로다.

그 「香山遊記」 중의 「歸命歌」는 一백 二十二행으로 단숨에 이루어진 '사설시조'다. 노산님과 나는 놀라움을 다시 느꼈다. 이와 같은 대하의 '사설시조'가 이미 三十八년에 이루어졌다는 문학사적인 사실!

『香山遊記』나 『鳳仙花』 시조집은 六·二五동란 피란길에 아들과 딸들이 이고, 지고 다녔던 것이다.

"종현은 밥 먹고 하는 일이 두 가지, 경보기! 시조 짓기!"

"시조에 여자로는 金五男! 남자로는 趙宗玄뿐!" (金五男도 三十一년에 東亞日報에 작품 발표를 했기 때문)

이렇게 노산선생이 三十八년 전에 종로 어느 다과점에서 하신 말씀이 아직도 귀에 쟁쟁하다. 그래서인지 오늘날까지 내가 시조를 붙들고 살고, 또 부질없이 이제 활자장난을 시키는지도 모르겠다.

사실 나는 시를 모른다. 지을 줄도 모른다. 진정 내 시조 — 원고는 불에 넣으면 불도 마다고 할 게다.

그럼? 무슨 주제에 제라서 출판을 한담?

다만 발표했기 때문에, 거두어야 할 의무가 있을 따름에서다.

자기가 낳은 자녀를 자기가 돌보지 않으면 어떻게 될 것인가?

어허, 이것도 망상! 망상에 사는 것이 참다운 인생이라면 얼마나 좋을까?

망상에 살 줄 아는 인생일수록 '열반'의 경지에, 이를 수 있는 힘의 소유자가 아닐까?

'시 삼매'에 들 수 있는 사람은 바야흐로 '열반'의 경지에 헤엄칠 수 있고, '열반'의 경지에 자재하는 사람은 비로소 ' 시 삼매'에 넘나들 수 있는 것이 아닐까?

시심, 동심, 불심!

인간은 순수하면 되지 않을까? 순수한 인간에게는 따로히 '극락'도, '요단강'도 '사바'도, '지옥'도 없을 것이다.

'시 삼매'에 들 때의 시인은 시인이 아니요, 시인의 시인인 것이다.

영감의 시인의 인간은 괴로운 현실에 파고들어, 달가운 현실을 사는 것이다.

쓰디 쓴 인간의 八만 四천 고뇌 — 번뇌를 씹을 줄 알고, 되씹어서 달갑게 맛 볼 줄 알기 때문이다.

'마음의 눈'이 번쩍이는 시인의 시인이 아닐까?

시조는 시조가 아니라야, 정말 시조가 될 것이다.

각설, 이 졸저『자정의 지구』에 서문과 서시와 발문과 제호를 정답게 써 주신 노산・요한・月灘 세분 선생과 夕汀사형 및 출판 작업을 총지휘하여 주신 趙演鉉님, 작업 실무를 시종 맡아 주신 李炭詩人에게 각각 마음 깊이 뜨거운 감사를 드리는 바이다.

一九六八年 그믐, 밝아오는 새해의 태양을 그리면서

# 浪漫의 鄕愁
## 새해 아침에

『초연곡』, 한양사, 1970

창문을 열고 나설 때, 문득 가슴이 뭉클하다. 나도 모를 일이다.

"또 한해!"

가슴이 몹시 설레고 부풀어 오를 뿐이다.

"새해 아침!" 이라는 가냘팍한 느낌인지도 모른다.

돌아보면 지나온 三六五일도 또한 꿈결 같기만 하다.

그렇다고 구름이 太虛空을 날아간 뒤와 같이 그렇게 말쑥하고 깨끗하고 가볍고 시원스런 것도 물론 아니다. 더구나 虛無한 것만은 아니다.

지긋지긋하고 몸서리치고 들볶이고 몸부림치던 지난 一년의 자국은 너무나도 가슴팍에 뚜렷이 印발을 쳤던 것이다. 치고 말았던 것이 아닌가.

물과 같이 흐르는 歲月은 다만 얼굴에나 머리카락에만 무늬를 놓고 자취를 남기는 건 아니고, 마음에 傷處를 우박같이 퍼붓고 지나가는가보다.

'세월의 화살'을 받지 않을 가슴이 어디 있겠는가. 心臟을 꿰뚫고 날아가는 歲月의 화살은, 마음의 창문을 향해 되돌아 겨누는 듯하다.

時空을 초월한 人間이 있다면냐…….

저 옛날 無門禪師의 「無門關」은 창도 화살도 받지 않을까? "못에 비친 달을 얇게 빗으고, 嶺마루에 떠도는 구름을 잘게 채 친다 ―薄桃潭底月, 細切嶺頭雲―" 이는 저 當代 有名한 高峰禪師의 새해 아침의 '供養具'요, 그의 本分 生涯의 所懷일는지 모르거니와 오늘과 같은 現代人의 生活, 더구나 漢江 모래일망정 제대로 퍼먹을 수도 없이 허덕이는 우리네의 삶이야.

너무나 쓰고 고달픈 것이 現實이라고나 할까.

무슨, 우리네의 生活에 送舊迎新의 感懷인들 있겠는가. 감회의 情緖도 가랑잎같이 메마르고, 반쪽같이 말라붙은 제 이미 오래인가 보다.

지금 만일 눈물없는 人間이 있다 하면, 그는 오히려 豊年歌일 것이다. 「擊壤歌」를 드높이 부르던 太平聖代가 아니라면 높지기 遡及하여 「靑山別曲」을 흥겨워 한가락 빼던 時代의 잠꼬대가 아닐까.

이 時點이야말로 水分이 마를대로 온통 마른, 눈만 히멀겋게 뜬 '人間骸骨'의 社會로 化하고 말았다. 해골 바가지만 굴러다니면서, 서로 깡그리고 응응거리고 맡박을 마주치는 現狀이 아닌가. '왈그락 달그락!' 부딪치는 소리는 뒷전이요, 산산조각이 날 超頂点이다.

눈을 뜨고 볼 멋이 무엇이여, 귀를 기울여 들을 홍이 어디 있느냐. 숨가쁜 세상이 아니라, 기막힌 오늘의 現實이다.

生存競爭이란 말은 매우 호사스런 한가락씩 하던 覇權層의 덧부르는 修飾辭가 아니라면, 大衆층의 生活에서는 이미 陳腐된 말이 되고 말았다. 오늘은 오히려 맨대가리 놀음이다. 눈을 흘기고 이를 악물고 쥐어뜯는 程度는 이미 옛 이야기가 되고 말았나 보다.

이러한 現實의 狀況 속에서도, 또 한 해는 번개치듯 지나가고, 새해의 아침은 파랑새마냥 날아든다.

파랑새같이 날개를 펴고, 내 이마 위에 퍼지는 새로운 아침의 햇발은 그지없이 喜悅을 부어주고, 힘을 솟구치게 한다.

두 어깨를 활짝 펴고 벌리며 긴 呼吸을 힘껏 하여 본다. 힘차게 하고 섰다.

몸이 가쁜하고 머리가 시원하며 온몸에 물이 쪼르르 오르는 것 같다. 눈이 뜨고 새싹이 트는 시냇가의 수양버들과 같은 느낌이라 할까.

단숨에 白雲臺라도 채어 오를상 싶다. 그 어느 해 — 二四세 때 — 봄에, 성큼성큼 올랐던 白雲臺가 그대로 구름 위, 내 발 아래 놓인 것 같다.

날씨가 누긋하면 막내둥이를 이끌고 새 봄을 찾아, 산새와 같이 노래하고 아지랑이를 헤엄치며 다시 올라볼까. 白雲臺를 …….

아닌 게 아니라, 宿願의 旧債를 갚아야 하겠다. 한해를 거듭하여 한 살씩 더 먹어 갈수록 利子만 느는가 보다. 雪嶽山・五臺山이며 東海沿岸을 해마다 헤고 손가락 꼽아 가면서 미루어 온 적이 몇 번이던고.

紅塵이 뿌연 長安 네거리를 싸대고 헤매는 이 모양 이 꼴이어!

내 머리를 아무리 두들겨 보았댔자 떨어질 건 먼지요, 씻어 보았자 퀴퀴한 냄새 밖에 더 풍기겠는가. 윤기 없는 骸骨의 人間이 되고 말건가. 骸骨도 야무진 해골이 되어야겠는데.

무엇보다 불을 꺼야 하지, 몸에 붙은 불, 몸뚱이가 활활 타고, 마음이 지글지글 끓는 불을 내가 꺼야 한다.

내 몸에 붙은 불, 내 마음을 태우는 불은 내가 꺼야 한다. 時間을 다투어 라디오의 電波를 타고 흘러나오고 쏟아지는 별별스런 藥廣告라 어림이나 있겠는가. 한갓 鼓膜만 울리고 귓전만 요란할 뿐이다.

쓰레기통 같은 나의 生活에서, 돌멩이 같이 굳어가는 나의 머리에서 무엇이 나올까. 나오겠는가? 緣木求魚는 오히려 말품이나 있음직할 것이다.

무엇이 나올 것을 求하기도 어렵거니와 바랄수도 없는 것이 眞正 나의 生活이요, 나의 머리다.

나는 나를 過信하지 않는다. 過信해 본적도 또한 없었다. 돌아다보면 한 것도 없고, 해놓은 것은 더욱 없다. 부끄럽기보다 빨가숭이 아닌 채 빨가숭이다.

이제부터 꽃을 가꾸고 나무를 심고 싶다. 심고 가꾸어야 하겠다. 그러기 위하여 花壇을 손수 만들고 庭園도 마련해야 되겠다. 再出發하여 인생에의 공부를 해야 되겠다. 다짐해도 좋다. 卒業期 없는 노우트를 다루어야 하겠다.

雪嶽山·五臺山·落山寺 그리고 關東勝地를 휘둘러 吐含石窟이며 白鹿潭에 西歸浦·慕瑟浦 등의 林間學海에 헤엄치고 싶다. 雲水行脚의 旅程을 그리고 있다.

어느 누구나 山과 바다를 싫어하랴마는, 나는 어려서부터 山과 바다의 鄕愁에서 자랐다.山과 바다는 나의 그리움이요, 나의 浪漫이 깃든 故鄕이다.

山에 오르고 바다에 놀 때, 나는 바야흐로 사람이 되는지도 모른다. 어린애가 되고 만다. 山에는 사슴이 그립고 바다에는 물새가 아쉬웁다. 사슴과 물새는 꽃보다 아름답고, 달보다 조촐하다. 山과 바다는 내가 가고 싶은 世界, 살고 싶은 고장이다. 물새와 사슴은 나의 벗이요, 愛人이다. 사슴과 물새는 詩人이더라, 詩人이더군.

그러나 물새와 사슴은 나와 더불어 벗하지 않는다. 놀아지지를 않는다. 아름다운 山, 그윽한 구름밭으로 사라지는 것이 사슴이요, 비단결 같은 잔잔한 바다 하늘을 아득히 날아가는 것이 물새다.

그렇기 때문에 더욱 그립다. 그리워지기만 한다. 나 혼자 그리운 情에 겨워 山으로 바다로 끝없이 돌고 싶다. 그러나 放浪의 心情도 流浪의 신세도 아니다. 나의 사랑의 보금자리에는 虛浪한 방랑의 心情이 허용될 수 없고, 구름처럼 定處없이 떠돌아다니는 流浪의 생활은 더구나 있을 수 없다. 다만 불꽃같은 그리움에 화끈 부딪치는 體溫에만 감싸이고 싶어서다.

그리운 情을 더욱 불붙게 하고 行脚에의 急信號를 올려온 報道에 눈앞이 아찔했었다.

旧歲暮에 접어들자, 그리움의 나의 彼岸이요 理想鄕인 雪嶽山을 비롯하여 關東一帶를 觀光地로 개발하고, '케블카'도 솜씨 좋게 施設한다는, 政府의 계획이 세워졌다는 것이었다. 八億 五千萬원의 豫算風이 부채질을 할 모양이다.

曰 雪嶽山地區, 曰 落山寺地區, 曰 五色藥水地區, 曰 鏡浦臺地區, 曰 三陟地區, 曰 五臺山地區, 曰 春川地區로서의, 그 중에서도 가장 靈的 世界인 雪嶽에 開發旋風이 돌아칠 판국인가 보다. 雪嶽山 푸르峰 －靑峰－은 우리 民族의 '얼'의 搖籃이요, 象徵이 아니었던가.

우리 民族의 固有信仰의 道場이 바로 이 雪嶽山 푸르峰이라고, 六堂은 이미 침이 마르고 피를 쏟다시피 외치기도 하였거니와, 나아가 오늘의 民族文化의 遺產으로서 世界에 자랑할만한 私敎文化의 宣揚地도 또한 雪嶽이었던 것이다.

그러구 저러구 간에 저 神秘롭고 거룩한 大自然에 행여 傷채기를 내면 어쩔고?

내 몸을 깎고 오리고, 내 얼굴에 얼을 지우는 것보다 오히려 더 쓰리고 아리고 아프구나.

自然은 내가 사랑하는 님이기 때문이다. 내가 그리워하는 愛人이기 때문이다.

그리움을 위하여 산다 할까. 그립기 때문에 살고 있는 나는 삶의 보람을 느낄 수 없고 우쭐댈 멋도 잃는가 하면, 살아가는 心情을 빼앗기는 것만 같은 心情이다.

달 世界旅行을 축척대는 이 時代의 판국에, 만일 李太白이가 살아 있더라면 과연 어떠할까. 미처 날뛸까? 아니 自殺을 企圖할까? 李太白이가 아니곤 모르리라. 그의 가눈 心情을 누구가 있어 짐작인들 하랴. 다 부질없는 소리다. 이 말도 또한 부질없다. 無心히 흐르는 江물을 스치는 바람결일 따름이다.

세상에 바람 아닌 게 어디 있는가. 世上 일은 다 푸석푸석할 뿐이다. 나의 念願도 지나 놓고 보니, 푸석푸석하기 짝이 없다. 두 귀가 새빨갛던 二十세 以後의 學窓時節에 金剛山의 어느 學友가 夏期에 金剛山 구경을 同行하자고 나에게 졸라댄 적이 한 두 번이 아니었다. 그러나 나는 굳이 不應하고 말았다. 理由랄 건 없고 다만 文章修業을 더하여, 한번 萬二千峰엘 오르면 나도 나의 소리를 한바탕 외쳐 보자는 것이 어린 배짱이요, 固執 아닌 念願이기도 했다.

허나 막상 미루다 보니 線은 三八로 가로지르고 말았다. 晴江 白鷗의 꿈이 된 것을 이토록 恨겨워 한다.

뻐꾸기 소리와 같은 祖國의 豊年은 저녁 하늘에 사라지는 노을빛만 같구나.

만일 나에게도 資産이 있다면 오직 '산이요' '바다'! 뿐. 솔잎을 따먹으며 石澗水를 마시며 山으로 갈까. 굴을 캐며, 파래를 뜯으며 바다로 갈까?

歲月의 歷程은 또 나그네의 가슴에 한점 피무늬를 놓으려나?

(65.1)

# 太古宗의 나아갈 길

『佛敎』 1(1), 1970.6

사회적으로 사회성을 띈 한 단체가 발족한다는 것은 우연적인 자연발생이 아니라, 반드시 시대적인 요청에 의한 것이다. 그 단체가 짊어지고 있는 그 사명이 필요하기 때문이다.

부하된 사명을 그 단체가 수행할 때에 국가 사회의 발전에 이바지하고 국민생활에의 복지를 증진함으로서다.

더구나 건전한 종교단체가 새로운 기빨을 울린다는 것은 두 말할 것 조차 없이 가까이는 국민정서순화, 국민도의 양양으로써 명랑한 사회를 이룩하고, 멀리는 세계평화를 지향하여서 인류행복을 촉진하는 것이다.

뿐만 아니라, 불교종단은 범불교적인 표치(標幟)가 아니고, 신앙의 좌표를 독특하게 설정하고 그 宗旨의 선양을 실천의 목표로 하여 전교도가 진군하는 '佛敎의 宗團'인 것이다.

그러므로 '地上極案'을 建設하고, '現身成佛'을 修證하여서 영원히 '安心主命'을 누린다는 것이 高次元的인 太古宗이라 하겠다.

**一, 국위선양에 투철한 太古宗風을 고취해야 한다.**

太古宗은 어디에 뿌리를 박고 섰으며, 그 움직이는 旗手는 누구인가? 宗祖 太古國師의 廓徹 大悟하신 證道世界서다. 즉 覺・行이 원만한 인격향상의 불교요, 濟世・度衆의 실천불교인 것이다. 靜的인 불교가 아니고, 어디까지나 '動的인 불교'인 것이다.

太古宗의 圓融府를 設立하고 諸宗을 包攝한 그 활동은, 저 元曉聖師의 '十門和靜'을 방불케 한 위대한 사상의 실천이라 아니할 수 없는 것이다.

따라서 宗風의 기빨을 치는 敎役者는 두 말할 것도 없이 太古宗祖로부터 幻庵混修, 龜谷覺雲, 碧溪正心, 碧松智嚴, 英蓉靈觀, 여기에서 西山淸虛

派, 浮休善修派로 兩分되어 오늘의 法孫이 형성되었고 宗團의 主軸을 울리는 것이다.

太古宗祖의 護國思想, 西山法祖의 救國活動은 灼熱한 愛國愛族의 思想이요, 신앙에 닦인 百折不屈의 정신인 것이다.

오늘의 教徒는 이 위대한 思想과 정신을 이어받았으니 만큼, 발전道上에 있는 우리 조국에 대하여 앞으로는 정치, 경제, 문화面에 적극的으로 支援하여 민주주의의 伸長發達에 기여하고, 밖으로는 宗教文化의 交流, 宗風鼓吹를 通하여 世界萬邦에 國威를 선양해야 할 것이다.

韓國佛教의 太古宗風이 국제간에 떨칠 때, 그만큼 우리 國威가 선양되는 것이다. 그러나 단순히 教理만을 선전하기 위한 활동보다도 우리 國威를 선양하기에 투철한 '韓國的인 體臭가 풍기는 宗風'을 가다듬어야할 것이다. 끊임없는 創意力이 절대적으로 요청된다.

**二, 民主生活에 절실한 大乘教理를 제창해야 한다.**

우리 韓民族의 기질과 精神風土에는 小乘佛教가 자라거나, 결실을 거두지 못하고 말았다.

우리나라에 佛教가 輸入된 이래 千六百年동안을 禪宗이거나, 教宗이거나를 막론하고 오직 大乘佛教만이 뿌리를 박고, 꽃을 피우고 향기를 뿜었섰다.

그러나 大乘佛教라 하더라도 그저 新羅의 五教, 九山이 다 자라지 못했고, 高麗의 五教, 兩宗도 또한 제대로 문성하지를 못하고 말았었다.

그는 우리 민족의 생리에 알맞지 않기 때문에, 우리 민족이 그대로 받아드리지 않은데서다.

千六百年동안에 걸쳐 우리 민족의 사상과 密着結付되어 살아온 것은 '教'로서는 오직 一乘圓教인 '華嚴, 法華'思想이요, '禪'으로는 다만 六祖慧能下 第五世臨濟, 臨濟下 第十九世 太古國師의 '大乘禪'뿐이다. 韓國佛教의 歷史는 이것을 증명하고, 이것이 오늘의 韓國佛教史를 이루고 있는 것이 아닌가.

우리 민족과 대승불교가 이렇듯, 우리 민족과 갱정 기독교가 그러한 것도 한 개 좋은 例이다. (카토릭보다는…….)

大乘敎理는 大衆化, 生活化의 지름길이다. 그 門戶가 廣闊하기 때문이다. 어찌 小乘佛敎, 小乘的인 원서불교의 낡은 허울이 용납되겠는가, 받아들이겠는가 말이다.

오늘의 太古宗의 旗手는 현대 민주생활에 영양소가 될 大乘敎理(禪·敎)를 제창하고 제공하여, 우리 국민으로 하여금 살이 찌고 豊饒한 생활을 영위할 수 있게 普施奉仕해야 할 사명의 사도임을 맹성해야할 것이다. '생산적인 敎理'를 제창할 것이 時意하다.

**三, 세계평화에 강렬한 신앙태세를 정비해야 한다.**

종교단체는 뭉치는 힘이다. 신앙 一念으로 뭉치는 것이다. '뭉치는 힘은 하나'다. 신앙의 초점이 歸一하기 때문이다.

어느 집회에서나 '國旗拜禮'할 때와 똑 같은 것이다. 전체가 일제히 국기 하나만을 향하기 때문이다.

그렇다면 汎불교적인 신앙은 하나의 힘으로 뭉쳐지기 어렵다. 재래의 신앙늘 정화하고, 신앙자세를 정비할 것이 급선무라 아니할 수 없다.

'宗旨는 宗團의 生命'이다. 佛·祖의 사상과 교리를 集約한 것이기 때문이다.

이 간결한 宗旨는 즉 千經萬論을 꿰뚫었고, 千七百公案을 喝破한 것이다.

이 生命인 宗旨를 부어잡고, 宗祖를 신봉해야 한다. 宗祖는 교도의 신앙 대상이 아닌가.

우리 나라 佛敎의 各종파는 간혹 맹점을 범하고 있다. 종단이라고 자처하면서 自己의 宗祖는 宗憲에나 紙榜처럼 접어놓고, 三世의 諸佛, 菩薩을 다 승봉하는 현상을 목도한 때에 한심스럽기 짝이 없고, 민망스럽기도 하였다. 胎만 남은 종단이요, 魂나간 집단이라 아니할 수 없다.

이러고서야 어찌 신앙 歸一을 기할 수 있으며, 무슨 강렬한 힘을 구할 수 있겠는가.

'하나로 뭉치는 신앙의 힘'이 결여된 종단은 산만한 집단으로 전락될 것이며, 宗團으로서의 이미 그 의의와 생명을 상실하였을 뿐만 아니라, '宗團으로서의 評價대상'이 되지 못할 것이다.

중국의 禪宗에서는 '達磨像'만을 존중하는 것이나, 또 華嚴宗에서는 '淸凉國師'만을 信奉하는 것이나, 저 日本의 日蓮宗은 '日蓮大師'만을 推仰하는 것이 까닭이 있다는 것보다, 宗으로서의 당연한 본래의 宗規요 宗風인 것이다. ①宗旨의 이념을 具現化한 宗典을 편찬하여 교도로 하여금 得通케하고 ②國師太古宗祖의 誕生日인 九月 二十一日을 '宗祖誕生慶讚法式日'로 정하여 年中行事로 大法會를 擧行함과 同時에 敎徒에게 歸一의 信仰精神을 鼓吹涵養하고 ③ 定期, 隨時의 法會를 宗團 및 各 寺別로 開催하여 宗主中心의 信仰體系를 確立하고 ④一旦 歸依登錄한 敎徒는 轉宗, 轉寺하지 않도록 훈련교육 시키고 ⑤등록한 교도는 義務的으로 敎徒倍加운동에 自進參加 하여 法悅을 느끼게 하며 ⑥敎徒로 하여금 矜持를 갖고 義務的으로 機關紙를 普及하며 勢力擴張을 國謨케 하여 '信仰의 實彈'으로써 사회를 정화하고, 세계평화의 대렬에 앞장서도록 맹훈련을 加할 것이 至上의 과제요 당면의 急務이다.

**四, 各宗親善에 성실한 努力活動을 건제해야 한다.**

우리나라의 佛敎界는 해방후 十七개의 종단이 성립되었다 한다. 그렇지마는 各 종파間에 相互제휴하여 對內 對外的으로 버젓이 '한국의 불교'를 선양하지 못하고 있다. 그러한 행사가 없었음은 실로 유감이 아닐 수 없는 터이다.

各 종파間의 친선을 도모하고, 相互 紐帶를 强化한다는 것은 즉 각자의 宗風선양인 동시에 敎勢擴張의 기틀이 되는 것이다. 獨立하여 사회생활을 영위하기 어려운 만큼, 宗國 역시 각기 獨立하여 존립하기 어렵고, 번영발전을 도모하기란 매우 힘들 것이다. 인간的으로 친선을 促求하고, 종단的으로 이해를 증진하는 기회가 하루 빨리 마련될수록, 절대적인 效率的인 법의 이익이 프라스될 것이다.

各 종단이 각기 자기 宗의 기빨을 날리고자 할 때에 사회적으로 허다한 애로가 가로 놓여 있을 줄로 생각한다.

各 宗團의 相互 친선과 紐帶강화는 즉 당면의 佛敎全體에 關한 共同關心事 또는 宗團個別의 문제점을 協助, 해결할 수 있는 건설的인 廣場이 될 수 있을 것으로 믿는다.

뿐만 아니라, 이 各 종단間의 超宗派的인 친선 유대강화 운동으로써 有機的인 '常設機關'이 수립된다면, 길이 法運이 융창하고 널리 敎勢가 확장되어 佛國淨土를 이룩하고 靈山會上이 우리 눈앞에 再現할 것이 아니겠는가.

이 運動이 時急히 活潑하게 展開되기를 渴望한다.

〈七0. 九. 如是山房에서〉

# 六和合은 民主生活의 活力

『佛教』 1(3), 1970.8

**'현대 생활에 되새길 佛教 사상'**이란 말을, 나는 이렇게 받아들이고 풀이하고 싶다.

불교思想을 어떻게 하면 現代人의 일상生活에 자연스럽게 調味하고, 순화시켜서 보다 부드럽게, 너그럽게, 보람있는 營養素로 제공하여 생활을 한결 씩씩케 하고 明朗하게 할 수 있는 原動力이 될 수 있는가? 라고.

한데 佛教의 근본정신, 철학적인 사상은 어디까지나 眞理의 평등, 해탈의 自由, 화합의 平和로서 이를 實現하는 것은 大慈大悲가 곧 원 바탕이 되는 것이요, 큰 뿌리가 되는 것이다.

그렇다면 人類史上 오늘날과 같이 복잡하고 고되고 각박스런 생활은 그 유래가 없을 정도인 것이다. 이에 직면하고 걷잡을 수 없는 現代의 생활상황 속에서 어떻게 해야만 삶의 보람을 느끼고, 生의 빛을 찾을 수 있을 것인가?

**무엇보다 오늘날 生活환경 속에서** 平和의 무드를 조성해야 할 것이 가장 지름길이라 나는 믿는 바이다.

하므로 이에 六和合을 들어보면

**첫째** 가정에서나 職場에서나 사회에서나 때와 장소를 막론하고, 몸가짐을 단정히 하고 품위를 지켜서 온화한 태도로 禮儀를 바르게 친절히 할 것이다. 예의야말로 그 人品의 교양의 척도인 동시에 상대편으로 하여금 기쁘게 하는 것이며 그대로 정다운 분위기를 이룩하는 것이다. 오만불손하게 뱃장을 퉁기는 것은 아예 철없는 사람일 뿐 아니라 자기 고립인 것이다. －身和共住－

**둘째** 언제 어디서 누구를 대하든지 부드러운 말씨를 써야 한다. 法華經

에 "부드러운 말씨는 여러 사람의 마음을 흐뭇하게 한다."(言辭柔順悅可衆心)고 하였다.

우리 俗談에 '하고 버릴 말'이란 말도 있지마는, 실로 엄격히 따지고 보면 하고 버릴 말은 한 마디도 없는 것이다. 金쪽같은 것이 말이다. 말은 高貴한 意思의 전달이기 때문이다. "한 마디 말로 천 냥 빚을 갚는다." 또 "한 마디 말로 웃기고, 울린다"는 속담도 있지 않는가. 말이란 상대편의 心琴을 울리고 감동을 주는 가장 날카로운 침 끝보다도 더 날카로운 것이다. 사랑이 넘치는 부드러운 말씨, 존경하는 말씨는 항상 화기애애한 분위기를 조성하는 것이다. -口和無諍-

**셋째** 서로 생대편의 意思와 의견을 이해하고, 존중하여 어디까지나 원만한 合意로써 일(사업)을 같이 해야 한다. 만일 자기의 의사대로 안 된다고 해서 박차거나, 자기의 意見이 옳다해서 고집하는 것도 안 되겠지마는, 더욱이 상대편의 意思나 의견을 무시한다면 이는 금물이다. 不協和音을 초래하고 마는 결과밖에 없다.

상대편의 意見을 받아드릴 아량이 있어야 한다. 자기 양보의 미덕은 知性인만이 가질 수 있는 특권이다. -意和同事-

**넷째** 항상 질서를 지키고 공중도덕을 존중히 하는 것이 단체, 社會생활에 있어 사표가 되는 것이다. 원만한 生活을 영위하게 되는 법이다. 자기 本位의 편의주의, 사고방식은 독선적이 되기 쉽고, 平和를 파괴할 위험성을 다분히 내포하고 있는 것이다.

질서와 公衆도덕은 인류만이 지킬 수 있는 사회생활의 근본적인, 필수적인 규범인 것이다. 이 규범을 이탈하면 사회로부터 버림을 받게 되는 것이다. 궤도를 탈선한 기차와 같은 것이다.

부처님께서 설하신 모든 戒律은 모든 사람으로 하여금 올바르게 착하게 平和롭게 두루 잘 살게 하신 신성한 法度다. -戒和同遵-

**다섯째** 서로 지식과 지견을 교환하여 서로의 水準을 향상하는 것이다. 이야말로 탁마상성하는 학문의 열쇠요, 修行의 길인 것이다. 세미나 또는 심포지움의 기회를 마련해야 한다. 圓覺經에 "선배라고 뽐낼 것도 아니요, 후배라고 깔볼 것도 아니다"(不重久習 不輕初學)고 하였다. 이 얼마나 人格 本位의 평등한 위치에서 서로 연찬하고 수행하는 것이 아닌가.

불교만이 베푸는 이 平等法令이야말로 民主生活의 산 표준인 동시에 人類平等의 실현이라 아니할 수 없는 것이다. 그러므로 부처님의 大慈大悲는 거룩한 것이다. 어찌 인류평등 뿐이랴. 涅槃經에 "일체 衆生이 다 平等하다."(一切衆生 皆有佛性)하였으며, 또 華嚴經에 "중생과 모든 부처님이 同一體라" (心佛及衆生是三無差別)고 하였다.

우리는 남의 앞을 가로 막고 자기만이 달릴 것이 아니라, 서로 부축하고 같이 前進해야 할 것이다. －見和同解－

**여섯째** 남이야 죽건 말건 짓밟고, 자기만이 먹고, 입고, 산다(衣食住)는 것은 있을 수 없고, 容納되지 않는 것이다. 人間的으로 양심적으로, 도의적으로 용서할 수도 없고, 용서되지도 않는 것이다. 利己主義的인 행동, 사고방식은 인류사회의 파멸의 최첨단을 걷는 것이다. 스스로 불구덩이를 향하여 줄달음질치는 것이다. 등잔불꽃에 덤비는 하루살이가 아니겠는가. 人類社會는 서로가 다 같이 살길을 모색하고 共同步調를 취하여 같이 행진할 때, 비로소 번영을 기대할 수 있고, 서로가 幸福을 누릴 수 있는 것이다. 傳燈錄에 "불법을 배우고 수행하는데 平等하고, 먹는데 平等하다"(於法平等 於食平等)고 하였다.

이는 두말할 것도 없이 民主生活에의 기본원칙이 아니겠는가. 지위의 고하 권력의 강약을 막론하고 平等待遇하고 상부상조의 전통으로 협동봉사하는 것이 명랑한 복지사회를 이룩할 것이다. －利和同均－

우리들은 「국민교육헌장」을 낭송하고 동시에 일상 생활화하고 있다. 이는 民族중흥의 큰 길이요. 민주生活의 지침이기 때문이다.

이와 같이 불교생활화, 하니 불교사상의 生活化는 무엇보다도 불교의 '六和合정신'이 第一義의 첩경인 것이다. 이 六和合의 정신은 곧 명랑한 民主生活을 실현하여서 민족, 국가를 중흥 번영케 할 활력소요, 나아가 世界

平和를 이룩하고 인류전체가 희구하고 추구하는 幸福을 누리게 되는 원천이기 때문이다.

불교 大衆化, 佛敎 생활화는 교리를 많이 알기 이전에 이론 전개 이전에 한 사람, 한 가정이 몸소 실천하는 데에서만 아름다운 평화의 꽃을 피우고 맑고 그윽한 香薰을 풍길 것이다.

# 教役者의 研修와 發掘問題

『佛敎』 1(5), 1970.10

敎團으로서의 앞으로 할 일이라기보다도 오늘에 企劃하고 出發시켜야 할 課題가 한두 가지가 아니다. 山積해 있다고 보아야 할 것이다. 그 중에서도 우선 焦眉的인 것이 무엇이냐? 어느 것을 먼저 다루어야 할 것이냐? 무론 觀點의 각도에 따라서 劃一性을 기하기는 어렵겠지마는 나는 이렇게 생각해 본다.

**一, 旣成敎役者의 硏修問題다**

우리 敎界는 一六년 동안에 걸쳐 宗門亂賊의 反亂으로 말미암아 法城은 妄發되고 法侶가 定着되지 못한 채 오늘에 이르렀다.

뜨거운 法淚가 두 뺨을 적시지 않을 수 없는 悲慘한 현상이다.

鍾鼓가 저대로 울리지 못하고 震梵幕唄가 거의 멎은가 하면 法螺는 때를 기다리고 있을 따름이었다. 機能이 마비되지 않았던가.

우리 太古宗은 七0年代를 向해서, 七0年 一月 一日에 새로운 旗빨을 올렸다. 創宗宣言은 우렁찼다. 우리 宗徒와 敎徒가 나아갈 길은 훤히 뚫였다. 일반 社會는 우러러 拍手를 보냈고 온 國民은 새로운 希望을 걸었다.

이것은 우리 宗團의 앞날을 속망한 것이기 때문이다. 앞으로의 宗團의 눈부신 發展이 약속되기 때문이다.

信心이 불꽃같은 宗正貌下며, 意志가 强靭한 一線幹部와 철통같은 團結力을 高度로 발휘하는 法侶와 교도가 建材하므로서다.

그렇다면 우리는 宗團은 對內 對外的으로 敎化網을 펼칠 것이 時急한 段階다. 傳法道場인 寺刹을 수호 運營할 敎役者며 敎化道場인 布敎들의 機能을 一層 강화할 敎役者의 研修인 것이다.

現在 全國的으로 布陣하고 있는 千餘名의 敎役者에 대해서 機動的으로 編隊하여서 계속적으로 自體硏修를 강화해야 할 것이다.

서로의 親善을 통해서 유대를 공고히 하고 宗團의 方針을 修行하는데 理解를 깊게하며, 환희에 넘치는 自發的인 협조가 활발하게 하고, 서로의 知識을 交換하는 기회와 廣場을 마련해야 할 것이다. 이와 같은 法會는 교세확장의 基幹이 될 뿐만 아니라 나아가서 一般사회에 宗團의 比重을 과시하는 生動한 모습이요, 活畫인 것이다. 沈滯狀態는 禁物이다. 자체 위축인 것이다. 안간힘이라도 最後의 마력을 내야할 때다. 하루가 遲延될수록 그만큼 正比例의 마이너스만 있을 뿐이다.

이 課業을 수행하기 위해서는 適切한 寺刹이나 布敎堂을 설정해서 敎役者 硏修院을 常設할 필요가 있는 것이다.

우리는 하루 빨리 自體硏修를 加해야 한다. 너무나 우리의 머리는 陳腐한 것이 아닐까/

一六년 동안이나 헤맸기 때문이다. 時間을 재촉해서 우리들의 머리에 淸凉의 甘露水를 부어야만 하겠다. 玉은 다듬을수록 윤이 나고, 金은 단련할수록 빛이 난다.

우리의 쌓은 힘이 그래로 敎化의 法力이 될 것 아닌가? 우리들은 法水의 영양 失調에 걸렸다.

營養실조된 產母가 어찌 튼튼한 乳兒를 기대할 수 있겠는가.

## 二, 二世 敎育者의 發掘作業이다

현재의 우리들은 우리들의 慈命을 계승할 第二世를 다듬어야 한다. 國民이 國家의 보배라면 기둥이요, 主人이라면, 우리의 二世는 우리 宗團의 내일의 法將이요, 主役이며, 눈인 것이다.

아니 그대로 염통이요, 숨통인 것이다. 宗團의 來日에 대비해서 오늘의 準備가 多少라도 소홀히 해서는 안 될 것이다.

時間的인 斷絶이 있어서는 될 수 없다. 時代는 끊임없이 눈부시게 發展

하고 세계의 움직임과 모든 宗團의 發展相은 놀라울 정도로 힘차게 뻗어 가고 있는 오늘날이다. 어찌 우리만이 姑息的으로 숨을 쉬고 있겠는가?

來日이 없는 사람에게는 希望이 없다. 悲觀을 넘어선 絶望상태 뿐인 것이다. '비전'이 없는 사람일수록 暗黑만이 닥쳐올 뿐이다. 죽음만 턱을 칠 뿐이다.

오늘을 사는 우리들은 오늘에 滿足하기 前에 巨視的으로 來日을 未來를 展望하고, 遠視해야 할 것이다. 未來의 사회가 무엇을 要求할 것인가? 未來의 國家 국민이 무엇을 希求할 것인가?

佛敎로서의 未來의 人類에게 무엇을 어떻게 이바지해야 할 것인가?

우리들은 이러한 課題를 안고 끊임없이 硏究하는 동시에 새로운 二世 敎役者의 人間상을 發掘하기에 벅찬 作業을 하지 않으면 안 될 것이다. 이 作業의 成敗는 곧 佛祖의 慧命－ 우리들의 法脈을 判가름하는 '시소께임'인 것이다. 輸血하지 아니하면 안 된다. 우리의 값진 生命을 우리 스스로가 끊을 수 없다.

피의 作業만이 蘇生의 길이요 'K・O승'이 될 것이다.

不幸하게도 一六年간의 空轉으로 말미암아 完全히 한 世代가 끊기고 만 것이 아닌가!

이로부터 第一次 五개년 計劃을 수립하고 二世 養成에 온갖 정성과 힘과 피를 짜내어 바쳐야만 할 것이다. 그렇지 않고서는 너무나 눈앞에 닥쳐오는 앞날이 불을 보듯 훤하지 않은가? 암담할 뿐이다. 先驅的인 人間像도 무론 絶對的이지마는 무엇보다도 一線 技術者的인 敎役者가 時急하고 切實한 現段階다.

二世의 푸른 싹이 없는 宗團은 결국 自然人의 二世가 없는 家政과 같지 않을까? 뼈저리게 생각하지 않으면 안 될 問題다.

以上에서 본 바와 같이 旣成 敎役者의 硏修로써 오늘의 當面문제를 時急히 해결해야만 하고 二世 교역자를 養成함으로써 宗團法城을 지키고 길이 慧命과 法脈을 상속하여서 佛敎의 발전과 法系의 번영을 期해야만 할 것이다.

이와 같은 기초 作業은 오늘부터 그 基盤을 닦고, 出發하지 아니하면 안 될 것이다.

國家의 百年大計가 국민의 敎育에 있는 것과 마찬가지로, 우리 宗團의 무궁한 發展 역시 人才 養成에 최대 最高의 目標를 세우지 않으면 안 될 것이다.

"佛法이 저절로 弘闡(천)하는 것이 아니라, 人材에 依하여 弘闡한다"(法佛自弘 依人弘法)는 말은 이 얼마나 切實하며 哲理가 아닌가?

"人物이 있으면 쉽거니와, 人物이 없으면 어렵다"(人在則易 人亡則難)는 저 列子의 말 역시 他山의 石이 아닐 수 없다.

"하나에도 人材養成이요, 둘에도 人材養成이다!" 人材가 貧困한 집단은 빈 벌통이다. 幕내린 극장이요, 파잿날이다.

佛法中興! 宗團再建!을 하기 위해서 하루 빨리 씩씩한 法將을 養成하자! 그러기 위해서 法將師官 道場인 研修 敎育機關을 세워야만 한다.

〈七0. 九. 一三, 如是山房에서〉

# 太古宗의 宗旨·宗統·宗風에 對하여

『佛教』 1(7), 1970.12

최근 太古宗에 대하여 宗旨· 宗統· 宗風등을 활발히 論議도 하고, 또는 論文을 발표하고 있음을 보았다.

한데 實은 法統과 宗統, 宗旨와 宗風은 그 概念 자체가 嚴然히 구별되어 있을 뿐 아니라, 判異한 것이므로서 이것을 混同視해서는 안 될 것이다. 또는 그 成立 過程의 歷史的인 背景— 起點·成長·歸着點이 다르기 때문이다.

하므로 이에 結論만을 要約하여, 宗徒 諸位의 참고에 提供함과 동시에, 具眼을 바라고자 한다.

**一, 太古國師의 法統은 이미 確定된 問題다.**

이 太古國師의 法統에 대해서는 간단히 말해서 이미 確定된 것이다. 새삼 問題를 提起할 必要조차 없는 것이다.

저 日帝時代에 그 당시 '朝鮮佛教禪教兩宗'을 '朝鮮佛教曹溪宗'으로 革新改編할 때에 그 「宗憲」을 宗會에서 通過하였고, '七教正'制度에 依하여 金幼應·金擎雲·金東宣·徐海曇· 朴漢永·方漢岩·張石想 七大 宗師를 宗正으로 추대하였다. 따라서 宗會는 當時 佛教歷史의 權威者인 金包光·權退耕碩學에게 委囑하여 太古國師의 法統을 考證케 하였었다.

그 結果 前記의 兩學者는 太古國師는 迦智山 門下에 歸依하여 그 慧命法脈을 承嗣하였기 때문에 迦智山脈의 廣智禪師의 '法統'을 이었다는 것이다. 師資相承의 原則을 主張한 것이었다.

저 石屋淸珙禪師와의 關係는 다만 遊學하여 硏究에의 指導를 받은 것으로서 마치 '指導教授'와 같다고 結論을 내렸던 것이다. 이것은 '學統'으로만 看做한다는 것이었다.

그래서 太古國師의 法統을 迦智山派로 考證整理하여 당시 『佛教』 잡지에 公表하였고, 따라서 諸山의 法侶들은 이 法系에 依하여 法譜를 作成하기 까지도 하였던 것이다. 이것은 이미 史學的인 考證에 依한 歷史的인 事實로 成立된 것이다. 하므로 太古國師의 法統은 嚴然히 廣智禪師의 法脈이요, 石屋의 法脈은 絶對로 아닌 것이다.

**二, 太古宗의 宗統은 이제부터 樹立될 問題다.**

太古宗이 七0년 一月 十五일에 創宗된 것인 만큼 太古宗의 宗統은 이제로부터 樹立되어 갈 것이다. 向後로 宗徒들이 太古宗을 繼繼承承하여 가는 것이 곧 太古宗의 宗統인 것이다. 이제 창종된 太古宗이 어찌 創宗 以前의 過去를 逆及하여서 宗統을 논할 수 있겠는가.

太古國師의 個人資格으로 取得한 '法統'과 公稱된 太古宗의 '宗統'은 嚴然히 判異한 것이다. 嚴正히 구별해야 한다.

太古宗의 宗祖가 太古國師라 해서 그 法統이 곧 宗統이 될 수는 없는 것이다.

왜냐? 하면 宗統은 創宗으로부터 앞으로의 그 宗旨를 宗徒들이 繼承해야만 樹立되는 것이기 때문이다.

太古國師의 法統은 太古宗이 創宗되기 前에도 太古法系이면 다 個人資格으로 取得相承하고 있는 것으로서, 創宗與否와 何等 關係가 없는 點으로 미루어 볼지라도, 法統은 어디까지나 法統이지, 宗統이 아님은, 自明한 事實이다.

**三, 太古宗의 宗風도 이제부터 形成될 問題다.**

太古宗의 宗風 역시 創宗으로부터 이제 비로소 形成될 문제다. 創宗 以前에 무슨 宗風이 있겠는가. 家庭을 이루기도 前에 무슨 家風이 있겠는가 말이다. 이 역시 創宗 以前의 過去를 소급하여 論해서는 안 된다는 것보다도, 論理的으로 成立되지 못한 問題이다.

만일 太古國師의 '宗風'으로 鏡覺해서는 過誤를 범하게 된다. 理論上으로 모순을 免치 못할 것이다.

太古國師의 學者를 提接한 家風은 어디가지나 個人資格으로서의 家風이지, 그대로 이제 創宗된 太古宗의 '宗風'은 아닌 것이다. 公稱의 '宗風'은 될 수 없는 것이다.

왜냐?하면 宗風은 그 宗團이 指向하는 바 무릇 儀式 制度 · 行持作法 · 法階 · 衣制 · 機構 · 組織 · 行政節次 · 傳法規則 · 布教方法 · 宗團生活 等의 모든 風習의 香薰이 풍기는 것을 의미한 것이기 때문이다.

宗風이란 宗團이 걸어가는 時日을 쌓으므로서 不知不識中에 自然히 形成되는 것이다.

一朝一夕에 人爲的으로 造作되는 것은 絶對로 아니다.

**四, 太古宗의 宗旨를 闡揚할 것이 急先動다.**

'宗旨'를 어떻게 闡揚하느냐? 누가 천양하느냐?가 急先務다.

離陸할 飛行機는 조종사를 기다리고 있다. 航海할 함대는 羅針盤이 요청된다.

太古宗이라 해서 太古國師의 語錄 그대로를 '宗旨'로 삼을 것이냐? 아니면 時代의 進展에 依한 取捨選擇을 할 것이냐? 다루어져할 問題인 것이다. 要는 어떻게 하면 '韓國佛教로서의 特色'임과 동시에 '時代, 民衆의 教化에의 捷徑'이 될 것이냐가 核이 되어야 할 것이다.

宗旨는 宗團의 '生命이요, 눈이요, 길이다.' 만일 宗旨가 健全치 못하고 正鵠을 얻지 못하면, 宗團은 虛弱하고 마비 상태에 빠진다. 만일 눈을 바로 뜨지 못하면, 落傷하거나 交通事故를 당한다.

만일 길이 평탄치 못하면, 步行하거나 車를 운전할 수가 없다.

하므로 宗旨는 佛祖의 慧命임과 동시에, 모든 衆生에게 正法의 숨통을 불어넣어 주는 生命인 것이다.

宗旨는 佛祖의 佛眼임과 동시에, 모든 중생에게 生死를 解脫케 하는 法眼의 開眼수술을 加하여 주는 畵龍點睛인 것이다.

宗旨는 佛祖의 열반의 大道임과 동시에, 모든 衆生에게 邪를 버리고 正으로 돌아가게 指示하는 바른 길인 것이다.

그러므로 積極的으로 徹底하게 '宗旨'를 똑바로 擧揚하여 對內的으로 二世에게 傳法하고 對外的으로 大衆에게 布敎하면, 宗統은 赫赫하게 繼承되고, 宗風은 찬란하게 天下에 떨칠 것이다.

宗旨는 宗團의 核이다! 建國의 國是와 같다.

宗徒여! 이 核 ―理念을 다루자.

〈七0. 二. 九, 如是山房에서〉

# 불교인으로서의 만해

『나라사랑』 2, 외솔회, 1971.4

## 1. 한용운은 왜 하필이면 중이 되었나?

"모든 것이 인연을 따라서 나고, 모든 것이 인연을 따라서 없어진다(諸法從緣生, 諸法從緣滅)"는 이 능가경의 한 구절이면 족하다. 인생이나 사물에 대해서 더 설명은 필요가 없을 것이다.

하지만 인연에는 먼 인연이 있는가 하면, 가까운 인연이 있는 것이다.

먼 인연이란 과거의 전생애로 소급하는 것이요, 가까운 인연이란 금생으로 그 선을 긋는 것이다.

금생 중에서도 몇 해, 몇 십 년 이전의 것이 먼 인연이라면, 금년의 것은 가까운 인연인 것이다.

이와 같이 금년 중에서도 몇 달의 이전을 먼 인연이라고 한다면, 이 달이나 오늘의 것을 가까운 인연으로 보는 것이 불교의 '인연관'인 것이다.

한용운 선생이 18세 때 갑오·동학의 의거에 참가해서 맹활약을 하다가 그 패배의 여세에 몰려 산중으로 피신을 했었다.

이어 설악산의 오세암(五歲庵)과 백담사(百潭寺)에서 몇 해를 지내는 동안, 평소에 쌓은 학문의 힘은 차츰 불교의 진리에 접하게 되었었다.

따라서 27세 때 백담사의 김연곡 스님에게 귀의하여 일약 중이 되었었다.

중이 되게 된 선생은 마음 속 깊이 이러한 푸른 꿈이 부풀지 않을 수 없었을 것이다. 그의 「西伯利亞 거쳐 서울로」의 수기에서 보이는 바와 같이,

"…… 故鄕에 있을 때 先親께서 …… 어린 나를 불러 세우시고 歷史上에 빛나는 義人 傑士의 言行을 가르쳐 주시며, 또한 世上 形便 國家 社會의 모든 일을 알아듣도록 타일러 주시었다. 이러한 말씀을 한두 번 듣든 사이에 내 가슴에는 異常한 불길이 일어나고, 그리고 나도 그 義人 傑士와 같은 훌

륭한 사람이 되었으면 하는 崇拜하는 생각이 바짝 났었다"고 했다.

이러한 웅지를 달성하고, 포부를 실현해서 목적을 관철하기에는 무엇보다도 불교 단체를 도약의 발판으로 삼고, 승려의 조직체를 활용하고자 하는 것이 아니었던가? 적이 짐작이 가기도 한다.

그의 꾸준한 불교 유신 운동과 백절불굴의 애국 항일 운동은 곧 이를 증명하게 된 것이다.

선생은 이러한 불교에의 귀의 동기는 곧 인연이 아닐 수 없다 이 동기는 곧 가까운 인연이요, 뛰어난 본분종사(本分宗師)가 된 것은 전생의 먼 인연이 아닐 수 없는 것이다.

임진왜란 때 서산대사(西山大師)는 묘향산에서 전국에 격문을 발하고, 사명당(四溟堂)은 금강산에서 승병(僧兵)을 일으켜서 구국 전열에 분연히 참가했듯, 한용운 선생은 일제 침략에 항거하여 조국 독립 운동에 선봉이 되었으니, 이 또한 부사의의 인연이 아니겠는가.

뿐만 아니라 한용운당의 심오한 선교관(宣敎觀)은 서산대사에 못지않고, 그 담력은 사명당을 방불케 하였다.

왜장 가등청정이 사명당의 일할(一喝 : 불교에서 '할'로 발음)에 혼비백산이 되었으며, 일제 관헌은 한용운당 앞에 사시나무같이 떨었었다. 한용운당은 사명당의 재현이 아닐까.

### 2. 종문 난적의 친일파 분쇄

일제 침략의 간계에 의해서 '을사보호조약'이 체결된 후, 삼 년 되던 해 무신년 삼월에 소위 전국 사찰 대표 오십여 명이 서울 동대문 밖 원흥사(元興寺)에 회합하여, 원종종무원(圓宗宗務院)이란 기관을 설립하고 이회광(李晦光)을 대종정(大宗正)으로 선출했었다.

목적은 교육과 포교를 표방한 것이었었다.

그러나 경술국치(庚戌國恥)도 아랑곳없이 이회광은 원종 대표로 경술년에 일본에 건너가서 국적인 일본 조동종(曹洞宗)과 불교 확장의 미명으로 야합하여 다음과 같은 연합 동맹 조약을 채결했었다.

一. 朝鮮 全體의 圓宗寺院은 曹洞宗과 完全且永久히 聯合 同盟하여 불교를 擴張할 事.

一. 朝鮮 圓宗 宗務院은 曹洞宗 宗務院에 顧問을 依囑할 事.

一. 曹洞宗 宗務院은 朝鮮 圓宗 宗務院의 設立 認可를 得함에 斡旋의 勞를 取할 事.

一. 朝鮮 圓宗 宗務院은 曹洞宗 布敎에 對하여 相當한 便利를 圖할 事.

一. 朝鮮 圓宗 宗務院은 曹洞宗 宗務院에서 布敎師 若干員을 招聘하여 各 首寺에 配置하여 一般 布敎及 靑年僧侶의 敎育을 委託하고 又는 曹洞宗 宗務院이 必要로 因하여 布敎師를 派遣하는 時는 朝鮮 圓宗 宗務院은 曹洞宗 宗務院의 指定하는 地의 首寺院에 宿舍를 定하여 一般 布敎及 靑年 僧侶 敎育에 從事케 할 事.

一. 本 締盟은 其管轄處의 承認을 得하는 日로부터 效力을 發生함.

이와 같은 육개 조약은 더 검토, 분석할 필요조차 없이 우리 불교를 일본 불교에 예속하고, 일본 불교는 한국 불교를 침략하게 되는 무모한 결과를 초래하게 되었었다. 민족적인 불교 -신앙적인 문화 정신까지 짓밟히게 된 일대 위기에 직면 하였었다.

이에 분개한 한용운 선생은 사자분신(獅子奮迅)의 기상으로 신해년에 박한영(朴漢永), 진진응(陳震應), 김종래(金鐘來), 장금봉(張錦峯) 등 강백(講伯)과 궐기하여 순천 송광사(松廣寺)에서 승려 대회를 개최하고, 역사성과 자주성이 결여된 이회광을 종문난적(宗門亂賊) 친일파로 준열히 규정했었다.

회의는 일사천리로 선암사(仙岩寺) 김경운장로(金擎雲 長老)를 임제종(臨濟宗) 임시관장(臨時管長)에 추대하고, 한용운 선생이 그 서리를 맡게 되었다.

이와 같이 대회를 주재한 강백들은 일로 동래 범어사(東萊 梵魚寺)에서 거듭 승려대회를 개최하고 이회광일파의 친일적 흉계를 통격했었다.

영호 양남의 두 차례에 걸친 승려대회는 정기가 하늘을 찔렀었다. 불꽃 같은 청장년의 사기를 몰아 마침내 종문 난적의 흉계 획책을 분쇄하고, 소위 한일 불교의 동맹조약을 여지없이 좌절시키고 말았었다.

왜적의 독아에 할퀼 뻔했던 한족 불교는 잠깐 먹구름장이 스쳐간 듯한 태양과 같았었다.

33세인 한용운 선생의 이론이 정연한 논지와 열렬한 웅변은 가는 곳마다 구름떼같이 몰려드는 대중의 심금을 최고도로 울렸었다. 민족의 정기와 한국 승려의 자존심을 불러 일으켰었다.

### 3. 불교 유신운동의 선구자

한용운 하면 3·1운동을 연상하듯이, 불교 유신운동이 번개처럼 머리를 스친다.

선생은 임제종 깃발을 치고, 친일파의 원종을 분쇄한 패기와 의지와 정신으로써 고루 침체하고 구태의연한 한국 불교의 풍토를 혁신하기에 힘을 쏟았었다.

즉 불교의 신앙 정화다. 신앙적인 정신문화의 혁명인 것이었다. 신앙을 토대로 하고, 구상하고 구축하여 형성된 한국 불교의 모든 분야에 걸친 비종교적, 비시대적, 비사회적인 요인의 낡은 형해와 인습을 타파하고 혁신해서, 시대의 발전에 따라 새로운 진로를 개척하지 않으면 안 된다는 것이었다.

이럼으로써 불교 본연의 자세에로 복귀하고, 불타의 근본정신을 발휘하고 실현할 수 있다고 주장한 것이었다.

얼핏 『불교 유신론』을 잘못 이해하면 마치 재래 불교의 모든 제도나 파괴하는 듯하나, 이것은 지극히 지엽 문제인 것이다.

요는 불교의 진수를 재음미하기 위해서, 신앙 풍토에 깔려 있는 그 토속적인, 그 미신적인, 그 부자연스런 요소의 장애물을 두들겨 부수자는 것이었다.

베일을 벗기고 나면 진면목(眞面目)이 튀어나오지 않을까.

이것이 바로 선생의 본분 종사다운 기질이라 아니할 수 없는 것이다.

선생은 35세 때 그의 『불교 유신론』에서 "유신이란 것은 무엇인가? 파괴의 아들이오. 파괴란 것은 무엇인가? 유신의 어머니다. 천하에 어미 없는 아들은 없다고 말은 하되, 파괴 없이 유신이 없다는 것은 간혹 알지 못하니, 어찌 저 비례의 학에 그렇게 어두울 수 있는가?"(維新者는 何오 破壞之子孫也오 破壞者는 何오 維新之母也라 天下에 無無母之子則類言之로되 無無破壞之維新則莫或知之하나니 何其於比例之學에 推知未遠也오)

선생은 이와 같은 이론의 무장으로써 자신 만만하게 불교 유신운동의 선두에 몸소 일어섰었다.

침체했던 교계는 일대 활기에 넘쳤었다. 적막한 절간에는 일진청풍이 일어났었다. 위축되었던 승려들은 보무가 당당했었다.

질식 상태에 인공호흡이라 할까? 아니 빈사상태에 산소호흡을 들이댄 것이었다. 만경창파에 용이 굽이치는 격이었었다.

선생은 큰 종(鍾)인만큼 침묵도 또한 무거웠다. 재기가 펄펄 넘치는 반면, 겸손한 바도 있으니, 그의 『불교 유신론』에서

"내가 진작부터 불교를 유신할 뜻을 품고 조금 마음속에 그려 보았으나, 다만 모든 일이 뜻대로 되지 아니하여 실천에 옮기지 못하고 한 개 무형의 불교 새 세계를 구구하게 글자로 얽어서 스스로 적막을 위로한다.

저 매화나무를 바라보고 잠깐 갈증을 면한 것도 또한 숨을 돌리는 방법일 것이다.

이 유신론이야말로 진실로 매화의 그림자며, 나의 갈증에 타는 불이 내 몸을 태우는 것이다. 그러니까 내 스스로 한 가지의 매화 그림자로써, 요사이의 불교계에 시원한 한 줄기의 샘물을 들이대지 아니 할 수가 없다.

이렇게 날씨가 찌고 가물으니 우리들 중에 갈증이 나는 사람이 있는가

모르겠다. 과연 있다면 이 매화 그림자로써, 서로 알려 듣고 보고 하는 가운데 널리 보시하기에 힘쓰기를 바란다.

나 역시 이 매화 그림자를 보시하는 공덕으로써 지옥을 면할까? 못할까?"

(余嘗有志乎維新佛教. 稍有成算於胸中者. 但事不從心. 未能遽行於世. 試設一無形之佛教新世界於區區文字之間. 自慰寂寞耳. 夫望梅止渴. 赤養生之一術. 此論固梅之影 余之渴火焚身. 則自不得不以一梅之影. 當萬斛淸泉近來佛家. 早魃太肆. 未知於黨. 則願以車此影相照. 聞之度之中布施爲催. 余亦以此布施梅影之功德. 能免地獄也未)

이와 같이 선생은 자기의 '갈증에 타는 불'이 자기의 '몸을 태우는 것이다'고 불교 유신의 정신을 절규하는가 하면 나직이 한 가지의 매화의 그림자에도 비겨보았다. 동양적인, 문학적인 묘사가 우아하기도 하다.

더구나 끝귀의 '지옥을 면할까? 못할까?'는 신앙적인 겸허가 아닐 수 없는 것이 아닐까.

헌데, 소위 현대의 '을개명 중'들은 다분히 선생의 차원 높은 불교 유신의 진의, 근본정신을 깊이 이해도 못한 채 소화 불량증에 걸려서 선하품을 하고 있으니, 숨이 가쁘고 갈증이 아니 날 수 없는 오늘이다.

절은 있어도 중은 없고, 중은 있어도 불교는 없고, 불교는 없어도 웬 신도는 득실거린다.

본분 종사인 선생의 법안(法眼)에 눈물이 돌까? 미소가 뜨일까?

### 4. 운수행각의 사자후

한용운 선생은 안변 석왕사(釋王寺)에서 박한영 강백과 서로 사귀어 도를 논하고 호연의 기를 기르며, 시를 즐겨 짓기도 했었다.

때로는 서로 기울어져 가는 국운을 개탄하고, 석왕사의 시냇물에 발을 담그고 쓸개를 깨물었으니 그 나이는 29세 때인가 한다.

선생은 또 30세 때 홀연히 일본을 시찰했었다. 구택 대학, 증상사(增上寺), 일광 폭포며 마관(馬關), 궁도(宮島) 등지까지 두루 답파했었다.

일본인 화천 교수(和淺 教授)와 더불어 한시도 지었고, 당시 유학 중인 최린(崔麟) 유학생과 사귀기도 했었다.

구름같이 떠갔다가, 구름같이 떠오는 선생의 일본 걸음의 심회와 그 의도는 가히 짐작할 수 있는 것이 아닐까.

선생은 33세 때 이미 '불교 친일파'의 이회광을 꺾었었고, 또 35세 때 『불교 유신론』을 천하에 공포해서 교계에 새 바람을 일으키고, 큰 물결을 쳐서 그 인기 절정에 이르렀었는데, 또한 역사적인 『불교대전(佛教大典)』을 국한문으로 편찬 발행하니 그 권위 자못 높았었다.

선생은 뜻한 바 있어 영호 양남의 사찰 순례－운수(雲水)의 길에 올랐었다. 때는 을묘・병진(乙卯 丙辰) 양년, 삼십 칠, 팔 세였다.

순창 구암사(龜岩寺), 내장사 학명(鶴鳴) 선사와 선도 문답하고, 백양사(白羊寺의) 환응당(幻應堂), 순천 선암사(仙岩寺)의 경운당(擎雲堂) 장로를 두루 친견하고, 금봉강백(錦峯講伯)과 유유자적 시짓기, 담론으로 소견(消遣)하다가 무상의 병을 앓기도 했었다.

관음도량(觀音道場) 향로암(香爐庵)에서 밤새워 정근도 하였으며, 지리산 화엄사(華嚴寺) 진응 강백(震應講伯)과 서희 담소도 하고, 쌍계사(雙溪寺) 원제봉(元濟峯) 강백, 범어사(梵魚寺) 오성월(吳惺月) 선백과 서도 문답하였으며, 통도사(通度寺)의 서해담(徐海曇) 장로, 특히 김구하(金九河) 종사와는 교분이 만년까지 자별했었다.

이 때에 한시와 해인사(海印寺) 순례기도 상당히 썼었다.

이러는 동안 가는 곳마다 대 강연회가 개최되었는 바 그 폐부를 찌르는 열변, 폭포같은 웅변은 만장의 박수갈채가 우뢰같이 쏟아졌었다. 일대 사자후(獅子吼)가 아닐 수 없었다.

청중이 감동 아니 할 수 없으며, 팔십 노인도 우쭐댈 판이었었다.

운수 행각(雲水行脚)의 길은 바로 이것이었었다. 장로 선지식(善知識)을 친견하고 문법 구도도 하였지마는, 또한 목적은 동지를 규합하고, 획득하자는 데 있었다.

선생은 흐뭇했었다. 의지는 더욱 굳어지고, 사기는 하늘을 찌를 것만 같았었다.

순례의 길에서 확실히 용기를 얻었었다. 불교 청년은 장차 쓸모가 있다고 믿었었다. 좋은 동지로 확신했었다.

선생은 확실히 종장(宗匠)이었다. 불교 청년들을 풀무독에 넣어서 새로 두드려 만들어 낸 것이 아닐까.

### 5. 대중불교의 제창

이상에서 본 바와 같이, 선생은 웅변으로, 논문으로, 말로, 행동으로써 천하에 동지를 획득하기에 심혈을 쏟았었다.

더욱이 '기미독립운동' 바로 전해인 40세 대에는 『유심(唯心)』잡지를 발행해서 전국동지들에게 눈발같이 뿌렸었다.

선생은 3·1독립운동의 값진 댓가로 옥고를 치른 후에, 불교 청년회를 조직하고 본격적으로 불교 유신운동의 일환인 '대중불교'를 거듭 제창하고 실천에 옮기기에 노력했었다.

불교청년회와 한용운! 한용운과 대중 불교! 이것은 끈덕지고도 끈기 있는 선생의 일생의 운동이었었다. 눈부신 코스가 아닐 수 없었다.

일제가 탄압하면 할수록, 선생은 더욱 강렬했었다. 북은 칠수록 소리가 나는 법이다.

선생은 '불교운동'의 깃발과 무기로서 일제에 항거했고, 강도 왜적의 독 묻은 화살을 맞으면서도 임종할 때까지, 털끝만큼도 굽히지 않고 굳세게 투쟁했었다.

선생은 불교를 위한 불교 운동이 아니라 조국을 위한 불교 운동이요. 승려를 위한 불교 운동이 아니라 겨레를 위한 불교 운동이었었다. 그는 중이 되기 이전에 애국지사였기 때문이다.

우리 한(韓)민족의 불교는 한민족의 뜨거운 얼이 서렸고, 우리 한민족의 정신 풍토에서 자라난 것이 곧 우리 불교이므로, 선생이 겨레 앞에 높이 쳐든 '불교의 깃발'은 그대로 '태극기'가 아닐 수 없었다.

선생의 불교 강연은 불교의 진공관(眞空管)을 통해서, 민족혼을 불러일으켰고, 민족정신을 서릿발같이 외쳤었다.

때문에 선생의 불교 강연도 일제의 감시와 탄압으로 말미암아 마음껏 행해지지도 못했었다.

허지만 선생은 무애변재(無碍辯才)의 화술로 교묘(巧妙)한 방편(方便)을 이용해서, 의도한 바의 핵을 번쩍 터뜨려 만장의 눈을 휘둥그렇게 했고, 청중의 간담을 서늘케 했다. 그 때에야 입회한 일본 경관은 주의와 중지를 연발했으니, 뒷북치는 셈이었다. 선생은 천재적인 뛰어난 능변가이기도 했었다. 대담하기도 했었다.

당시 선생은 박일봉(朴一峯)과 더불어 웅변가라는 정평이 있었다. 박한영 강백도 한용운선생만은 아주 높이 평가했었다. 또 이렇게 말씀하셨다.

"조선 청년치고 한용운의 강연을 못 들은 사람은, 조선 청년이 아녀……"(그때는 우리 한국을 조선이라 했음)

그럼 선생은 어떻게 대중 불교화를 이끌어 갔었고, 또 지도하였었던가?

앞에서 본 바와 같이, 선생은 영호 양남의 운수 행각에서 불교 청년 동지를 얻었고, 기미 독립운동으로 말미암은 옥고를 치른 후에는 이미 경신년에 발족한 '조선불교청년회'에 이어 그의 행동대격으로 '불교유신회'를 창립하고서, 다음과 같은 주장을 펴고 실천에 나섰던 것이다.

1. 中央 佛教 行政機關의 規約 改正
2. 政教 分立으로써 朝鮮 總督府에 寺刹令 撤廢 要求
3. 佛教 自體의 維新

등으로 약 오 년간 대내 대외적으로 역전 분투하였고, 또 정묘년 48세 때에는 '불교청년회'를 강화하여 일층 화기를 띠었다가 그 조직을 '조선불교

청년 총동맹'으로 체제를 개편해서, 정축년 59세 때까지 적극적인 박차를 가했었다.

그 행동 강령은 앞의 '유신회'실천 목표보다는 훨씬 진취적이었었다.

1. 佛陀精神의 體驗
2. 合理宗政의 確立
3. 大衆佛敎의 實現

등인 바, 여기에 얼른 주목을 끄는 것은 '대중 불교의 실현'인 것이다. 이는 시대적인 요청일 뿐 아니라 불교 청년들의 자각인 동시에, 이미 선생이 그의 『불교유신론』에서 제창한 과제인 것이다.

선생이 이 불교 청년운동을 이끌고 꾸준히 매진한 것은 전후 30년 동안이었다. '만년 청년 한용운!'이라고 일반 사회에서 일컬을 만한 지도자였었다.

그런데, 선생의 막하에서 '불교청년회'의 중추간부로 김상호(金尙昊), 도진호(都鎭鎬)(지금 80세, 하와이에 있음)등이 활약했었고, 또 '청년총동맹'때는 김상호, 김법린(金法麟), 이용조(李龍祚) 등이 선봉장이며, 전위대로는 최범술(崔凡術), 박근섭(朴根燮), 박윤진(朴允進), 조종현(趙宗玄) 등이었었다.

이 총동맹은 지방 조직도 반석 위에 섰었거니와, 중앙본부는 그 유례없었던 강팀이었었다. 활약은 놀라왔던 것이다. '합리종정의 확립'은 곧 '정교 분립의 운동'으로서, 일제의 불교 탄압정책인 '사찰령'철폐 운동을 굳세게 전개하여 일제에 항거했던 것이다. 일제의 악랄한 감시, 탄압도 안중에 없었던 것이었다.

이것은 일시적인 기백이라기보다는 뜨거운 민족혼의 양심에 의한 사명감의 행동이었다.

선생은 이미 '불교유신회'의 창립을 촉진 격려하는 글(경신년에 동아일보에 발표함)에서 '대중불교화'의 이론을 다음과 같이 폈었던 것이다.

吾人은 佛教를 苟苟히 辨明코자 아니하노라, 그러나 活動的 宗教를 寂滅의 宗教라 함이 不可한 것을 切切히 感覺하며, 그 生命이 有한 宗教를 誤解하여 實人生 沒交涉한 死教를 作함을 痛憤히 思惟하여 此言을 發하노라.

佛教가 그 財産을 向上하는 것이 그 本質에 違反될 것이 무엇이며, 그 教理와 文章을 民衆을 爲하여 平易化 하는 것이 그 眞理에 違反될 것이 무엇이며, 이와 같이 하여 그 光名을 民衆의 胸中에, 그 生命을 民衆의 骨髓에 注入하는 것이 趣教의 本旨에 違反될 것이 무엇인고.

佛教는 寺刹에 存하는가, 아니다. 佛教는 經典에 存하는가, 또한 아니로다.

佛教는 實로 各人의 精神的 生命에 存在하며 그 自覺에 存在하는 것이 아닌가. 此 自覺을 啓發하여 各人의 價値를 光明을 認定하는 길이 하나 둘이 아닌즉 吾人은 佛教가 참으로 그 大理에 立하여 民衆과 接하며 民衆으로부터 化하기를 바라노라.

佛教가 民衆으로 더불어 化하는 첫째 길이 무엇인가.

1. 그 教理를 民衆化함이며, 그 經典을 民衆化함이며,

2. 그 制度를 民衆化함이며, 그 財産을 民衆化함이로다.

이렇게 대중 불교화를 목마르게 절규하였고, 또 '불교 청년 총동맹'의 결성에 대해서도 거듭 다음과 같이 대중 불교화 운동을 강조했던 것이다.

大衆 佛教라는 것은 佛教를 大衆的으로 行한다는 意味이니 佛教는 반드시 愛를 버리고 親을 떠나서 人間社會를 격리한 뒤에 行하는 것이 아니라 人間社會 萬般 現實을 조금도 여의지 않고 煩惱 中에서 菩提를 얻고 生死 中에서 解脫을 얻는 것이므로 그것을 認識하고 實現하는 것이 곧 大衆 佛教의 建設이다.

佛教徒는 스스로가 大衆 佛教를 建設하기 위하여 먼저 登場의 人物이 되지 않으면 안 될지니 佛教徒로는 俗界 塵世를 여의고 白雲流水의 清淨道場에서 때로는 定에 들고 때로는 天供을 받을지라도 大衆과의 交涉이 없으면 부처님이 이르신 바 小乘外道에 지나지 못하는 것이다. 佛教徒는 마땅히 '自未得度 先度

他人'을 體認하여 스스로 入泥入水의 衡에 當하지 않으면 안 될 것이다.

이와 같이 정연한 이론의 무장으로써 대중 불교화의 깃발을 치고, 선생은 분연히 일어섰었다.

전국의 불교 청년은 선생의 깃발 아래 몰려들었고, 깃발에 따라 용기 벅차게 과감히 행동하였던 것이다.

이운허, 이청담, 조종현이 주동해서, 전국 불교학인대회를 서울에서 개최하고 그 기관지 『회광(回光)』을 삼년간 발행했으며, 매년 대회를 계속하면서 선생의 지도에 따랐었다.

선생의 철장 같은 행동과 칼날 같은 지도에는 서릿발 같은 인격이 번쩍였다. 감복하지 아니할 사람이 없었다.

선생은 분신의 사자가 아니었던가.

이와 동시에 선생은 또 3·1운동 후에 발족한 '조선불교 동경 유학생회'를 지도하였는데, 그 주요 멤버는 김상철(金相哲), 이동석(李東碩), 서원출(徐元出), 김태흡(金泰洽) 등이었으며, 그 후의 박윤진(朴允進), 강유문(姜裕文) 등은 종래의 그의 기관지인 『금강저(金剛杵)』 제호까지를 선생의 친필로 받기도 했다.

선생은 시종 일관 불교 청년을 격려하기에 불꽃 튀기는 글을 기고해 주었었다.

소위 일제의 '대동아전쟁' 즉 '중일전쟁' 당시에는 일본 동경에서, 장원규(張元圭), 조종현(趙宗玄)등이 그 기관지인 『금강저』를 편집 인쇄해서, 동기에 귀국하여 서울 낙산의 감로암에서 비밀히 발송하기도 했었다.

선생의 조국 독립운동과 불교 유신운동, 불교 청년운동과 대중 불교운동은 부즉 불이한 선생의 '행동철학'이요, 전 생활이었던 것이다.

선생은 철두철미 애국 애교의 사상가요, 투쟁의 금강역사(金剛力士)가 아니었던가.

## 6. 선교 원수(禪教圓修)의 불교관

선생은 30세 전에 이미 백담사에서 교를, 오세암에서 선을 고루 공부했었다.

그래서 장단 화장사(華藏寺) 불교 전문 강원에서 학인을 교수하였었고 그 뒤에는 서울 '중앙 불교학림'에서 강의도 했었다.

선생은 교학(教學)에도 깊었을 뿐만 아니라, 선학(禪學)의 경지에도 또한 투철했었다.

36세 때 범어사 대장경을 열람하여, 그를 간추려서 대중불교의 성전(聖典)으로 『불교대전』을 간행했었고, 또 47세 때 을축년에는 오세암에서 『십현담주해(十玄談註解)』를 탈고해서 이듬해에 간행하기도 했었다.

『불교대전』은 불교의 현대화, 대중화를 착안한 것이라면, 『십현담주해』야말로 불교의 심오한 경지, 선의 '향상일구(向上一句)'의 소식을 파헤친 것이라고 할 것이다. 본지풍광(本地風光)의 활구소식(活句消息)이 아닐 수 없다. 활발발(活潑潑)의 격외선(格外禪)이었다.

선생의 기질, 본래의 면목이 약여한다. 그 번쩍이는 형안(炯眼)의 면모, 활연대오(豁然大悟)의 살활자재(殺活自在)한 경지는 옛 조사를 능가하였다.

선생은 일찍 정사(丁巳) 12월 2일 밤 좌선하던 중 바람에 물건이 툭 떨어지는 소리를 듣고, 문득 깨쳤다고 했었다.

선생은 선과 교를 원만히 닦았었다. 원융무애(圓融無碍)의 불교의 대도를 증득했었다. 호랑이가 뿔이 돋친 것이 아니면, 용이 물을 얻는 격이다. 선과 교에 그 자유 자재하는 품이 새가 두 날개를 치는 것 같았다.

선생에게 있어서는 선이 즉 교요, 교가 즉 선이었다. 선과 교가 곧 생활이요, 생활 그대로가 곧 불교였다. 선생의 이와 같은 불교는 그대로 애국애족의 '행동철학'인 것이었었다.

선생이 민족의 사표로 이루어진 그 밑바닥의 사상은, 곧 그의 투철한 선교관에서였다고 할 수 있을 것이다.

선생은 「조선불교개혁안」에서 선·교에 대하여 이렇게 갈파(喝破)했었다.

> 禪教를 더나 佛教를 말할 수 없나니, 禪教는 곧 佛教요, 佛教는 곧 禪教다. 禪은 佛教의 形而上的 純理를 이름이요, 教는 佛教的 文을 이름이니, 教로써 智를 得하고 涅槃彼岸에 이르게 되는 것이요, 教를 말미암지 않으면 衆生을 濟度하는 寶佛의 指針을 얻을 수가 없는 것이다. 그러므로 禪과 教는 새의 두 날개와 같아서 하나를 闕할 수가 없는 것이니, 佛教의 盛衰는 禪教의 興替를 影響하는 것이다.

라고 지적하고, 선과 교를 말미암아 정과 혜를 얻는 것이니 정이 자기의 해탈 곧 나지도 않고 죽지도 않는(不生不滅) 열반의 경지에 이르는 힘이라면 혜는 곧 모든 중생을 제도하는 길이라는 것이다.

이와 같이 자기의 해탈과 동시에, 중생 제도의 힘을 한 몸에 지녀야만 된다는 것이다. 그러기 위해서는 선과 교를 원만히 닦아서, 원융무애한 힘의 인격을 완성해야 한다고 정통 불교 불타의 근본정신을 간결하게 서술하고 주장했었다.

청허 서산대사(淸虛 西山大師)가 그의 『선가귀감(禪家龜鑑)』에서 "선은 불타의 마음이요, 교는 불타의 말씀"이라고 규정한 그 정의에 입각하여, 선생은 선과 교를 원만히 닦아서 위대한 인격자가 된 것이 아닐까.

### 7. 본분 종사의 기질

한용운 선생은 어디까지나 난초와 같은 군자풍도 아니요, 그렇다고 국화와 같은 도사풍도 또한 아니었었다. 꼭 찔러 말한다면 매서운 향기가 코를 치는 매화와 같은 지사라고 할 것 같다. 설중매는 찬 기운이 돌면서도 그윽히 향기를 풍긴다.

선생의 인격에 접하여 보면, 마치 매화를 대하는 것 같았다. 냉철한, 지적이면서도 흐뭇한 정이 스며든다. 선생은 매력의 소유자라고 할 수 있을 것이다. 지적인 이론에 정적인 인간미가 융화 용해된 사표였다. 인격자였었다. 한 번 대해 보면, 머리를 아니 숙이려고 해도 아니 숙일 수 없는 위압의 인품이기도 했다.

지사와 매화! 매화와 선! 매화는 불교의 선과 상통한다. 선의 경지를 다분히 매화로 묘사했기 때문에, 매화하면 선뜻 선사를 연상케 된다.

선생은 또한 매화와 같은 선사이다. 즉 본분종사(本分宗師)라는 말이다. 아주 깨끗한 알몸뚱이(淨灑灑 赤裸裸)가 본분종사의 진면목(眞面目)인 것이다. 사람을 지도할 때 무슨 허례나 가식을 쓰지 않고, 단도직입적으로 대쪽같이, 금강석으로 유릿장 끊는 듯한 솜씨다. 방(棒, 불교의 발음)이 아니면 할(喝)이다.

선생은 이와 같은 지사적인 명수의 본분 종사이다. 선생의 지도를 한번 받아 본 사람이면 선생의 고차원적인 솜씨 가락을 잘 알 것이다. 다소 짐작이라도 할 것이다.

선생은 그의 『불교유신론』에서, 신상의 본질을 침식하고 있는 절간의 '칠성・산신' 등을 준열히 배격했듯이, 그는 '불 옆에 가지 못할 목불, 물을 건너가지 못할 토불, 용광로에 들어가지 못할 철(金)불(木佛不度火, 泥佛不度水, 金不不度爐)'을 대상으로 하지 않고, 오직 '몸뚱이 안에 말똥말똥한 참 부처(眞佛內裏坐)'를 존중할 뿐이다. 즉 '마음'을 믿을 따름이다. "부처도 그만 두어라. 조사도 그만 두어라. 참된 사람 앞에서 거짓부리를 말아라!(佛也打祖也打 眞人面前 休說假)"하는 식의 고준한 가풍인 것이다.

선생은 호탕하고 장부격인 선의 거장(巨匠) 송만공(宋滿空)선사와 지기가 상통하고, 도기가 상합하고, 기질과 기풍이 서로 맞았었다. 심우장(尋牛莊)에서 곡차(막걸리)를 동이째 놓고 서희 담론에 잠겨 밤새는 줄도 몰랐다는 것이다. 풍미있는 생활의 한 장면이 아닐 수 없는 것이었다.

선생이 열반한 후에 만공 선사는 서울 걸음을 즐기기 아니하였었다. 그 이유를 묻는 제자에게 그는 이렇게 대답하였다는 것이다.

"서울에 사람이 있어야지!"

선생과 만공 선사와의 우정 교분의 심도가 어떻다는 것을, 이 한 마디의 일화로 넉넉히 짐작할 수 있지 않을까.

선생은 본분 종사! 그 고답적인 경지는?

"눈 뚜겁으로 삼천대천 세계를 내리 다 덮고, 콧구멍에 백억 화신을 넉넉히 검어 넣는다!(眼皮蓋盡三千界, 鼻孔盛藏百億身)"

## 8. 쇄연 탈락한 생애

신미년 겨울! 나는 선생을 청진동 숙소로 찾아뵈었었다.

그 때 선생은 『불교』사 시절, 춘추는 53세, 내 나이는 26세 때이었다.

무슨 용건이 있었던 것도 아니요, 더구나 어떠한 목적이 있었던 것도 아니었었다. 그저 찾아뵈옵고 싶어서다.

선생의 거실에 들어서자마자, 이마가 설정하고 냉기가 온몸을 엄습했었다. 나는 나도 모르는 사이에 몸이 옴칫했었다.

방안에는 책상 하나, 그 위에는 『조선일보』 한 장이 놓였을 뿐, 메모용지는 커녕 펜대 한 개도 없었다. 책 한 권도 눈에 띄지 않고 말쑥했다. 벽에 꽂힌 못 한 개에는 선생의 두루마기가 걸렸었고, 그 위에는 모자가 얹혔을 뿐, 방문객의 모자 하나 걸 못도 없었다. 앉을 방석은 말할 것도 없었다.

서화 병풍이며 장서가 많을 줄로 알았던 나의 생각은 완전히 뒤엎이고 말았었다.

나는 새삼 놀라지 않을 수 없었다. 참고 도서 한 권 없이 어떻게, 어쩌면 그렇게 글을 쓸 수 있을까…….

순간 내 머리는 번쩍했었다. '선생은 우박같이 머리에서 글이 쏟아지고, 샘솟듯 가슴에서 글이 솟는가보다……'

"석가모니가 무슨 책이 있어서 49년 설법을 했나!"

옳다! 선생은 '사상의 원천'을 발굴하고 확보했기 때문에, 입만 벌리면 폭포같이 열변이 쏟아지고, 펜대만 잡으면 구름 일 듯 글이 부푸는 것이 아닐까.

선생은 가사, 장삼, 발우 한 벌 없는 운수납자(雲水衲子)의 생활이다. 청초하고 쇄연한 생애였던 것이다. 학과 같은 모습에 구름같은 살이여!

### 9. 생사를 초월한 경지

범인은 생애 애착이 강할수록 죽음에 공포가 심한 것인데, 한용운선생은 생에 애착이 없기 때문에 죽음에 공포가 없었던 것이 아닐까.

선생은 애국 애교의 운동에 있어서 목숨을 걸고 투쟁했었다. 과감했었다. 목숨과 지조를 바꾸지 않고, 목숨에 사상을 팔지 않았었다. 목적을 관철하기 위해서는 목숨을 초개시하였으니, 그의 「조선독립의서」에서

"自由를 得하기 爲하여는 生命을 鴻毛視하고 平和를 保하기 爲하여는 犧牲을 甘受하나니 此는 人生의 權利인 同時에 또한 義務일지로다" 했었다. 서슬이 멀큼한 선생의 사상 표현이요, 선언인 동시에 맹세인 것이었다. 실로 선생은 천병만마가 짓끓어 와도 언연 부동하고, 총칼이 턱을 겨누어도 눈도 깜작 하지 않을 대담한 인물이었었다.

선생은 만주 망명 당시 불의의 흉탄 네 발에 명중되었었다. 불행중 다행, 면상의 상처에 수술을 받을 때에 의사의 마취제를 거절하고, 태연자약하게 앉아서 수술을 다 마쳤었다. 선생의 태도에 놀란 의사에 대해서 하신 말씀—

"오죽 못난 것이 마취제를 쓰겠느냐 ……"

했었다. 독 묻은 화살을 맞은 관운장의 팔 수술보다도 오히려 위험했었는데도.

선생은 혁명가로서 종교가로서 담담하게 생사를 초월한 경지가 안중근, 이차돈이가 아니면, 저 조공법사(肇公法師)의 생사관과 같다고 할까.

형장에 선 조공 법사의 임종 시에,

"사대가 원래 있는 것이 아니요, 오온이 본래 공한 것. 머리를 시퍼런 칼날에 들이대니, 마치 봄바람을 치는 것 같구나. (四大原非有 五蘊本來空 以頭臨白刃, 猶以斬春風)"

## 10. 불교로 색칠한 비밀결사의 '만(卍)당'

선생은 55세 무렵부터 임종시까지 약 십년동안 일제 치하에서, 비밀결사 단체인 '만당(卍黨)'을 꾸준히 격려 지도했었다.

세칭 '만당'은 이용조, 최범술, 김법린, 박근섭, 김상호, 장도환, 서원출, 박영희, 강재호 등 불교 청년 19인이 조직한 비밀 결사로서, 일제에 항거하여 투쟁했었다.

표면상으로는 '정치 종교 분립' 운동이었으나, 실은 그 최고 최종의 투쟁 목표는 '조국 독립' 민족 투쟁이었었다. 불교로 색칠했을 뿐이다.

'만당'은 지하운동으로서, 비밀 회합 때는 반드시 '삼분간 묵어 사유'를 했었다.

이 행사의 '속뜻'은 오직 선생과 당원만이 알 뿐인 것이었다. '만당'은 그 후반기에 있어 사천 다솔사를 근거지로 했었다.

'만당'의 십년 역사는 서울을 비롯해서 진주・사천・합천・해남・통도사 등지에서 여섯 차례에 걸친 일결의 검거 선풍에 당원들이 체포되었고, 옥고를 치르는 것으로 점철되었었다. 그 중 당원 최범술은 세 차례의 옥고를 겪기도 했었다.

선생은 당원들이 검속되었을 때 진주로 대구로 격려 위문키 위해서 쏘다녔으나, 결국 면회는 거절당하고 말았었다.

이 무렵 선생은 또한 월간 『불교(佛敎)』지에 세계 불교의 동향을 소개도 했었고, '반 종교 운동'을 맹렬히 배격하는 논문을 계속 발표했었다. 그 논문을 간추려 보면,

"有限의 人間이 無限의 認識을 하려는 것이 곧 宗敎다. 宗敎란 우리가 規定할 수 없는 勢力에 代하여 依賴하는 感情이다. 宗敎는 利己的 욕망을 버리고 사람들이 가장 높고 高尙한 人格에 向하는 感情과 意志의 傾向이다."

"反宗敎 運動의 맑스主義者는 그 反宗敎 運動의 心理가 實로 宗敎心의 發露이다. 왜 그러냐하면 反宗敎 運動者가 사람사람마다 맑스의 唯物論的

歷史觀, 無神論 等을 一一이 검토하여 辨證法的으로 最後의 決案을 얻은 後에 反宗教를 云謂하는 것이 아니라, 그 大部分은 無條件으로 맑스를 信奉하게 되는 것이다. ……社會主義者의 大部分으로 맑스를 볼 때에는 各者의 幸福을 위하여서의 信仰的 대상이 되고 만다. ……宗教的 信仰心으로 反宗教 運動을 한다는 것은 얼마나 큰 矛盾이냐, 이것은 空間을 避하여 달아나는 사람과 같아서 그 目的을 達할 수가 없을 것이다."

이와 같이, 선생은 저 반종교 운동자의 내포하고 있는 그 자체의 모순성을 날카롭게 지적해서 통격하기도 했었다.

선생은 어디까지나 애국지사요, 애국시인이면서, 철두철미 애교자(愛教者)였었다. 위대한 영원의 사표가 아닐 수 없는 것이다.

'만당'은 선생의 일생 운동의 최후를 장엄하게 한 것이 아닐까.

### 11. 은색 찬연한 치아(이빨)

한용운 선생은 이조의 국운이 서산 마루에 비꼈을 때 — 1879년 7월 12일 조국강토에 인연 따라 태어났다가, 조국 해방 1년 전인 즉 1944년 5월 9일 또 인연 따라 이 사바세계를 떠나시었다. 아니, 고요히 마하열반에 드셨다. 춘추 66세, 법랍(法臘) 40년.

선생은 애국애족 운동으로 49년, 불교 유신 운동으로 40년을 백절불굴의 강인한 의지로 투쟁했었다. 선생은 혁명가적인 애국지사요, 순교적인 애교자이며, 민족적인 시인이었다.

선생은 이와 같이 세 분야에 그 존재와 위치가 뚜렷했다. 아니 다른 사람이 따르기 어려울 만큼 너무나 위대했었다.

선생은 투쟁 과정에서 고난과 탄압이 덮치고 닥칠수록, 튀기는 사상의 불꽃에 사자같이 용감했기 때문이다.

선생은 지조로 살아왔고, 사상으로 투쟁했고, 위엄으로 제압했고, 기백으로 물리쳤고, 의지로 못 박았고, 이론으로 극복했고, 행동으로 실천했고, 글로 외쳤고, 신앙으로 일어섰고, 인격으로 지도했었다.

허나, 덧없는 세월은 흘렀다. 속절없는 병고는 가을바람과 같았다. 선생은 출입을 잃은 채, '심우장'에서 떠도는 구름만 바라보게 되었었다.

선생을 높이 모시고 정성을 다해서 공양구(供養具)며, 약값을 올린 사람이 있었다. 그는 '만당(卍黨)' 당원 다솔사 주지 최범술이었다. 고마운 인연이 아닐 수 없었다.

또 가을과 봄은 지나고 흘렀다.

석류꽃 필 무렵, 선생은 고요히 연꽃의 미소를 길이 지으셨다.

평소에 선생을 경모하던 정인보(鄭寅普), 이인(李仁), 김병로(金炳魯), 김관호(金觀鎬), 박광(朴洸) 등 지기지우며, 후배들이 홍제동 화장장에서 다비를 받들었다.

습골을 하던 중 은색이 찬연한 '치아(이빨)'을 거두게 되었었다. 잔뼈 굵은 뼈가 산산이 다 소골(燒骨)이 되었었는데, 오직 '치아'만은 고스란히 옥과 같이 하얗고 단단했었다.

모든 사람들이 경이에 찼었다. 더욱 선생의 법력(法力)에 경건하게 합장했었다.

석가모니불께서는 '사리'가 팔곡(八斛) 사두(四斗)나 출현하셨고, 정광 여래불(定光如來佛)께서는 '치아'가 출현하셨으며, 청량국사(淸凉國師)는 '혀가 붉은 연꽃(舌如紅蓮)(화장에 타지 않고)'과 같았었다.

이것은 다 생전의 법력을 증명한 상서로 불교에서 받드는 것이었다.

은색이 찬연한 선생의 '치아'는, 선생 생전의 그 '성스러움'을 증명한 것이요, 그 '높은 뜻'을 길이 우리 겨레에게 보시(布施)하신 것이 아닐까. '치아'는 곧 선생의 법신이다.

나는 선생을 그리워하며, 마음 깊이 거룩한 '치아'를 높이 받든다. '치아'는 은색이 찬연한 채, 지금 망우리 분묘에 모셔 있다.

### 12. 가슴마다 살아 있는 한용운

선생은 66세로 떠나신 지가 어느덧 28년! 66세는 너무나 짧았고, 28년은 퍽이나 지리한 것 같다.

그러나 선생은 우리들 가슴에 살아 계신다. 아니 역사를 통해서 길이 우리 겨레의 혈관 속에 살아갈 것이다. 나는 믿는다. 믿는 것이 진리가 아니라, 진리기 때문에 믿는다. 진리는 생명인 까닭이다.

선생의 위대한 생명은 우리 겨레의 줄기찬 생명이므로 우리들 마음속에서 호흡하신다. 정신에서 움직이신다.

선생의 피나는 외침을 우리는 '마음의 귀'로 듣고, 우리는 '마음의 눈'으로 선생의 씩씩한, 거룩한 모습에 접하는 것이다. 오늘도 우리는 선생과 같이 살고, 선생은 우리 겨레와 더불어 겨레의 생명과 같이 길이 살 것이다. 나는 믿는다. 이렇게 나는 믿는다.

선생의 『불교』사 시절에, 선생은 불교사에서 나에게 이렇게 시험하여 물으셨다.

"견성(見性)! 견성(見性)이라니, 어떻게 마음을 본다는 말인가?"

"육안으로 물체를 보듯이, 법안(法眼)으로 능히 또렷한 마음을 볼 수 있는 것이 아니겠습니까? 그러기에 "마음 증득(證得)했다"고 하겠지요."

나는 이렇게 대답했었다. 그러나 선생은 여허 약허 아무런 말씀이 없이 그대로 불교사의 실내만을 천천히 왔다갔다 하실 뿐이었다. 왼손 두 손가락으로 아래턱을 받친 채, 체머리를 살살 흔들면서 …….

선생의 이 체머리 증세는 만주 망명시절, 흉탄에 명중된 면상을 수술받은 후로부터 생긴 증세인 것이다.

선생은 오척 단구이지마는, 발을 동그랗게 개우고 앉은 키는 오히려 크다. 앉으신 품은 천근 쇠뭉치보다도 오히려 무거워만 보였었다. 보면 볼수록 더욱 더 무겁게만 보였었다. 걸음걸이는 마치 철장 같았었다.

선생의 머리는 마치 구리쇠덩이 같았었다. 의지적인 지사의 용자, 섬광적인 선사(禪師)의 안광에 부지불식중 고개가 숙여지지 않을 사람이 없었던 것이다. 당당한 위엄이었었다.

선생의 위대한 모습은 오늘 이 시간에도 나의 가슴 속에 깊이 도사리고 계신다.

나는 지난 임신(?) 계유년 말에 『불교』지에 쓴 「시의 총평」에서 "한용운 선생은, 종교는 석가모니, 사상을 간디, 시는 타골 ……"이라고 했었다. 지금 생각해도 틀림없는 것 같다.

일찍 선생을 친견하고, 성해(謦咳)에 접했던 나는 선생의 말씀에 따라 임신년에 「기신론」을 『불교』지에 강의 연재하기도 했었다. 나는 선생으로부터 고마운 행복과 착한 인연을 누렸었다.

선생이 66세로 인연따라 이미 가신 오늘, 또한 66세 된 소납(小衲)이 큰 스님에 대하여 조심스럽게 이 글을 쓰게 되니, 참으로 인연이 지중함을 거듭 느끼지 않을 수 없다.

오늘의 조국 풍토, 겨레의 앞길, 불교의 상황에 있어, 선생! 큰 스님이 더욱 목마르게 그리울 뿐이요, 쑥스런 눈물은 나지 않는다.

선생! 만해(卍海) 큰 스님은 우리 겨레와 더불어 길이 푸르를 것이다.

# 짤막한 보기

『나라사랑』 4, 1971.9

이 책은 내가 지난 겨울로부터 오늘(〈주〉 : 1906년 6월)까지 학생들을 가르치는 데에 다만 약간의 편의를 도모키 위하여 임시 여가를 틈타서 한두 장씩 찍었기 때문에, 글월이 잘 닦여지지 아니하여 어떤 것은 번잡하고, 어떤 것은 중첩되기도 하고, 어떤 것은 거칠게도 되었으니, 형편이 이렇게 된 원인은 간혹 같은 뜻이면서도 맞춤법의 꼴이 같지 아니한 것도 또한 시간이 너무 쫓긴 탓이니라.

대개 이 책은 그 글자꼴과 맞춤법의 본보기를 규정할 뿐만 아니라, 먼저 『나라글』의 뜻을 이해시킨 후에 장차 스스로 다시 고쳐 다듬으려고 한 것이니라.

이 책은 대충 음운 이치의 자연과 맞춤법의 자유로움을 논하여 써 세상 사람들이 잘못 알고 퍽으나 어렵다는 것을 설명하고, 『나라글』을 잘 못 익히는 것을 바로잡는 데 한 도움이 될 것이니라.

〈조 종현 님 옮김〉

# 산에서 바다에서 보내는 편지

『나라사랑』 4, 1971.9

### 진부령을 넘으며

K형!

아침 9시 서울을 떠날 때 비가 오락가락하던 서울의 날씨와는 달리, 이 진부령의 하늘은 산 빛과 어울려 말쑥하기만 합니다. 구름 한 점 없는 하늘, 티 한 점 없는 산마루에는 햇볕만 동그랗게 떠 있읍니다. 햇발은 유난히 눈부시기만 합니다.

어디 서울에서야 이러한 햇발을 누릴 수 있었읍니까. 움츠려졌던 가슴이 활짝 펴입니다.

버스는 잠깐 진부령 고개에 멈추었읍니다. 우리 부처는 표주박으로 옥과 같은 쌈물을 한 잔씩 떴읍니다. 뱃속이 내리뚫리는 것 같습니다.

표주박으로 물 떠먹는 것이 한결 멋으로 보였는지, 일행들은 다투어 빌리자는 것입니다.

진부령 고개에 우뚝 선 "향로봉 견적비" 앞에 옷깃을 여미고 합장합니다. 피로 물들이던 이 지구의 장렬한 전황이 눈에 선하기만 합니다.

목숨으로 이 겨레, 이 조국을 지키던 호국 간성의 영령 앞에 합장하는 이 초라한 모습은 스스로 부끄럽고, 몸이 떨립니다. 향 한 꽂이, 꽃 한 송이 준비하지 못한 자신이 안타깝기만 합니다.

"상품 상생 주문"을 외웁니다.

진부령 고개의 내리막길은 천야만야 낭떠러지, 정신이 아찔합니다. 가도 가도 버스는 제 굽이를 맴도는 것만 같습니다.

동해를 바라보는 것이 아니고, 내려다 보면서 내려가는 일방통행로입니다.

## 설악산에서

K형!

설악산을 접어드니 문득 생기가 솟습니다. 몸이 가뿐하고 발길이 가뜬가뜬해 집니다. 정신이 쇄락합니다. 매미같이 포르르 날을 것만 같습니다.

매미 소리에 선뜻 잠을 깨고 보니 아침 5시경.

계조암의 자연 석굴을 꿈길처럼 한 바퀴 돌아나가 보기도 하고, 바위틈에서 솟는 옥 같은 샘물을 마시기도 합니다. 이 물맛이야말로 감로수가 이런가 싶습니다.

"흔들바위"도 흔들어 봅니다. 간들 간들.

혼자서 미나, 둘이 미나 흔들리는 정도는 마찬가지란 말이 맞았습니다. 신기한 듯 흔들어 보지 않는 사람이 없습니다. 흔들리는 바위보다, 흔들어 보려고 서로 앞을 다투는 것이 장관이 아닐 수 없습니다. 흔들흔들 흔들릴 때 시간은 자꾸 흐르고 있습니다.

8백 8제단의 "울산 바위"는 철난간을 부여잡고, 철난간에 매어달려서 오르내립니다. 그 가파른 도가 백운대에 비길 바 아닌 것 같습니다.

저 금강산을 주물러 만들 때, 울산으로부터 정발당해 가던 바위가 이 설악산에 멈추고 말았기 때문에, "울산 바위"라고 한다는 전설도 들었읍니다.

허나 바위에 오르내리기가 하도 위험하기 때문에, "울상"으로 오르고 내린다는 말이 와전된 것이 아닌가 합니다. "울상 바위"!

## 와선대 · 비선대

K형!

와선대에서는 보우트놀이를 하고 있읍니다. 산 그림자, 떠도는 구름이 비치는 청산리 녹수에서 쌍쌍이 보우트 놀이를 하는 가벼운 모습이, 놀을 베고 노는 옛날의 신선이 아닌 오늘의 인어들입니다.

다만 그 한가로운 거동이 신선을 방불케 한다고 할까요. 보우트 놀이를 하는 사람보다, 지팡이를 던져두고 발을 뻗고서 바라다보는 심정이 더 한가롭구려.

비선대의 흐르는 물은 더욱 콸콸 쏟고, 여울져 흐릅니다. 물빛이 맑고 푸릅니다. 어찌 손발이나 씻고 머리만 감겠읍니까. 해수욕복 차림으로 온몸에 물을 끼얹지 아니한 나그네가 없읍니다.

저근덧 삼복 한 철이 다 가는 것 같습니다.

### 비룡 폭포

선녀탕도 물줄기가 급히 쏟지마는, 비룡폭이야말로 깎아지른 바위에서 외줄기로 떨어지는 폭포가 장관이 아닐 수 없읍니다. 입이 딱 벌어집니다.

뭐니 뭐니해도 외설악에서는 직접 볼 수 있는 것이 비룡 폭포의 진경이라면, 쳐다만 보고서 감탄할 것은 토왕성 폭포인가 합니다.

토왕성 폭포는 고개를 재껴서 쳐다보기, 멀리서 바라다보는 것이 멋이라면, 이 비룡 폭포는 깊고 위험해서 목욕은 못할 망정, 감상만 해도 한가로운 정취, 아름다운 그 풍경을 이루 형언할 수 없읍니다. 순간 자기도 모른 사이에 그 맑은 물결이 굽이치고, 용솟음치고, 감돌고, 넘치고, 흘러서 진주로 흩어지는 황홀한 경지에 심취되고, 매혹되는 것 같습니다. 심약한 사람은 풍덩 뛰어들 것 같습니다.

외줄기로 힘차게 떨어지는 폭포에, 반석은 씻기고, 닳고, 팡길대로 팡기어 몇 길이나 깊은지 물빛은 희다 못해 시퍼렇습니다. 세월은 몇 만 겁, 몇 억만 겁, 몇 억만 아승지 겁, 나유타 겁을 흘렀는지 ……….

### 낙산 해수욕장

K형!

영랑호며 청초호를 바라보면서, 청간정에 올랐읍니다. 바다를 내려다보는 마음도 시원하지마는 물새가 바위 끝에, 모래밭에 졸고 있는 폼이 몹시 한가롭습니다.

낙산 해수욕장은 한창 붐빕니다. 인파가 물결을 메웠다고 해도 과언이 아닐 정도인 것 같습니다.

뱃놀이도 가관입니다. 설악산의 케이플카는 무언가 쑥스럽게 보였지만, 푸른 물결을 헤치고 달리는 뱃놀이는 바다 풍경에 안성마춤입니다.

바다는 일망무제로 탁 터졌읍니다. 서해안의 물은 뻘물이지만, 동해안의 물은 맑아 좋습니다. 파란 바닷물을 한 방울 찍어서 맛도 보았읍니다. 해수욕은 피부치레만 할 것이 아니라, 창자 속도 한 번 간해 보는 것이 어떨는지요.

의상대의 해돋이는 멋집니다. 가슴이 뛥니다. 두 주먹이 불끈 쥐어지기도 합니다. 어둠과 밝음의 갈림의 순간이었읍니다. 숨이 푹 내 쉬어집니다. 개벽의 찰나입니다. 황홀! 장관!

저 토함산 석굴암의 해돋이는 내려다본다면, 이 의상대의 해돋이야말로 나란히 서서 본다 할까……. 벌겋게 이글대는 불덩이가 눈앞에서 솟는다기보다 이마와 마주치는 것 같습니다. 온 몸이 화끈합니다. 태양의 열과 빛을 나는 한 몸에 받고 섰읍니다.

단군 신화에 왜 태양이 빠졌는지 모르겠읍니다.

우리 동녘 바다를 지키고, 뜨겁고 밝은 빛을 맞이하는 외상대의 홍련암 관세음보살 님은, 태양과 같이 씩씩하고, 깨끗하고, 굳세게, 정열적으로 살아라고 일러주는 것 같습니다.

강릉 경포대는 애석하게도 호수가 흐려졌읍니다. 어떻게 달맞이를 할까. 옛날 40리 주위의 호수가 이제는 겨우 10리 주위밖에 안 된다고 합니다. 이미 논으로 화했고, 호수 귀퉁이를 뚝뚝 잘라서 멋없는 비둘기통 같은 건물이 서기도 했읍니다.

오죽헌 앞뜰에는 백일홍이 새빨갛고, 뒤뜰에는 소상 반죽같은 오죽이 즐비하게 섰읍니다. 이파리가 새파랗습니다. 옥과 같이 갈고 다듬고, 강철같이 벨린 율곡선생의 그 지조, 그 사상이, 그 향훈이 다시 한 방울 오늘의 이 강산에 뿌려졌으면 하는 아쉬움이 가슴을 치밀고 부채질할 뿐입니다.

아흔 아홉 고개를 올라간다는 대관령은 오늘 따라 바람이 거세기만 합니다. 꼭대기에 서니 바람에 날아갈 것 같습니다. 일행들은 서로 손을 맞붙잡고 겨우 동해를 내려다보며 숨을 터뜨렸읍니다. 한 번 바람결에 날리면 단숨에 동해에 떨어질 것만 같습니다.

설악산은 맑아 좋고, 동해는 터져서 시원합니다. 이야말로 산명 수려의 우리강산이 아니겠읍니까.

〈시조시인〉

# 봄비처럼 내리는 겨울 밤비

『나라사랑』 6, 1972.3

진주 알 구르는 소리에 마음이 끝없이 따라간다. 일고 진다.

그 누구가 겨울 빗소리라 하겠는가. 더구나 대한을 지내고, 세번째 되는 밤— 음력 선달 초아흐레 밤.

빗방울 소리는 가락을 맞추어 떨어진다. 창을 넘어 들려온다. 빠르지도 않고 느리지도 않다.

어느 솜씨가 진주알을 옥쟁반에 구른들 그렇게 소리가 고를 수 있으며, 명수가 장단을 친들 가락이 그렇게 맞겠는가.

봄철 낙숫물 소리같이 처마 끝에서 똑! 똑! ……

겨울비가 내리는 이 밤중은 어쩌면 이렇게 바람기도 없을까. 날씨가 어머니의 품처럼 포근하고 애인의 마음처럼 누긋하기만 하다.

차가운 기운은커녕 오히려 따스한 맛이 살갗을 감돈다. 모란꽃같이 턱 멀어지는 순간 마음은 활짝 피어오른다.

나팔꽃처럼 피어오르던 마음은 나도 모르는 사이에, 명주실보다도 가느다래지기만 한다.

거미줄 같은 마음은 봄날 아침, 고운 바람결에 고요히 날으는 것 같다. 감회가 구름 일듯 한다. 가슴이 설레인다. 그러나 뭉클하지는 않다.

빗소리 ! 빗방울 소리를 타고 어디론지 끝없이 오락가락하는 것이 이 순간의 감회의 실마리다.

허나 무엇이 착잡하여 느껴지는 것도 아니고, 또 지내온 과거를 회상하는 것도 아니며, 더구나 미래를 그려보는 것도 아닌 순간.

그러면 그저 멍한 것일까. 아니다. 그렇지도 않다. 정신은 맑다. 초롱초롱하기만 하다. 이 밤중에 바늘귀도 꿰겠다.

들을수록 좋다. 빗방울 소리가 들릴수록 마음이 차분하면서도 봄동산을 지저귀는 새와 같다. 희열이랄까? 무어라 형언하면 좋을는지 모르겠다.

따박따박, 우쭐우쭐, 마치 술 취한 녀석처럼 비틀걸음을 걷는 손자 놈도 새근새근 꿈놀이를 하는지 잠꼬대를 하는 기척도 없고, 아직 흰 머리카락이 보이지 않는 마누라도 꼼짝하지 않고 잘도 잔다. 사람이 늙어 가면 '잠꾸러기'라 하지마는, 실상은 잠의 선수인가 보다.

자고 자라고, 자고 살고, 자고 일하고, 자고 먹고, 자고 떠들고, 자고 놀고, 자고 싸우고, 자고 웃고, 자고 울고, 자고 생각하고 하기 때문에 늙어 갈수록, 오래 살면 살수록 '잠의 선수'가 되지 않을 수 없을 것이다.

자야할 때 잠 못 자는 것처럼 병신도 없을 것이다. 건강과 잠! 잠과 건강! 달걀이냐, 닭이냐? 닭이냐, 달걀이냐?

제 아무리 묵은 쑥과 같은 '한자(漢字)'를 어거지로 되 가르친다 해 봤자 또 멋없이 배운다 해 봤자 이 문제를 풀지는 못할 것이 아닌가.

풀지 못할 문제가 휴지처럼 수두룩하게 쌓인 오늘, 티끌 같은 말썽이 이는 이 거리에 봄비처럼 겨울비는 내린다.

겨울비는 맑다. 비의 빛깔도 맑고, 빗방울 소리도 맑다. 깨끗하다. 다가오는 입춘・경칩의 계절을 재촉한다.

대지는 녹을 게다. 새싹 틀 날이 멀지 않다.

대지는 녹아야 하고, 새싹은 터야한다. 다사로운 봄바람이 돌고, 천지는 향그러워야 한다. 성급히 바라지 아니해도 자연의 섭리는 그렇게 되고야 말 것이다. 그렇게 되기 마련이다.

대자연의 섭리를 거역할 자 누구인가? 어디 있는가? 인류 문화사상 있었던가? 있을 것 같은가?

있을 것이라고 털끝만큼이라도 가상한다면, 이것이야말로 우습지도 않는 망상일 것이다. 우리들은 넌센스의 알음장이가 돼서는 안 될 것이다.

이것 봐! 동지섣달 이 한밤중에 봄비처럼 내리는 겨울비를, 그 어느 누가 흰 눈으로 돌려놓을 수 있는가? 더구나 진눈깨비나, 우박으로 바꿔칠 수 있겠는가 말이다.

'한글'은 겨레의 말이요, 우리 겨레의 '얼'의 결정임과 동시에 정화(精華)가 아닌가? 자연 법칙의 원리를 본받아 이뤄진 것이 우리 글이다.

때문에 '세종대왕'께서 우리의 숨통을 열어서 우리의 생명을 길이 빛나게 한 것이 아닌가?

봄을 부르는 겨울 밤비는 내리고만 있다.

대한 불교 불입종 교정원장

# 믿음과 삶

『법시』 54, 1972.3

현대를 살고 있는 오늘의 우리들은 무엇을, 어떻게 믿느냐? 무엇 때문에 하는 것보다도, 무엇 때문에 어떻게 믿느냐? 무엇을! 이렇게 추구하려고 한다.

불교를 믿는데 있어 그 믿어야 하는 까닭과 그 믿는 방법이 제시되어야 하고 구경의 목적이 뚜렷하지 아니하면 안 된다는 것이다.

### 1. 바른 신앙으로써 굳세게 살자

믿는다고 해서 무조건 '믿음의 생활'이 될 수 없는 것이다. 믿음에도 盲信이 있는가하면 邪信이 있고, 迷信이 있고, 雜信이 있는가 하면 또한 妄信이란 것이 있는 것이다.

信念이기 이전에 '믿음의 길'과 신앙의 자세가 자못 문제인 것이다.

'바른 신앙' 正信만이 진정한 신앙이요, 순수한 신앙이요, 건전한 종교적인 신앙이다. 아무리 건전한 종교라 할지라도 그 '믿음의 길'이 비뚫어지면 '바른 신앙'이 될 수 없는 것이다.

이것이 문제이다. 그러므로 '믿음의 생활'에 있어 그 지도자가 절대적인 요건이 아닐 수 없는 것이다.

三寶를 眞正 三寶로 신봉할 줄로 알 때, 비로소 '바른 신앙의 싻'이 트는 것이다. 이러기 위해서는 頂門正眼의 宗師의 지도가 선행되어야 한다.

바른 신앙의 힘은 굳센 삶을 영위하게 된다. 현실생활에의 활력소가 되는 것이다. 현실을 극복하고 타개하는 데의 정신적인 核이 곧 바른 신앙의 힘이 아닐 수 없는 것이다. 올바른 믿음의 힘이 결여된 생활은 風向機가 아니면 키를 잃은 배가 되고 마는 것이다. 정신은 '신앙의 도가니'에서 단련돼야 한다.

### 2. 근로작업으로써 나라를 번영하자

三보를 믿는 바른 신앙의 자세로써 백절불굴하게 굳세게 살아가는 정신은 곧 '알찬 국민'인 것이다.

국민 한 사람, 한 사람이 자기의 생활을 충실하게 영위할 정신과 힘을 발휘할 때, 이야말로 그대로 애국이요 애족이 아닐 수 없는 것이다.

국민각자의 깨끗하고 올바른 생활이 곧 국가의 원동력이 되기 때문이다.

국민이 바른 신앙으로 굳세게 산다는 것은 그대로 근로정신과 직결되는 것이다. 근로 작업의 생산적인 건전한 국민이 되는 것이다.

육체적 물질적인 생산 정신적 문화적인 생산은 총체적으로 국가의 자산으로서의 '나라를 번영'하는 것이다. 정신적인 불교를 탈피하고 생산적인 불교를 건설할 것이 오늘의 課題이다.

원각경에 "한 사람이 깨끗하면 여러 사람이 깨끗하다(一身淸淨故 多身淸淨)"는 것과 百丈선사의 "하루를 놀면 하루를 굶어야 한다(一日不作 一日不食)"는 것이나, 霜月조사의 "學者가 공부를 하지 아니하면 밥을 대해서 먹기가 부끄럽다(學者不做工夫 對盤愧食)"는 것은 이 얼마나 간곡한 말씀인가.

불교를 믿는 사람은 누구보다도 앞장서서 環境도, 몸과 마음도 깨끗해야 하고 精神的으로 육체적으로 부지런해야 할 것이다. 신앙의 彈力이 곧 불식청정이요, 용맹정진이 아닌가.

### 3. 하나의 佛心으로써 하나의 세계를

믿음의 불자라면 눈을 번쩍 뜨고, 가슴을 활짝 펴야 할 것이다. 팔을 벌리고, 발걸음을 내어 디뎌야할 시점이다.

세계평화를 염원만 할 것이 아니라 쟁취해야 하고, 인류행복을 추구만 할 것이 아니라, 실현해야 할 것이다.

우리 불교도들은 '부처님의 바른 知見'을 세계 인류에게 開示悟入할 의무가 있다. 아니 절대적인 사명을 띄고 있는 몸이다.

이 거룩한 '부처님의 바른 知見'을 인류에게 法공양할 때에, 오늘의 人

間公害인 물질문명의 암에 몸부림치는 갈증을 해소하고, 질식의 숨통을 통할 수 있을 것이다. 최후에 부닥쳐 마박노름을 하는 인류의 생명을 소생시킬 수 있을 것이다. 영원한 삶의 평화와 행복을 누릴 수 있게 할 것이, 오직 이 위대한 진리의 열쇠인 것이다.

'부처님의 바른 知見'이란 너와 나, 모든 중생이 똑같이 본래 지니고 있는 '마음(佛性)'이기 때문이다.

그러므로 너와 나, 모두가 이 위대한 진리, 거룩한 부처님의 바른 知見에로 귀일해서 합장하고 머리를 숙일 때에 무슨 차별이 있겠는가?

참으로 세계 인류가 한결같이 至純至高한 자유·평화·행복을 희구한다면, 누리게 하려면, 우리 불교도들이 분연히 일어서서 부처님의 평등자비로 친절하시게 가르쳐 주신 '부처님의 바른 지견'으로써, 하루 바삐 먹구름장이 떠도는 전 세계에 광명을 놓아야할 것이다. 하나의 佛心으로써 하나의 세계를 이룩해야 할 것이다.

# 泉石餘韻

## 山中日記抄

『법시』 61, 1972.10

**八月 七日 맑음**

아침 다섯 시쯤 되면 매미는 무슨 시간 약속이나 한 듯이 울기 시작한다. 시원한 산골의 아침 공기는 매미소리에 어울려 한결 맑기만 하다.

여기 저기 숲에서 울려나오는 매미소리! 매미의 소리가락은 단조롭지 아니하다. 갖가지로 운다. 그 흥겨운 가락은 감별하기 어려울 정도다.

급하게 촉음으로 우는 소리, 느릿느릿 부드럽게 우는 소리, 아주 거세게 우는 소리, 가냘프게 우는 소리, 뚝 그쳤다 우는 소리, 길게 잦은 곡을 빼서 우는 소리가 한꺼번에 연주할 때는 그 신비로운 선률(?)에 자연이 도취되고 만다. 순간 자기도 자기를 모를 지경이다. 자신도 매미가 되고 만다.

매미와 인생! 그 무엇이 다를까? 다를 것이 무엇일까?

한철의 매미!

한세상의 인생!

그 뉘가 매미의 한철을 짧다고 하고, 인생의 한세상을 길다고 하겠는가? 무엇이 길고 짧겠는가? 어떻게 길고 짧음을 규정지을 수 있겠는가? 무궁한 세월이 연속되고 있는 것을!

부질없는 인생이 부질없이 연속적인 시간을 제멋대로 선을 그으고, 자르고, 새김질하는 것이 아니고 무엇이겠는가?

인생처럼 부질없는 장난꾼도 이 세상에는 더 없을게다. 인간의 지혜란 바로 인간의 어리석음이 아닐까?

고목나무 가지에 앙상하게 붙어 있는 매미껍질을 나는 보았다. 매미껍질은 매미가 죽은 것이 아니다. '알매미'가 벗어버리고 훌 날아간 그야말로 빈 껍질인 것이다. 껍질을 벗어버리고 날아간 매미는 또 그대로 숲을 옮아 우는 것이다.

인생도 인연 따라 갈 때에는 이 몸을 왕창 벗어버리고 훌훌 떠나는 것이다. 낡은 옷을 갈아입듯이, 낡은 집을 갈아드는 것과 같이 …….

그런데 또 한 가지 현실적으로 착잡하게 느껴지는 것－살아보겠다고 몸부림치며 온 정력을 쏟아 자녀를 길르다 보면 결국 매미껍질이 되고 마는 것이 인생이 아닐까. 부모가 아닐까?

기름기 없는 인생! 윤기 없는 인생! 맥 빠진 인생! 인생의 종국은 결국 매미껍질이 아니곤 무엇일까?

### 八月 八日 맑음, 떠도는 구름

나는 시원스럽게 발을 벗고, 우거진 숲 그늘을 거닐면서 법화경을 읽는다. 목청껏 소리를 높여 읽기도 하다가 소리를 낮추어 읽기도 하다가, 또는 무슨 주문이나 외듯이 달랑달랑 빠른 속도로 읽기도 한다.

읽으면서 구절구절의 뜻을 파악하여 관하기도 하고, 또는 주섬주섬 글발만 내리 읽기도 한다. 흥겨웁다. 어느듯 三○분도 七○분도 가는 줄 모르게 시간은 흐른다.

내가 어렸을 때에 통・사략(通・史略)을 흥겹게 읽노라면 곁에서 어머니가 칭찬도 해주셨는데, 오늘은 산골 시냇물만 흐를 뿐이다. 一二세때와 六七세 때가 이렇게 달라지고 말았는가?

내 육안으로 뵈올 수 없는 우리 어머니는 오늘도 사랑하시는 이 자식의 독경소리를 들으시면서 어루만져 주실 것이다. 나는 어머니 곁에서 경을 읽는다. 우리 어머니를 모시고 법화경을 졸졸 읽는다.

나는 믿는다. 생전의 우리 어머니의 총기로 보아, 이 자식의 경읽는 소리를 몇 번 들으시면 어머니가 곧 잘 읽으실 줄로 ……

마음이 기쁘다. 기쁨을 무어라 형언할 수가 없다. 어떻다고 형언해야 좋을지 모르겠다. 법화경을 읽는 이 순간! 三十六년 전에 뵈옵던 어머니를 다시 뵙는 것 같다. 우리 어머니의 음성을 듣는 것만 같다. 어머니의 말씀을 듣고 이 자식이 대답하는 것 같다. 이 자식이 여쭙는 말에 어머니는 웃으시며 대답하시는 것만 같다.

해맑게 늙으신 어머니의 얼굴이, 앞 이마의 곱실머리카락이, 그 맑고 칼칼한 음성이, 귀에 은은하고 눈에 선하다. 깨끗하고 단정하신 모습이, 우리 어머니의 온 전신이 훤하게 보인다. 흘러간 三六년 전과 같이 뵈옵는다.

우리 어머니가 '법화삼매'에 드셨든지, 내가 법화경을 읽는 순간 그리운 어머니를 다시 뵈옵는다. 〈나모 삳달라 푼다리카 스드라!〉

**八月 九日 비**

먼동이 틀 무렵, 폭우가 퍼붓는다. 별안간 산골에 쏟아지는 폭우는 그 빛발이 퍽으나 거세다. 종로거리에서 보는 것과는 그 멋이 대조적이고, 느끼는 맛도 다르다.

산골에 쏟아지는 비! 폭우! 삽시간에 폭포의 장관을 이루는 것이 아닌가.

폭우는 뚝 그쳤다. 내리 쏟는 물줄기는 맑아진다.

맑아진 물줄기는 몇 길 석벽에서 떨어지는 폭포다. 나는 저 설악산 토왕성 폭포를 보듯이 지팡이를 짚고 우두허니 섰다. 힘차게 떨어지고 떨어지는 폭포를 보며 우두허니 섰다.

폭포! 폭포!

**八月 一○日 맑음 더위**

너무나 고요한 절간 밤! 숲에서 이는 바람결에 풍경은 한가롭게 운다. 풍경소리의 여운을 어디론지 따라가는 나도 모를 나의 심사(心思)여!

옛 나그네도 이렇게 들었을까? 앞으로도 풍경은 이렇게 울어, 지내가는 나그네를 달랠 것인가? 울어도 울어도 맑게 우는 풍경소리!

**八月 一一日 맑음**

"법당에 경쇠소리 나자, 하늘 빛은 유리같이 맑구나.(琳宮擊磬罷 天色淨琉璃)" 이렇게 李奎報는 읊었다.

시원한 하늘, 맑은 하늘, 짖푸른 하늘, 드높은 하늘, 끝없는 하늘, 우러러 바라볼수록 아름답고 그윽한 하늘, 깊으면서도 동동 떠보이는 하늘, 까마득하면서도 곧 손끝에 잡힐 듯한 하늘은 산에서 보렸다. 맑고 고요한 산은 하늘로 통하는 길일까? 저렇게 신비로운 하늘은 산과 더불어 고운 숨결을 쉬는 것일까?

**八月 一二日 맑음, 실구름**

다람쥐란 놈은 나뭇가지로 가지를 날은다. 나뭇가지를 번개같이 기어오르고 기어내리기도 한다. 무슨 신기론 재주나 한 듯이, 제라서 그 잘난 수염을 두 앞발로 싹싹 다듬기도 한다. 다람쥐는 언제부터 저렇게 능란해졌을까? 사람들은 다람쥐를 보고 재롱떤다고 한다. 재롱이 아니라, 다람쥐는 제 구실을 하는 것이 아닐까?

제 구실 할 줄 모르는 인간은 재롱인들 떨 줄 아는가? 입만 살았지! 입만!

나는 떠도는 구름을 바라보고 앉았다. 물에 씻기고 씻겨 닳아진 조약돌을 만지작거리며 ……

문득, 시냇 소리에
귀를 씻다.

**八月 一三日 맑음, 더위**

주지 徐玄岡상인은 벌써 입추, 말복이 지난 지 며칠 되었다고 한다. "산중에서 일짜 가는 줄 모른다(山學無歷日)"더니, 내가 바로 그 짝이 되었다. 바보가 되었을까. 셈 없는 사람이 되었을까?

며칠 동안 바보생활에서도 나는 놀라움을 느꼈다. 사람다움을 보았다.

玄岡상인은 그의 스님의 간호에 효성이 지극하다. 八三세의 고령인 노화상은 一년 三개월의 병석에서 회생하였다. 병환도 설사, 이질이라고 한다. 갖은 약을 백방으로 구해서 치료를 했다는 것이다. 하루 이틀 아니고, 장시일이었다. 시간을 걸려 대, 소변을 받아냈고, 지금도 그러하다.

"장병에 효자없다"는 속담을 뒤집어 놓았다.

스승과 상좌! 거룩한 인연이 아닐 수 없다. 어디 혈연의 부자지간인들 이렇게 간호에 극진할 수 있을까? 그는 또 보현사도 지었다. 깨끗한 도량이다.

내가 二四세때 八공산 동화사에서 강을 하다가 普光은사님의 시탕(侍湯)을 하기 위한 마음으로 사직을 하고, 본사 순천 선암사로 돌아온 일이 문득 머리에 떠오른다. 간호를 해본 자신이기 때문에 오늘의 玄岡상인을 우러러 대한다. 따라서 그의 조카딸도 다시 없이 여겨진다.

부모에게 행패했다는 신문기사를 볼 때 겹겹이 꾸겨진 심정이, 찌푸려진 이맛살이 보현사에서 풀린다. 봄날처럼 말이다. 부처님의 자비도량에는 과연 사람의 생활이 있구나. "믿음과 효성은 둘이 아니다"고 범망경에 이르셨다. 〈나모 샅달마 푼다리카 스드라!〉

# 경건한 기도는 복된 생활

『법시』 67, 1973.4

우리가 현실생활을 매일같이 하고 있는 것은 그저 되풀이하는 것이 아닙니다. 눈에 보이지 않는 진전이 있는 것입니다. 하루를 살았다면 그만큼 일보 전진하고, 한 단계 올라선 것입니다. 희망이 있고, 생활의 목표가 있기 때문입니다.

살아갈수록 활동의 폭이 있고, 따라서 할 일이 많아진다는 것은 곧 생활의 진전을 의미한 것이요, 자기가 그만큼 성장하고 성숙해 가는 과정이요, 동시에 증거이기도 한 것입니다.

이와 같이 성장해 가는 생활, 성숙해 가는 생활은 반드시 그 내면에 자기 나름의 굳은 신념이 있는 것입니다. 신념이 밑받침하는 생활, 신념으로 이끌어 가는 생활은 실패 없이 반드시 성공이 있기 마련입니다.

만일 신념이 없다면 현실의 거센 물결에 휩쓸려 가고 말 것입니다. 그뿐 아니라, 신념이 굳세지 못하고 약한 경우도 역시 현실의 휘젔는 바람결에 풍향기처럼 떠돌고 말 것입니다.

신념은 생활의 힘입니다. 생활의 자신(自信)입니다. 신념은 의지를 승화시키는 도가니기도 합니다.

그렇다면 신념을 어떻게 해야 굳세게 하겠읍니까? 굳센 신념은 곧 생명의 열쇠이기 때문입니다.

이 고귀한 생명의 열쇠인 신념은 우리의 힘으로는 굳세게 다룰 수 없읍니다. 도저히 불가능합니다.

여기에서 우리 인간의 힘보다도 위대한 성인(聖人)의 법력을 빌지 아니할 수 없는 것이 인간입니다. 인간의 힘이란 어디까지나 한도가 있고, 성인의 힘은 위대하고 무한하기 때문입니다.

그러므로 신앙생활이 요청되고, 신앙의 행동화가 곧 기도인 것입니다. 기도는 경건한 시간이요 경건한 생활입니다. 경건한 정성으로 깨끗하고 복된 생활을 누리는 것입니다.

기도는 성스런 생활인 것입니다. 기도야말로 시간 가는 줄을 모르고, 괴로움을 잊고, 번뇌 망상을 잊은 경지입니다. 몸이 가뿐하고, 정신이 상쾌하고, 마음이 흐뭇한 법열에 잠기는 것입니다.

다시 말하면 '기도삼매'에 드는 것입니다. 기도삼매에 들 때 바로 '성인의 가피'를 입는 것입니다. 성인의 가피는 경건한 정성만으로 도취되는 것입니다.

경건한 정성으로 성인의 가피를 입는다는 것은 곧 기도삼매의 정력으로써 성인의 경지에 도달하는 것입니다.

부처님의 가피! 관세음보살님의 가피력을 입은 것은 일약 자기가 승화되고 위대화 되는 것입니다. 어떠한 난관에 부딪쳐도 흔들리지 아니할 뿐 아니라, 태연자약하고 능히 난관을 극복하고, 생사를 초월하는 것입니다. 요는 공포심이 없고 위대한 법력을 소유하였기 때문입니다.

저 三·一운동의 韓龍雲선사도 가피의 법력으로써 최후까지 강도 일본에 목숨을 걸고 항거 투쟁하였고, 임진왜란의 西山, 泗溟대사도 가피의 법력으로써 침략의 왜적을 물리쳤고, 또 雷默 處英도 가피의 법력으로써 왜적 사도 가피의 법력으로써 홍법 홍국하였고, 고려의 王建 태조도 가피의 법력으로써 건국성업을 성취하였고, 普照국사, 大覺국사도 가피의 법력으로써 호국의 정신적 지주가 되었고, 均如대사도 가피의 법력으로써 「普賢十大 行願歌」를 지어 국문학의 태반(胎盤)을 굳치었고, 신라의 異次頓성자도 가피의 법력으로써 기꺼이 목숨을 바쳐 불교의 신앙으로 교민 홍국케 하였으며, 元曉, 義湘대사도 가피의 법력으로써 차원 높은 불교사상을 고취선양하여 우리 문화민족의 자주성을 함양하고 긍지를 굳세게 하였으며, 慈藏율사, 圓光법사도 가피의 법력으로써 불교의 생사일여사상을 고무하여 통일신라를 성취케 하였으며, 忠談, 月明·融天대사도 가피의 법력으로써 각각 「安民歌」와 「兜率歌」 「彗星歌」를 지어 천재 괴변을 소멸시키고 침략의 왜적을 자퇴케 하였으며, 釋永才도 가피의 법력으로써 卽席에서 「遇賊歌」를 지어 山賊을 감화시켰으며, 希明婦人과 崔殷誠夫妻도 관세음보살님의 가피력으로써 맹아(盲兒)의 눈을 뜨게 하고, 또 갓난이를 난중에서 구원하였으며, 신라의 정승 金大成도 가피의 법력으로써 불국사를 창건하고 태평성대의 신라를 부강케 한 것입니다.

이와 같은 '기도삼매의 가피 법력'은 참으로 부사의한 바로서, 우리나라 千六百년의 불교역사상 이루 다 헤아릴 수 없는 정도입니다.

신앙생활은 처음부터 끝까지 경건한 기도생활로 일관되는 것입니다. 기도는 소극적으로 일시적인 죄업이나 참회해서 소멸하는 것이 아니라, 어디까지나 적극적으로 꾸준히 정진함으로써 정력(定力)이 굳세지고, 위대한 성인의 가피력을 입어서 자기가 승화되고, 자기가 확대되는 과정입니다. 곧 성자의 경지에 도달하는 지름길입니다.

다시 말하면 자기의 마음의 눈이 열리고, 마음의 귀가 뚫리고, 마음의 코, 입이 향기롭고, 몸이 깨끗하고 가쁜하며, 마음이 구애가 없고, 공포심이 없는 정신의 자유를 누리는 것입니다. 곧 기도는 경건하기 때문입니다.

어떻습니까?

끊임없는 경건한 기도는 새로운 힘과 용기가 솟고, 밝은 희망에 살며, 자기가 생명을 영원히 누리는 것입니다. 복된 생활을 스스로 영위하는 것입니다.

기도는 낡은 인간의 꺼풀을 벗고, 새 인간이 되는 길입니다.

# 善은 創造的인 生命의 躍動

『법시』 70, 1973.7

人間生活이란 것은 모순과 갈등 속에서 매일같이 連續되고 있는 것이 속일 수 없는 現實입니다.

아니, 모순과 갈등이 生活의 전부인 것 같기도 합니다. 現代生活이 이렇게도 切迫한가 모르겠습니다.

어떻게 하면 이 矛盾과 葛藤을 시정하고 해소할 것인가? 是正하고 解消할 방법은 과연 무엇일까?

이것을 追求하는 것이 人間으로서의 희구하는 바이요 따라서 慾望이라고 할 수 있을 것입니다. 인간이란 다만 衣·食·住만으로만 그 生活을 만족할 수 없기 때문입니다.

衣·食·住가 人間생활에 있어서 인간으로서의 本能的인 욕구라면 인간은 그 精神생활에 있어서 모순을 제거해서 平等을 希求하고 갈등을 해소해서 自由를 획득하려는 것이 또한 理性的인 염원이요, 人間의 이상이기도 한 것입니다.

인간 生活은 앞뒤를 훑터보고, 안팎으로 따져 보아도 하나에서 열까지, 열에서 百까지가 모두 모순된 對立性이 아닌 것이 없으며 對立과 대립이 서로 얽히고 섥혀서 葛藤 아닌 것이 없습니다.

善과 惡, 親과 疎, 기쁨과 슬픔, 괴로움과 즐거움, 사랑과 미움, 죽음과 삶이 그런가 하면, 또는 强弱과 빈부와 홍망과 榮辱 등등이 모두 對立이면서 그대로 갈등의 波狀을 형성하고 그 파장이 쉴 새 없이 들끓고 連續되는 것이 인간 생활의 形態입니다.

物質的으로 육체적으로, 精神的으로 핍박하고 조이는 것이 오늘날 우리 生活의 生態요, 이것이 사바 世界의 쓰라린 生活이란 것입니다.

어떻게 하면 숨을 돌릴 수 있겠습니까? 숨구멍이 뚫리겠습니까?

질식 상태를 이미 넘어서, 빈사상태에 直面하고 있는 것이 生活의 현실이요, 사바중생의 業報입니다. 스스로 안타깝지 아니할 수 없습니다.

숨을 쉰다는 것은 곧 살았다는 증거입니다. 살았다면 어떻게 살아야 하겠습니까. 살아도 幸福되게 살지 못하면 사는 보람을 느낄 수 없고 삶의 意義와 가치를 喪失하고 마는 것입니다.

藝術이 생활의 윤활유라면 宗教는 생활의 調味料입니다. 생활을 값지게 하고, 生活을 보람 있게 이끄는 것이 宗教의 힘이요, 종교의 領域입니다.

어디까지나 현실생활을 淨化하고 존엄한 生命을 昇華해서 자기를 발견하고 자기를 修練하여 자기의 完成을 궁극적인 목표로 指向하는 것이 佛教입니다. 종교 하면 얼핏 通念的으로 善·惡 倫理의 권선징악을 뜻합니다.

그러나 佛教는 善과 惡을 상대적인 위치에서 評價하지 않습니다. 불교에서 指向하는 善은 저 時間의 흐름에 따라 언젠가 없어질 수 있는 세속적인 '有漏善'이 아니고 高次元의 '無漏善'입니다. 이 무루선은 永遠히 떳떳하고, 즐겁고, 자유스럽(眞我)고 깨끗한 不生不滅의 이상향인 열반世界를 증득해서 길이 平和스럽게 사는 것입니다.

다시 말하면 消極的으로는 상대적인 惡의 뿌리를 도려내는 叡智의 날카로운 칼날일 뿐만 아니라, 적극적으로 닦고 쌓은 法力의 결정으로써, 절대적인 '慈愛의 善(果)'을 획득한다는 것입니다. 이 '慈愛의 善(果)'이란 것은 곧 부처님과 보살님의 淸淨한 法悅의 생활인 것입니다.

지금 말하는 이 '무루선'의 앞에는 모든 것이 弱해지고 굴복하고, 感化되지 아니한 것이 없습니다. 무루선이야말로 智慧와 공덕과 光明과 관용으로 성취된 偉大한 힘이 있기 때문입니다.

그러기에 華嚴經과 미타경에서 善을 '善根' 또는 '善根功德'이라고 하였습니다. 善根은 능히 不條理를 溶解할 수 있는 功能과 힘을 지닌 것입니다. 表面上으로는 부드러우면서 그 實 裏面的으로는 무엇보다도 굳센 性能을 가진 것입니다. 절대적인 慈愛의 善이란 것은 이와 같이 그 힘이 偉

大한 것입니다.

나를 사랑하거나 미워하는 사람에 대해서 나는 오히려 無心하고 또는 나를 원수로 여기는 사람이나 친절하게 대해 주는 사람에게도 나는 항상 平等하게 한다 — '憎愛無心, 怨親平等' — 는 것은 곧 자비의 선을 行動化하는 생활을 말한 것입니다. 어찌 비범한 성자의 生活이 아니겠습니까.

眞·善·美이라 하더라도 만일 善이 결여된 眞이라면 그 眞은 참다운 眞이 될 수 없고 善이 이탈된 美라면 그 美 역시 眞正한 美가 될 수 없습니다. 生命을 상실한 장승의 눈이 아니면, 매미 꺼풀 같은 眞이요. 美가 되고 말 것입니다. 創造的인 生動하는 善이 零이기 때문입니다.

善은 生命의 약동입니다. 善을 바탕으로한 美라야 바야흐로 그 美는 高尙하고 善이 基幹이된 眞이라야, 비로소 그 眞은 永遠할 것입니다.

眞은 追求하고 그를 탐구한다는 것은 결국 善의 圓滿한 人間像을 形成하는데 그 意義와 참된 目的이 있는 것이라고 생각합니다.

善은 平和의 산모요 自由의 基盤이기 때문에 영원한 平等의 道標를 設定할 수 있는 것입니다. 이것이 善의 원만한 人間像의 작업입니다. 善을 떠나서는 絶對로 人類의 행복을 이룩할 길이 없을 것입니다.

그러므로 부처님과 보살님은 圓滿복덕의 善相으로서 중생들과 더불어 살고 衆生들을 위해서 보시하고 慈悲로써 모든 중생들을 품에 안으시고 중생들로 하여금 제각기 제 눈을 뜨고 제 발로 바른 길을 걸어가게 하셨습니다. 그 終着驛은 바로 악랄한 현실社會를 佛國淨土로 구현하는 指標입니다.

'무루선!' 착한 마음 하나 가지면 能히 不條理의 모순도 제거할 수 있고 착잡한 갈등도 解消해서 모든 것을 원만하게 대처하고 融解할 수 있다고 믿습니다.

善은 날카로운 빛 없이 속으로 날카롭고, 굳센 빛 없이 속으로 굳세고 明朗한 빛이 투명하고, 너그러운 香薰히 누긋하기 때문입니다.

한 마디로 잘라서 말하면, 善은 平和的인 새로운 '慈悲의 人間像'을 造成

하는 母體요, 동시에 이상적인 佛國淨土를 이룩하는 創造的인 生命의 약동이라 할 것입니다.

原州 佛心寺 佛敎硏究院長

# 六和合정신과 국민총화

『법시』 73, 1973.10

우리들 모든 국민들은 오늘날 무엇을 할 것인가 한번 생각해 보아야 하겠읍니다.

오늘의 우리 조국 현실이 무엇을 우리 국민들에게 요청하고 절규하는가? 잘 들어 보고 깊이 음미해 보아야 하겠습니다.

무엇보다도 국력배양이요, 능력효율화입니다. 이것이 오늘날 우리들에게 절실히 주어진 과제임은 더 말할 필요조차 없을 것입니다.

이 획기적인 '국력배양!' '능력효율화!'의 능동적인 작업은 우리 국민 각자가 직능과 기능에 따라 계층을 초월해서 성실하게 수행하는데 눈부신 성과를 거둘 수 있을 것입니다.

그러기 위해서는 무엇보다도 너 나 할 것 없이 서로 솔선해서 국민의 총화체를 이룩하는 분위기 조성이 급선무가 아닐 수 없읍니다.

국민 총화체는 곧 국민의 정신적인 원동력이 되기 때문입니다.

국민 서로가 총화체를 이룩하는 것은 먼 곳에 있거나 어떠한 교과서 같은 독본이 따로 있는 것도 아닙니다.

즉 우리들의 일상생활 자세에 있는 것입니다.

그러므로 석가모니 부처님께서는 「인왕경-仁王經」에 이렇게 말씀하시어 모든 인류로 하여금 화합정신으로써 일상생활의 모토로 삼게 하셨읍니다.

**① 몸 가짐을 잘해서 모든 사람들과 어울려 사는 것입니다.**

이 세상 사람은 누구나 자기 혼자만이 사는 것이 아니다. 가정생활로부터 직장생활, 사회생활을 하기 때문에 몸가짐을 단정히 하고 얌전하게 하며, 위생 관리를 철저히 해서 다른 사람에게 혐오감을 주지 아니해야 합니다.

또 자기의 일거일동이 언제 어디서나 남에게 불편을 끼쳐 주거나 더욱이 손해를 끼칠 행동을 해서는 안 됩니다.

오히려 남보다 한 걸음 앞서서 부지런해야 하고, 착해야 하고, 한결같이 웃는 얼굴로 친절히 대하고, 겸손해야 합니다. 어디까지 항상 상대편을 존경하는 몸의 태도를 가져야 합니다.

만일 이와 정반대로 모든 행동을 자기의 마음 내키는 대로 한다면 사회와 더불어 살수 없을 뿐만 아니라 트고 나아갈 길이 없을 것입니다. 스스로 고립의 벼랑에 부딪치고 말 것입니다.

자기를 싫어하는 사람을 원망하기 전에, 자기를 싫어하는 그 원인이 곧 자기에 있는 것을 반성해 볼 줄 알아야 할 것입니다.

"올빼미는 간 데마다 원수만 만난다 – 梟逢仇"는 옛이야기가 있습니다. 올빼미가 여러 새들과 어울려서 놀려고 찾아가면 찾아가는 쪽쪽 뭇새들은 다 훌훌 날아가 버리기 때문에 시무룩한 올빼미는 어느 날 꾀꼬리를 찾아가서 뭇새들을 원망하는 쪼로 제의 외로움을 하소연하니 꾀꼬리는

"뭇새들을 원망하지 말고, 너의 흉칙한 모양새와 듣기 싫은 울음소리를 고쳐라"고 하였다는 것입니다.

우리는 올빼미와 같은 사람이 되지 아니해야 할 것입니다.

**② 고운말씨 부드러운 말씨로 다른 사람과 대화가 잘 이루어져야 하는 것입니다.**

말이란 것은 직접 상대편에 자기의 사상이나 생각을 전달하는 도구입니다.

그러므로 고운 말씨, 부드러운 말씨, 더욱이 경어를 사용하면 상대편의 심금을 울리게 되어, 자기의 마음먹은 뜻이나, 생각에 十분 동의나 동조를 얻을 수 있지마는 만일 그렇지 않고 거칠은 말, 야비한 말, 더욱이 거만스

런 어투로 남을 업신여기는 듯하면 당장 마음과 마음의 사이에 장벽이 가로 놓이고, 실금이 갈 뿐만 아니라, 百% 외면을 당하고 마는 것입니다. 무슨 조화가 이루어질 이가 있겠습니까? 받는 것은 오직 마이너스 뿐입니다.

남의 잘못을 가려서 꼬집기 전에, 남의 훌륭한 점을 발견해서 칭찬할 줄 알아야 됩니다. 그러나 아첨하는 것은 절대로 지성인이 아닙니다.

어디까지나 옳은 말, 바른말을 하되, 품위 있는 존댓말로 부드럽게 해서, 듣는 사람으로 하여금 공감을 갖고 감동하도록 하는 것이 지성인다운 말의 매력인 것입니다.

우리 속담에 "한 마디의 말로 千냥 빚을 갚는다"는 것은 애결조가 아니라 상대편의 심금을 울릴 줄 아는 말의 사용법을 잘 구사(驅使) 하기 때문입니다.

가정에서도 그렇지마는 더구나 직장생활, 사회생활에 있어서 남을 꼬집는 말, 비꼬는 말, 시비쪼는 절대 금물입니다. 고운 말씨 부드러운 말씨의 대화만이 건설적인 열쇠입니다.

그러므로 부처님의 「법화경」에 "부드러운 말씨는 대중의 마음을 흐뭇하게 한다"고 하셨습니다.

**③ 너그러운 마음씨로 다른 사람과 일을 같이 하는 것입니다.**

자기의 착오를 솔직히 시인하고 남의 잘못을 너그럽게 보아줄 수 있는 아량, 자기의 주장이나 고집을 버리고, 상대편의 의사나 의견을 존중하고, 이해할 줄 아는 겸허, 다른 사람과 같이 손잡고 일을 할 수 있는 수양과 덕성이 겸비한 인품이 되어야 합니다.

한마디로 말해서 슬기로운 자비심입니다. 이 자비심으로 이루어지는 광장은 화기애애한 복된 사회인 것입니다.

**④ 규칙적인 생활로 서로 다 같이 자유를 누리는 것입니다.**

사회는 개인보다 큰 것입니다. 사회적 공중도덕을 솔선해서 지키고, 예의에 밝아야 하며, 시간을 엄수하고 약속을 잘 지키는 것은 문화인의 생활입니다. 교양은 인격의 표현입니다. 아무리 지식이 풍부하다 할지라도 교양이 결여된 사람은 인격적으로 멸시를 당하게 되는 것입니다. 인간다운 구실을 하지 못하기 때문입니다.

교양은 그 사람의 인격의 척도(尺度)입니다. 교양이 부족한 사람은 남의 인격을 존중할 줄 모르기 때문에 자기가 인격적인 대우를 받기는커녕 도리어 인격적인 멸시를 당하고 마는 것입니다.

예의를 지키고 남의 인격을 존중할 때 서로 알력과 충돌이 없이 다 같이 통행할 수 있는 자유스런 사회를 이룩할 것입니다. 불규칙적인 방종한 일방적인 통행은 있을 수 없고, 용납되지 않는 것이 인간사회입니다. 사회윤리 공중도덕을 준수하고 남의 인격을 존중할 때, 서로 다 같이 누릴 수 있는 자유스런 명랑한 사회를 이룩할 것입니다.

그러므로 '상불경보살－常不輕菩薩'은 항상 모든 사람을 부처님처럼 존경한다고 「법화경」은 증언하고 있습니다.

**⑤ 서로 지식을 교환하고, 연마해서 다 같이 향상하는 것입니다.**

날마다 공부하면서 살아가는 길입니다. 학교에서 공부를 하든지 서재에서 연구를 하든지, 꾸준히 위대한 스승의 지도를 받고 좋은 벗들과 지식을 교환하고 탁마해서 발전에 힘쓰며, 또는 어떠한 생업에 종사할지라도 여가를 선용해서 끊임없이 독서를 해야 합니다.

직장에 있어서도 동료들과 같이 독서를 통해서 정서를 순화하고, 교양을 높이며, 생산적인 기술을 연마해서 서로의 번영을 도모하는 것입니다. 아는 것은 힘이요, 기술은 생활의 무기입니다. 정신적으로나 육체적으로 부지런해야 성공을 합니다.

그러므로 '백장선사－百丈禪師'는 "하루를 놀면 하루를 굶는다"고 하였습니다. 생산을 하지 않고, 소비만 할 수 없다는 생활신조인 것입니다.

**⑥ 평등한 마음으로 동업을 해서 이익을 균평하게 하는 것입니다.**

누구나 동업을 한다는 것도 그렇게 쉬운 일은 아니지마는 막상 이익을 균등하게 분배한다는 것은 더욱 어려운 일이 아닐 수 없는 것입니다. 눈앞에 보이는 이익에 양심이 문득 그늘이 지고 마는 것이 보통 인심이기 때문입니다.

호수와 같이 맑은 마음, 거울같이 밝은 마음, 저울같이 바른 마음의 정신자세로 이익을 균등하게 분배할 때 비로소 인간관계의 원만한 조화가 이루어질 것입니다.

요는 물질보다도 정신을 '재리보다도 의리를 앞세우는 정의감'이 투철해야 하고 '나보다도 남을 위하는 보시정신'이 몸에 배어야 합니다. 옛날 관중과 포숙(管仲 · 鮑叔)의 미담도 있지 않습니까.

불교의 생활신조는 "공부하는데 있어서도 평등히 하고 먹는데 있어서도 평등히 한다—於法平等, 於食平等—"고 하였습니다.

이와 같이 대자대비를 밑바탕으로 한 불교의 六화합정신으로 우리들이 살면, 우리 조국이 오늘에 갈구하는 국민총화체는 굳건히 이루어질 것이며, 따라서 평화통일의 핵이 될 국력배양의 실적을 울릴 줄 믿습니다.

〈끝〉

原州 佛心寺 佛教研究院長

# 대화지강을 건너다

「나라사랑」 13, 1973.12

1973년 9월 17일.

안개 자욱한 아침 산골!

뜻하지 아니한 대화지강을 별안간 건너게 되었다. 신도 댁의 부고를 받았기 때문이다. 더우기 초행길!

대화지강은 산골을 끼고 가을 아침의 자욱한 안개 속을 유유히 흐르고 있다.

넓이 25m에 깊이 1m정도의 맑은 물이다. 밤자갈 위로 흐르는 물빛은 한없이 푸르고 곱기만 하다. 이끼 한 점 없이 밤자갈은 물에 뜬 것같이 보이기도 한다.

우리 일행 세 사람은 바지를 둥둥 걷어 올리고, 밤자갈을 간지럽게 밟으며 물을 건너는 것이다. 기분이 상쾌하다. 그러나 씻은 듯이 발자국은 흔적도 없다. 징검돌이 여름철 큰물에 떠내려가고, 허물어지고 비뚤어져서 이가 빠졌기 때문이다.

강원도 원성군의 소초면과 호저면을 경계선으로 흐르는 물이 대화지강이다. 아니, 이 자연의 강을 경계로 해서 두 면의 지역을 획정한 것이 아닐까. 약 50리를 치거슬러 올라가서, 횡성 뒷산골로 부터 흘러내린다고 한다. 흘러서 한강 상류로 들어간다고 한다.

물은 흐른다. 세월도 간다. 인생도 간다. 물은 굽이굽이 흘러가고, 세월은 빙빙 돌아가고, 인생은 허덕허덕 걸어간다.

뉘라서 물은 만고에 흐르고, 세월은 다시 돌아온다고 했던고?

굽이굽이 흐르는 물은 마침내 제자리에 이르면 괴고 만다. 한 번 돌아간 세월은 그대로 다시 돌아오지 못하고 마는 것!

덧없이 떠돌아 가는 세월의 바퀴를 걸머타고, 숨가쁘게 허덕이는 인생!

거미줄보다도 오히려 약하다면 약한 목숨을 부여잡고, 줄달음질을 쳐야만 하는 인생!

백 년도 채 못 가는 인생을 천 년 만 년 살 것같이 어리석게 애착(愛着)하는 인생!

백 년을 살아 봤댔자, 하루아침에 대화지 강물을 건넌 발자취가 아닐까?

〈불교 연구원 원장 · 강원 회원〉

# 卍海 韓龍雲

『한국의 사상가』, 1975.9

□ 序詩

卍海는 중이냐?

중이 아니다.

만해는 시인이냐?

시인도 아니다.

만해는 한국 사람이다. 뚜렷한 배달 민족이다. 독립 지사다. 抗日 투사다.

강철 같은 의지로, 불덩이 같은 정열로, 대쪽 같은 절조로, 고고한 자세로 서릿발 같은 기상으로 최후 일각까지 몸뚱이로 부딪쳤다. 마지막 숨거둘 때까지 굳세게 결투했다.

꿋꿋하게 걸어 갈 때 聖域을 밟기도 했다.

벅찬 숨을 터뜨릴 때 문학의 향훈을 뿜기도 했다.

보리수의 그늘에서 바라보면 중으로도 禪師로도 보였다.

예술의 산허리에서 돌아보면 시인으로도 나타나고 소설가로도 등장했다.

만해는 어디까지나 끝까지 독립 지사였다. 항일 투사였다.

만해의 眞面目은 생사를 뛰어넘은 사람이다. 뜨거운 배달의 얼이다. 만해는 중이다. 그러나 중이 되려고 중이 된 건 아니다.

항일 투쟁하기 위해서다.

만해는 시인이다. 하지만 시인이 부러워 시인이 된 건 아니다.

님을 뜨겁게 절규했기 때문이다.

만해는 웅변가다. 그저 말을 뽐낸 건 아니고, 심장에서 끓어오르는 것을 피로 배앝았을 뿐이다.

어쩌면 그럴까? 그렇게 될까? 한 점 뜨거운 생각이 있기 때문이다. 도

사렸기 때문이다.

### 1. 구름에 龍이 날듯

卍海 韓龍雲은 조선 왕조 말 국운이 사양의 길로 기울어져 가 1879년 8월 29일에 충청 남도 洪城郡 結城面 성곡리 韓應俊의 둘째 아들로 태어났다. 6세(1884)에 고향 서당에서 한문을 배울 무렵은, 壬午軍亂(1882)을 거쳐 甲申政變(1884)의 풍운에 싸여 있던 시대였다. 9세 (1887)에 이미 通鑑의 문의를 해득하고, 書經을 이해하며, 西廂記까지 읽을 정도의 천재란 말을 듣던 만해는 시골 노인들의 갑신정변 후일담에 유달리 귀가 쏠렸었다.

특히 어렸을 때 그의 아버지의 교훈에 크게 충격을 받았었다고, 다음과 같이 회고하고 있다.

> 내 고향은 충청도 洪州다. 지금은 세월이 변하여 충청남도 洪城으로 되었다. 고향에 있을 때, 나는 선친에게서 조석으로 좋은 말씀을 들었으니, 선친은 서책을 보시다가 가끔 어린 나를 불러 세우시고 역사상에 빛나는 의인·걸사의 언행을 가르쳐 주시며, 또한 세상 형편, 국가 사회의 모든 일을 알아듣도록 타일러 주시었다. 이런 말씀을 한두 번 듣는 사이에 내 가슴에는 이상한 불길이 일어나고, 그리고 '나도 그 의인·걸사와 같은 훌륭한 사람이 되었으면 ……' 하는 숭배하는 생각이 바짝 났었다.
>
> —〈시베리아 거쳐 서울로〉

16세 때 (1894)에는 갑오 동학혁명군의 봉기를 직접 목도했다. 그의 부친과 형은 후일 의병에 가담해서 洪州와 藍浦를 점거했으나, 결국 戰死했다고 전한다. 이렇듯 사회적·가정적으로 사납고 거친 파동은 마침내 만해의 혁명가적 사상과 기질을 10대에 이미 불러일으킨 직접적인 동기가 되었다.

18세 되던 때(1896) 즉 閔妃가 시해당한 다음해에는 國賊 일본 군대를 복수하기 위해 동학군이 재기했다. 만해는 결연히 동학 혁명군에 가담했다. 혹은 참모로, 혹은 전투 대장으로 동학군을 지휘하고, 홍주 吏房의 官庫를 습격해서 엽전 천량을 탈취, 군자금으로 사용하기도 했다 한다.

그러나 동학군의 기세도 잠시일 뿐 마침내 패세에 몰려 만해는 고향을 탈출하지 않을 수 없는 신세가 되었다. 어느 하루 길가의 주막에서 밤을 지샌 만해는 당시의 착잡한 자기의 심경을 「시베리아 거쳐 서울로」에서 다음과 같이 토로하고 있다.

> 큰 뜻을 이룬다니, 漢字의 소양밖에 없는 내가 무슨 지식으로 큰 뜻을 이루나! 이러한 생각 끝에 나는 9세 때 읽던 西廂記의 통곡 일장에 문득 마음이 쏠렸다. 인생이란 덧 없는 것이 아닌가. 밤낮 근근 살자 하다가 생명이 가면 무엇이 남는가. 명예인가. 부귀인가. 모두 다 아쉬운 것이 아닌가. 결국 모든 것이 空이 되고, 무색하고, 무형한 것이 되어 버리지 않는가. 나의 회의는 점점 커져갔다. 나는 이 회의 때문에 머리가 끝없이 혼란하여짐을 깨달았다. '예라, 인생이란 무엇인지 그것부터 알고 일하자' 하는 결론을 얻고 강원도 설악산의 백담사에 이름 높은 도사가 있다는 말을 듣고 산골 길을 여러 날 패이어 그곳으로 갔었다.

이와 같이 18세의 만해는 패전 장군으로서 소극적으로 시국을 비관하거나 낙담하지 않고, 적극적으로 의지력을 단련하고, 시퍼런 智慧劍을 벼리기 위해서 入山하여 臥薪嘗膽의 가시발길을 걷는 것이었다. 만해가 산중 도사를 흠모한 것은 흔히 고대 소설에서 볼 수 있는 전통적인 동양 영웅들의 사고방식을 탈피하지 못한 것이라고 할는지 모른다. 그러나 당시 만해에게 있어서는 오직 그 길만이 가장 적당한 방법이요, 뒷날에의 대성의 활로가 아니었던가 한다.

피신 입산 당시의 만해는 그 때의 상황을 이렇게 묘사했다.

험상 궂은 세월은 못살게 구는구나.
일본놈의 군대가 산골까지 쳐들어 온다.
산과 들은 뒤집혀 날아갈듯 한데,
보슬비 사운사운 그럴사 하네.
(崢嶸歲色矮於人 海國兵聲接絶嶙 顚倒山河飛欲去 天涯風雨赤相親)

이렇듯 분연히 동학군에 가담했던 젊은 혁명가 만해는 마침내 표연히 雪嶽山으로 들어갔다. 만해는 묵묵히 설악산 五歲菴에서 몇 해 동안 負木생활을 했었다. 이 때 이미 漢學에 소양이 깊은 만해는 불경을 닥치는 대로 독파하고 좌선도 익혔다. 그러나 승려들은 날개 돋친 호랑이 같은 만해의 정체를 알 턱이 없었다. 만해는 원래 힘이 장사였다. 골격도 비범했다. 만해가 장작짐을 질 때 승려들은 그 힘에 입을 딱 벌리고 놀랐다. 이윽고 만해는 隣蹄 百潭寺로 내려왔었다. 공부를 하며 때로는 동냥도 하며 몇 해 동안 수도생활을 계속했으나, 인생에 대한 회의는 풀리지 아니한 채, 더욱 번민만 심해졌었다. 기울어져 가는 조국 때문이었던 것이다. 만해는 그의 「북대륙의 하룻밤」에서 이렇게 썼다.

나의 입산한 동기가 단순한 신앙만을 위한 것이 아니었던 만큼, 幽僻한 설악산에 있은 지 멀지 아니하여서 세간 번뇌에 驅使되어 무전여행으로 세계 漫遊를 떠나게 된 것이다.

이 때 나이가 21세 (1899). 문제는 여기에 있다. 만해는 이 때 세계 漫遊 즉 방랑의 길에 오른 것이다. 방랑의 길은 결국 定着의 위치로 되돌아옴을 뜻한다. 원래 만해의 '입산의 동기가 신앙만을 위한 것이 아니었'기 때문에 만해는 산중에 만 틀어박힐 수가 없었던 것이다. 만해는 웅지를 달성할 수 있는 식견을 넓히고 힘을 기르기를 원했다.

만해는 元山에서 해로로 블라디보스톡 (海蔘威)의 조선인 독립촌에 도착

했었다. 이상스러운 중의 복색 차림을 한 만해를 수상하게 여긴 블라디보스톡의 동포들은 만해를 一進會 회원으로 오인하고 다짜고짜 잡아 죽이려고 하였다. 그 때 머리 깎은 조선 사람만 보면 무조건 일진회원으로 알고 마구 잡아 죽이던 판이었다. 그러나 만해는 위기일발의 장면을 임기웅변의 기지로써 모면하고, 그들의 대표인 嚴寅變과 단판, 오히려 그의 명함까지 얻어 가지고 태연히 항구의 구경에 나설 수 있었다. 그런데 난데없이 청년 5, 6명이 달려들어 죽이려고 하는 것이 아닌가. 이에 만해는 격투로 대항해 그들을 물리쳤다.

「북대륙의 하룻밤」을 보면 이때의 만해의 기지와 辯才 힘과 담력을 엿볼 수 있고, 용감한 기백의 젊은 혁명가의 면모가 여실히 躍如한다.

이러한 시련과 그리고 만해의 진면목은 그후 10여년 후의 재차의 만주 망명길에서도 드러난다.

露日戰爭(1904~1905)의 풍운에 휩싸인 한반도의 형세는 날로 악화되고, 국운은 풍전등화같이 耿滅하게 되었었다. 강도 군국 일본의 강압에 굴욕적인 소위 乙巳條約(1905)이 강제로 체결되자, 張志淵지사의 「是日也 放聲大哭」의 일편 社說은 능히 2천만의 민족을 성난 사자처럼 불러 일으켰고, 드디어 閔泳換 侍從武官은 장렬하게 자결했었다. 뿐이랴. 고종황제의 밀사 李儁열사는 헤이그(海牙)의 만국 평화 회의에서 순국했고, 安重根의사는 哈爾濱역에서 강도 일본의 老猾(늙은 원숭이) 伊藤博文를 권총으로 통쾌하게 사살했었다. 그러나 우리 5천년 역사에 씻지 못할 치욕적인 소위 '경술한일 합방 조약'은 청천 벼락치듯 떨어지고 말았다. 강도 군국 일본이 궁궐과 장안을 겨누어 南山에다 대포를 걸고, 무력으로 강행한 조약이었다.

피가 끓는 선비, 어찌 안연히 앉아 있으랴. 梅泉 黃玹은 순국 자살했었고, 지사들은 捲土重來를 하기 위해서 해외로 망명도 하는가 하면, 국내에서 생명을 걸고 투쟁을 벌이었다. 이때, 만해도 비분 강개해서 만주로 내달았다. 나이는 33세(1911).

당시 만주에서는 우리 독립투사 李始榮・金東三・朴殷植・李東寧・李

東夏・尹世復 등이 조국 광복의 독립군을 양성하기 위해서 東昌學校(桓仁縣)와 興東學校(興京縣)와 新興武官學校를 설립하고 맹활약을 하던 중이었다.

만해는 동지들과 같이 義兵學校(懷仁縣)를 세우고 독립군을 훈련하는 한편, 두루 동지들과 方略을 논의하고, 독립군 학교를 방문 격려하기도 했었다. 원래 성격이 강직하고 의지가 군센 만해는 서슴잖고 直說을 하는 탓으로 본의 아닌 오해를 받아, 이때 어느 청년이 발사하는 권총에 피격되었다. 이것이 만해의 소위 '만주 권총 사건'이다.

만해는 그의 수기에서 이렇게 썼다.

> 조선 천지에 큰 바람과 큰 비가 지나가고 일한이 합방되던 그 이듬해이니, 아마 1911년 가을인가 보다. …… 나는 대삿갓을 쓰고, 바랑을 지고, 짧은 지팡이 하나를 벗삼아서 표현히 만주 길을 떠났었다. 그곳에서 조선 사람을 만나는 대로 …… 이역 생활을 묻기도 하고, 고국 사정을 전하기도 하였다. 그리고 그곳 동지와 협력 하여 목자를 잃은 양의 떼 같이 동서로 표박하는 동포의 지접할 기관과 보호할 방침도 상의하였다. …… 만주에서도 무섭게 두메인 …… 길이 차차 산골로 들어 '굴라재'라는 고개를 넘는데 …… 이때다! 뒤에서 따라오던 청년 한 명이 별안간 총을 놓는다! …… '땅' 소리가 나자 귓가가 선뜻하였다. 두 번째 땅 소리가 나며 또 총을 맞으매 그제야 아픈 생각이 난다. 뒤미쳐 총 한 방을 또 놓는데, 이때 나는 그들을 돌아다보며 그들의 잘못을 호령하였다. 그리하여 여러 말로 목청껏 질러 꾸짖었다. …… 피는 댓줄기같이 뻗치었다. …… 몸 반쪽을 떼어가는 것 같이 아프다! 몹시 아픈 것이 별안간 사라진다. 그리고 지극히 편안하여 진다. 생에서 사로 넘어가는 순간이다. …… 편안한 것까지 감각을 못하게 되니, 나는 …… 죽는 것과 같은 기절을 하였던 것이다.
>
> …… 피가 찰찰 흐르는 대로 …… 산을 넘어서니 그 아래는 清人의 촌이 있었다. 그곳・동장집에서 …… 나의 피 흘리고 온 것을 보고 부대 쪼각으로 싸매주었다. 이때에 나에게 총을 놓은 청년들은 그대로 나를 좇아 왔었다. 나

는 그들을 보고 '총을 놓을 터이면 다시 놓아라'고 대들었으나 …… 그대로 달아나 버리었다.

…… 총알에 뼈가 모두 으서져서 살을 짜개고, 으스러진 뼈를 주어내고 긁어내고 하는 데 뼈 긁는 소리가 바각바각 하였다. 그러나 뼈속에 박힌 탄환은 아직도 꺼내지 못한 것이 몇 개 있으며, 신경이 끊어져서 지금도 날만 추우면 고개가 휘휘 돌린다.

—「죽다가 살아난 이야기」

이렇듯 고된 시련! 아니 생사기로의 일순에서 권총으로 겨누는 청년들(세 사람)에게 추상같이 호령하며 꾸짖어 보낸 만해의 기상은 곧 혁명가의 기백이 아니고 무엇인가.

放浪의 異域에서 만해가 겪은 생사기로의 갖가지 시련이야말로 만해로 하여금 뒷날 생사를 초월하는 담력을 기를 절호의 기회였는지 모른다.

제2차 만주행에 앞서 만해가 飄然히 일본에 갈 것을 결심한 것은 30세의 장년 때이었다. 그는「시베리아 거쳐 서울로」에서 스스로 토로한 것과 같이 '安邊 釋王寺에 파묻혀 참선 생활을 하다'가, '동양 문명의 集産은 동경에서 되니'만큼 일본에를 가기로 한 것이다.

만해는 스스로 신문명의 지식이 빈곤함을 절감하고, 견문을 넓히기 위해 그야말로 '천 리를 바라보고자 다시 한층 다락에 더 올라간다(欲窮千里目更上一層樓)'고도 할 수 있으며, 또는 兵法의 '六韜三略'은 아니라 할지라도 '호랑이 새끼를 잡으려면 호랑이 굴에 들어가야 한다(不得虎窟 不得虎子)'는 격이 아니었을까? 그래서 不共戴天의 원수의 땅 일본에 뛰어가는 것이었다. 그러나 만해의 쓸개를 되씹는 듯한 뿌리 깊은 사상은 밑바닥에 서려 있을 뿐 漂逸하지 않으니, 갑 속의 寶劍처럼 깊이 감추어져 있었다.

한 줄기 바람은 저녁 하늘을 스치는데
파도는 부서지고 지는 해는 둥그렇다

보슬비 내리는 속을 배 한 척 잡아 타고
봄바람에 술 한 병 차고 일본 땅에 이른다.
(長風吹盡侵輕夕 萬水爭飛落日圓 速客孤舟煙雨裏 一壺春酒到天邊)

―「馬關船中」

이 馬關의 배 위에서 읊은 시와, 저 임진왜란 때 강화 사절로 일본에 가던 四溟大師의 시, "전쟁은 하룻밤 사이 산골 중까지 움직였다. 맨 손 빈 주먹으로 현해탄을 건너간다. 물방울은 날아서 보살복에 뿌리고, 사나운 바람은 불어 대장부 수염을 흩날린다(戰塵一夕勤袈裟 赤手空拳渡滄溟 海雨飛霑菩薩服 蠻風吹拂丈夫鬚)"를 대조해 보면, 만해의 심회를 짚어 볼 수 있음직하다.

봄바람에 훌쩍 일본에를 건너갔던 만해는 가을 하늘에 늠름하게 고국으로 돌아왔었다. 그간 東京 · 京都 · 日光 등지를 답파하면서 曹洞宗 대학의 和田斧山 교수와 禪問答을 酬酌하기도 했으며, 불교 유학생 李智光과 敍懷도 하고, 특히 유학 중인 崔麟과는 서로 志氣가 상통했으니 그야말로 峩峩曲과 洋洋曲을 타고 듣고 하였으리라. 만해가 일본에 건너가기 전에 安重根의사의 거사 소식을 듣고,

만 섬의 끓는 피여, 열 말의 담력이여!
벼르고 벼른 기상 서릿발이 시퍼렇다.
별안간 벼락치듯 천지를 뒤흔드니,
총탄이 쏟아지는데 늠름한 모습이여 !
(萬斛熱血十斗膽 淬盡一劍霜有韜 霹靂忽破寂寞夜 鐵花亂飛秋色高)

하고 읊던 만해가, 일본 체류 중 어느 날에는

영웅도 못 배우고 신선도 못 배우고,
뜻 못이룬 채 이 가을도 가는구나.

등불에 희끗희끗 비치는 머리칼,

어설픈 세월 속에 벌써 30 되었고나.

(不學英雄不學仙 寒盟虛負黃花緣 靑燈華髮秋無數 蕭雨雨聲三十年)

—「秋夜聽雨有感」

하고 읊조리던 울적한 심정이 동지 崔麟을 만남으로 해서 그 뜻을 펼 새로운 힘을 얻었다고나 할까?

## Ⅱ. 獄中의 獨立宣言

卍海의 뜻은 어디에 있으며, 무엇을 어떻게 했는가? 만해의 최고 목적은 조국 독립이요, 최후 행동은 항일 투쟁이었다. 만해가 3・1 운동에 생명을 걸고 일어선 목표와 방향도 뚜렷하고 투철한 조국 독립이요 항일 투쟁이었다.

이미 민중 봉기의 동학 혁명군에 가담했었고, 만주의 망명생활 속에서 피나도록 시련을 겪고 체험한 만해의 백절 불굴의 투지는 마침내 3・1 운동의 봉화를 높이 들고 앞장 서게 했다. 영웅이 때를 만났다고 할 수 있을 것이다. 만해는 처음 崔麟과 3・1운동을 획책하고, 천도교의 義菴 孫秉熙와 즉석 단판했으며, 기독교의 대표적인 南岡 李昇薰을 마침내 설득하였고, 유교의 거두 俛宇 郭鍾錫까지 움직여 독립 운동을 기동적으로 박차를 가하면서 실천해 갔다.

역사적인 3・1운동의 거사 당일에 명월관에서 '독립 선포' 취지를 강조하고, '대한민국 만세'를 선창한 것도 역시 만해였다. 3・1운동의 주역자로서 만해는 33인 동지들과 옥중 투쟁의 3개 원칙 ① 변호사를 대지 말 것, ② 사식을 받지 말 것, ③ 보석을 요구하지 말 것 등까지 결정하고 끝끝내 몸소 실천했다.

만해는 법정에 섰을 때 재판장의 人定訊問부터 묵살했다. 몇 회를 반복해 보아도 재판은 영영 진행되지 않았다. 하루는 재판장이 신문에 불응하는 이유나 좀 말하여 보라고 만해에게 요청했다. 그제야 만해는 "그래 조선 사람이 조선 독립을 선포하였는데, 어찌 일본 법관이 재판할 권리가 있는가?" 하고 반박 공격했다. 순간, 법정 안팎으로 입추의 여지가 없이 둘러 들었던 방청객들은 숙연히 다시 옷깃을 여미었다.

만해는 법정에서 「獨立宣言書」는 최초에 자신이 草한 것이며, 〈公約三章〉은 직접 자신이 첨가한 것이라고 확답했었다. 그래서 법정 심안의 촛점인 최초 주동자와 문제의 「독립 선언서」에 대한 책임을 한 몸에 몰아졌다.

만해는 옥중에서 쓴 그의 「朝鮮獨立理由書」에서, 자유를 획득하기 위해서, 평화를 확보하기 위해서 떳떳하게 목숨을 바치고 희생하는 것이 사람으로서 오히려 의의 있고 가치 있는 정당한 권리를 행사한 것이요, 신성한 의무를 다하는 것이라고 주장하면서 민족 독립의 이론을 체계화 하고, 투쟁 방안을 제시했다. 참고로 그 내용 체계는,

> 1. 概論 2. 朝鮮獨立宣言의 動機一 (1) 朝鮮民族의 實力 (2) 世界大勢의 變遷 (3) 民族 自決 條件 3. 朝鮮獨立宣言의 理由一 (1) 民族自存性 (2) 祖國 思想 (3) 自由主義 (4) 對世界의 義務 4. 朝鮮總督 政策에 對하여 5. 朝鮮獨立의 自信 등.

인 바, 치밀한 논리, 탁월한 식견, 정연한 이론으로써 조선 독립을 옥중에서 당당하게 주장함과 동시에 침략 일본을 준렬하게 통박한 글이다. 그리고 현시점에서 더욱 놀랄만한 점은 만해가 저 1919년에 벌써 장차 군국주의 일본이 제1차 세계 대전 때의 독일처럼 반드시 패망하고 말 것이라고 단언한 사실이다. 그만큼 先覺的이고, 生死가 안중에 없고, 또 3·1 당시에 있어서의 세계 대세에 정통하였던 만해는, 자유·평화·정의·민족 자결 원칙에 입각해서 조선 독립은 다만 시간문제뿐이라고 자신 만만하게 결론을 내렸다.

만해의 사상을 파악하기 위해서 「조선 독립의 서」의 내용을 요약해 보면, 첫째 '개론'에서

자유는 萬有의 생명이요 평화는 人生의 행복이라. …… 자유를 得하기 위하 여는 생명을 鴻毛視하고 평화를 保하기 위하여는 희생을 甘飴嘗하느니 此는 인생의 권리인 동시에 또한 의무일지로다. …… 자유여 평화여 전 인류의 요구 일지로다.

…… 전 세계를 대표할 만한 軍國主義는 서양에 獨逸이 有하고 동양에 日本 머 有하도다. …… 嗚呼라 '劒'이 어찌 萬能이며 '力'이 어찌 승리리오. 正義가 有하고 人道가 有하도다. 侵掠又侵掠 惡極又慘極의 軍國主義는 獨逸로써 最終幕을 演하지 아니하였는가? …… 독일의 劒다 短함이 아니거늘 전쟁의 終極을 고함은 何故뇨? 정의 · 인도의 승리요, 군국주의의 실패니라.

이렇게 종횡 무진한 이론으로써 제1차 세계 대전 때 침략주의 · 군국주의인 독일이 참패한 것을 신랄하게 비판함으로써 침략주의 야만 일본을 경고 통격하고 나서 다시 또 이어서,

…… 각 민족의 독립 自決은 自存性의 本能이며 세계의 대세며 神明의 贊同이며 전 인류의 未來 幸運의 원천이라. 誰가 此를 制하며 誰가 此를 防하리오.

하고, 세계 각 민족이 독립을 자유의사로 결정하는 것은, 當爲 이전에 본연의 자존권의 본능이기 때문에 제一차 세계 대전의 종결 후에 세계강화회의에서 이미 '민족 자결' 원칙이 제창되었으며, 또 자연의 正道 正義이기 때문에, 혹은 전 인류가 누릴 행복의 근원이기 때문에 제아무리 武力이라 하더라도 감히 '自決'을 억압하지 못하고, 제 아무라 총칼이라 할지라도 감히 '독립' 을 막지 못할 것이라고 갈파했다.

둘째, "조선 독립 선언의 동기"를 역사적 · 이상적 · 현실적으로 분석하여 3개항으로 나누어서 논증했다.

① 조선 민족의 실력 - 자존성이 강하고 당당한 독립 국민의 역사와 전통성이 있을 뿐 아니라, 능히 현대 문명에 나아갈 만한 실력이 있다고 주

장하고,

② 세계 대세의 변천–1차 대전 후 세계 평화를 촉진하기 위해서 이미 세계적 연방설, 세계적 공화설이 대두되고 있으니, 현재로부터 미래는 침략적 제국주의는 멸망하고 자존적 평화주의가 반드시 승리할 것이라고 단언했고,

③ 민족 자결 조건–미국 윌슨 대통령이 독일과의 강화 조약 14개 조항 중의 하나로서 이미 전 세계에 공인된 공언이며, 이는 장차의 희망 조건이 아니라 기성의 조건이며, 연합국 측에서 이미 폴란드의 독립을 찬성하였고, 체코슬로바키아의 독립을 원조한 것은 민족자결주의를 사실상 인증한 것이니 어찌 경하할 바가 아니냐? 고 일본에 대해서 반문 질책했다.

세째, "조선 독립 선언의 이유"를 4개 종목으로 밝히면서 '슬프다! 나라를 잃은 지 10년을 지내고, 독립을 선언한 민족이 독립 선언의 이유를 설명하게 되니 참으로 침통하고 스스로 부끄러움을 금치 못하겠다'고 비분강개했다.

① 민족 자존성–'자기네 민족이 다른 민족의 간섭을 받지 아니하려는 것은 인류 공통의 본성인 것이다. 이것에 대해서는 어떠한 사람이라도 감히 막지 못할 뿐만 아니라, 자기 민족이 자기네 민족의 자존성을 억제코자 하여도 불가능한 것이다. 이 자존성은 항상 탄력성이 있어서 팽창의 극도 즉 독립자존의 목적을 달성치 아니하면 정지하지 않는 것이니 우리 조선의 독립을 감히 침해하지 못할 것이다'라고 독립의 원리를 천명했다.

② 조국 사상–'越나라 鳥도 옛 보금자리가 그리워 남쪽 가지에 집을 짓고, 만주의 胡馬도 저의 깃든 곳이 그리워 북녘 바람을 향하여 우는 것은 그 근본을 잊지 아니한 것이다. 동물도 그렇거니 하물며 만물의 영장인 사람이 어찌 저의 근본을 잊겠는가. 근본을 잊지 못하는 것은 인위적이 아니요 천성인 동시에 또한 만물의 美德인 것이다. 그러므로 인류는 그 근본을 잊지 아니할 뿐만 아니라, 잊으려고 해도 잊지 못하는 것이다. 우리 반만 년의 역사를 가진 나라가 다만 군함과 대포의 수가 적음으로써

다른 민족의 유린을 당해서 역사가 끊어지게 되었으니 누가 이것을 참으며 누가 이것을 잊겠는가? 나라를 잃은 후로 역대 조상의 흐느끼는 모습을 보고 천지신명의 꾸짖는 소리를 들으니, 이것을 참는다면 죽음인들 어찌 참지 못하겠는가? 조선의 독립을 침해하지 못할 것이다'라고 본연의 애국 사상을 천명했다.

③ 자유주의-'인생으로서 생활하는 목적은 참된 자유에 있는 것이니, 자유가 있는 생활이 무슨 취미가 있으며 무슨 쾌락이 있겠는가? 자유를 획득하기 위해서는 무슨 댓가도 아끼지 않는 것이니, 즉 생명을 바쳐도 조금도 물러서지 아니할 것이다. 단 한 사람이 자유를 잃어도 천지의 평화로운 기운이 손상되는 것인데 어찌 2천만인의 자유를 말살함이 이렇게도 극심한가? 조선의 독립을 침해치 못할 것이다'라고 죽음을 두려워 않는 신념으로써 급소를 찔렀다.

④ 세계에 대한 의무-'민족자결은 세계 평화의 근본적인 해결책이다. 민족 자결주의가 성립되지 못하면 아무리 국제 연맹을 체결해서 평화를 보장할지라도 결국 수포로 돌아가고 말 것이다. 그러므로 조선 민족의 독립 자결은 세계 평화를 위한 것이요. 또 동양에 대해서는 실로 중요한 열쇠가 되는 것이다. 일본이 조선을 합병한 것은 일본 민족을 이식하고자 할 뿐만 아니라, 만주・몽고를 삼키고 지나 대륙까지 꿈꾸는 것이다. 침략주의 일본의 야심은 길가는 행인도 다 아는 것이다. 支那를 요리하는 데에는 조선을 버리고 딴 길이 없기 때문에 침략 정책상 조선을 유일한 생명선으로 아는 것이나 조선의 독립은 곧 동양 평화가 될 것이다. 조선의 독립을 침해치 못할 것이다'하고, 만주와 중국 본토까지 넘보는 침략주의 군국 일본의 야심을 지적 폭로하고, 조선 독립은 즉 세계 평화에 대한 신성한 역사적인 의무라고 대의명분을 천명하고 강조했었다.

네째, 「조선 총독 정책에 대하여」에서는 '일본이 조선을 합병한 후 조선에 대한 시정 방침은 '무력 압력' 4자로써 넉넉히 대표하겠다. 조선 민족은 일본 총독의 학정 밑에서 노예가 되고 우마가 되면서까지 10년 동안이나 반동도 일으키지 아니하고 입 다물고 복종했었다. 조선 민족은 실로 총독 정치를 중요시해서 반동을 일으키지 아니한 것이 아니다. 지엽적인 총독 정치쯤이야 문제시하지도 아니한다. 근본적인 한일합병을 파괴하고, 오직 독립 자존할 정신만이 우리 2천만 민족의 머리 속에 깊이 뿌리 박혔을 뿐이다'하고, 고차원적으로 지엽적인 총독 虐政쯤이야 상대하지 않고, 근본적인 한일합병을 두들겨 부수고, 독립한다는 애국 사상을 강조했다.

다섯째, 「조선 독립의 자신」에서는

① 조선 독립은 새로 국가를 창설하는 것이 아니요, 원래 고유한 독립국이 일시적인 치욕을 겪고 복구하는 독립인즉 국가의 요소 즉 토지・인민・정치가 조선 자체에 이미 만사가 구비되어 있으니 당당히 독립국이 되고도 남음이 있다고, 우리 국력을 인식케 했다.

② 만일 일본이 의연히 침략주의를 강제 계속하여 조선 독립을 부인하면 이것은 동양 또는 세계적 평화를 교란하는 것이니. 美日 전쟁이나 中日 전쟁을 위시해서 세계적 연합 전쟁을 재연할는 지 모를 것이다. 그렇다면 일본에 가담할 자는 혹 英國일는지? 이도 의문이다. 그렇다면 어떤 실패를 면할 것인가? 일본은 제2의 독일을 연출하고 말 것이라고 예언했다.

③ 일본이 넓은 소견으로 조선 독립을 솔선 승인하고, 중국과도 친선을 진정하게 발휘하면 동양 평화의 앞장을 일본 아니고 누가 서겠는가? 서반구에 미국이 있고, 동반구에 일본이 있을 것이니, 동양인다운 체통을 한번 발휘하는 것이 과연 어떠하겠는가? 일본인은 절대로 세계 대세에 반역하는 자초지화가 되는 침략주의를 계속하는 우거를 범치 말고 조선 독립을 앞장서서 승인해야 할 것이다.

④ 설사 이번에 일본이 조선 독립을 부인하고 무력으로써 현상유지가 된다 하더라도 인심은 물과 같아서 막으면 막을수록 터지는 것이다. 조선 독립은 산꼭대기에서 굴러 내려오는 바위와 같아서 목적지에 도달하지 아니하면 정지되지 않는 것이니, 조선 독립은 다만 시간 문제일 뿐이라고

그 필연성을 단언했다.

⑤ 일본인은 기억하라! 청일 전쟁 후 마관 조약과, 노일전쟁 후에 포오츠머드 조약 중에 조선 독립의 보장을 주장한 것은 어떠한 의협심이며, 그 조약의 먹발도 채 마르지 아니해서 휼계와 폭력으로써 조선 독립을 유린한 것은 어떠한 배신인가? 기왕지사는 그만 두고 장래를 경고한다! 오직 평화 일념만이 족히 서로 공존할 것이니 일본은 깊이 각성해야 할 것이라고 경고했다.

이렇듯 縱橫與奪의 논리로써 도도히 懸河의 無碍辯才로 '조선 독립은 다만 시간 문제!'라고 자신 만만하게 외치면서 추상같이 경고하고 벼락치듯 각성을 촉구했다. 이미 독립 운동에 목숨을 내어 놓은 만해의 심경은, 마치 저 刑場에서의 肇公 법사의 臨終詩 '몸은 원래 없는 것, 마음은 본래 공한 것! 머리를 시퍼런 칼날에 들이대니, 마치 봄바람을 치는 것 같구나!(四大元非有 五蘊本來空 以頸臨白刃 猶似新春風)하는 生死觀의 경지와 같았을 것이다. 이렇듯 만해는 사생을 초월하여 불의와 투쟁하며 정의의 化身처럼 끝끝내 굴하지 않았고 「독립 선언서」에 자신이 직접 첨가한 "공약 3장" 그대로 '최후 일각까지' 투쟁했다.

그런데 만해의 「조선 독립의 서」에서 특히 주목할 점은 그 독립 사상의 원천인 '자유주의' 정신이다. 만해의 '자유주의'는 조국 독립으로! 동양 평화로! 세계 평화로! 끝없이 志向해 가는 정신이다. 時空을 초월해서 '자유'를 길이 널리 밀고 나아가는 것이 그의 근본적인 사상이다.

만해는 '자유주의'로써 독립 투쟁에 앞장 섰고, 불교 유신 운동의 깃발을 쳐들었고, 「님의 침묵」을 터뜨렸던 것이다. 바꾸어 말하면 만해의 양심적・투쟁적 목숨을 건 자유주의는 마침내 만해로 하여금 독립투사로 일어서게 했고, 유신 운동자로 달리게 했고, 시인으로 빛을 발하게 했던 것이다.

## Ⅲ. 維新의 횃불

卍海는 왜? 무엇 때문에 불교 유신을 부르짖고, 유신 운동의 깃발을 들고 일어섰던가? 과연 불교만을 위한 유신운동이었던가? 순수한 신앙적인 운동이었던가? 만해 자신이 이미 그의 手記 「북대륙의 하룻밤」에서 '…… 나의 入山한 동기가 단순한 신앙만을 위한 것이 아니었던 만큼 ……'이라고 밝혔는데, 입산 동기가 단순한 신앙만을 위한 것이 아니듯, 만해가 「조선 불교 유신론」을 절규한 이면에는 다른 동기와 목적도 있었을 것이다.

사실 만해는 불교만을 위한 불교 유신 운동이 아니라 조국 독립 운동의 일환으로 일어섰고, 승려만을 위한 계몽 운동이 아니라 민족자존을 鼓吹하기 위한 一翼으로 정진했다고 보아야할 증거가 많다. 만해는 중이기 전에 뚜렷한 혁명적 지사였던 것이다. 만해가 본격적인 불교 유신 운동을 일으키기 이전에 벌써 朴漢永 · 張錦峯 · 陳震應 · 金鍾來 등과 제휴해서 全國 僧侶大會를 개최하고 親日派 승려 李晦光파의 賣宗的 음모 타도 분쇄하는 데 승리한 일이 있으며, 臨濟宗의 가치를 선명히 하고, 管長 金擎雲 老師의 署理가 되기도 했었다.

불교를 유신한다는 것은 불교가 신라시대로부터 우리 민족의 문화적인 정신적 지주이었으니 곧 민족정신을 고취 양양한다는 것이요, 승려를 계몽 격려한다는 것은 곧 승려로 하여금 현실적으로 민족전선에 자진 가담케 하는 것이니, 민족정기를 환기 고무한 것이 바로 만해의 '불교 유신 사상'이라고 보아서 틀림이 없을 것이다.

만해가 3 · 1운동 전야인 2월 28일 밤에, 그가 경영하던 『推心』 잡지사에서 당시 中央學林의 불교 유학생 金法麟 · 白性郁 · 吳澤彦 · 金祥憲 · 金奉信 · 鄭秉憲 · 金大鎔 · 申尙玩 · 朴玟悟 등에게 '독립 선언 삐라' 뭉치를 내어 주면서 '…… 군들과 이제 分手하면 언제 만날는지 알 수 없다. 조국의 광복을 위하여 決然히 나선 우리는 아무 罣碍도 없고 怖畏도 없다. 군들은 우리의 뜻을 동포 제위에게 널리 알려 독립 완성에 매진하라. 특히 군들은 西山 · 四溟의 法孫임을 굳이 기억하여 불교 청년의 역량을 잘 발휘하라. 밤이 벌써 자정이니 빨리 물러가라고 했다'한다. 이와 같은 대목만 보아도 만해가 불교 유신 운동을 기반으로 해서 얼마나 불교 학생과 청년층을 훈련했던가를 넉넉히 알 수 있는 것이다.

30대 만해의 불교 유신 운동은 어디까지나 독립 운동과 별개의 것이 아니라, 40대의 3·1독립 투쟁의 前哨戰인 것이며 3.1투쟁 출옥 후 에도 백절불굴하게 일제에 항거한 민중 대회 사건, 新幹會 조직 활약, 朝鮮佛敎總同盟 지휘, 卍黨 사건 등으로 이어진 독립 투쟁의 持久戰의 序戰으로 이해되어야 할 것이다.

그러면 만해는 무엇으로써 어떻게 불교 유신 운동을 전개하고 감행했던가? 사상이 없이 이론이 성립될 수 없고, 이론이 없이 실천이 있을 수 없다. '실천이 없는 이론은 풍전등화 같고, 이론이 없는 실천은 미련한 소걸음 같다(無行有智 如風時燈火, 無智有行 如牛步)고 唐나라 圭峯禪師는 일찌기 경계 했었다. 만해는 이 미 '禪'을 실천하고, 大藏經을 주물러 『佛敎大典』을 최초로 편찬한 불교계의 거벽인 만큼 이러한 불균형의 跛行的인 허점을 꿰뚫어 달관하고 있었다. 그래서 만해는 투철한 독립 사상에 『朝鮮佛敎維新論』으로써 무기를 삼고 懸河의 웅변으로써 전투적으로 불교 유신 운동을 전개해 갔다.

만해는 『조선 불교 유신론』 서문에서 그 취지를 이렇게 밝히고 있다.

> 내가 진작부터 불교를 유신할 뜻을 품고 조금 마음 속에 그려 보았으나, 다만 모든 일이 뜻대로 되지 아니하여 당장 실천에 옮기지 못하고, 한 개 무형의 불교 새 세계를 구구하게 글자로 얽어서 스스로 적막을 위로한다. 저 매화나무를 바라보고 잠깐 갈증을 면한 것도 또한 숨을 돌리는 방법일 것이다. 이 유신론이야말로 진실로 매화의 그림자이며, 나의 갈증에 타는 불이 내 몸을 태우는 것이다. 그러니까, 내 스스로 한 가지의 매화 그림자로써 시원할 한 줄기의 샘물로 들이대지 아니할 수 없다.
>
> 요즈음 불교계에 이렇게 날씨가 찌고 가물으니 우리들 중에 또한 갈증이

나는 사람이 있는가 모르겠다. 과연 있다면 이 매화 그림자로써 서로 이심 전심하기 바란다. 六波羅密 가운데 보시가 제일이라고 하니, 나 역시 이 매화 그림자를 보시하는 공덕으로 지옥을 면할까 말까?

(余嘗有志乎維新佛敎. 稍有成算於胸中者. 但事不從心. 未能遽行於世. 試說一無形之佛敎新世界於區區文字之間. 自慰寂寞耳. 夫望梅止渴 亦養生之一術. 此論固梅之影. 余之渴火焚身. 則自不得不以一梅之影. 當萬斛淸泉. 近來佛家. 早魃太肆. 未知吾黨. 余有渴者乎. 果有. 則願以此梅影相照. 聞六度之中. 布施爲最. 余亦以此布施梅影之功德 能免地獄世未.)

당시 불교계는 사상이 고갈되고, 신앙이 고갈되고, 지식이 고갈되어 질식 상태에 처했다고 만해는 진단하고 적신호를 올렸다. 이것은 곧 민족적인 신앙이 부패한 것이니, 그 쇠잔한 殘骸를 속 시원히 파괴하고 유신해야 한다고 적극적인 자세로 일어선 것이다.

이 유신 운동의 기본적인 목표와 방향은 민족적 · 종교적인 정신문화의 혁명이었으니 첫째, 소극적인 면으로는 당시 조선 불교의 정신 풍토에 깔려 있는 비종교적 · 비합리적 · 비시대적 · 비사회적 내지 토속적 · 미신적인 부자연스러운 요소의 인습과 形骸를 근본적으로 두들겨 부수자고 박차를 가한 것이요,

둘째, 적극적인 면으로는 불교 본연의 자세로 復歸하고 순수한 신앙의 새 윤리를 확립하여서 佛陀의 근본정신을 체득하자고 강조 역설한 것이요,

세째, 건설적인 면으로는 시대적 · 사회적인 요청에 부응할 역사적인 대중 불교를 실현하자는 사명감을 고취 촉구한 것으로 요약된다.

신념에 넘치는 30대의 만해는 '유신을 하기 위해서는 무엇보다도 파괴부터 해야 한다'고 단호히 주장했다.

유신이란 것은 무엇인가? 파괴의 아들이요, 파괴란 것은 무엇인가? 유신

의 어머니다. 천하 사람들이 어미 없는 아들은 없다고 말은 하면서, 파괴 없는 유신이 없다는 것은 간혹 알지 못하니, 어찌 저 比例의 학에 그렇게 어두울 수가 있는가? 저 파괴란 것은 무조건 부숴 없애 버리는 것이 아니라, 다만 시대에 맞지 아니한 구태 인습을 개혁해서 새로운 진로를 지향하는 것뿐이다. 말은 비록 파괴라고 하나 실은 파괴가 아니다.

보다 유신을 잘하는 것은 더욱 파괴를 잘하는 것이다. 파괴가 느리면 유신도 느리고, 파괴가 빠르면 유신도 빠르고, 파괴가 작으면 유신도 작고, 파괴가 크면 클수록 유신도 큰 것이다. 유신의 정도는 파괴의 정도와 정비례한 것이다. 유신은 무엇보다도 파괴부터 착수해야 한다.

(維新者는 何오 破壞之子孫也오 破壞者는 何오 維新之母也라 天下에 無無母之子則類能言之로되 無無破壞之維新則莫成知之하느니 何其於比例之學에 推知未速也오 夫破壞也者는 非毁撤而滅絶之謂也라 但革其舊習之不合於時者하여 使之向新而已라 名雖破壞나 實非破壞라 愈善維新者는 愈善破壞하느니라 破壞緩者는 維新이 緩하고 破壞速者는 維新이 速하고 破壞小者는 維新이 小하고 破壞大者는 維新이 大하느니 維新之程度는 當以破壞로 爲比例差라 維新之最先着手者曰 破壞是世니라)

이와 같은 만해의 『조선 불교 유신론』이 번개치듯 천하에 살포되고, 전국적으로 만해의 웅변이 폭포같이 쏟아질 때 우뢰 같은 박수와 환성이 터졌었다. 만해는 청중을 긴장 흥분의 도가니로 몰아 넣었었다.

만해의 유신론은 2~30대의 절대적인 호응과 지지를 받은 반면 5~60대의 냉소와 외면을 당하기도 했으니 여기에서도 新舊사상의 갈등을 볼 수 있었다. 그러나 젊은 만해는 의기충천하여 불교 유신 운동의 기관지로 『惟心』까지 발행하면서 3·1독립 투쟁의 전해까지 웅변으로, 논문으로, 행동으로 불교 유신 운동에 몸을 바쳤었다.

3·1투쟁의 출옥 후에도 불굴의 투지로 조선 불교 청년 총동맹을 이끌고 그 3대 강령인 ① 불타 정신의 체험 ② 합리 종정의 확립(政敎分立) ③ 대

중 불교의 실현의 기치를 들고 항거하는 한편, 불교 청년의 비밀 결사인 卍黨의 영수로서 만주사변 · 중일전쟁 · 2차 세계 대전을 이를 악물고 응시했다.

신라의 元曉가 『和諍十門論』으로써 通불교 즉 全불교를 지향했고, 고려말 이조 초에 太古가 圓融府로써 諸宗을 包括했듯이, 조국을 빼앗긴 만해는 일제 폭정하에서 신음 · 질식 · 빈사 상태에 처했던 조선 불교를 진단하고 수술을 가하고 소생시키려 한 혁명적인 선각자였으니, 당시 불교계의 여망이 어떻게 컸었는가는 조선 불교 대표 선거에서 상대방이 18점, 만해가 422점으로 당선된 사실만 보아도 짐작할 수 있을 것이다(당시 필자도 직접 開票委員의 한 사람으로 입회했었다). 그러나 밖으로는 당시의 정치적 여건, 그리고 안으로는 불교계의 化石化된 안일한 보수성 때문에 선각자의 혁명적인 경륜은 횃불에 그쳤을 뿐 燎原의 불길처럼 번져가지 못한 채 해방을 맞고 그 제기된 문제들의 불씨는 오늘날까지 숙제로 남아 있다.

참고로 『조선 불교 유신론』의 구성 체계는 다음과 같다.

> 緖論, 論佛教之性質, 論佛教之主義, 論佛教之維新이 宜先破壞, 論僧侶之教育, 論參禪, 論廢念佛堂, 論布教, 論寺院位置, 論佛教崇拜之塑繪, 論佛家之各樣儀株, 論僧侶之克服人權이 必自生利始, 論佛教之前道가關於僧尼嫁娶與否者, 論寺院住職選擧法, 論僧侶之團體, 論寺院統轄, 結論.

### Ⅳ. 莊嚴한 悲願

만해의 불교 유신 운동이 순수한 불교 신앙만을 위한 것이 아니라 독립 운동의 일환으로 추진되었듯이 만해의 문학 사상도 그의 독립 사상과 둘이 아니고 오직 '하나'일 따름이다.

만해의 '근본 사상'은 원래 '하나'일 뿐 둘일 수 없으니 그러면 그 '근본 사상'이란 무엇인가? 앞서 말한 바와 같이 그것은 '자유주의'인 것이다. 따라서 만해의 독립 사상은 抗日하기 위해서 일시적 · 소극적으로 돌출한 것이 아니고 영구적・근본적인 '자유주의'에 뿌리박은 것이며, 그 자유주의는 '佛陀의 자유' '達磨의 평등' '僧伽의 평화'를 기반으로 한 자유주의인 것이다.

만해의 독립 사상은 '민족자존'(조선 독립의 서)을 도모 회복하는 항일 투쟁이니 민족자존은 곧 '자유'의 획득을 의미한다. 이 '자유'는 자연과 인생 본연의 천부적・절대적인 생명(조선 독립의 서)이다. 즉 '眞我一法身(眞理의 本體)'이다. 眞我의 본질은 원래 '평등'해서 '마음과 부처와 중생의 三位가 차별이 없다'고 부처는 「華嚴經」에서 갈파하였다. 이 평등 원리로써 水平的인 인류 사회를 실현해서, '평화'를 확보하고 행복을 누리도록 투쟁한 것이 곧 만해의 근본 사상인 자유주의인 것이다. 다시 말하면 만해는 '자유주의'로써 '평등원리'에 입각하여 '평화세계'를 실현하기 위해서 최후일각까지 투쟁 않을 수 없었다. 釋迦牟尼가 보리수 아래서 魔軍을 항복 받듯…….

만해의 근본 사상인 자유주의를 행동적으로 실천에 옮긴 것이 곧 만 해의 독립 투쟁이요 불교 유신 운동이라면, 그 자유주의를 목마르게 절규 호소한 것이 곧 그의 문학이요 「님의 침묵」이다.

만해의 '자유주의' '독립 사상' '문학 사상'은 마치 불교의 圓異三點처럼 不卽不異한 관계에 놓였다. 원이삼점은 3개의 점이 또렷한 점으로 보아 併合된 것이 아니요, 가는 획으로 서로 이어졌으니 또한 별개의 것도 아니다(三點各別 非併, 細劃相連 非別) 즉 셋이면서 하나요, 하나이면서 셋인 것이다.

만해의 문학 사상은 한 마디로 그의 '자유주의'가 自由奔放하게 터져 나온 것이다. 만해의 문학 —특히 「님의 침묵」은 자유분방한 사상의 濃度가 세련된 글을 통해 共感의 정서로 승화되고 밀착된 감동력을 지닌 신비한 순수 문학이다. 만해는 수많은 시조・소설・수필・기행문・漢詩 등을 썼으나 그 중 「님의 침묵」은 그의 대표작으로 이미 정평이 있다.

「님의 침묵」 한 권만으로도 선생의 시는 현대시의 고전이 되었다. …… 사설체 문장 …… 선생의 시체는 지금까지 영향력을 몇 시인을 통해서 지니고 있다. 그 세대, 그 연령의 시인으로 후세에 남을 작품을 끼친 이는 오직 선생이 있을 뿐이다.

— 趙芝薰 「韓龍雲論」

그의 문학사적 위치는 『님의 침묵』 단 한 권으로 결정적인 중요성을 갖게 되었다 .…… 만해는 우리 근대사에 있어서 거물인 그만큼 또한 우리 문학사에 있어서 거물이다.

— 廉武雄 「萬海 韓龍雲論」

한국 현대 문학은 민족적 투쟁의 의지력으로 판단해야 할 조건, 즉 反식민지적인 정신에 투철한 동시에 문학으로 향기와 미를 갖추어야 한다. 이러한 조건에서 이룩된 최초의 작품이 아마 한용운의 「님의 침묵」일 것이다. …… 李歇河 교수는 이미 일제시대에 한국 현대시로서의 한용운의 「님의 침묵」을 문학 작품으로 국제적인 수준에 내놓고 보아도 가장 훌륭한 것의 하나라고 논하였다. 이양하 교수는 외국 문학에 대한 소양이 앞서 있었으므로 「님의 침묵」이 얼마나 훌륭한지 알 수 있었던 것이다.

— 洪以燮 「韓龍雲의 民族精神」

「님의 침묵」이다. 이 시집은 장차 이 나라의 문학사 뿐만 아니라 사상사에서도 중요한 위치를 끝내 차지하리라.

—宋稶 「詩人 韓龍雲의 世界」

이상에서 보듯 만해는 한국 근대사에 있어서 독립 투쟁사에, 불교사에, 문학사에 그리고 사상사에 길이 남을 자취와 영향을 남겼다. 진리를 터득하고 몸소 실천한 사람은 이렇게 진리와 더불어 時空을 꿰뚫고 넘어서 길이 사는 것이다.

한편 「님의 침묵」이 발표되자 朱耀翰은 長文의 독후감(비평문?)을 『동아일보』에 발표했는데, 동양의 예술 · 종교 · 철학 · 도덕 · 윤리 · 인생관 · 세계관 등이 난만하게 무르익은 것이 곧 「님의 침묵」이라고 극찬했다. 문학사적으로 한국 시문학 사상 新詩體 아닌 新詩의 초창기에 누가 현대시를 嚆矢的으로 썼느냐 하는 문제는 자명해질 연구 과제인 것으로 안다.

그럼 만해 시문학의 가장 뚜렷한 핵심이 되는 '님'은 과연 누구일까? 그 정체는 무엇인가? 어떤 것일까?

우선 몇 사람의 견해를 옮겨 보기로 한다.

> 선생의 평생의 '님'은 '민족'이었다. …… 선생의 님은 중생이요, 또 한국이기 때문에, 한국의 중생 곧 우리 민족이 그 님이었다.
>
> — 趙芝薰 「民族主義者 韓龍雲」

> 그의 님은 佛陀도 異性도 아닌 바로 日帝에 빼앗긴 조국이었다.
>
> — 鄭泰鎔 「現代詩人硏究」

> 님은 어떤 때는 불타도 되고, 자연도 되고, 일제에 빼앗긴 조국이 되기도 하였다.
>
> — 趙演鉉 「韓國現代文學史」

> 내가 그리워하고 저쪽에서도 그리워하는 것이 다 '님'이라는 이 '님'은 곧 한국이었다.
>
> — 洪以燮 「韓龍雲의 民族精神」

> '님은 과연 누구일까?' …… 님이란 애인이요, 불교의 진리 그 자체이며, 한

국 사람 전체를 뜻한다. 그렇다. 이 시집의 주제는 이 나라에 살고 있는 모든 사람이다. 중생이다.

— 宋稶 「詩人 韓龍雲의 世界」

數種의 '님'들을 다 인정하는 불교에서 말하는 이른바 '중생'을 그의 대표적인 '님' 으로 확정하겠다.

— 朴魯埻 · 印權煥「韓龍雲 硏究」

이상과 같이 '님'을 추출한 해석은 十人十色이라기 보다도, 각각 일리가 없는 것은 아니나 그것은 다만 만해의 서문(「님의 침묵」)과 시작품에만 너무 지나치게 집착한 결과인 것으로 보인다. 만해의 '님'에 대한 문제는 좀처럼 歸一되지 아니한 채, 또는 귀일될 수도 없게, 그만큼 앞으로도 검토되고 논란이 거듭될 것이 아닌가 본다.

그런데, 그토록 만해가 갈구하고 절규한 '님'은, 진정 만해가 문장화하기 이전의 만해의 '님'을 똑바로 탐색해서 발견해야 될 것이다. 문장에 의해서, 그리고 문장 밖에 초롱초롱하고 초연하게 占坐하고 있는, '님'을 조용히 '마음의 눈'으로 찾아야 한다는 말이다.

그 님은 과연 무엇일까? 대관절 누구인가? 時空에 처해 있으면서 또한 시공을 초월하고, 초월했으면서도 항상 처해 있는 不生 · 不滅의 '님' 엄연히 존재하는 그 '님'은 곧 절대적인 '絶對自由' 곧 '眞我'이다.

이 '님'이야말로 만해의 말 그대로 '님만 님이 아니라, 기루운 것은 다 님'인 것이다. '구속을 받지 않는 님!' '그림자가 아닌 님! 오직 그 '길을 잃고 헤매는 어린 양'에게 미소를 안겨 주고 싶은 것이 만해의 크나큰 정신이요, 철저한 주의요, 열렬한 사상이며, 장엄한 悲願이었다.

님이 사랑의 상징이라면 사랑은 그리움의 발로다. 님이 그리움의 대상이라면 그리움은 사랑의 갈구다. 님과, 그리움과, 사랑으로 이루어진 것이 「님의 침묵」이다. 나라를 빼앗긴 것은 자유를 빼앗긴 것이요, 자유를 빼앗긴 것은 곧 생명을 빼앗긴 것이요, 생명을 빼앗긴 삶은 그대로 죽은 삶이다. 때문에 '님'을 목마르게 절규하다가 온통 몸이 타버린 것이 만해요, '타고 남은 재가 다시 기름이 되어' '그칠 줄을 모르고 타는 가슴'으로 목메인 피를 되씹으며 핍진하게 부르짖은 것이 바로 만해의 「님의 침묵」이다.

침묵! 침묵은 오히려 침묵이 아니다. '슬픔이 힘을 옮겨서 새 희망의 정수배기에 들어부으면서' 「님의 침묵」을 '님의 노랫가락으로 역력히 듣는다'는 것이니 곧 維摩의 一默이 十笏方丈의 대중에게 獅子吼로 들리는 장면이다.

'님'으로 이루어진 88편의 그 그리움과 그 사랑이 서로 交徹 영롱한 것이 비단 장막에 진주를 뿌린(裁羅張裏 撤眞珠) 듯하며, 重重無盡한 帝網珠 같이 신비하게 不思議의 華藏刹海를 방불케 하고 있다.

문장의 技法을 보면 불교 철학의 변증법적인 논리를 다분히 등장시켜서 문득 독자로 하여금 매혹 긴장케 하여 스스로 생명력을 포착케 한다.

> 남들은 님을 생각한다지만
> 나는 님을 잊고자 하여요
>
> —「나는 잊고자」

이별이 없는 사랑은 사랑일 수 없다. 이별 없는 사랑처럼 보리뜨물 같은 사랑은 더 없을 것이다. 이별은 사랑의 열도로 온 몽둥이를 불사르는 것이다. 생명보다 사랑하는 애인을 사랑하기 위해서, 진정 사랑을 위해서 사는 것은 죽음보다도 오히려 더 큰 희생임을 각오하고 살아야 만 한다는 것, 그것이 바로 혁명가다운 만해의 진면목이 아닌가?

> 사랑의 이별은 이별의 반면에 반드시 이별하는 사랑보다 더 큰 사랑이 있는 것이다. …… 생명보다 사랑하는 애인을 사랑하기 위하여는 죽을 수가 없

는 것이다.

진정 사랑을 위하여는 괴롭게 사는 것이 죽음보다도 더 큰 희생이다.

—「離別」

자유를 빼앗었기 때문에, 그 반면 보다 더 큰 진정한 자유를 근본적으로, 영원히 획득하기 위해서는 어떤 희생이라도 달게 받겠다는 투지와 결심을 이미 「조선 독립의 서」에서도 표명한 바 있다.

비밀! 視·聽·觸覺을 통해서 감지할 수 있는 비밀쯤이야 그게 무슨 비밀이겠는가. 설사 以心傳心으로, 閃光的으로 點頭하다손 치더라도 그 비밀은 벌써 비밀이 아니다. 진정한 비밀은 말로도 형언할 수 없고, 마음으로도 짐작할 수 없는(言語의 道가 斷하고, 心行의 處가 滅함), 소리 없는 메아리 같은 것이라고, 만해는 '마음의 칼자루'를 늠름하게 어루만진다.

그 밖의 비밀은 한 조각 마음이 되어 당신의 꿈 속으로 들어갔읍니다.

그러고 마지막 비밀은 하나 있읍니다. 그러나 그 비밀은 소리 없는 메아리 같아서 표현할 수가 없습니다.

—「秘密」

이 「비밀」은 고차원적인 '禪의 경지'를 터뜨린 것이다(禪宗의 公案에 無響谷·無陰陽地·無根樹). 만해가 갈구하고 염원하고 획득하기 위해서 서릿발 같은 기백, 칼날 같은 투지로써 투쟁하는 '절대 자유'는 영원한 비밀이니, 그것은 곧 생명이기 때문이다. '도를 도라고 입만 달싹 해도 벌써 떳떳한 도가 아니요, 이름을 이름이라고 입만 벙긋해도 벌써 떳떳한 이름이 아닌(道可道 非常道 名可名 非常名) 것과 다름없을 것이다. 만해는 이렇게 영원한 '비밀'을 간직한 채, 자기의 목숨을 내어놓고 '苦侍'하는 것이다.

당신은 나로 하여금 날마다 날마다 당신을 기리게 합니다.

우주와인생의 근본 문제를 해결하는 대 철학은 눈물의 三昧에 入定되었읍니다.

나의 '기다림'은 나를 찾다가 못 찾고 저의 자신까지 잃어 버렸습니다.

—「苦待」

이렇게 애타게 "苦待"하는 만해는 臨戰無退, 一路邁進하는 無我의 경지에 돌입하여, 獅子奮迅으로 최후 일각까지 勇往邁進하는 것이다.

一言而蔽之하고, 『님의 침묵』 88편은 맑은 예지, 날카로운 감각, 투철한 통찰력, 풍부한 정서, 與奪自在한 技法, 역설적인 논리, 섬세한 감정, 자유스런 언어 구사로 형상화된 「詩經」이요 '님의 철학'이다!

# 편지

『나라사랑』 26, 1977.3

ㅊ님, 오늘은 말문이 열리는가 봅니다. 어느 마음 한 구석이 바늘귀만큼이나 뚫리는 것 같습니다. 불현듯 펜대를 들고 싶은 충동이 가슴을 치밀어 대는 순간입니다. 아니, 애용하는 파카 51을 빼어 들었습니다.

아침 일찍 허허벌판에 세워진 공중누각과 같은 산골 변소에 앉았노라니, 긋날을 깎는 듯한 눈 위의 찬바람은 매섭게도 볼기짝을 휘들어 갈기기만 합니다. 장목을 도끼로 툭툭 쳐서 엉성하게 지은 원시적인 건물(?)이기 때문입니다.

문짝 아닌 문짝과 같은 판자쪽 틈으로 바로 내려다보이는 시냇물은 제법 꼴꼴 콸콸콸 소리를 높였다, 낮추었다 장단 가락을 맞추어 흐르는 것이 제격입니다. 운치이기도 합니다.

어느새 따스한 봄기운이 대지를 감싸는지, 꽁꽁 얼어붙었던 얼음장이 풀리기 시작한 듯 시냇돌이 옹기종기 머리를 뾰쪽 들었습니다.

겨우내 얼음짱 밑으로만 숨 죽여 흐르던 물소리가 오늘 아침 비로소 퍼지는 햇살을 받아 생명의 소리를 내는 것만 같습니다. 신기롭기만 합니다.

ㅊ님, 나도 이제는 뜨거운 숨결이 터지는 성싶습니다. 몸이 화끈하고 손발이 누긋누긋한 듯합니다. 뜨거운 피가 머리끝까지 도는 것 같습니다.

무엇인가 하고 싶은 충동이랄까 의욕이 북받칩니다. 삶의 맛이 이처럼 강렬(?)한가 모르겠습니다. 희열에 벅찹니다.

ㅊ님, 외솔회 『나라사랑』 편집실로부터 수필 5장을, 지난 12월 30일까지 써달라는 청탁장을 받았읍니다. 아니, 108번의 회원인 제가 명령을 받은 셈입니다. 군대 입영 영장과 같이 …… 하하.

허나 오늘은 우선 이 편지나 씁니다. 1월 8일 충남 공주군 대본산 마곡사 전문강원 원장으로 단신 부임했읍니다.

황진경 주지, 김범진 총무의 간청에 감격한 바 있었기 때문입니다.

또 후진을 위해서 성의를 바치고도 싶은 마음에서입니다.

〈시조 시인〉

# 신앙 혁명을 일으킨 법장들 (1)

이 시점에서 다시 생각해 볼

『법성』 50, 1977.9

## 1, 대각국사는 신앙혁명의 선구자

대각국사(大覺國師 : 서기一0五五 ~ 一一0一)는 고려 초기에 우뚝 솟은 국가의 대들보다. 눈이 번쩍 뜨이는 '신앙혁명'의 선구자이다.

### (1) 그의 출가와 동기

대각국사는 고려 문종(文宗)의 넷째 왕자로 탄생하였다. 어머니이신 왕후 이씨가 용이 품안에 안기는 상서로운 꿈을 꾸고 임신하여 분만하니 향기가 궁중에 서리었으며 어렸을 때부터 머리가 자못 총명하여 일람 첩기, 여러 형제간 중에 뛰어났었다. 하루는 문종왕이 여러 왕자에게 "누가 출가하여 능히 국가와 국민에게 복전(福田)이 되어 이익케 하겠느냐?" 하였다.

대각국사가 공순히 일어서서 "소자가 감히 출가할 뜻이 있사오니, 원컨대 윤허하여 주소서!" 하였다. "어머니의 상서로운 꿈이 과연 맞쳤구나!" 하시며 문종왕은 기꺼이 승낙하였다. 이윽고 화엄종 경덕(景德)국사를 궁중으로 청좌하여 삭발을 시키고, 국사를 따라 영통사(靈通寺)로 가게 하였다. 十월에 불일사(佛日寺) 계단에 나아가 수계하였는 바, 연령은 11세였다.

### (2) 그의 유학과 위대한 발원

대각국사는 조금도 쉬지 않고 조석으로 꾸준히 학문을 닦아 이미 성인이 되었으며, 꿈에 징관(澄觀)법사의 글을 받은 후로는 더욱 혜안이 열렸다. 대・소승의 경・률・론과 계률종・법상종・열반종・법성정・원륭종・선적종과 범학(梵學)을 깊이 연구하지 아니한 것이 없으며, 유교・노자・장자학과 제자(諸子)・백가서를 두루 섭엽하여 지식이 해박하고 논리가 종횡무진하므로, 비록 노숙(老宿) 대덕이라도 스스로 따르지 못하겠다고 찬양하여 명성이 국내에 널리 떨치니, 대종장(宗匠)이 출현하였다고 일컬었다. 문종왕(一0六九)이 '우세승통(祐世僧統)'을 제수하시었다. 대각국사가 선종(宣宗) 二년(一0八四)에 당시 중국-송나라로 유학(求法)하고자 하였으나, 나라에서 출국할 것을 승낙치 아니하므로 뜻을 이루지 못하였다. 다시 결심하고 다음해 四月 八日에 선종왕과 어머니신 태후께 상소문을 써 놓고, 서인의 차림으로써 제자 수개(壽介)를 데리고 밤중에 송나라의 상선을 타고 송나라의 판교진(板橋鎭)에 무사히 도착하였다. 송나라 철종(哲宗) 황제가 주객원(主客員)에게 명령하여 대각국사를 북경 계성사(啓聖寺)로 안내하고, 수일간을 수공전(垂拱殿)에서 환영연을 베풀어 융숭하게 접대하였다.

대각국사는 황제의 각별한 도움을 받아 화엄종의 유성(有誠)법사・원소(圓炤)선사・서천三장 천길상(天吉祥)・화엄좌주인 정원(淨源)・ 불인(佛人)선사・천태종의 자변(慈辯)법사 등 50여명의 선지식을 친견하고 문답 청법(聽法)하였으며, 인가(印可)를 얻었다. 그 중에 선지식들이 대각국사를 찬양하고, 인가한 대표적인 법어의 예를 들어 보면 대개 이러하다. 원소선사는 "법을 구하기 위하여 목숨을 돌아보지 아니한 것이 선재동자와 같으니, 불꽃 속에서 피는 연화 같도다" 하였고 불인선사는 "이 세상에서 희유하게 만난 것이, 마치 공자가 온백설(溫伯雪)을 만나는 것 같아서 척 보니 도덕이 장하도다" 했으며 또, 정원법사는 "비범한 법기(法器)를 늦게 만난 것이 한스럽도다. 혜사(慧思)대사가 지자대사를 보고 영산회상의 옛 인연이라고 했듯이, 오늘 승통이 이렇게 찾아온 것은 어찌 전생숙연이 아니겠는가" 하였다.

국사는 유성법사와 현수(賢首)・천태(天台)의 교학이 서로 같은 점과 다른 점이며, 화엄종과 천태종의 심오한 뜻을 문답하고 진지하게 토론하였는 바, 유성법사는 '의상대사의 후신(後身)'이라고 칭송하였다. 또 정원법사에게 화엄 대의를 수강하고, 전법의 신물(信物)로 향로와 불자(佛子)와 경을 받았으며, 또 자변법사에게 특청하여 천태종의 경・론을 수강하였다. 자변법사는 강설을 마치고 "이제사 비로소 천태법맥을 부촉(전수)하게 되었다"고 격찬하였다. 대각국사가 최후로 천태산에 나아가서 지자(智者)대사의 부두를 친견할 때에 발원문을 지어 탑전에 맹세하되 "큰 스님께서 일찍이 五시 八교로써 부처님의 一대시교를 판단하신 오묘한 뜻을 들었습니다. 본국(고려)에는 전에 제관(諦觀)법사가 있어 교관을 전하였으나, 지금은 법맥이 끊어진지 이미 오래 되었으므로 제가 굳센 뜻을 발하여 목숨을 걸고 법사를 찾아 법을 구하던 차에, 다행히 금번에 자변법사에게 교승을 이어 받았습니다. 본국에 돌아가서 이 목숨이 다할 때까지 널리 선양하여 전법하겠습니다" 하니, 이 순간에 지자대사의 탑이 세 바퀴를 돌았다. 이것이 바로 지자대사의 감응이 아닌가. 대각국사의 순교一념의 지성인 것이다. 지자대사는 천태교관을 친히 대각국사에게 전수한 것이며, 대각국사는 직접 지자대사의 법맥을 이어 받은 증명이다.

곽시쌍부(槨示雙趺)와 같은 거룩한 환희의 장면이다. 이것이 스승과 제자의 일심(一心)이요, 일시(一示)인 것이다. 묘법의 혜명은 이와 같이 시간을 초월하여 三세를 一관하고, 공간을 초월하여 十방에 두루함을 확실히 알겠다. 만일 대각국사가 아니었다면 어떻게 메마른 우리 三천리 강토에 대승 묘법의 감로법비가 흐뭇하게 나리겠는가. 우리 겨레의 마음-심전에 싹이 트고, 아름다운 꽃이 피겠는가.

### (3) 귀국하여 일으킨 신앙혁명!

대각국사는 구법(求法)하기 14개월 만에 귀국(一0八六)하였다. 중국 북경을 비롯하여 남경방면이며, 천태산까지 행각하여 50여명의 고승 석덕을 친견하고 혹은 문답 혹은 청강 혹은 토론을 전개하여 一대 법전(法戰)을 전개하기도 하였으며, 인가와 전법의 신물을 받기도 하였으니 이야말로 눈부신 활동이었다. 용맹정진이 아닐 수 없으며, '법을 위하여 목숨을 바치는 것!' 바로 그것이었다. 더구나 천태 지자대사의 탑에 친견예배하고 굳은 맹세로서 발원할 때의 상서야말로 감격적이요, 법열이며 영산회상이 다시 이 사바세계의 지구상에 재현한 것이 아니고 무엇이겠는가. 대각국사는 '법화정중'에서 천태 지자대사로부터 친히 '천태교관 중흥 법장(法將)'의 인가를 받고, 가피를 입은 것이었다.

위대한 대각국사는 어떻게 '신앙혁명'의 활동을 전개하였던가? 무엇을 시정하였던가? 또 무엇을 제고(提高) 지향하고 주장하여 관철하였던가? 이에 대각국사는 불연히 일어섰다.

○ 국가와 사회에 대하여

첫째, 당시 국가 사회의 소위 지도층 인사들이 권리와 명예를 획득하기에 마음이 들뜨고, 사리사욕에 혈안이 되어 양심을 잃고, 국정(國政)을 문란케 할 부패의 뿌리를 척결(剔抉)하여 명랑한 정치풍토로 복귀케 하고자 한 것이요.

둘째, 소위 학자들이 연구는 하지 않고 천박한 식견과 문귀나부라기나 가지고 자만하는 폐풍을 일소하고 학구본연의 자세로 되돌아와서 진리를 탐구케 하는 것이요.

셋째, 국민들의 몽매한 습속을 타파하고, 국민들로 하여금 건전한 윤리를 지키며 건설적인 공중(公衆)도의 생활을 영위케 하자는 것이다.

○ 종교에 대하여

첫째, 선종은 경 · 론을 의지하지 않고, 이심전심만 주장하는 것은 상근기에는 그럴듯하지마는 하근기는 다만 들은 풍월로 자칭 깨달았다고 하고서 三장 十二분교를 멸시하니 이 어찌 잘못이 아닌가? 반드시 경 · 론을 겸수하여 사와 정을 비판할 안목을 가져야할 것이요.

둘째, 교종은 광문박식이나 일삼고 문지유희에 그칠 뿐 경 · 론을 통하여 뜻을 연구하고 뜻을 파악하여 심법을 깨닫지 못하니 이 또한 그릇된 것이 아닌가? 반드시 교관을 닦아서 묘법의 진리를 증득하여야 할 것이요.

셋째, 율종은 계률의 조문만을 헤아리고 몸으로만 근사하게 지킬 뿐, 계률로 말미암아 정혜 지관(止觀)을 익히고 닦을 줄 모르고 등한시 하니 이것도 또한 폐단이 아닌가? 반드시 지관 정혜를 닦아서 불법의 진수를 체득하여야 할 것이다.

대각국사는 이렇게 대내 대외적으로 정신운동, '신앙혁명'을 질풍노도와 같이 일으켰다. 운동의 깃발과 세력은 천동하는 것 같았고, 우박이 퍼붓는 것 같았다. 국사는 어디까지나 도리를 밝혀서 폐단을 바로 잡고, 그릇된 학설(曲學)을 물리치고 묘리(妙理)를 제시하기에 전력을 투입하였다. 국사에게 심복하기도 하고, 기꺼이 따르는 지도층 인사와 학자도 있는 반면, '정의의 화신'인 국사를 시기하는 무리가 있고, 훼방이 들끓어도 국사는 한결같이 묘승의 도리에 유유히 자처할 뿐 털끝만큼도 마음이 동요되지 않고 끝끝내 꿋꿋하였다. 이 어찌 '법화정력'이 아니겠는가.

시간이 갈수록 편견 망집자가 머리를 고치고 생각을 돌려서(참회) 불교의 '근본 묘리의 학'을 힘써 연구하는 경향이 두드러졌으니, 이 또한 국사의 온화한 도덕과 외외(巍巍)한 법력이 아니겠는가. 대각국사가 '一승묘법의 교관'을 널리 홍천(弘闡)하고자 하여 '홍법 동지 도만'을 천하에 공모하였는바, 각종파로부터 운집한 법사로서 덕린(德麟)·익종(翼宗)·경란(景蘭)·연묘(連妙) 등이 각기 문도들을 거느리고 참석하여 국사의 제자가 되었다.

숙종(肅宗) 二년(一0九六) 五월에 대각국사가 국청사(國淸寺) 주지로 진산(晉山)하는 법식에서 '해조음(海潮音)'을 떨쳐 법화묘법의 一십三관의 진리를 제창하니 많은 사람들이 중도 제 一의 제의 무생법인(無生法忍)을 얻었으며, 일시에 각 종파의 학자들이 국사의 바다와 같은 도덕과 수미산 같은 법력을 흠모하여 낡은 종단을 버리고 스스로 귀의한 수가 거의 一천명이나 되었다. 장하도다. "천태종이라면 세상 사람들이 입을 모아 한결 같이 대각국사는 백세의 종장(宗匠)이라고 하니 어찌 믿지 않겠는가"하고 김부식(金富植)은 대각국사 비문에 적었다. 三천리 강토는 대각국사의 법화삼매의 광명에 빛났고 온 국민은 대각국사의 '묘법의 법열'에 가슴이 뿌듯하고 살이 무럭무럭 쪘다. '一승묘법 三지三관'이 아니면 어찌 이러한 국태민안의 태평성대를 누릴 수 있겠는가. 十원실성이신 본사 부처님과 영산회상의 四대보살님의 무량하신 자비원력에 머리가 저절로 숙여진다. 감축하기 그지없다. 대각국사는 지지대사의 후신이 아닐까? 四대보살의 화신이 아닐런가? 오늘에 한번 살펴보자! 원광법사가 五계로써 화랑도를 수련시켜서 통일신라를 이룩하였다면 오늘의 우리들은 '희三귀一'의 위대한 '법화사상'을 믿고 수련하여 국토통일 · 민족통일 · 사상통일을 최후까지 완수하여 민주 조국을 확립하자!

무엇보다도 우리 법화계통은 '희三귀一'의 부처님의 위대한 정신을 받들어 솔선 통합하여 교세를 확장하고, 조국에 공헌하여 새 불교를 건설하자! 대각국사의 '신앙혁명'사상은 우리 혈관에 오늘에도 뛰고 있지 않는가?

※ 참고문헌


1. 大覺國師牌文(林存撰 · 金富植撰)
2. 大覺大和尙基誌銘(朴浩奉撰)
3. 大覺求法始興台宗(李能和著)
4. 朝鮮禪敎史(忽滑谷天著)

# 한국불교에 바라는 사회적 여망

『법륜』 107, 1978.1

### 1. 호국불교의 이념과 방향은 어떤가?

우리나라와 우리 국민의 지상 과제인 통일 과업 앞에 불교로서의 호국 대열을 편성하고 일사분란하게 매진해야 할 것은 너무나 당연한 일이다. 두 말할 필요조차 없다. 그렇기에 '호국불교'의 깃발을 드날리고 모든 불교 행사에 있어 하나도 '호국불교'요, 둘도 '호국불교'인 것이다. 그 불꽃같이 치솟는 애국열에 머리를 숙이지 아니할 수 없고, 감격의 물결에 온 몸이 흥근했음을 다시금 깨닫게 된다. 헌데 여기에는 무엇보다도 한 점 아쉬움이 있다. 그것은 바로 '호국불교'의 '지도이념'이요, '방향설정'인 것이다. 가장 뚜렷해야 할 것은 이념을 앙양하는 깃발이어야 하고, 방향이 선명한 행진이어야 할 것이다. 신라 · 고려 · 이조시대의 군왕이나 왕족위주의 수복강녕을 기원하는 법식을 일종 호국 불교로 착각해서는 안 된다. 우리가 당면하고 있는 이 시점에 있어 오늘의 호국불교는 그 이념과 방향을 모든 불교학자들의 일치된 결론으로써 정립하지 않으면 안 된다. 그러기 위해서는 불교기관에서 '호국불교'의 세미나 같은 것을 개최할 것이 시급하지 않은가.

### 2. 참신한 종교체제의 구축은?

불조의 혜명상속은 불교도의 윤리요, 전법포교는 불제자의 절대 사명이다. 뉘라서 아니라 부정할 수 있으랴. 그러기 위해서만 종단존립의 필요성을 인증하게 되는 것이다. 그 이외의 목적은 있을 수도 없고, 용납되지도 않는다. 바로 종헌이 사자후를 부르짖는 것도 그 때문이 아닌가. 그러나 오늘의 종단이 과연 그 사명을 완수하고 불조에 대하여 부끄러움은 없는지 생각해 볼 문제다. 신문이나 각종 매스콤을 통해 밖으로 흘러나오는 일련의 종단 사태를. 화합이라는 의미를 지닌 승가가 아닌가. 뜻있는 불자들에게는 실로 뼈마디가 저리도록 슬픈 일이 아닐 수 없다. 질서가 문란하면 혼란에 빠지고, 혼란에 빠지면 자멸하고 마는 것이 철칙인 줄 안다. 종단의 지도자는 물론 전 불자들이 한시바삐 반성하지 아니하면 안 될 것이다. 무엇보다도 서릿발같이 엄정한 기강이 서야할 것이다. 창의력과 박력이 있는 참신한 인물이 등장해야 할 것이다. 오늘이라는 현대를 통찰하고, 미래를 내다 볼 원대한 안목의 소유자라야 할 것이다. 특히 젊은 세대를 앞장세우지 아니하면 소생할 길이 막히고 말 것이다. '미래는 청년의 것'이 아니라 '현대가 바로 청년의 것'이란 것이 오늘의 흐름이다. 종단은 젊어져야 한다. 그래야만 한국 불교가 비로소 발랄하게 생동할 것이라 확신하는 바이다.

### 3. 선구자적 길을 걸어야.

밖으로 보이는 오늘의 한국불교는 방향감각조차 잃어버린 것 같다. 선장도 선원도 없이 난항을 거듭하고 있는 것이 부인 못할 오늘의 종단 실정이다.

그 원인이 무엇인지 분석해 보았는지 궁금하다. 현재와 같은 난항이 오늘에 와서 처음 비롯된 것은 결코 아니다. 정화 이래 일 년이 멀다하고 일어나던 풍랑이 아니던가. 그러면 지금쯤에는 안정을 되찾고 풍랑을 이겨나갈만한 힘이 길러졌음직도 한 세월이다. 그런데도 아직 난항한다고 하면 무엇인가 또는 어디엔가 결함이 있다는 것을 말해준다. 이것을 찾아야 한다. 이 결함을 찾아 철저히 분석하고 그 원인을 제거해야 할 것이다. 그렇지 않고서는 언제까지나 이런 전철을 되풀이 할 수밖에 없다. 이것이 끼치는 영향이 종단 자체에만 미친다면 자기만을 생각하는 사회인들로부터 비난이나 지탄은 커녕 언급조차 받을 필요가 없을 것이다. 그러나 불교는 한국의 전통 종교인 동시에 1600년의 유구한 역사를 자랑하는 우리민족의 정신적 지주였고 한국문화의 산실로서 그 역할을 다 해왔다. 그런데 이 정신적 지주가 흔들린다는 것은 곧 사회가 흔들리게 된다는 의미와도 같다. 우리 민족이 마음의 고향을 잃어버리게 되는 것과도 상통된다. 그래서 지금 이 시간에도 하나 둘 회의를 품고 이탈해 가는 심각한 위기에 봉착해 있는 것이다. 우리들의 정신지주는 정녕 우리를 미아로 만들고 거센 파도에 그대로 팽개쳐 버릴 것인가.

물론 불교가 지금까지 사회에 기여한 바도 컸고 또 불교자체의 내실을 튼튼히 하기도 했다.

교계 일각에서는 끊임없이 포교활동도 하고 외국과 학술 또는 문화교류도 갖는가 하면 저술, 역경 등 각종 행사가 다방면에 걸쳐 대중 속에 파고들고자 안간힘을 쓰는 것도 사실이다.

그러나 어느 누가 그런 노력들을 장하다고 하는가. 하나도 장할 일이 못되는 것처럼 대중은 알고 있다. 그래서 그런 일들에는 아무런 언급조차 하지 않는 것이다. 그러나 각종 매스콤을 통해 흘러나오는 부끄러운 사건들. 한 가지 사건만 터져 나와도 입을 모아 욕을 한다. 그래서 열 가지 잘하던 일도 한 가지 비행으로 전부 덮여 버리는 것이다. 이것은 무엇을 의미하는가.

종교인은 선구자다. 남들이 걷지 않는 길을 앞장서서 걷고 앞에서 남들을 끌어 주어야 하는 것이다. 선구자가 뒤에서 남들처럼 서성대고 있다면 이는 선구자라 할 수 없다. 제가 할 일을 다 못하기 때문이다.

평범한 사람이 앞장서서 이끌게 되면 위대한 일이지만 선구자가 앞장선다는 일은 지극히 당연할 뿐 대수로운 일이 못된다. 앞서 말한 각종 활동들도 마찬가지다. 그 활동들은 당연히 해야 할 일이므로 구태어 찬사를 보낼 일이 못된다. 그러나 후자의 사건들은 그렇지 못하다. 그들이 해야 할 당연한 일을 망각하고 평범한 사람들과 같이 행동했기 때문이다. 이건 궤도 이탈이다. 정상궤도에서 이탈하게 되면 남에게 돋보이고 비난을 받게 된다. 항상 레일 위를 달리는 기차는 힘든 레일위에서 운행할 때는 당연한 것이며 어쩌다가 한번 탈선하면 그 동안의 운행 공적은 아무런 도움도 못되고 비난만 받게 되는 것이다.

따라서 선구자는 힘든 길이라도 끊임없이 나아가야 하는 것이 비난을 면하는 최소의 사명이다. 잘해도 찬사를 못 받고 못하면 비난을 면할 수 없는 고된 길이지만 끝없이 구도의 길을 걸어야 하는 것이 성직자임을 깨달아야 한다. 범속한 사람들도 그러한 성직자에게만 자신의 심신을 바쳐 의지할 수 있다는 것을 아울러 깨달아야 할 것이다.

### 4. 신앙혁명이 일어나야 한다.

불교의 실천이상은 파사현정이요, 혁범성성(革凡成聖)이다. 이것이 불교의 본령이다. 불교의 근본정신이다. 다시 말해서 부드러운 말씨로 회사귀정(回邪歸正)이요, 전미개오(轉迷開悟)인 것이다.

하여간 일단 대성존이신 부처님께 귀의한 몸이라면 불・보살님 이외에는 예배를 하지 않아야 할 것이다. 불제자는 부처님의 정법으로써 모든 중생을 제도할 정신(正信)의 법장(法將)이기 때문이다. 봉황의 새끼를 하루아침에 깠어도 봉황이요, 천년 묵은 멧새는 아닌 것이다.

불제자라면 누구나 이러한 긍지와 사명을 가지고 사이비 불교와 미신적인 요소를 지닌 불교를 뿌리 뽑아야 할 것이다.

이러한 무리들 때문에 정법이 침해되는 일이 얼마나 허다한가. 불교를 모체로 번식해가는 사이비 종교들. 그러면서도 정법과는 판이하게 그들 나름대로 만든 법에 의거하여 자행하는 비법행위들. 이런 것들이 그 얼마나 불교에 악영향을 미치고 욕되게 하는가.

부처님의 정법・정신(正信)의 영역을 침식하고, 난무하는 모든 미신적 요소들을 깡그리 제거할 수는 없을까. 그래서 순일무잡(純一無雜)한 정통불교만이 남아야 한다. 그래야만 참다운 호국불교를 소생시킬 수 있고, 불제자가 된 사명을 다하고, 보람을 느낄 수 있을 것이다. 그래야만 국민정신을 바른길로 이끌어 국가의 번영을 능히 도모할 수 있고 인류의 행복을 북돋울 수 있을 것이다.

### 5. 남발적인 불사행위는 지양돼야

달마대사는 양무제(梁武帝)의 묻는 말이 떨어지기가 바쁘게 청천벽력같이 고막이 터지도록 할(喝)을 가하였다. "조금도 공덕이 없다!"고. 양무제(梁武帝)가 불상을 조성하고 탑을 세우고, 승려에게 도첩을 준 공덕을 물었을 때의 이야기다. 이는 정작 본래면목의 본분을 망각하고 다만 '유주상'으로 불사를 하였던 탓이다.

그렇게 보면 외형적인 불사나 시주만을 많이 한다고 해서 모두 공덕이 되는 것은 아니다. 무엇보다 마음이 중요한 것이다. 준다는 생각 없이 주고 받는다는 마음 없이 받아 꼭 필요하고 요긴한 불사를 하는 것만이 보시하는 사람이나 받아서 불사하는 사람 모두가 공덕이 되는 것이다.

정법・정신(正信)의 종단은 깊이 생각해야 할 문제다. 무조건 불사만 많이 하면 제일이라는 생각을 배제하고 어느 것이 시급한 것인지 절대 필요불가결한 것인지 일관성 있는 계획 하에 불사를 하도록 권장해야 할 것이다.

오직 순수 불교의 신앙만이 불교가 살고, 모든 불자가 살고, 국가가 번영하고, 인류가 복되게 사는 길인 것이다.

### 6. 신도참여의 기획・운영이 당연

부처님의 제자는 4부대중이다. 그러므로 종단의 구성분자는 곧 4부대중인 것이다. 두 말하면 오히려 잔소리다.

종단의 모든 기획과 운영에 신도가 참여해야 한다는 것은 너무나도 당연한 상식이다. 이 문제가 오늘에 이르도록 재론이 된다는 그 자체부터가 우스꽝스럽다.

한국 불교는 이렇게 폐습적이고, 인습적인 후진성을 탈피하지 못했기 때문에 제자리 걸음보다도 오히려 낙후되어 있는 것을 오늘의 현상이 웅변하고 있지 않은가?

승려라면 법사의 품위로써 사무를 지휘나 하고, 실무는 신도가 다루어야 한다. 승려와 경리사무는 십만 팔천리가 되어야 비로소 승려의 위엄이

설 것이다. 신성한 대우를 받을 줄 알아야 될 것이 승려다. 왜 대우를 받을 줄 모르며 받으려 하지 않는가. 따분할 뿐이다.

신도가 기획·운영하는 것이 종단의 발전에 활력소가 되고 발전이 가속화될 원동력인 것이다. 경비조달의 책임은 신도가 지고, 전법포교의 임무는 승려가 완수해야 한다. 승려로서의 신성한 특권(?)은 전법포교가 아닌가?

### 7. 대중 포교의 기동화

(1) 신도를 조직, 점검해서 통계를 파악해야 한다. 산발적이고 개인 본위의 신앙풍토를 개선하여 단결 단체의식을 고무선양해서 공동신앙체로서 공동보조의 행동통일을 취하도록 지도해야 할 것이다.

(2) 포교사단을 편성해서 교화구역을 지정배치하고 그 실적을 평가해야 하며, 기한부로 교화구역을 교환 전근할 필요가 있다.

(3) 종단 간부와 사찰 주지는 의례 포교사가 되어야 한다. 포교사 자격을 갖고 동시에 포교능력이 있는 인물을 등용해야 할 것이다. 포교는 곧 교세확장이기 때문이다. 이렇게 인사행정의 질서가 설 때 승려들은 스스로 자질향상에 눈을 뜨고 분발 전진할 것이다.

(4) 연간 설교집을 발간하여 보급시킬 필요가 있다.

### 8. 건설적이고 생동적인 불교를

재래의 소비적인 불교행사 즉 예수재니, 방생재니, 미신적이니 탱화불사(?) 등을 하루 빨리 지양 일소하고 복지사회에 기여하는 대중포교에 도움이 될 행사를 눈부시게 해야 한다. 젊은 세대와 지식층을 위한 교화 시설에 눈을 뜨고 앞을 다투어 일어서야 할 것이다.

퀘퀘묵은 소비적인 모든 불사는 국민대중으로 부터 외면을 당할 뿐만 아니라 교단 스스로 쇠퇴하고 말 것이다.

불교지도자와 승려와 신도는 다 함께 맹성하고 재출발하지 않으면 안 된다.

현대를 외면하고 너무나 뒷걸음질을 하고 있는 것이 오늘의 불교가 아닌가.

### 9. 산발적인 종단 통합의 필요성

종단의 존립가치는 객관적으로 투철한 역사성이 있어야 한다. 즉 위대한 명안종사에 의한 특징 있는 종지와 특색 있는 종풍이 형성되고, 동시에 귀의 제자와 대중과 근본도량이 있음으로써 자연발생적으로 성립되는 것이다.

그럼에도 불구하고 한국불교의 종단은 사찰재산 관리법에 의거해서 그야말로 우후죽순격으로 양산된 것이 거의 전부다.

개중에는 사이비 종단, 미신투성이의 종단, 유명무실의 종단이 있는가 하면, 게다가 무주공당의 종단도 없지 않다. 이런 것들은 역사적인 정통불교를 먹칠하기 일쑤다. 각 종단은 자진해서 유형별로 통합해야 할 것이다. 그렇지 않으면 타력적인 통합의 화물차를 합승하지 아니 할 수 없을 것이다.

지혜 있는 사람은 화재예방을 미리 하는 것이다. 이것이 바로 생명과 재산을 보존할 줄 아는 슬기로운 사람이다. 묻노니 종지 · 종풍이 유사하고, 더구나 소의 경전이 동일함에도 불구하고 통합을 불응하고, 거부하는 것은 그 무엇 때문인가. 호양의 정신을 발휘해야 한다. 진정 불교의 발전을 위해서 세운 종단이라면 이야말로 순일무구한 신심으로써 진정 불교의 번영을 위해서 기꺼이 자진 통합의 백우승(白牛乘)을 탈 때가 바로 오늘이다. 불교역사를 창조할 용기는 없는가? 통합으로의 힘을 뭉쳐야 할 것이다.

통합하는 종단 책임자는 오늘의 일꾼으로서 길이 한국불교의 역사를 장식하게 될 것이다. 천고의 역사를 한번 돌이켜보고, 원대한 안목과 예리한 통찰력으로써 거듭 영원한 미래를 내다보아야 할 것이다.

〈시인〉

# 植民地치하의 韓國佛敎

『법륜』 111, 1978.5.1

아주 추림을 거듭해서 중점적으로 중요사실만을 열거해 보겠다.

### 1. 신앙자유 억압정책

군국주의 일본제국의 야만적인 무력강압에 5천년의 대한제국은 순국의 선혈을 흘리는 반면에, 매국노에 의해서 적국 일본과 합방의 막을 마침내 내리고 말았다.

이것이 바로 경술년 8월 29일의 역사적 국치인 것이었다.

이어 식민지의 총독정치는 신앙자유까지 억압하는 악랄한 독수(毒手)를 마구 휘두르기에 여념이 없이 자행하였으니, 그것이 바로 '사찰령'이요, 소위 '30본산 사법'이었던 것이다. 승려는 지식층이기 때문에 항일 독립사상과 독립운동을 미리 탄압하려는 저의와 흉계로 이루어진 각본임은 두말할 나위도 없는 것이었다.

하여, 총독정치는 사법으로서 전국사찰을 30개 본말사로 확정해서 30개의 독립국(?)체제를 형성하여서 전국 불교를 난도질, 분산시켜 놓았다. 한 덩어리의 총체적인 행동 통일을 방지하기 위한 야비한 수단에서이다.

이러한 총독정치의 야심적인 장단에 양심을 팔고 얼빠지게 침을 흘리며 8대 장삼의 춤을 추는 친일파 주지승이 36년간에 새끼를 치기도 했었다.

우리의 문화전통, 우리 민족정신의 기간이요, 주축인 우리 불교를 일본 조동종과 조약을 체결한 주지승도 있었고, 독립사상의 상징이기 때문에 소위 내선일체(內鮮一體)의 황민화(白民化) 운동을 저해한다고 하여 사명대사의 비석을 때려 부셔 산산조각을 낸 주지승도 있었다.

## 2. 중앙기관과 교육열과 포교활동

그러한 반면에 대다수의 양심적인 본산주지들은 망국의 한을 씹으며 서울 창신동(현재 창신 초등학교 위치)에 연락 집회소로 원흥사(元興寺)를 창설하고, 인재를 양성하기 위해서 전문정도의 명진(明進)학교를 설립함과 동시에, 민중을 계발할 목적으로 수송동(현 숙명여고 부속건물 위치)에 중앙 포교당인 각황사(覺白寺)를 개설했었다.

명진학교는 중앙학림으로 개칭되었으나 3·1운동으로 말미암아 폐교된 후에는 다시 중앙 불교전수학교로, 중앙 불교전문학교로, 혜화전문학교로 발전했던바, 이것이 현재 동국대학교의 전신인 것이다.

또 각황사는 조계종 총본사 태고사로 그 체제가 정비되었던 것이, 오늘의 조계사로 변모한 것이다.

사회교육 사업으로는 3·1운동 직후에 재단법인(60만원) 조선불교 중앙교무원을 설립하고, 천도교로부터 보성고등보통학교(현 보성중고등학교)를 인수해서 20년 이상 경영하다가 무상 양도했었다. 중앙불교전수학교를 설립하기 위해서 앞의 60만원 재단에 40만원을 증자했던 것이다.

뿐만 아니라 30본산에서는 해를 거듭할수록 서울로, 일본으로 유학생을 대량 파견했었고, 각본말사 단위로는 고래의 전문강원을 확충해서 도제양성의 피치를 올렸었다. 교육의 전성기라고 해도 과언이 아닐 정도였었다.

그 당시 상해 임정휘하에서 활약하던 백성욱은 독일로, 김법린은 프랑스로 각기 유학했었다.

서울의 각황사 포교당에 이어 각본말사는 도, 군단위로 포교당을 신설하고 국민계몽에 박차를 가했었다.

특히 주목할 것은 원흥사 연락집회소가 각황사 시대에는 30본산 주지연합회로, 종무원으로, 중앙교무원으로, 종교종 총산사 태고사로, 이렇게 종통을 혁혁하게 이어왔었다.

또 앞의 백만 원의 교육재단은 오늘의 동국재단으로 성장한 것이다.

### 3, 불교유신운동과 독립운동

천추에 씻지 못할 한·일합방의 역사적인 치욕의 격랑 속에서도 개화의 물결은 거세고, 신사조에 눈을 돌릴 겨를이 없었던 것이다.

당시의 조선불교계도 예외는 아니란 것보다도 오히려 몇 세기를 앞서 가는 원대한 안목의 소유자가 도사리고 응시하면서 사자후를 외쳤으니 그가 곧 한용운이었다.

저 유명한 한용운의 불교유신론은 본분종사인 덕산방(德山棒), 임제할(臨濟喝)보다도 오히려 청천을 찢는 벽력이 아닐 수 없었다. 승려와 지식층은 눈이 휘둥글하고, 귀가 멍했었다. 박한영장, 금봉과 뜻을 같이하여 발전적인 불교종무원을 설립한 것도 또한 한용운이었다. 한용운은 김종래, 박한영, 장금봉, 진진응과 궐기하여, 일본 조동종과 조약을 체결한 매불(賣佛)친일파 이효광승을 영호양남의 송광사 대회에서 일거해 타도하고 임제종관장으로 선암사 김경운(擎雲)대강백을 추대하였으며, 그 실무서리에 한용운이 당선됐었다.

당시 불교계는 유신의 새바람에 들끓었었다. 고식적인 침체상태에 빠졌던 불교계에 활력소가 아닐 수 없었고 빈사상태에 헤매던 승려들에게 산소호흡이 아닐 수 없는 정론이기 때문이었었다. 불교는 바야흐로 일대 활로를 찾게 되었었다.

그리고 한용운의 영호양남 순회강연은 입추의 여지가 없을 뿐만 아니라, 간 곳마다 우레같은 박수 갈채로 산을 울렸었다. 인기는 절정에 달했었다.

뿐이랴, 3·1운동의 최선봉에 우뚝 일어선 한용운은 알몸으로 자유의 적 군국주의 일본헌병과 대결했고, 목숨으로 평화의 적 침략주의 일본총검과 맞붙었었다.

최초에 최린과 극비리에 3·1운동을 획책한 것도 한용운이요, 최후까지 머리를 쌀쌀 흔들면서 천근만근 언연부동 백절불굴한 것도 또한 한용운이었다.

칠천명 승려 중에 오직 한용운 하나요, 삼천만 민족 중에 오직 한용운 하나가 있었을 뿐이다.

조국이 한용운을 낳았다면, 불교는 한용운을 키운 것이 아닐까. 선천적인 한용운의 기개와 담력은 불교의 "삶에 애착이 없고, 죽음에 공포가 없다 =生無愛着, 死無恐怖"는 생사일여의 도가니에 단련되었고, "미래제가 다하도록=盡未來際…" 하는 굳센 의지력은 신앙의 결정체가 아닐까 ……

한용운은 신이 아니고, 인간이기 때문에 정의를 위해서 똑바로 꿋꿋하게 살았고, 불보살이 아니고, 민족이기 때문에 조국을 님으로 믿고, 조국을 님으로 사랑하고, 조국을 님으로 만들고, 님으로 부르면서 최후까지 눈송이처럼 깨끗하게 살았었다.

불교가 생동할 길, 겨레가 살아갈 길을 지사 한용운은 제고했었다.

따라서 불교청년회가 전국적으로 조직 활동하였고, 불교청년 총동맹으로 발전하여 사찰령 철폐운동에까지 돌진했었다.

동시에 전국불교 학인연맹도, 중앙불교학생회, 일본동경 유학생회도 맹렬한 활동을 전개했었다.

소위 대동아 전쟁이 발발한 때에는 卍당이 지하운동으로 들어갔었다. 실로 줄기찬 사상운동이었었다.

#### 4, 문화사상과 친일잔재 추방

한국불교계는 8·15해방을 맞아 30본산 대표자대회를 태고사(현재의 조계사)에 개최하고 제일착으로 친일파 중의 색출 추방할 것이 만장일치로 가결되었다. 방법은 무기명 투표였었다.

하나 놀랄 것 없었다. 지공무사하게 행해진 신성한 투표가 부처님의 광명 가운데서 엄숙하게 개표되지 아니하였던가.

집계한 결과는 쓸개까지 송두리째 빼서 총독부 문턱에 걸어놓고, 이차대전 중에 신짝이 앞으로 갔다, 뒤로 갔다 열광적으로 내선일체 황민화운동에 능청감투를 쓰고, 사냥개 충성을 다한 중이 영예의 17표를, 천하기

술자 석공을 불러서 사명대사비를 산산이 깨어 부수고 훈일등공 일급의 왜놈의 훈장에 꺼덕대던 중이 제이의 영예로 13표를 각각 획득했었다.

즉석에서 친일파 중으로 단정해서 추방했던 것이다.

한국 승려는 고유 문화전통의 사상을 지니고 살아왔기 때문에, 능히 파사현정의 힘을 발휘할 수 있는 양심의 소유자였던 것이다.

원광법사의 애국통일 사상, 서산, 사명의 호국충정사상, 한용운의 항일구국 사상은 식민지 치하의 신앙탄압이 강하면 강할수록 더욱 불붙었었다.

〈시인〉

# 예술가와 그 예우

『오늘과 내일』, 동서문화원, 1978

藝術과 人格과의 그 限界를 어떻게 線을 그어야 할까.

예술은 가장 高度化한 作品이 아닐까. 人生으로서의 眞·善·美를 끊임없이 追求한 結晶體라고 할까.

그런가 하면 人格이란 人間으로서의 피나게 닦고 쌓아올린 서릿발 같은 매서운 梅花 香氣같은 高貴하고 高尙한 作品이라 하겠다.

하여간 그 빛은 寶石보다도 오히려 아름답고 값지며, 水晶보다도 한결 맑고 透明한 것이 아닐까.

한데, 나는 어느 날 三伏 무더위를 무릅쓰고 어느 書藝大家 親知에게 어느 單行本의 題目의 揮毫를 請託하게 되었었다.

내 自身이 이미 이 程度의 謝禮는 缺禮가 될 뿐더러, 오히려 本意아니게 辱되게 함이 아닐까 하고 무척 망설이고 躊躇도 하다가, 다만 親分만 믿고 스스로 勇氣를 내어 訪問하였던 것이다.

아니나 다를까. 卽席에서 날보고 봉투를 까보라는 것이다.

訪問한 뜻을, 實情을 미리 이야기하고 바다같은 너그러운 雅量을 求하였지만…….

當場 벼락(?)이 떨어진 것이 아닌가.

"人格에 관한 것이요" 한다.

나는 얼굴이 화끈하기는커녕, 나도 모르는 사이 웃음이 나오며 "서로 因緣으로 알아주시요"하고, 眞摯하게 너그러움을 거듭 願했다.

"다른 데는 一0萬원인데…"

"앞으론 이런 것을 맡지 마시요!"

하는 警告(?) 注意(?)를 發한 것이었다.

나는 隔意없는 情다운 그 말을 흐뭇하게 받아 드렸다.

'藝術家의 權威를 認識'하고 '藝術品의 價値를 認定'하라는, 해야 한다는 좋은 말을 들었기 때문이다.

앞으로는 나도 應分의 禮遇를 갖추어야만 비로소 人格을 尊重하는 것이 되겠구나 하고 속마음을 가다듬었다. 아무렇거나 좋은 知識을 배운 것이다.

그도 그럴 것이다. 當然한 말이다. 眞情 수긍이 간다.

人格尊重이란 다만 마음으로만 해서는 안 된다. 尊重하는 마음의 表示는 그만큼 視覺的인 物質的인 禮遇가 따라야만 된다는 한 개의 산 眞理를 알았다.

親切히 일러주는 그 고마움을 거울삼아 다시는 缺禮되는 짓을 하지 않기로 속다짐했다. 그러나 그 比重을 달아볼 저울이 없는 것이 아쉽다.

交分이 깊고, 親分이 두터울수록 그만큼 그의 人格을 누구보다도 내가 앞서서 尊重해야 할 것은 두말할 나위도 없다.

作品 무릇 글씨 · 그림 · 彫刻 · 글월들을 希望하고 願할 때는, 그의 作品을 소중히 여기고, 보배로 여기느니 만큼 그와 相應 正比例되는 謝禮를 해야 할 것은 너무나 當然한 常識이다.

平生을 배우도 못다 배운 것이 人生인가 보다.

애당초 내 自身이 그렇게 꽉 막힌 사람은 아닌 것 같은데, 살다보니 그런 付託의 걸음을 아주 딱 잡아 뗄 수도 없는 것이 平素 나의 性格인지도 모르겠다.

나대로의 性格은 세상의 禮道에 발맞추기 어렵다는 點을 스스로 採點하지 않을 수 없다. 率直한 心情이다.

작품을 목마르게 願하는 사람과 이에 酬應할 作家와의 사이에 선 내 自身은 무척 딱한 處地에 놓인 것 같다.

이러기도 어렵고, 저러기도 어렵지 않는가.

그러나 한 걸음 나아가 생각하면 어려운 處地가, 바로 사람 살아가는 길이요, 재미가 아닐까.

어려운 處地없이 살아가는 生活처럼 멋쩍은 生活은 없을 것 같다.

가다가 어려운 處地에 가로 놓인 것을 귀찮게 여길 것도 아니요, 싫어할 것도 아니다. 그렇다고 自請할 것도 또한 아니다.

그저 '因緣 따라서' 닥치는 대로 그 어려움을 고맙게 받아 드리는 것이 살아가는 보람이 아닐까.

어려움의 障得物을 걷고 헤치며 슬슬 나아가는 것은, 그건 멋일지언정 괴로움은 조금도 없다.

내가 바보라서 그런지 ……

아니면 다만 經이나 보고, 詩나 읊는 세상 物情을 모르는 철부지라서 그런지 ……

아무튼 人生은 끝없이 試鍊을 겪는 것인가?

試鍊을 겪을 줄 아는 것이 人生이 아닐까?

# 끝에 적음

『의상대 해돋이』, 한진출판사, 1978

詩는 말의 藝術이 아니다. 글월의 表象도 아니다.

詩는 오직 마음의 울부짖음이다. 情의 하소연이다. 恨의 爆發的인 노래이다.

말의 詩는 眩惑되기 쉽고, 글월의 詩는 絢爛하기 십상이다.

시는 비록 말과 글월로 이루어지긴 하나, 眞實로 말과 글월을 뛰어넘어야 한다.

그렇다고 하여 아주 말과 글월을 여읜 것도 아니다. 要는 그 不卽不離의 深奧한 한 點의 妙味 즉 이미지(心像)가 浮刻되어야 비로소 可히 詩라 할 것이다.

따라서 詩로서의 評價對象이 될 것 아닌가 한다.

詩가 根本的으로 되고, 안 된 것과 結果的으로 잘 되고 못된 것은, 오직 한 마디의 말과 글자 하나에 있을 뿐이다.

이 한 마디의 말과 글자 하나는 머리로 窮理해서 되는 것이 아니라, 靈感的으로 閃光처럼 솟구쳐 튀어 나와야 하는 것이다.

헌데 마음의 울부짖음은 같이 울고 울게 하고, 情의 하소연을 같이 주고받고 속삭이며, 恨의 노래는 불현 듯 미칠 듯이 뛰고 춤추며 즐기는 것인가 한다.

아무렇거나 詩는 作者가 따로 없고, 讀者가 따로 없는 것이다. 누구나가 한 時代의 울부짖음을, 하소연을, 恨을 다만 先唱하였을 뿐이다.

흥겨운 가락에 다 함께 박수하고, 우줄거리면 되는 것이다. 이러한 흐뭇한 喜悅에 無限의 生命이 싱그럽게 뻗어가지 않을까.

詩는 特定의 所有者가 없다. 物權이 아니다. 아니기 때문이다.

하므로 藝術인 것이다. 詩야말로 예술의 極致요, 上乘이 아닐까.

어찌 맑은 空氣를 그 누가 强點할 수 있으며, 드높은 하늘을 어느 누가 감히 登記낼 수 있으랴.

天堂 가는 길을 누가 特許權을 가질 수 있으며, 極樂蓮花臺를 누가 專有할 수 있으랴.

拈花는 釋迦만의 特技도 아니요, 微笑가 어찌 迦葉만의 法悅이겠는가.

天森羅 地方像은 이 時間에도 모두 함께 拈花하고 微笑한다.

다만 釋迦의 拈花에 迦葉의 微笑만 알았지, 어찌 迦葉의 拈花에 釋迦의 微笑는 모르는가?

애닯지 아니치 못할 것이, 또한 이 消息이 아닐 수 없다.

三千里 祖國疆土가 이대로 靈山會上이요, 五千萬 겨레가 어찌 靈山大衆 아닌가. 이야말로 森羅帳裏에 눈부신 眞珠다.

世界는 圓融無碍의 華藏刹海요, 五0餘億은 主伴重重의 雲雨說法이다.

說法은 詩이다. 詩가 아닌 說法은 放光할 수 없다. 純潔無垢한 明鏡·止水보다도, 오히려 그 맑은, 그 밝은 마음의 한 줄기 靈的 吐露이기 때문이다.

佛心이 아니면 詩心을 가질 수 없고, 詩心이 아니면 佛心에 接할 수 없다. 詩心, 佛心은 그저 童心이어야 한다.

童心은 可히 써 '定에 들 수' 있고, 定中生活— 三昧境地는 可히 詩를 形象化할 수 있을 것이다.

信仰과 詩! 詩와 信仰은 둘일 수 없다. 信仰은 詩라야 하고, 詩는 信仰이라야 한다. 詩를 形象化할 수 있는 能力을 가질 것이다.

詩를 새롭게 꾸준히 쓸 수 있는 活力素는 淸純한 信仰의 源泉을 確保함으로서다.

信仰의 世界는 藝術의 境地를 無限大로 昇華시켜 주고 있다. 信仰은 언제나 새로운 生命을 創造하기 때문에, 作品이 새로운 것 아닐까.

허나 내 이제 第一集『子正의 地球』(1969)를 낸 지 벌써 10년! 그동안 發表作 中에서, 고르고 간추린 몇 作品을 막상 한 묶음으로 마련하려고 하니, 별것 아님을 새삼 느낀다. 아직도 마음의 눈이 뜨이지 아니한 自身이 쑥스럽고, 世上에 대하여 부끄러움을 가누지 못하겠다.

이 拙稿를 끝까지 審査하여 文化藝術振興院 審査委員 여러분 선생 및 題目 揮毫에 心血을 기울여 주신 金忠顯先生과 得失을 超越하여 欣快히 出版을 맡아주신 韓甲振 韓振出版社張님을 비롯하여 産婆의 辛苦를 다해 주신 廉在萬 主幹님, 李文求님에게 각각 鄭重히 感謝의 뜻을 올리는 바이다.

나모 산달마 푼다리카 수드라!

西紀 一九七八年 六月 十日 아침에

단비를 목마르게 그리면서

# 무엇보다 눈 뜬 생활

『나라사랑』 30, 1978.9

속담에 '오이를 거꾸로 베어 먹는 것도 제멋이다'란 말이 있다. 그것은 멋이 아니라 악취미요, 비정상적인 생활 습관이란 것을 똑똑히 알아야 할 것이다.

길을 두고 어찌 메(산)으로 가랴. 산짐승도 저희들이 다니는 길이 있는데, 하물며 눈 뜬 사람에 있어서랴. 돌아가는 것보다는 지름길로, 완행보다 급행을, 특급보다는 비행기가 어떠하겠는가. 생활에의 능률이 오늘을 살고 있는 우리들에겐 필요하기 때문이다.

그런데, 아직도 거꾸로 사는 사람들이 더러 있고, 또 그것이 옳은 길인 줄 잘못 인식하고 주장하는 것은 마치 오이를 거꾸로 베어 먹는 것과 같으며, 눈 뜬 장님이 아닐 수 없다.

설악산(雪嶽山) · 계룡산(鷄龍山) · 봉황산(鳳凰山) · 뚝섬(纛島) · 촉석루(矗石樓) · 섬진강(蟾津江) · 압록강(鴨綠江)과 같은 이름은 우리 한글로 쓰면 이 얼마나 편리하고 좋은가. 국민 학교 1학년 어린이도 2학기만 되면 다 깨우칠 수 있다.

이것이 눈 뜬 생활이며 눈 밝은 겨레요, 문명한 국민인 것이다. 자기 생활을 자기가 책임질 줄 아는 것이 바로 자기 능력인 것이다. 국민 모두가 자기 능력을 100% 발휘할 때, 비로소 국력 증강도, 국가 번영도 기할 수 있다. 국민의 의식 수준이 높기 때문이다. 국민의 교육평준화는 오직 '한글'에 의해서만이 있을 뿐이다.

의식 수준이 높은 국민이라야 자주성을 지닐 수 있다. 눈부신 산업발전으로 국민 소득은 급상승하고 있는 반면, 교육 평준화는 아직도 까마득하다. 그것은 앞에서 들은 바와 같이 한글만 써도 될 것을 구태여 어설픈 한

자를 병용하기 때문이다.

한낮에 잠꼬대하는 낡은 세대의 잔재적 유식인 것이다.

눈을 뜨고 앞을 내다보려면 우선 우리의 글인 '한글만 쓰기'에 힘을 모아야 한다.

〈서울 회원 · 종교인〉

# 寺刹을 어떻게 발전시킬 것인가?

『법시』 163, 1978.11

### 1. 왜 이 문제를 다루지 않으면 안되는가?

어느덧 十二月! 아침 저녁으로 벌써 차가운 바람결이 가볍게 겨드랑 밑을 스친다. 만가을의 感覺이 산뜻 풍긴다.

맑은 기운이 솟구치고, 精神이 상쾌하다. 生起가 온다. 무엇인가 思索할 계절이다.

어느날 별안간 어느 절의 젊은 住持가 '合理的인 寺刹運營 方案'이 무엇이냐?고 물으며, 이에 대해 具體的으로 지도해 달라고 간청한다.

내가 듣기에는 '목마를 때 갑작이 우물을 파는 격'인 것 같다. 그는 무슨 계약된 時間에 무척 쫓기는 초조한 心情이요, 태도였다. 안타까워 보였다.

나는 바쁜 時間을 쪼개서 오며 가며 그 方案을 무엇보다 現實的으로 실현 可能性이 있고, 누구나가 努力하면 成果를 거둘 수 있다는 所信을 가지고, 밤을 세워가며 執筆하여 본 것이다.

이 拙見이 寺刹運營 實務者에게 다소나마 一助가 되었으면 하는 것이, 나의 本意이다.

健全한 寺刹의 번영 發展은 곧 佛教中興, 教勢擴張과 眞訣되기 때문이다.

### 2. 本論

#### ① 信徒 組織 强化

종단 산하의 寺刹은 宗團의 세포적인 단체인 것이다. 사찰은 佛, 法, 僧 三賢을 최고의 신앙대상으로 하여 善男善女가 귀의하는 도량이다.

귀의하는 선남・선녀는 문자 그대로 信徒인 것이다. 그렇다면 歸依하는 신도는 개별적인 行動과 산만적인 進退는 금물이다. 있을 수 없는 것이다. '因緣共同體'이기 때문이다.

佛, 法, 僧 三賢을 최고의 신앙대상으로 하고 挺進하는 신도들이 어찌 異質化해서야 되겠는가.

하므로 共同信仰의 최고목표에 도달하기 위해서는 동일보조를 取해야 할 것은 두말할 나위도 없는 것이다. 너무나 當然하기 때문이다.

同一步調를 취하기 위해서는 무엇보다도 組織이 必要한 것이다. 아니 絶對的인 것이다. 組織이 先行되지 아니하면 團體가 構成될 수 없다. 團體가 構成되지 못한 모임은 그대로 朝葉慕散하고 마는 것이다. 이 얼마나 애석한 일인가.

하므로 三人 以上만 會合하면 무엇보다도 先着手할 것이 조직이다. '조직'이라는 意識을 强調하고, 團體修養을 加行해야할 것이다. 時機를 놓치면 물에 떠나려가는 모래와 같이 되고 마는 것이다.

한국 불교신도는 體系的인 조직 훈련이 없기 때문에, 動員의 成果를 거두지 못하고 있는 현상이다.

조직은 生命이다. 强化는 앰플주사이다.

② 信仰風土淨化

날이 갈수록 더욱 信仰風土가 흐려가고 있다. 대기오염과 正比例로 그 極에 달하고 있는 現狀이 아닌가 한다.

一, 解放以後 사이비 불교단체가 우후죽순격으로 簇出한 관계로 玉石이 혼희되어 미신적인 불교를 造作하는 혹세무민하는 부류가 있고, 따라서 그를 맹목으로 추종하는 민중이 날로 격증하는 현상이다. 선량한 國民의 건전한 精神에 독소를 뿌리고, 좀 먹는 行爲는 가중하기만 한 것이다.

二, A사찰 信徒가 B사찰로, B사찰 신도가 A사찰로 좌왕주래하는 信徒들의 행동자세는 그 信仰의 정신이 뿌리 박히지 못했을 뿐만 아니라, 平素에 寺刹주지가 바른 信仰의 길로 지도를 못했기 때문이다.

信徒라면 자기가 마음과 몸과 生命을 三賢께 바친 (歸依)最初의 사찰을 등져서는 절대적으로 안 된다는 法力으로써 指導해야 한다. 그렇지 못한 것이 오늘의 結果가 증명하고 있는 것이다.

三, 以上과 같은 '信仰公害'를 어떻게 除去할 것인가? 또 오늘날과 같은 무질서한 '信仰秩序'를 어떻게 定立해야 할 것인가?

사찰 住持는 각성 분발해야 하고, 總務院長 직속으로 '신앙풍토 쇄신정립 위원회(?)'같은 전문적인 기구를 설치하여 분석 검토한 결과 健全한 方案을 산하 사찰 住持에게 시달하여 실천 指道케 하고 그 結果를 집계해야 할 것이다.

건전한 信徒의 신앙자세는 곧 寺刹발전에 직결되기 때문이다. 原動力이 되기 때문이다.

### ③ 國籍있는 信仰고취가 急先務

'一佛弟子요, 一般僧侶'라는 思考方式을 갖은 것이 在來의 승려라면, '똑같은 부처님이요, 똑같은 절'이라고 普通 생각하는 것이 오늘의 信徒들이다.

그렇기 때문에 一般信徒들이 바람치는 대로, 물결 미치는대로 이절 저절을 몰려다니는 병폐가 이만 저만이 아니다.

그러므로 각 寺刹은 고정信徒를 파악하기가 甚히 困難한 점이 있다.

이러한 병폐는 信徒들의 무지각한 것도 原因이겠지마는, 그 根本的인 결함은 住持가 책임을 져야만 한다. 平素에 소신이 없이 信徒를 방치한 것이 아니라면, 信仰의 指導 能力의 결여된 탓이기 때문이다.

자기의 사찰에 일단 發心하여 귀의한 신도에게는 '歸依道場本寺'이라는 신념을 확고하게 심어 주고, 만일 귀의 道場을 등지고 퇴타한다면 三寶를 속인 것이 될 뿐만 아니라, 목전에 암흑세계가 전개되고 구렁(長廣四萬里바위)에 떨어진다는 因果律(法)을 힘써 가르쳐야 할 것이다.

"종교는 國境이 없으나" "신앙은 반드시 國籍이 있다"고 强調하고, 指導해야 한다.

예컨대 인도사람이 믿으면 인도불교요, 中國사람이 믿으면 중국불교요, 日本사람이 믿는 것은 日本佛教인 것이다.

그러므로 우리 韓國사람이 믿는 것은 韓國佛教인 것이다.

이와 같이 A사찰에 귀의하면 두말할 것 없이 A사찰의 信徒인 것이다. 귀의한 三보도량은 곧 신앙의 도량이요, '신앙의 祖國'이란 것을 고취하고, 자기의 生命이 영원히 安息할 수 있는 절대적인 부처님의 도량이란 精神을 뼈속에 사무치도록 끊임없이 强調 指導해야 할 것이다.

### ④ 住持와 信徒와의 縱的인 윤리

住持와 신도와의 因緣관계는 한마디로 말해서 스승이요, 제자(師弟間)이다.

주지는 스승의 人格과 품위로서 신도를 指導해야 하고, 신도는 극진한 예의를 갖추어 가르침을 받아야 한다.

주지는 신도의 人間다움을 가르치고, 그의 生命을 세탁하여 永遠히 행복을 누릴 수 있도록 굳센 信心을 뿌리 깊게 복돋아 주어야 하고, 信徒는 주지를 現世의 승보로 받들어 모시도록 예법을 가르쳐야 하는 것이다.

만일 住持와 신도가 서로 친구로 대하든지, 兄弟格으로 알고 상종한다면 이는 能化·所化의 질서가 무너지고 紀綱이 서지 않는 것이다.

이러한 행동은 저 혹세무민하는 邪教에서나 볼 수 있는 난잡한 짓이요, 非正常的인 非倫理的인 탈선인 것이다.

住持와 신도와의 관계가 무질서할 때 사찰은 신성하고 尊嚴한 三寶도량의 本然의 구실을 하지 못하고 그저 도깨비市場이 되고 마는 것이다.

時時로 反省하지 않으면 안될 것이다. 住持는 반야용선의 機長이다. 많은 信徒들의 귀중한 生命을 도맡아 이끌고 나아간다는 絶對的 책무를 한시라도 망각하면 안 된다. 죄만 짓는 것이다.

信徒는 어디까지나 주지를 世間·出世間의 生命의 키를 잡은 스승으로 높이 떠받들고 섬겨야 한다. 이러한 信仰生活이 그대로 福을 짓는 것이요, 자기가 安心立命할 수 있는 길을 배우고, 영원히 安息할 수 있는 安樂處를 얻는 것으로 깊이 믿어야 한다.

住持는 모든 신도를 치우침 없이 子女와 제자처럼 사랑하고, 信徒는 주지를 父母와 은사처럼 섬겨야 한다.

이와 같이 住持와 신도와의 倫理질서가 바르게 확립될 때, 비로소 부처님의 正法을 펼 수 있는 寺刹로서 만인의 신앙도량으로 發展할 수 있을 것이다.

住持되기가 바쁜 것이 아니라, 주지로서 信徒를 어떻게 교화할 것이냐? 하는 것이 先決조건이다.

주지는 첫째 言行 一致하고, 이해를 초월하여 德을 쌓고, 신뢰를 받아야 한다.

**⑤ 信徒와 信徒와의 橫的 連帶**

住持는 신도의 스승으로서 師弟의 倫理를 嚴守할 뿐만 아니라, 信徒와 信徒와의 橫的인 유대를 갖도록 指導 노력하여야 한다.

모든 신도들로 하여금 年長者는 형으로, 年少者는 동생과 같이 서로 사랑하고 이해하며, 서로 돕도록 해야 할 것이다. 그의 실천 方法으로는,

① 哀慶相問하여 서로 천선을 도모하고.

② 年中 野外法會를 개최하여 서로 對話의 기회를 갖게하고.

③ 매월 定期法會를 개최하여 적극적으로 信心을 고취하며, 반드시 참석하여 共同 발원케 하고.

④ 信徒의 거주별로 매월 一회 程度의 洞단위로 法會를 개최하여 유무를 相通하여서 서로의 편의를 도모케 할 것이다.

이상과 같은 機會에는 그 지도의 注力點이 있어야 한다.

첫째, 국민이 共同運命體라면, 신도는 '因緣共同體'라는 것이다. 부처님의 因緣法을 감사하게 믿게 해야 한다.

둘째, 신도의 情緒를 醇化해야 한다. 즉 父母께 효도하고, 나라에 忠誠하고, 일반에게 모범이 되고 勤勉 貯蓄하여 현실적으로 잘 살 수 있다는 自信을 갖게 하고, 용기를 북돋아 矜持를 갖게 한다.

이와같은 信仰生活의 신조로써 신도와 신도는 언제 어디에서 만나든지 서로 친형제처럼 情답게 살도록 指導할 것이다.

**⑥ 寺刹發展에 活力素가 될 檀徒制 實施**

현재 우리나라의 佛敎界는 단도제가 없다. 다만 信徒制만 있는 현상이다.

불교 固有의 단도제를 부활 實施하여 寺刹발전의 원동력으로 삼아야 할 것이다. 일반 신도중에서 經濟力이 있는 信徒들을 勸發해서, 매월 寺刹의 운영事業費를 의무적으로 납부케 해서 포교사업을 활발히 힘차게 해야 한다.

이 단도들은 事業費 수납 책임자를 선정하고, 매월 수납한 사업비로서 信徒의 지도방침을 받들어 信心껏 사찰발전에 이바지하도록 해야 한다.

어디까지나 住持를 中心하여 진행해야 한다.

이 단도제도는 영원히 그 사찰의 고정 신도가 되는 것이다.

이 단도제를 실시할 때, 처음에는 애로가 없지 않을 것이나, 신도들에게 인식시키고, 적극적으로 指導하면 예상이외의 成果를 거둘 것이다.

그리하여 부처님의 거룩한 恩惠에 보답하고, 복을 지어서 영원히 무량복을 받도록 할 것이다.

**⑦ 信徒會의 强化**

信徒會를 강화하여 대중교포의 戰線을 확대해야 할 것이다. 현재의 寺刹信徒會는 탄력이 없는 공기구 같기 때문이다.

신도회의 간부는 檀徒가 주도하여 일반신도의 先驅者的인 역할을 하도록 住持는 지도해야 한다.

그야말로 일반信徒는 일반 회원이 되어 포교사업에 보조를 같이 한다.

일반신도는 隨時로 희사할 것이요, 단도와 같이 매월 의무적으로 납부하는 것은 아니다.

그러나 일반신도로부터 매월 일정한 사찰운영 事業費를 납부할 경우에는 自動的으로 단도가 되는 特典을 받을 수 있는 것이다.

만일 단도로서 매월 의무이행을 못할 때에는 自動的으로 일반신도가 되고 마는 것이다.

여하간 가장 合理的인 方法으로써 현재의 無氣力한 신도회를 더욱 强化하지 않으면, 결국 사찰발전에 暗影이 미치고 말 것이다. 住持는 이러한 點을 깊이 연구해야 될 것이다.

**⑧ 學生會를 組織 育成해야 한다.**

現在 우리 나라 佛敎신도의 신앙의 根本道場이 없어 이 절로, 저절로 새떼같이 몰렸다가 새떼같이 날아가고 만다. 결국 住持 혼자 뿐이다. 어떻게 보면 信徒가 있다가 어떻게 보면 신도가 없는 택이다.

그 원인은 두말할 것도 없이 信仰의 뿌리가 없기 때문이다. 10대부터 기르지 못했기 때문이다. 信徒를 양성하는 묘판이 없기 때문이다. 이 얼마나 恨心할 노릇인가?

다른 宗敎의 活動을 보면, 손쉽게 알 수 있는 것이다. 어린이들을 하기방학 · 동기방학으로 모집하여 지도하지 않는가? 가는 곳마다 靑少年會가 있지 않는가?

파란싹 10대가 무럭무럭 자라서 實社會에 진출할 때에는 씩씩하게 알찬 信徒가 되는 것이다. 씨앗을 뿌리고 가꾼 만큼, 푸짐하게 수확을 하는 그네들이다.

헌데 우리 불교계의 스님들 가운데는 혹 信徒의 못자리를 가꿀 줄은 모르고, 그저 떠가는 구름을 바라보듯 어디에서 信徒가 제 발로 걸어 들어오도록만 바라고 있는 분도 없지 않다. 이야말로 氣가 찰 노릇이요, 웃읍지도 않다.

씨는 뿌리지 않고, 수확만 하려고 한다. 왜 因果를 입으로만 설하고 실천할 줄은 모르는가? 하루속히 反省할 것이 우리들이다.

한마디로 10대 청소년 학생들을 맞아드려 精誠껏 가꾸고, 피나게 指導

해야 할 것이다.

하루 빨리 學生會를 조직하여 육성해야 할 것이다.

**⑨ 布教戰線의 强化는 곧 寺刹發展의 核이다.**

포교의 精神戰士를 動員할수록 그만큼 寺刹의 눈부신 발전은 視覺的으로 採點할 수 있는 것은 너무나 當然한 일이다.

10촉 전등보다도 100촉이 더 밝고, 100촉보다도 1,000촉 전등이 더욱 휘황찬란하지 아니한가?

이것은 거짓이 없는 目前之事요, 설명이 必要없는 증명이다.

說法이 없는 절은 結局 쑥대밭이 되고 마는 것을 보지 않는가?

하므로 憤發하지 않으면 안될 것이다. 어떻게 할 것인가?

以上에서 强調한 단도・신도・신도회와 佛教學生會員이 제각기 자기가 귀의한 道場을 머리에 떠이고, 한 사람 한 사람을 상대해서 포교하도록 信仰의 姿勢를 갖도록 住持는 불꽃같은 信仰을 파급해서 自進 궐기하도록 精誠을 바쳐 指導하고, 育成해야 한다.

이와 같이 信仰을 生命으로 하는 精神戰士가 궐기할 때 비로소 그 절은 상상 이외로 눈부신 發展을 가져올 것이다.

住持는 총수가 되어 총 궐기할 수 있도록 최대의 法力을 發揮해야 할 것이다.

**⑩ 寺刹發展은 오직 愛宗心의 强度에 있다.**

뿌리 없는 나무가 무성할 수 없다. 源泉이 없는 시냇물이 흐를 수 없다.

이것은 아주 素朴한 말이면서, 千古의 眞理인 것이다. 누가 감히 앙탈하랴.

宗團 없는 절이 어떻게 存立하고, 發展할 수 있겠는가?

寺刹發展은 오직 키를 잡은 住持에게 있다. 住持가 愛宗心의 强度가 높으면 높을수록 正比例로 그 절은 飛躍的으로 發展하고, 愛宗心이 미약하면, 미약할수록 그 절은 쇠퇴하고 황무지가 되는 것이다.

宗團으로부터 보호・육성을 받지 못하는 孤兒가 되기 때문이다. 父母의 따뜻한 품안을 벗어났기 때문이다.

宗團과 寺刹은 主從關係가 아니라, 몸뚱이와 四肢와 같은 것이다. 혈액이 순환하지 아니한가? 一絲不亂의 法脈이 相承되고, 一味의 法乳가 同霑되지 않는가?

만일 宗團에 대해서 無關心하거나, 宗團에 대한 의무이행을 태만이 하면서 자기의 절만은 번영 발전코자 한다면, 이야말로 허공을 붙잡고 일어서려고 하는 格이다. 어리석을 뿐이다. 마침내 氣盡脈盡하여 쓸어지고 마는 것이다.

寺刹發展의 原動力은 오직 愛宗心으로부터 發展된다는 산 原理를 大悟覺醒해야 할 것이다.

### 3. 맺는말

以上과 같이 生産的이요, 合理的인 寺刹發展의 건전한 方案에 대해서 要約해 보았다.

合理的인 寺刹發展의 方案은 各宗團 總務院長의 直屬으로 專門研究機構를 設定하고 專門委員이 綜合的인 案을 宗團行政에 反映시켜 李和同均의 機會를 가졌으면 한다.

이와 같은 提議로써 끝을 맺고자 하는 바이다.

# 居士의 機緣은 大衆敎佛敎化의 素地

## 오늘에 되새겨볼 話題

『법륜』 117, 1978.11

維摩居士의 十笏方丈 인도의 유마거사(維摩居士)! 하면 2천 5백여 년을 거슬러 부처님의 당시를 즉각적으로 연상하게 된다. 시공(時空)을 초월해서 유마거사는 이렇게 우리들의 신앙세계에서 엄연히 살고 있다. 이 시각에도 우리들과 더불어 호흡을 같이 하고, 대화하며 불이법문(不二法門)을 번개 치듯 퍼붓고, 폭포같이 쏟고 있다.

부처님의 상수제자인 문수보살의 문병하는 인사에 대해서 "나는 중생들의 병을 대신 앓고 있다……"고 외쳤다.

유마거사의 10홀 방장에게 10만 사자좌를 벌려 놓고, 10만 대중을 상대해서 무진한 법문을 설했다. 오늘의 대중화할 수 있는 문을 퍼뜨린 것이 아닐 수 없다.

헌데, 10홀 방장에 10만 사자좌를 배열한 것은 하등 불사의(不思議)의 경계가 아니라, 유마의 일상생활이요, 그저 평범한 경지인 것이다. 통하고 보면 법 역시 그러한 것이다.

오직 피나는 정신만이 요청될 뿐이다. 유마경(維摩經)을 한번 펼쳐 봄즉하다.

### 龐居士의 生死解脫

중국의 방(龐)거사는 중국의 많은 거사 중에서 가장 대표적인 해탈한 자가 아닐 수 없다. 방거사는 가족과 더불어 항상 화롯가에 둘러 앉아 무생(無生) 법문을 설했다.

어느날 밭을 갈던 방문거사의 아들은 자기의 아버지가 그날 오시를 기해서 열반에 들 것을 미리 알고 자기가 아버지보다 먼저 열반에 들었다.

또 그의 누이동생은 자기의 오빠가 아버지보다 먼저 이 세상을 떠날 것을 미리 알고서, 오빠보다도 오히려 앞질러 이 세상을 하직했었다.

허니, 결국 방거사는 3등열차의 완행을 타고만 셈이 되고 말았다.

이렇듯 첫째 번이 딸이요, 둘째 번이 아들이요, 셋째 번이 방거사로 모두 생사를 자유자재하게 해탈했다.

이것이 바로 눈앞에 보여 준 산 불교의 소식인 것이다. 과거에도 그러했고, 오늘에도 그렇고, 영원히 미래에도 또한 그러할 것이다. 요는 각자의 정진하는 법력 여하에 있는 것이다. 해탈의 문은 언제든지 활짝 열려 있기 때문이다.

### 蘇東坡의 悟道境地

또 중국의 소동파는 조각상총(照覺常聰) 선사를 친견하고 하룻밤의 무정(無情)설법을 듣고서 하산(下山)하는 길에 눈이 번쩍 뜨였다.

"시냇소리가 문득 광장설이요 푸른산이 어찌 청정법신이 아닌가. 밤새도록 주고받은 숱한 이야기를 오늘 어떻게 다른 사람에 다 일러 줄까?"

이것은 그의 오도송이라고 한다.

그러나 그보다도, 오히려 소동파의 다음의 경지가 푹 보임(保任)된 순국의 정립(定立)된 좌표가 아닐까 한다.

"여산(廬山)의 보슬비와 절성(浙省)의 조수를 보지 못하였을 땐 한(恨)이 서리고 서리더니 보고 돌아서니 그리 별것 아니로군 여산엔 보슬비요 절강엔 조수로세!"

앞의 오도송은 화롯불에 군밤 튀듯한 것이라면 이 여산송은 담담한 호수가 아니겠는가.

대혜(大慧)선사는 오도의 경지를 이렇게 말했다.

"다만 범정(凡情)이 다할지언정 유별나게 성해(聖解)는 없다!"고 모르고 보면 무엇 깨달음이 있는 것 같지마는 정작 알고 보면 그저 평범이 있는 것! 이것이 도요, 진리요, 부처님의 경계가 아닐까 한다.

### 張無盡의 忽然開悟

중국 재상인 장무진이가 몇 밤을 촛불 앞에서 세워가며 무엇인가 쓰려고 몸부림을 하면서 붓방아를 찧고 있는 모습을, 곁에서 보다 못한 그의 부인은 애달퍼하면서 물었었다.

"무엇을 쓰려고 합니까?"

"무불론(無佛論)을 쓰려고 하는 판이요!"

이렇게 서슴치 않고 무진거사는 대답했다.

"무불(無佛)이면 그만이지, 새삼 논문을 쓸것은 무엇이요?"

이 화살 같은 한마디의 반문에 장상영(張商英) 재상은 홀연 개오했다. 환희에 벅찬 그는 태도를 백팔십도로 전환해서 「호불론(護佛論)」을 썼고, 호를 무진(無盡)이라 자처했었다.

불보살님의 위력은 이러한 것이다. 장무진과 불법과의 숙세의 인연은 이렇듯 증명할 수도 있는 것이다.

### 浮雪居士의 處染常情

인도에 유마거사가 있고, 중국에 방거사가 있다면 우리나라에는 너무나 유명한 부설(浮雪)거사가 있다. 불법의 진면목을 생생하게 뚜렷이 보여주었다.

하루는, 젊었을 때에 금강산에서 같이 발심하여 공부하던 두 스님의 도반을 만나게 되었다.

금강산에서 찾아온 도반은, 세속 생활을 하고 있는 과거의 도반이었던 부설거사를 안타까워하여 제도하려고 방문했던 것이다.

그날 밤 세 사람은 서로 법담을 주고받고 했다. 이윽고 부설거사가 "물병 세 개를 천장에 매어 달고서, 세 사람이 각자 물병을 쳐 보자"고 했다.

금강산의 두 도승이 각각 친 물병은 바싹소리와 동시에, 병에 가득찬 물이 방바닥에 와르르 쏟아졌다.

그러나 부설거사가 친 물병은 바싹 깨어질 뿐 물은 그대로 천장에 매어 달려 있는 것이 아닌가.

두 도승은 KO로 납짝해지고 말았다. 법력의 우열은 판정나고 말았다. 법력이란 이렇게 생활의 양상 형태에 있는 것이 아니라, 오로지 정진여하에 있다는 것을 증명한 것이다.

부설거사는 비록 세속생활을 해도 세속에 물들지 않는 것이 마치 연잎파리가 물에 젖지 아니한 것과 같다. 이것이 곧 처렴상정이다.

그렇다고 해서 아무나 다 부설거사를 본따려고 한다면, 이것은 자못 위험한 신앙의 사고방식이다. 때때로 스스로 경계하지 않으면 안 될 것이 이 점이다.

### 姜秋琴의 格外問答

근대의 유명한 시인 강추금(姜秋琴)은 어느날 순천 선암사의 함명노종백(函溟老宗伯)을 방문하자 말자, "산하천지(山河天地)가 비로자나 전신체(全身體)인데 화상(和尙)은 어디에다 대변을 하는고?"

이 묻는 말이 떨어지자 말자, 함명종백은 불자(拂子)를 번쩍 들어, 추금의 갓대가리를 내리치면서 "이것 참! 좋은 뒷간이다!"고 할(喝)을 했다. 그 때 추금은 벌떡 일어나 예배를 했다. 가려운 데를 시원하게 긁어 준 것이다.

강추금의 평소의 온축한 바도 격이 높거니와 함명종백의 추상(秋霜) 같은 할(喝)도 서슬이 멀큼한 사자거지할(獅子距地喝)이 아닐 수 없다. 기연상투(機緣相投)나 활발발(活鱍鱍) 소식(消息)을 여기에서 보겠다. 산 불교다. 불교는 이렇게 살아 움직인 것이다.

오늘의 지봉치할(旨棒痴喝)은 삼가해야 한다. 한번 짚어 보아야 할 것이다.

이렇듯 불교에의 거사들의 경이적(驚異的)인 기연(機緣)은 불교의 대중화에 이미 소지(素地)를 구축하였고, 오늘에 있어 대중불교화의 운동에 커다란 광장이 아닐 수 없다.

오늘의 법장(法將)들은 과연 어떻게 될 것인가?

# 梅月堂 金時習

## 그 매운 향기는 한국불교에 지사(志士)의 얼을 심었다

『법륜』 125, 1979.7

### 1. 梅月堂의 忠義와 信弗

단종 하면 이조 5백년 사상 비극이 아닌 참극(慘劇)의 주인공을 연상케 한다. 수양대군의 거사야말로 어느 모로 보든지 납득이 가지 아니할 뿐 아니라, 긍정할 수 없다는 것이 사학자의 객관적인 논평이기도 한 것이다.

수양대군은 세종의 아들이요, 문종의 아우며, 단종의 숙부로서 마치 저 중국 주(周)나라의 주공(周公)과 같은 위치에 있었던 것이 아니였던가 말이다.

수양대군이 단종의 왕위를 찬탈하고 왕위에 오를 때를 전후하여 무자비하게 의인절사의 목숨을 수없이 주살했지마는, 성삼문, 박팽년, 하위지, 유응부, 이개, 유성원과 같은 '사육신'을 냈다는 것은 그야말로 인천(人天)이 공노(共怒)하고도 남음즉 하다.

오늘의 노들강변의 사육신묘는 그 당시의 역사를 산교훈으로 우리에게 너무나 역력히 일러주고 있다.

성삼문을 사형의 수레에 싣고 북을 울리며 종로 네거리를 달릴 때, 성삼문은 "북소리는 사람의 목숨을 재촉하는데, 해는 서산에 기우는구나. 황천에는 주막도 없는데, 오늘밤을 어디서 잘거나 =擊鼓催人命 西山日欲斜 黃天無酒店 今夜宿誰家"하고 최후의 유언 한마디를 피로 토했다.

이때다! 세 살 때부터 단종을 섬겨오던 매월당 김시습(梅月堂 金時習)은 읽던 책을 덮고, 책상을 걷어차고 일어섰다.

김시습은 남효온, 조여, 원호, 성담수, 이맹전과 같은 '생육신'중의 한사람이 아니었던가.

매월당은 무참히 사형을 당해서 피투성이로 노들강변 백사장에 딩구는 사육신의 시체를 밤이면 차례로 고요이 안장했었다.

"산에 오르면 통곡하고, 물을 보면 통곡하고=登山而哭, 臨水而哭"는 너무나 유명한 매월당의 방랑 생활하던 울분을 터뜨린 일단의 모습이요, 심정이었다.

매월당은 20세 때에 불문(佛門)에 귀의하여 숨 막힌 돌파구를 찾기 시작하였다.

하늘을 꿰뚫은 충성을 가슴이 터지는 울분을 부처님께나 하소연하고, 산수간에나 터뜨리고 싶은 심정에서다.

매월당은 때로는 경전을 보고, 때로는 고승을 벗하여 소일하는가 하면 즐겨 참선을 하고, 정(定)에 들기도 하였다.

그 가운데 「밤에 경전을 보다 = 夜坐看經」에 "한 꽂이 향은 타고 가을 밤은 깊어 가는데 / 여치 소리와 달빛은 고요한 마음을 흔드는구나 / 백년 인생을 헤어리지 못하고 / 삼세의 인연을 찾을 길 없네 / ……방석과 문창은 물보다 차가운데 / 한가롭게 경전을 펴놓고 고금을 헤아려 보네 = 一炷香殘 秋夜深 蛩聲月色 攪禪心, 百年人事 不可計 三世安緣 無處尋, 庭樹正愁 風露勁山 禽似話 洞雲侵, 蒲團紙帳 淸於水 閑展禪經 閱古今"하고 마음을 달랬는가 하면,

당시의 눈 푸른 고승과 사귀어 스스로 자적(自適)하였으니, 준상인(峻上人)에게 지어 준 시 20수는 그 한 예이기도 하다.

그 가운데 제10수는 이렇다. "공즉시색으로 관할 때 색즉시 공! 다시 한 물건도 용납할 수 없네 / 솔은 유의치 않고 처마에 닿아 푸르렀고, 꽃은 제 무심히 별을 향해 붉었네 / 같은 것이 즉시 다른 것, 다른 것이 즉시 같은 것, 같으면서 다른 것은 다른 것 / 다른 것이 즉시 같은 것, 같은 것이 즉시 다른 것, 다르면서 같은 것은 같은 것 / 같고 다른 참소식을 알려고

하면 / 고승의 가장 심오한 대목을 볼 것이다=空色觀來 色卽空, 更無一物 可相容. 松非有意 當軒翠, 花自無心 向日紅. 同異異同 同異異 異同同異 異同同. 欲守同異 眞消息, 看取高僧 最小呆"한 것은 그가 불교의 오묘한 경지에 얼마나 접근했고, 따라서 고차원적인 선의 득력이 어느 정도인가 그 심도(深度)를 읊었다 할 것이다.

매월당은 법화경(法華經)에 대하여 게송을 지었고, 또 십현담(十玄談)에 주(注)도 붙였다.

그는 뜨거운 일편단심의 충성을 굳은 금강불괴의 신심으로 승화(昇華)시켰다.

범망경(梵網經)의 충·효·신(忠·孝·信)의 삼위일체의 위대한 사상은 매월당의 생애를 입증하고 있다. 아니 매월당은 범망경의 사상에 안신입명(安信立命)했는지도 모르겠다.

부처님의 위대한 자비의 문이 아니었다면 모닥불 같은 분통을 안은 채 자폭했을지도 모를 매월당이 아니었던가.

매월당은 충의의 사람으로서 떳떳하게 고개를 바로 들고 살았다.

# 80년대를 향해 한국불교는 어떻게 항해할 것인가

『법륜』 130, 1979.12

눈 앞에 닥아선 80년대를 향해 한국불교는 어떻게 돼야 할 것인가? 한국불교서의 인류대중에게 투영할 한국불교의 독창적인 시대상은 어떻게 정립할 것이며, 과연 한국불교의 주체적인 중심 역할은 그 누구가 맡아야 역사적인 전환점을 못박을 것인가? 동시에 눈부시게 새로운 장을 펼쳐 나아갈 것, 가야할 사회대중의 교화방향은 무엇이겠는가?

제한된 극히 짧은 지면에나마 핵심만을 간결하게 언급하여 보기로 한다.

### 1. 한국불교는 앞으로 어떠한 체제를 요청하고 있는가

인류문화의 역사는 변천하는 것이 아니고, 시간이 바쁘게 발전하고 있는 것이다. 한국불교 역시 끊임없이 역사의 바퀴를 타고 미래를 향해 굴러가고 있다. 이것이 곧 시간적인 법륜인 것이다.

한국불교는 시대에 낙후된 가장 인습적인 고루한 구태의연의 낡은 스타일을 탈피하지 않으면 안 된다.

불교는 민주화해야 한다. '민주불교'의 체제를 하루 속히 정비하고, 힘차게 교화진군(進軍)의 구령을 쳐야 한다.

4부대중 가운데의 비구 · 비구니만이 불교의 주축을 잡고, 교권을 행사하고 운영한다는 것은 이미 과거의 형해적인 유물일 뿐만 아니라, 그 시대는 벌써 지났다. 오늘에 있어서는 소화능력이 상실되고 말았다. 이 점을 정확하게 간파하지 않으면 안 될 것이다.

4부대중이 다 함께 교단운영에 공동 참여해야 한다. 이것을 배제해야할, 이유도 없고 명분도 없고 서지 않는다. 만일 이유를 강변한다면 그 의도는 불교를 위한 것이 아니고 노리는 점이 어디에 있다는 것이 자명해질 뿐이다.

불교의 교단은 원래 4부대중이 중심체가 되어 형성된 것인 만큼, 그 본령에 즉하여 교권을 4부대중이 동등하게 행사할 제도를 시급히 제정해야 한다. 4부대중이 행사할 교권은 교단에 대한 4부대중의 신성한 기본권이기 때문이다.

4대부중이 교단운영에 참여할 기회 균등은 곧 불교의 민주화요, '민주불교'의 시발점이다. 이것은 시대적인 요청이요, 역사적인 필연성인 것이다. 오직 이 정상적인 체제만이 불교의 발전과 번영을 가져올 것이다.

### 2, 한국불교가 지향해야할 시대상은 무엇이겠는가?

불교는 똑바로 '부처님의 자비 사상'을 선양하는 것이다. '부처님의 자비 사상'을 시간적으로 공간적으로 끊임없이 인류대중 일체중생들에게 널리 두루 일깨워 주고, 그들로 하여금 올바르게 삶과 동시에 자유와 평화와 행복을 흐뭇하게 누리게 하는 것이 곧 불교인 것이다.

그러므로 한국불교도 또한 기치를 그 어느 때 보다도 선명히 하고 이 길로 매진해야할 것은 너무나 당연하고, 불교의 본령이며, 불교도들의 본연의 사명인 것이다.

부처님의 근본사상은 하나에서 열까지 어디까지나 '파사현정'이다.

참선도 파사현정이요, 간경도 파사현정이요, 염불, 주력도 또한 파사현정이요, 더구나 계율은 서슬이 멀큼한 피사현정이다.

이 '파사현정'으로 무장한 것이 즉 불교도이다. 불교도는 곧 정신전사(戰士)이다.

부처님의 정법을 선양하여서 정의를 구현해야 한다. 사회의 모든 부패현상을 도려내고 정의를 실현해야 한다. 이것이 불교도인 것이다. 불교도는 신성한 의무와 사명을 걸머졌기 때문이다. 세계인류가 한결 같이 추구하고 있는 오늘의 자유와 평등과 평화의 정의를 실현하기 위한 불교도인 정신전사는 대열을 정비하여, 진군할 '파사현정의 불교상'을 시급히 정립해야 한다. 깃발을 높이 드날리고, 법고를 울려야 한다.

### 3, 한국불교로서 인류사회에 봉사해야할 것은?

우리 국가는 80년대 벽두부터 새 질서의 엄숙한 장을 역사적으로 전개하게 되었다. 그것은 곧 박대통령의 급서로 국가적인 참변과 민족적인 비통으로 70년대를 끝맺고, 새 민주정치의 기틀을 다지면서 서서히 출범하는 단계인 것이다. 이러한 새 질서 새 사회를 맞는 한국불교는 무엇으로써 국민 대중에게 이바지해야할 것인가? 어떻게 복지사회를 이룩하도록 봉사해야할 것인가?

국가의 경제도 어느 정도까지 성장되었고, 국민의 슬기도 어느 정도의 수준에 도달하고 있는 오늘이다. 허나 우리의 사회적인 환경 곧 인간 대 인간 관계는 반비례된 것이 엄연한 사실이다. 서로가 서로를 믿지 못하고 믿지 않는 것이 아닌가?

여기에서 비로소 종교의 활동이 요청되는 것이다. 종교는 범 교양적인 면부터 다스려야 한다. 눈을 여기에 재빨리 돌릴 줄 아는 것이 종교인이다. 대중의 지도자인 것이다.

한국불교는 한국인의 정신풍토에 뿌리를 박고 자란 것만큼, 한국민이 지금 안고 몸부림 치는 '불신풍조'에 메스를 가하지 아니하면 안 된다.

서로가 서로를 신뢰하는 새바람을 일으켜야 한다. 신뢰는 대화를 가져오고, 대화는 협동의 무드들을 조성하고, 협동은 단결력을 촉구 강화하는 기반이며 원동력이 되기 때문이다.

신뢰는 '거짓말 아니하기(不妄語)'로 부터 깃점을 삼아야 한다. 이것은 곧 부처님께서 설하신 5계중의 하나이다. 언행일치! 이어야 인격의 소유자인 것이다. 품위 있는 인격자를 어찌 서로 믿지 않겠는가. 신뢰는 사회생활의 미덕이요, 신의는 인격 형성의 윤리인 것이다. 정직이 보배라면 신의는 생명이다. 신의가 없는 인간은 죽은 생명이다.

불자인 4부대중은 '거짓말 아니하기'의 부처님의 거룩하신 계율을 목에 걸고, 대중의 선두에 서야 한다. 너도 나도 우리 모두가 신뢰의 아름다운 풍토를 새로 개척해야 한다. 서로 함께 확보해야 한다. 불신의 풍조를 일소해야 한다. 불신은 부정부패 부조리의 온상이기 때문이다.

### 4, 불교는 과연 누구의 중심인가?

불교는 사찰중심인가? 아니다. 사찰중심의 불교는 있을 수 없다. 불교는 승려중심의 불교인가? 아니다. 승려중심의 불교는 성립될 수 없다. 불교는 어디까지나 대중 중심이요, 대중 본위인 것이다.

부처님이 세상에 출현하신 거룩한 원력은 모든 중생들로 하여금, 본디 지니고 있는 '맑은 마음'을 바로 인식하고, 부지런히 수련하여 확증케 한 것이다. 이것이 곧 자기완성, 본연의 '참된 나—자아'완성인 것이다. 위대한 인간상 '성불'을 스스로 형성케 한 것이다. 이러한 과정을 설하신 부처님의 교법이 곧 불교이다. 이러한 최고 목표에 도달하기 위해서 도량으로서의 사찰이 필요한 것이요, 동시에 최대 목적인 모든 중생들을 교화하기 위해서 또한 사찰이 필수 조건으로 등장된 것이다.

위와 같은 최고목표를 향해 꾸준히 정진하는 것이 승려요, 최대목적을 완수하기 위해 교화활동을 전개하는 것이 또한 승려이다.

하므로 불교는 처음으로부터 끝까지 모든 대중이 중심이자, 곧 본위인 것이다. 다시 말하면 불교는 대중 중심이면서 대중본위로 펼쳐진 것이다. 펼쳐지면서 있는 것이다.

그럼에도 불구하고 마치 불교는 사찰중심인 양, 또는 승려중심으로 성립되고, 존립한 것처럼 오해하고 착각한 것은 전도망상도 이만 저만 심한 것이 아니다.

불교는 사찰의 전속물이나, 승려의 전유물은 근본적으로 아니다.

오늘의 불교는 하루 빨리 불교본연의 대중 중심이어야 한다. 대중본위이어야 한다. 이것은 청천백일과 같은 것이다. 다시 거론할 여지도 없는 것이다. 오늘날과 같이 '매불자생'하는 쇠퇴일변도로 치닫고, 날이 갈수록 갖은 부패상만 노출하고 있는 한국 불교를 과감하게 혁신하지 않으면 안 된다. 여기에는 오직 4부대중이 동등하게 교권을 행사하는 것만이 유일한 모루일 뿐이다. '민주불교'체제는 곧 애교호국의 정상적인 첩경이기 때문이다.

불교와 모든 대중은 이 성스런 기폭의 일순만을 목마르게 지켜보고 있는 것이다.

### 5, 불교는 사회대중을 위해 무엇을 어떻게?

한국불교는 이제 새 시대의 새 질서를 향해 새 희망을 품고 새 사회를 건설하려는 의욕적인 국민들과 어깨를 나란히 하고, 당당한 보무로서 어떠한 대열을 정비해야 할 것인가?

불교의 최고목표는 견성성불이요, 최대목적은 중생제도라면, 이것은 불자가 된 4부대중들이 동일하게 실천 완수해야할 신성한 의무요, 본연의 사명이며, 법연 공동체인 것이다. 다 같이 부처님의 반야선을 탔기 때문이다.

4부대중은 법연 공동체인 만큼 깨끗한 마음으로써 공동 발원하여 부처님의 정법을 널리 펴져야할 것이다.

정법을 어떻게 펼 것인가? 그는 방법이 선행돼야 한다. 방법이란 곧 시설이다.

4부대중은 일심일체가 되어 자력에 의한 '교화재단'을 창설해야 할 것이다. 한국불교는 그 자체가 풍부한 자산을 보유하고 있다고 해서 기성교단을 바라보거나, 기성교단에 일임할 수는 없다. 그 자산은 이미 혼이 나간 지 오래며, 그 자산에 의존했거나, 그 자산을 둘러업고 기생하고 있는 교단은 또한 낡을대로 낡아서 숨 가쁜 고개에 턱을 걸었을 뿐, 다시 기사회생할 희망이나 가능성이 희박하기 때문이다.

체온이 싸늘하고 겨우 한 가닥 숨결만 오락가락하는 가위 눈만 번히 뜬 산송장—인 것이다. 여기에 무엇을 기대하겠는가.

'교화재단'으로서 사회적으로 불교 사업을 건설해야할 것은 한두 가지가 아니다. 천육백 년의 한국불교는 역사상 오늘날과 같은 불교의 황무지

시대는 드물 것이다. 부패될 대로 부패된 소비적인 형해의 불교탈만 날이 갈수록 만연할 뿐이요, 대중으로부터 외면을 당한 채 제멋에 도취되어 날뛰는 것이 이미 오래였다.

시대가 요청하는 생산적이요, 능동적이며, 생명력이 있는 대중적인 불교의 기반을 구축해서 새 불교를 일으키지 않으면 안 된다. 한국불교의 장래가 바로 눈앞에 환하게 보이지 아니한가.

첫째, 4부대중을 조직 강화해서 편대하고, 교세를 확장해야하고 둘째, 정법을 선양할 남녀법사 후보생을 4부대중 가운데서 선발하여 불교교육을 고도화해야 하고 셋째, 장래 신도의 묘판으로 사회적인 교육기관을 설립해야 하고 넷째, 현재의 청소년을 본위로 하여 자비상을 함양할 기관을 설치해야 하고 다섯째, 불교를 선양 홍보할 상설기관을 설립해야 하고 여섯째, 사회복지의 사업기관을 설치 봉사해야 하고 일곱째, 현대사회의 노사문제를 종교적으로 조정할 기구를 설치해야 하고 여덟째, 농어산촌에 투입해서 생산의욕을 북돋고 지도할 기구를 설치해야 하고 아홉째, 일선 군경을 위문해서 파사현정의 사기를 정기적으로 앙양해야 하고 열째, 세계 각국 불교와의 새 유대를 결성하고 불교문화를 교류해야 하고 열한번째, '불교문화상'을 제정해서 교학연구와 불교문학을 장려해야할 것이다.

오늘의 한국불교는 순교적인 위법망구의 4부대중의 분발 궐기만을 기다리고 있다.

"비상한 시대에는 비상한 인물이 있어야 비상한 사업을 한다"는 이 서릿발 같은 철인의 명언을 깊이 되새겨 본다.

# 恩惠

『현대불교수필선』, 1979

1

누구나 이 세상에서 은혜를 입지 아니한 사람은 없다.

은혜 속에서 나고, 은혜 속에서 자라고, 은혜 속에서 살고, 은혜 속에서 죽어가는 것이 인생이다.

한 평생의 생활이 처음부터 끝까지 은혜 아닌 것이 없다. 부모의 은혜, 더욱이 어머니의 은혜는 부처님이 「대보부모은중경=大報父母恩重經」에 말씀하셨듯이 이루 다 형언할 수가 없다.

우리 인생은 첫째 '어머니가 열 달 동안 뱃속에서 베풀어 주신 은혜'로부터 '낳아주신 은혜'며, 마른자리 진자리를 가려서 길러 주시고, 가르쳐 주시고, 눈 감을 때 까지 극진히 사랑하여 주신 부모의 훈훈한 은혜 속에서 사는 것이다.

'백세 된 어머니가 八0세 된 자녀를 항상 걱정한다 = 母年一百世 常憂八十兒'는 「부모은중경」의 부처님 말씀은 곧 지중한 부모의 은혜와 사랑을 절실하게, 아니 목마르게 외치신 금언(金言)이다.

또 하고 많은 은혜 가운데 불교에서는 중점적으로 이렇게 제시하고 보은의 정신을 간절히 일깨우고 촉구했었다.

'국가의 은혜' 만일 조국이 없었다면 우리의 조상이 대대로 어떻게 살아왔으며, 오늘날 내가 어디에 발을 붙이고 살겠는가? 어떻게 태어났을 것인가? 조국과 나와는 막중한 인연이 쌓이고 겹치고 감겨 있다. 국가로부터 받는 보호는 곧 나의 생명의 은혜다.

'스승의 은혜' 인간은 원래 제련되지 못한 원산지의 광석이다. 용광로를 거쳐야만 백%의 순금의 현란한 광을 발할 것이다. 이・목・구・비가 단정한 육체는 아직 그림의 용이다. 눈동자를 똑바로 찍어야만 비로소 승천하는 용이 될 것이다.

'사람다움의 사람'을 두들겨 만드는 것이 스승이다. 그러므로 '공장장이=師匠'라고 일컬어왔다.

혼(魂, 정신)을 불어 넣어 주는 것이 스승이다. 그렇기 때문에 '장승유=張僧繇의 솜씨 같다'고 말한 것이다.

스승의 가르침이 없었다면 어떻게 산 인간이 되며, 사람 구실을 할 수가 있겠는가? 스승의 은혜 또한 부모의 은혜와 같은 것이다. 그러므로 사부일체(師父一體)라고 한다.

'사회의 은혜' 우리의 의 · 식 · 주는 모두 사회의 소산이다. 자기의 힘만으로 자기의 생활을 영위할 수 없는 것이 인간이다. '돈만 있으면 다 된다'는 사고방식은 너무나 어리석고, 퍽으나 소박한 두되다.

만일 사회적인 소산의 물자가 없다면 돈만 가지고서 어떻게 생활을 하겠는가? 물자가 있을 때 비로소 돈의 가치가 인정되는 것이다.

하므로 나의 일상 생활은 물 한 모금으로 부터 버스 한 구역 타는 것 까지 모두 사회적인 각 분야의 은혜가 아닐 수 없다.

생각할수록 내가 살고 있는, 살게 되는 사회적인 여건에 감사하지 않을 수 없다. 형성된 여건은 모든 사람의 정신과 노력의 결정이다.

이발사 · 청소부 · 구두닦이 까지가 그대로 다 나에게 사회적인 은인이다.

2

이상과 같은 부모의 은혜 · 국가의 은혜 · 스승의 은혜 · 사회적인 은혜를 우리는 어떻게 갚을까? 갚아야 할까?

석가모니 부처님은 어머니 '마야부인'을 위하시어 도리천궁에서 석달동안 대승법을 설하셨다(佛昇忉利千 爲母說經 西普竺護法譯三卷)고 하였으며, 십대제자 중의 목련존자는 七월 十五일에 '우란분재'를 베풀어 '지옥고'를 받는 어머니를 위해서 지리산 화엄사에서 자은탑(慈恩塔)을 두었으며, 또 신라 재상 김대성(金大成)은 현세의 부모를 위해서 석굴암과 불국사를 창건하기도 했었다.

이는 다 효성으로써 지중한 부모의 은혜에 보답한 것이다. 숭고한 신앙은 지극한 효성을 실천한 것이다. 범망경(梵網經)에도 신앙과 효성의 일체를 설하셨다.

충성으로써 지대한 국가의 은혜에 보답해야 하고 감사로써 거룩한 스승의 은혜에 보답해야 하고, 의리로써 한량없는 사회의 은혜에 보답해야 하고, 굳은 신앙으로써 광대무변한 불, 보살의 은혜에 보답해야 할 것이다.

은혜를 알고, 은혜를 갚는 것이 사람다운 생활이다. 자기가 곧 행복을 누리는 것이다.

은혜를 갚기는커녕 알지도 못하고, 은혜를 잊을 뿐만 아니라, 오히려 배은까지 한데서야 어찌 교양인이라 할 수 있겠는가? 옛 시의 "봄을 만나매 비로소 건곤의 혜택을 깨닫고, 자녀를 기르매 바야흐로 부모의 은덕을 알겠도다(逢春始覺乾坤惠 養子方知父母恩)"와 같이 사람은 살아갈수록 은혜에 감사를 느끼는가 보다. 철이 나기 때문일 것이다. 풀 한 포기, 푸성귀 한 이파리라도 다 나에게 은혜 아님이 없다. 고개가 저절로 숙여질 뿐이다.

# 자평을 대신하여

『시조문학』, 1980 겨울

'아끼는 나의 시조 한편'과 자평을 10장 내외로 쓰라는 친절하신 청탁 서신을 잘 받았습니다. 감사합니다.

허지만 자평이란 자칫 잘못하면 '자화 자찬'의 우(遇)를 범할까 두렵고, 그렇지 않으면 (彫文喪德 : 무늬를 조각하다가 본 바탕의 아름다움을 상실함)의 缺을 저지를까 자못 걱정스럽습니다. 때문에 이를 생략하고, 졸작이나마 평소에 내가 아끼(?)는 몇 편을 뽑아서 정중히 회신의 예의에 대신하고자 합니다. 이 말 역시 화사첨족(畵蛇添足)이 아닌가 싶습니다.

혜량하시기 바랍니다.

**天涯의 孤帛(抄)**

울부짖음에 짙은 밤이 발버둥치자 날이 샌다
울분에 타는 가슴 피로 피로 터질 적에
폭풍우 휩쓰는 마당 또 하루가 저문다.

피로 새겨 탐무우고 뼈를 깎아 비를 세고
버젓이 적으리다 한 곡조 적으리니
「그리운 평화의 씨를
소복
소복
뿌리자」고.

## 子正의 地球(抄)

당신 심장은
넋빠지게
끓습니까

맥박이
온수발로
뛰는 줄만 아십니까

젖가슴
한일자로
38선이
멍들었오.

토끼는
칡잎 먹고
매아미는
이슬 먹고

제각기
푸짐하게
사는 줄로
여깁니까

산기슭
미륵
장승도

저대로 못 섰다오.

**나도 풋말되어 살고싶다**(抄) – 국군 묘지에서

우박같이 퍼붓는 총탄 번개같이 반격하고
최루탄 포연속을 비호같이 날았었다
별보다 눈부신 공훈, 해요 달을 겨누는 충성.

네가 내가 되어 이렇게 와야 할 걸
내가 네가 되어 이렇게 서야 할 걸
강물이 치흐른다손 이것이 웬 말인가.

이상 졸저 제1집 『子正의 地球』에서

**義湘臺 해돋이**

천지개벽이야!
눈이 번쩍 뜨인다
불덩이가 솟는구나
가슴이 용솟음친다

여보게!
저것 좀 보아
후끈하지 않는가.

**서 계시는 돌부처여**

낙서 같은 역사 조각
넝마주이가 다 주어 갔다

노리감 훈장도

가랑잎처럼 날아갔다

세상것 하 어이 없어
돌부처는 웃는가.

이상 졸저 제2집 『의상대 해돋이』에서

# 나라사랑에 붙이는 글

『나라사랑』 43, 1982.6

『나라사랑』 1집, 2집, 출간이 바로 엊그제 같은데, 어느덧 제 42호가 이렇듯 봄 볕살에 날개를 치며 날아옵니다.

이야말로 감개무량합니다.

이렇게 42호가 계속되는 것은 우리의 맥박이 뛰고 있는 것이며, 또한 외솔님의 뜨거운 나라사랑의 일편단심이 우리의 가슴 속에 살아 있음입니다.

우리의 맥박이 뛰지 않을 때면 우리겨레는 이미 죽은 거나 마찬가지입니다.

그러므로 우리의 맥박이 뜀은 이 겨레의 목숨이 줄기차게 힘껏 뻗어 나간다는 증거입니다.

나라 밖으로는 자기 나라만을 위해, 나라 안으로는 자기 자신만을 위해 살아가려는 이 어지럽고 각박한 세태 속에서 『나라사랑』지에 실리는 많은 애국자들은 우리의 맥박이 살아 약동할 수 있는 무한한 원동력이 될 것입니다.

잘은 모르지만 불경기라는 이 어려운 시국에도 만난을 무릅쓰고, 이렇듯 꾸준히 구슬 꿰듯 『나라사랑』을 간행하심은 여간 괴로움이 아닐 것으로 압니다.

그러나 그것은 우리 모두의 큰 원력이 아닐 수 없읍니다.

문자 그대로 '나라사랑'이 아니면 실천하기 어려운 사업입니다.

나라를 사랑하는 마음이길래, 사상이길래 이렇게 꾸준히 큰일을 할 수 있는 것이 아닐까 합니다.

나라사랑하는 마음이 온 국민의 가슴에 하나하나 심어져 갈 때, 머지않아 우리 겨레는 하나가 되고, 나아가 한 국민의 우수성을 널리 떨칠 것입니다.

그 동안 여러 방면으로 나라를 사랑하신 분들을 많이 다루어 주셨는데, 일제 치하에서 우리 민족 교육에 헌신하시며, 몸소 실천하신 최규동(崔奎東)님을 『나라사랑』 특집으로 꼭 다루어 보았으면 해서 추천합니다.

또한 외솔회에서 매년 민족을 위해 많은 공로가 계신 두 분께 '외솔상'을 시상하시는데, 그 시상식도 우리의 큰 스승 최 외솔님이 고이 쉬으신 3월 23일에 우리 회원들과 모든 애국 지사들이 참석하여 추모식을 받들고, 이어 시상식을 거행하는 것이 큰 뜻이 있겠읍니다.

83년부터는 꼭 그렇게 진행해 주시기 바랍니다. 이 의견에 대한 이설은 있을 수 없을 것으로 생각 됩니다.

더욱 훌륭한 『나라사랑』이 되어 나가길 바랍니다.

〈서울회원〉

# 뒤에 적음

『거 누가 날 찾아』, 지하철문고사, 1986

이 제3詩集 『거 누가 날찾아』는, 1978년에 제2시조 精選集 『의상대 해돋이』를 낸 뒤에 이제 또 손을 대어 본 것이다.

어느덧 세월은 흘러 8년이 되었다 보다. 그 동안에 現代文學, 詩文學. 한국일보, 주간한국, 서울신문 등에 발표한 것을 간추려 본 것이다.

허나 이러한 짓이 과연 옳은지, 해야 할 일인지, 새삼 의심스럽기도 하다. 아니 부끄럽기도 하다.

우리의 文學에 무슨 영향을 끼칠만한 그 무엇이 있을까 하기 때문이다.

이 세상에 이유 없는 것은 없다. 만일 있다면 그것은 무엇일까?

오직 '詩'라고 나는 대담하게 거침없이 대답하고 싶다.

그것을 까닭 없이 쓰고, 조건 없이 쓰여지고, 하등 야망이나, 야욕이 없이 형상화되기 때문이다.

그렇다고 해서 詩는 교양이냐 하면 그것도 아니다. 도덕의 강조냐 하면 그것은 더구나 아니다. 수양이냐? 천만에 얼토당토않은 말이다.

詩란 그저 詩일 뿐이다! 그 이상 아무것도 아니다. 詩를 詩에 대해서 무어라고 논리를 전개하거나, 어떻다고 노트 부스레기 같은 것을 끄적거려 보았자 그건 어린애의 철없는 장난이 아닐까…

詩와는, 詩의 본질과는 거리가 먼 것이다. 근본적으로 동떨어진 것이다.

詩의 자체는 그러한 불장난을 거부하고 있다. 근본적으로 용납하지 않기 때문이다.

혹 어느 때로는 시대적 사회적 환경에 따라서 그 사람의 욕구나 목적을 달성하기 위한, 충족하기 위한 수단과 무기로 詩가 사용되거나, 등장하기도 한다.

그러나 그것은 결코 詩가 아니다. 詩랄 수가 없는 것이다. 한낱 詩的인 형상화의 형식을 빌린 것에 불과한 것뿐이다. 詩의 형태로써 변장술을 등장시킨 것이다.

이러한 점에 잘못 속아서는 안 된다. 위험한 함정인 것이다.

詩란 어디까지나 순수해야 한다. 가식이 없어야 한다. 가식이란 용납될 수가 없다.

순수성을 상실한 가식이란 詩가 될 수 없는 것이다. 가식이 어찌 詩가 될 수 있으며, 詩를 표상할 수 있겠는가. 광석이 순금일 수 없고, 물고기의 눈알이 어디 진주가 되던가…

각설, 나는 詩를 모른다. 詩를 쓸 줄도 모른다. 그러므로 詩를 쓰는 체해본 적도 없다.

그런데 왜, 나를 보고서 詩를 쓴다고 하는지 모르겠다.

詩를 가까이 하기 때문에 나의 체취에서 혹시 시적인 향훈이 풍기는지 모르겠다.

나는 나에 대해서 속아서는 안 된다. 자기를 과대평가해서도 안 되고, 과소평가해도 안 된다. 저울눈금을 똑바로 볼 줄 아는 식견이 무엇보다도 중요하다. 이것만이 자기가 자기의 생활을 영위할 수 있는 사람이 아닐까 한다.

나는 詩를 어떻게 무엇을 써야 하느냐? 하는 것보다도, 항상 나는 나를 어떻게 몰고 가야한다? 갈 것인가?…

이것뿐인 것이다. "主人公!" "主人公?"

이 拙作 제3詩集이 이렇게 뜨거운 햇살을 받게 되는 것은, 평소에 내가 사랑하는 全鎣大박사, 金直勝社長 兩君의 情다운 보살핌에서 이루어진 것이다. 오늘과 같은 현실에서 놀라움이 아닐 수 없다.

우리 사회에 이바지 하는 것 하나 없이, 오늘도 나는 은혜만 입고 빚만 지는 생활을 하는가 보다. 부끄러울 뿐이다.

이 시집의 題號를 揮毫하여 주신 如初 金膺顯 선생에게 감사하오며 작업에 끝가지 노고하여 주신 太陽堂직원 여러분에게 고마움의 인사를 드리는 바이다.

서기 1986.9.초순

放牧亭에서

# 나그네길

『나그네 길』, 한국문학사, 1988

내가 이제 이 사바세계를 떠나게 되는 모양이다. 머무를 만큼 머문 모양이다. 어언 83년 동안이 아닌가.

떠돌아다니는 나그네가 어디 한 여관에서 오래 묵던 일이 있던가……

인생은 나그네요, 천지는 여관이라고, 저 장주도 일찍이 한마디 했었다.

그보다도 오히려 앞서서 석가모니는 그의 능엄경에서 "인연 따라 돌고 돌고(윤회), 왔다갔다(왕반)하는 것이 중생이다. 나그네와 같은 것이 중생의 생활이다"고 갈파하셨다.

내가 83년 동안 묵던 여관을 떠나게 되는 신호를 느낀 것 같다. 그렇게 스스로 믿어진다. 그렇다. 나그네는 떠나는 것이다. 파장이 되고, 해가 질 무렵이면 말이다.

나그네는 훌쩍 떠나는 것이 문제가 아니다. 밥값을 가리고 여비를 챙겨야 한다.

한 푼도 갚을 것이 없어야 한다. 따라서 받을 것도 없어야 한다.

그저 알몸으로 왔다가 알몸으로 가야 한다. 깨끗이 왔으면 깨끗이 가야 한다.

빚을 지고 가는 것이 죄라면, 빚을 놓고 가는 것도 또한 죄가 아닌가.

주인공(主人公)! 너는 '나그네!' '나그네길'을 가야 한다. '끝없는 나그네의 길을 그저 끝없이 갈 뿐이다!'

나그네의 길은 그대로 영원한 길! 너도 가고 나도 가고, 나도 오고 너도 오고, 우리 모두 우줄우줄 춤도 추고, 노래도 부르는 자유의 길! 평화의 길! 차별도 없고, 계층도 없는 큰 길! 평등한 길일 뿐!

내 눈앞에 보이는 것이 이 한 길뿐! 빙그레 웃으며 가자! 염불하고 시도 읊고, 노래도 한곡 부르며 가자!

춘삼월 호시절이 좋다면, 구시월 선들바람은 어떤가? 오뉴월 훈풍이 그럴싸하다면, 동지섣달 눈꽃세계는 어떤가……

인연 따라 가자꾸나. 갈 때 되면 가자꾸나! 미소 지으며 기쁘게 가자꾸나!

끝없는 나그네 길! 끝없이 가자꾸나 …… □

放牧亭에서

83세 鐵雲 趙宗玄

번역문

# 꿈에 제갈량을 본 서문

『나라사랑』 3, 1971.7

이십 세기의 대한의 천지에 앉아서, 불란서의 혁명과 미국의 독립을 꿈꾸지 않고 지나의 삼국시대를 꿈꾸며, '런던'의 도회와 '베를린'의 장려(壯麗)를 꿈꾸지 않고 남양(융중) 초당을 꿈꾸며, '나폴레옹'과 '워싱턴'과 뛰어난 '비스마르크'를 꿈꾸지 않고 제갈공명을 꿈꾸니, 슬프다! 저 제갈공명의 나무 바리케이드와 돌팔매로써 어찌 가히 날카로운 창과 속사포를 당하며, 군량과 장비를 운반하는 목마로써 어찌 능히 기선과 기차를 격퇴하랴.

저승의 제갈공명을 불러 일으켜 우리 한국의 정승이 되라 하면, 졸지에 당하기 때문에 당황하여 벌벌 떨며 반드시 학술을 학교에 묻고, 정세를 보도기관에 물어서 최소한 사오 년을 지낸 후라야 대답하리니, 그렇다면 천백 번 제갈공명을 꿈꾸는 것이 오히려 어린 소학생을 한 번 꿈꾸는 것만도 못하리라.

이제 꿈꾸지 아니할 것을 꿈꾸고, 따라서 다른 사람에게 제갈공명이가 내 꿈에 나타났다고 말을 하니, 몽매한 사람의 꿈인가? 현철한 사람의 꿈인가? 내가 꿈꾼 그대에게 묻노라.

그도 그렇다고 대답한다. 이 꿈은 진실로 나도 꾸고 싶지 아니한 꿈이지마는, 이제 우리나라의 소위 지식층들이 모여 앉아 주고받는 이야기를 들어보면, 저 공명이가 남병산의 동남풍을 빌린 것이 아니면 고작 금랑의 비결 이야기요. 또 서성의 거문고를 탄 것이 아니면 기껏 팔진도나 이야기할 뿐, 상고의 역사도 모르고 현대의 정세도 알지 못하며, 어리석게도 자신있게 지금이라도 제갈공명이만 나오면 석탄도 타지 않고 총탄도 불발해서 삽시간에 대한이 독립할 것이라고 말을 한다.

또 이 뿐일까, 내가 세계 문명사를 말하면 그 눈이 휘둥그레지고, 세계 위인전을 보이면 그 눈썹이 찌푸러지면서 '어찌 이런 것이 있을까? 어찌 이런 것이 있을까?' 한다. 저 침이 마르도록 이야기하는 것은 오직 성탄의 삼국지뿐이다.

슬프다! 이런 사람들과 더불어 조석 상봉하니, 내 어찌 제갈량을 꿈꾸지 아니하고 누구를 꿈꾸겠는가.

그러나 저 어리석은 자가 제갈량을 꿈꾸는 것은 그 두건을 꿈꾸는 것이요, 그 백우선을 꿈꾸는 것이요, 그 사륜거를 꿈꾸는 것이요, 그 기산 오장원을 꿈꾸지마는, 나의 꿈은 그렇잖다. 이십 세기 동양의 혁명이니, 진실로 내가 제갈량을 꿈꾸나, 실은 제갈량이가 나를 꿈꾸리라.

슬프다! 이 글을 읽는 자는 아직도 제갈공명을 꿈꿀까? 채호(采浩)는 재배하며 "예" 한다.

『몽견 제갈량(夢見諸葛亮)』에 붙인 단재 선생의 서문

# 朝鮮獨立의 書

『법륜』 102, 1977

온 겨레의 염원이던 독립의 날, 이날이 있기까지 얼마나 많은 선열들이 피를 흘리셨던가! 여기 독립 32주년을 맞이하여 독립운동의 선구자이신 萬海 선생의 옥중기 「조선독립의 서」를 번역해 본다.

### 1 개론

자유는 만물의 생명이요 평화는 인생의 행복이다. 그러므로 자유가 없는 사람은 죽은 시체와 같고 평화가 없는 사람은 가장 고통스러운 사람이다. 압박을 받는 사람의 주위는 무덤처럼 싸늘하고 쟁탈을 일삼는 사람의 생활은 지옥이 되는 것이니, 이 우주의 이상적인 최고 최대의 행복은 오직 자유와 평화이다.

그렇기 때문에 자유를 얻기 위해서는 생명을 털끝 같이 여기고 평화를 누리기 위해서는 희생을 감수하는 것이니, 이것은 생명의 권리임과 동시에 또한 의무인 것이다.

그러나 자유의 올바른 길은 남의 자유를 침해하지 아니하는 것으로 한계를 삼는 것이니, 침략적 자유는 평화를 몰각한 야만의 자유가 되며 평화의 정신은 평등에 있는 것이니, 평등은 곧 자유와 맞먹는 것이라고 할 것이다.

그러므로 위압적 평화는 굴욕이 될 뿐이니, 참된 자유는 반드시 평화를 누리고 참된 평화는 반드시 자유를 얻는 것이다.

자유여! 평화여! 온 인류의 요구로다. 그러나 인류의 지식은 점진적으로 몽매로부터 문명에, 쟁탈로부터 평화에 이르게 되는 것은 역사적 사실에서 넉넉히 증명하였다. 인류 진화의 범위는 개인적으로부터 가족, 가족적으로부터 부락, 부락적으로부터 국가, 국가적으로부터 세계, 세계적으로부터 우주주의에 이르도록 순차로 진보하는 것이니. 부락주의의 이전은 몽매 시대의 유물로서 한낱 회상의 감회에 지나지 않는 것이라 논할 가치조차 없는 바이다.

행인지, 불행인지? 18세기 이후의 국가주의는 실로 전 세계를 휩쓸어 광분의 절정에 도달하여 제국주의와 그 실행의 수단 즉 군국주의를 산출(産出)하게 되었으니, 이른 바 우승열패(優勝劣敗), 약육강식(弱肉强食)의 학설은 가장 참된 불변의 금과옥조(金科玉條)인양 인식되어 살벌 강탈로 국가 혹은 민족적 전쟁은 자못 종식될 날이 없이 몇 천년의 역사를 가진 국가를 폐허하며, 몇 십 백만의 생명을 희생하는 일이 지구를 둘러싸지 아니한 곳이 없으니, 전 세계를 대표할만한 군국주의는 서양에 독일이 있고 동양에 일본이 있다.

그러나 이른 바 강자, 즉 침략국은 군함과 대포만 많으면 제나라의 야욕 야망을 충족하기 위해서 인도와 정의를 무시하고 쟁탈을 감행하면서도 그 이유를 설명할 때에는 세계 혹은 지역의 평화를 위한다든지, 쟁탈의 목적물 즉 피침략자의 행복을 위한다든지 하는 등 자타를 기만하는 터무니없는 망어를 농하여 엄연히 정의의 천사국으로 자처하니, 예컨대 일본이 폭력으로 조선을 합병하고 2천만 민족을 노예로 취급하면서도, 조선을 합병한 것은 동양 평화를 위하고 조선민족의 안녕과 행복을 위한 것이라고 하는 것이 바로 이것이다.

슬프다! 약자라고 본래부터 약자가 없고, 강자라고 언제든지 강자되라는 법은 없으니, 한번 천도의 대운이 돌아오는 때는 복수적 전쟁은 반드시 침략적인 전쟁의 꼬리를 물고 일어날 것이다.

침략은 전쟁을 불러일으키는 처사다. 어찌 평화를 위하는 침략이 있으며 또한 어찌 자기 조국의 몇천년의 역사는 타국의 침략의 총검에 끊기고, 몇백만년의 민족은 외국인의 학대를 받는 노예가 되고 소와 말이 되면서까지 이것을 행복으로 여길 사람이 어디 있겠는가?

어느 민족을 막론하고 문명정도의 차이는 있을지언정 혈통이 없는 민족은 없으니, 혈통이 있는 민족이 어찌 영구히 외적의 노예를 감수하기만 하고 독립 자존을 도모치 아니하겠는가?

그러므로 군국주의 즉 침략주의는 인류의 행복을 희생하는 가장 악랄한 마술일 뿐이다. 어찌 이와 같은 군국주의가 영원 무궁의 운명을 보존하겠는가?

이론보다 사실, 슬프다! '총검'이 어찌 만능이며 '무력'이 어찌 승리겠는가? 정의가 있고 인도가 있는 법이다.

침략에 침략을 거듭하고 폭악에 폭악을 극도로한 군국주의는 독일로써 최후의 종막을 고하지 아니하였는가? 살육 살상을 감행한, 귀신도 통곡할 구주 대전쟁은 대개 1천만의 사상자를 내고 얼마나 많은 물자를 소모한 후에 정의와 인도를 표방하는 깃발을 치고 강화조약을 성립하게 되었는가.

그러나 군국주의의 종말도 실로 색채를 장엄하기에 유감이 없는 야욕을 충족키 위해서 30년동안 쓰라리게 가다듬은 전략으로 몇백만의 군대를 수백마일의 전선에 내어몰고 그야말로 육・해・공군을 총동원하여 좌충우돌 동서공격의 개전 3개월 이내에 파리를 함락한다고 자신만만하던 카이제르의 호언은 일시의 장관이었다.

그러나 그것도 군국주의적 결별의 종막일 뿐이며 이상과 말일 뿐만 아니라, 작전계획의 치밀도 탁월해서 휴전을 제의하던 날까지 연합국측의 군대는 한 발자국도 독일의 국경을 진격하지 못하였으니, 항공기는 공중에서 잠수함은 바다에서 육군은 지상에서 각기 전술의 묘를 발휘하여 실전에 현란한 전과를 거두었다.

그러나 그것도 군국주의적 서산낙일의 반사일 뿐이다.

슬프다! 1억만 인민의 위에 군림하고 세계를 주름잡을 웅도를 품고 세계를 상대로 선전 포고하고 백전백승의 기개로 안하무인, 종횡 자재하던 독일황제가 일조에 자기 생명 이상으로 믿던 '총검'을 버리고, 외롭고 쓸

쓸한 화란 외딴 곳에서 겨우 목숨만을 보존하는 것은 이 무슨 돌변인가?

이것은 곧 카이제르의 실패일 뿐만 아니라 군국주의의 실패이니, 한 세상의 통쾌한 일을 시원스레 느끼는 동시에 그 사람을 위해서 한 줄기의 동정을 금치 못하겠다.

그러나 연합국측도 독일의 군국주의를 타도한다고 성명하였으나, 그 수단 방법의 실지 행동은 역시 군국주의의 유물인 군함 대포 등의 살인도구인즉 이것은 이이제이(以夷制夷)하는 것이니 무엇이 다르겠는가?

독일의 실패가 연합국의 승전이 아닌즉, 수많은 강약국의 연합 병력으로써 5년간이나 지구전을 계속하면서 독일을 제승치 못한 것은 이 또한 연합국측의 준군국주의의 실패가 아닌가?

그러면 연합국측의 대포가 강한 것이 아니요, 독일의 총검이 약한 것이 아닌데 전쟁의 종결을 고한 것은 무슨 까닭인가?

정의 인도의 승리요, 군국주의의 실패이다. 그러면 정의 인도 즉 평화의 신은 연합국의 손을 빌려서 독일의 군국주의를 타파한 것인가? 아니다! 정의 인도 즉 평화의 신은 독일인민의 손을 놀려서 세계의 군국주의를 타파한 것이니 즉 전쟁 중의 독일혁명이 곧 이것이다. 독일혁명은 사회당의 손에서 일어났으니 그 유래가 오래 되었고, 또한 러시아혁명의 자극을 받은 바 있으나 총괄적으로 말하면 전쟁의 고통을 실감하고 군국주의의, 과오를 뼈저리게 각오했기 때문에, 조용한 가운데 전쟁을 자진 포기하고 경랑 노도(驚浪怒濤)같이 군국주의를 발휘하려던 총검을 꺾고 군국주의의 자살을 고하고, 공화혁명의 성공을 업어 평화적 새론 운명을 개척한 것인즉 연합국은 그 틈을 타서 어부의 이를 얻은 것이다.

구라파전쟁의 종결에 대해서는 연합국의 승리뿐 아니라, 또한 독일의 승리라 하겠다.

무슨 까닭인가? 구라파전쟁에 독일이 고군분투해서 최후의 일전을 할지라도 승부를 가히 알지 못할 것이요. 가사 독일이 일시의 승리를 한다 할지라도 연합국의 복수전쟁이 일어나고, 또 일어나서 독일의 멸망을 보지 아니하면 군대를 철수하지 아니할 것이다.

그러므로 독일이 패전치 아니할 뿐 아니라, 전승이라고 할 만한 경우에 있어서 당연히 굴욕적 휴전조약을 승낙하고 강화를 청한 것은 곧 시기를 살펴 승리를 제선(制先)한 것이니, 강화회의에 대해서도 가급적 굴욕적인 조약에는 무조건으로 승낙할 것을 추측하기 어렵지 않다(3월1일 이후의 외국 소식은 알지 못함).

그러하면 근시안적으로 보아서는 독일의 실패라고 할 것이나, 원시안적으로 보면 독일의 승리라고 할 것이다.

슬프다! 유사이래 일찍 없었던 구주전쟁과 기괴한 상상 이외의 독일혁명은 19세기 이전의 군국주의 약탈주의의 전별회가 되는 동시에, 20세기 이후의 정의 인도적 평화주의의 개막이 되어 카이제르의 실패가 군국주의적 각국의 두상에 통방(痛榜)을 내리고, 윌슨의 강화조건이 각 영토와 옛 동산에 봄바람을 일으키니, 침략국의 압박 밑에서 신음하던 민족은 승천의 기상과 강물을 터뜨릴 형세로 독립 자결을 하기 위해서 분투하게 되었으니, 폴란드의 독립이 이것이며 체코의 독립이 이것이며 아일랜드의 독립선언이 이것이며 인도의 독립운동이 이것이며 필리핀의 독립경영이 이것이며 조선의 독립 선언이 바로 이것이다(3월 1일까지의 상태).

각 민족의 독립 자결은 자존성의 본능이며 세계의 대세며 천지신명의 찬동이며 온 인류의 눈앞에 다가 올 행운의 원천이다. 누가 감히 이것을 억누르며 누가 감히 이것을 막겠는가?

### 2 조선 독립 선언의 동기

일본이 조선을 합병한 후로 자존성이 강한 조선 사람의 주위에서 접촉되는 일은 하나도 독립을 상기치 아니하는 사실이 없다. 그러나 최근의 동기로 말하면 대개 세 가지로 나누어 보겠다.

#### 1, 조선 민족의 실력

일본이 조선의 민의를 무시하고, 현명치 못한 주권자를 속이고 몇몇 소인배의 당국자를 우롱해서 강압적으로 합병의 폭거를 감행한 후로부터 조선민족은 수치와 모욕을 당하고 참는 동시에 또한 분노를 터뜨리고 의지를 가다듬어 정신을 쇄신하고 기백을 기르며, 과거의 잘못을 깨닫고 새론 길을 도모하며 일본의 혐오를 불구하고 외국에 유학한 사람도 실로 수만에 달한 오늘, 위로 독립정부가 있어서 각 방면으로 장려 원조하면 만사의 문명에 유감이 없이 날로 진보할 것이다.

국가는 반드시 물질적인 문명이 낱낱이 완비한 후에 비로소 독립하는 것이 아니다. 독립할 만한 자존의 기운과 정신적인 준비만 있으면 족한 것이니. 문명의 혁신은 물질적으로 발휘하는 것은 칼로 대나무를 빠개는 것과 같은 것이다. 무엇 어려울 것이 있겠는가?

일본 사람은 걸핏하면 조선의 물질 문명이 부족하다고 지껄이지마는 조선사람을 우매케 하고 야비케 하고자 하는 포악한 정치와 열등교육을 폐지하지 아니하면 문명을 실현할 날이 없을 것이다. 이것이 어찌 조선사람의 소질이 부족할 것인가?

조선사람은 당당한 독립 국민의 역사와 전통성이 있을 뿐 아니라 현대 문명에 능히 도전할만한 실력이 있다.

## 2. 세계 대세의 변천

20세기 초부터 온 인류의 사상에는 날로 새론 사조가 대두되어 전쟁의 참화를 싫어하고 평화의 행복을 추구하여 각국 군비의 제한 혹은 전폐의 설도 있으며, 만국 연합의 최고 재판소를 설치하고 절대적인 재판권을 부여해서 국제적 문제를 해결하여서 전쟁을 미연에 방지하자는 설도 있고, 그 외에 세계적인 연방설과 세계적인 공화설등은 실로 뭇새 소리같이 많으니, 이것은 모두 세계적 평화를 촉진하는 앞장선 외침이다. 소위 제국주의적 정치가의 안목으로 보면 일소에 붙일는지 모르나, 사실의 실현은 오직 시간 문제 뿐이다.

최근의 세계 사상계에 통절한 실물의 교훈을 내린 것은 곧 구주 전쟁과 러시아 혁명과 독일 혁명이 바로 이것이다. 세계대세에 대해서는 이미 전술(前述)한 바가 있으므로 중복을 피하거니와 한 마디로 잘라 말하면 현재로부터 미래의 대세는 침략주의는 멸망하고 자존적 평화주의가 승리하게 될 것이다.

### 3. 민족 자결 조건

미국 대통령 윌슨은 독일에 대한 강화 기초 조건, 즉 14조건을 제출하는 중에 국제연맹과 민족자결의 조건이 있었는 바, 영국·불란서·일본과 기타 각국이 내용으로는 이미 국제 연맹에 찬동하였은즉 국제 연맹의 본질, 즉 평화의 근본 해결인 민족자결에 대해서는 물론 찬동할 것이다.

각국이 찬동의 의사를 표한 이상에는 국제 연맹과 민족 자결은 윌슨 일개인의 말이 아니라, 세계의 공언(公言)이며, 희망적인 조건이 아니라 기성(旣成)의 조건이며, 연합국에서 화란의 독립을 찬성하고 체코의 독립을 위해서는 거액의 군비와 약간의 희생을 무릅쓰고 영하 30도 내외의 기온을 배제하고 군대를 시베리아에 출동한 것은 미국과 일본의 행동이 가장 뚜렷하였으니, 이것은 민족자결을 사실상으로 원조한 것이다. 민족자결주의를 완정한 표상이니, 어찌 축하할 바가 아니겠는가?

## 3 조선 독립 선언의 이유

슬프다! 국가는 잃은 지 10년을 지내고 독립을 선언한 민족이 독립 선언의 이유를 설명하기에는 실로 침통함과 스스로 부끄러움을 금치 못하겠다. 독립의 이유는 네 가지로 나누어 보겠다.

### 1. 민족 자존성

길짐승은 날짐승과 무리를 같이 못하고 길짐승은 곤충과 더불어 같이 살지 못하며, 같은 길짐승이지마는 기린과 여우·닭은 사는 것이 각각 다르고, 같은 날짐승이지마는 기러기, 자고(鷓鴣)와 제비 · 잠새는 뜻이 서로 다르며, 같은 곤충이지마는 용과 뱀과 지렁이는 좋아하는 것이 서로 따로 있고, 같은 종류 중에서도 벌과 개미는 저의 무리가 아니면 절대로 배척하여 한 곳에 같이 살지 아니한다.

이것은 유정지물의 자존성에서 나온 짓이다. 이것은 반드시 이해 득실로 다른 무리의 침략을 배척할 뿐만 아니라, 다른 무리가 저의 무리에 대해서 복되게 해준다 해도 또한 이것을 배척하는 것이니, 이것은 배타성이 주제가 되어서 그런 것이 아니라, 저의 무리끼리 서로 사랑하여 저희들의 자존을 영위하기 때문에 자존의 반면에는 자연히 배타가 있기 마련인 것이다.

이러한 배타란 것은 자존의 범위내에 파고 드는 타의 간섭을 방어하는 것이요, 자존의 범위를 넘어서 무조건 타를 배척한 것은 아니다.

만일 자존의 범위를 넘어서 타를 배척한다면 이것은 배타가 아니요 곧 침략이기 때문이다.

인류도 이와 같이 민족 자존성이 있기 때문에 유색종 무색종간에도 각각 자존성이 있고, 같은 인종 중에서도 각 민족의 자존성이 있어서 도저히 동화되지 못하니, 예컨대 중국 전폭(全幅)은 비록 한 국가를 형성하였으나 민족적 경쟁은 실로 치열하였다.

최근의 사실로만 말할지라도 청나라의 멸망은 정치적 혁명이 피상적으로 있을 뿐, 기실은 한민족과 만주족의 쟁탈이며, 티베트족이나 몽고족도 각각 자존을 꿈꾸고 기회만 있으면 소란을 일으키며, 그밖에 영국의 아일랜드 · 인도에 대한 통화 정책이나, 러시아의 폴랜드에 대한 동화정책이나, 기타 여러 나라의 각 영토에 대한 동화정책도 마침내 수포로 돌아가지 아니한 것이 하나도 없다.

그런즉 자민족이 타민족의 간섭을 받지 아니하려고 한 것은 인류 공통의 본성이다. 이에 대해서는 어떠한 사람이라도 이것을 막지 못할 뿐 아니라, 자민족이 스스로 자민족의 자존성을 억제코자 할지라도 절대 불가능한 것이다.

이 민족 자존성은 항상 탄력성이 있어서 팽창의 한도 즉 독립자존의 완성에 도달하지 아니한 것이니, 조선 독립을 감히 침해치 못할 것이다!

### 2. 조국 사상

월나라 새는 남쪽 가지를 그리어 깃들고 오랑케 말은 북녘 바람을 향하여 우니, 이것은 그 근본을 잊지 아니한 것이다. 동물도 오히려 그렇거니, 하물며 만물의 영장인 사람이 어찌 그 근본을 잊겠는가? 천성인 동시에 또한 만물의 미덕인 것이다.

그러므로 인류는 그 근본을 잊지 아니할 뿐 아니라, 잊고자 하여도 잊지 못한 것이다.

반만 년의 역사를 지닌 나라가 다만 군함과 대포의 수가 적음으로써 타민족에게 유린을 당하여 역사가 단절됨에 이르렀으니 누가 이것을 참으며 누가 이것을 잊겠는가?

나라를 빼앗긴 후 때때로 근심이 구름 일듯하고 비통한 눈물이 빗발 치듯 하는 중에 역대 선조의 흐느낌을 보고, 한 밤중 첫 새벽에 우주 신명의 꾸짖음을 듣게 되니, 이것을 가히 참는다면 그 무엇을 참지 못하겠는가? 조선의 독립을 감히 침해치 못할 것이다!

### 3. 자유 주의(자존 주의와 아주 다름)

인생의 목적을 철학적으로 설명하려면 이설이 분분하여 일정한 정의를 내리기 곤난하나, 인생 생활의 목적은 참된 자유에 있다. 자유가 없는 생활이 무슨 살 재미가 있으며 무슨 낙이 있겠는가? 자유를 획득하기 위해서는 어떠한 댓가도 아깝지 않다. 즉 생명을 바쳐도 물러서지 아니할 것이다.

일본이 조선을 합병한 후로 압박에 압박으로 일거 일동 말 한마디까지에도 압박을 가해서 자유의 생기는 털끝만큼도 없으니, 혈기와 본성이 없는 무생물이 아닌 바에야 어찌 이것을 참고 견디겠는가? 한 사람이 자유를 잃어도 천지의 화기(和氣)를 손상한 것이거니, 어찌 2천만 민족의 자유를 말살하는 것이 이렇게 극심하겠는가? 조선의 독립을 감히 침해치 못할 것이다!

### 4. 세계에 대한 의무

민족자결은 세계 평화의 근본해결이다. 민족주의가 성립되지 못하면, 어떠한 방법으로 국제연맹을 체결해서 평화를 보장한다 하더라도 필경에는 수포로 돌아가고 말 것이다.

어떤 까닭인가? 민족 자결이 성립되지 못하면 언제든지 군대를 일으켜 전쟁이 계속될 터이니, 어찌 조선 민족이 세계에 대한 책임을 지지 않겠는가?

그렇기 때문에 조선 민족의 독립·자결은 세계평화를 위한 것이요, 또 동양 평화에 대해서는 실로 더욱 중요한 열쇠가 되는 것이다.

일본이 조선을 합병한 것은 조선 자체에 대한 이익, 즉 조선 민족을 추방하고, 일본민족을 이식코자 할 뿐 아니라, 만주와 몽고를 잠식하고 나아가 중국 대륙을 꿈꾸는 것이니, 일본의 야심은 너무나 뻔한 것이다.

중국을 지배하여 손아귀에 넣으려면 조선을 버리고 다른 길을 취할 수가 없기 때문에 침략 정책상 조선을 유일한 생명으로 인식한 것이니 조선의 독립은 곧 동양 평화가 될 것이다. 조선의 독립을 감히 침해치 못할 것이다!

## 4 조선 총독 정책에 대하여

일본이 조선을 합병한 후 조선에 대한 시정 방침은 '무력 압박!' 이 네 글자로 대표하면 그만이다. 전후의 총독, 즉 더라우찌(寺內)와 하세가와(長谷川)야말로 정치적 학식이 없는 일개 군인이다. 조선 총독정치는 총괄적으로 말하면 헌병정치다. 바꾸어 말하면 군력 정치요 총괄 정치다. 군인의 근성을 발휘해서 군력 정치를 감행하는 데에는 아주 물샐 틈이 없었다.

그렇기 때문에 조선 사람은 헌병의 모자만 어른거려도 독사와 맹호를 보는 것 같이 싫어하고 무슨 일에든지 총독정치에 접촉할 때마다, 저절로 5천년 역사의 조국을 기리며 2천만 민족의 자유를 말없이 호소하면서 다른 사람이 보지 않는 곳에서 피섞인 눈물을 흘리니, 이것은 곧 합병후 10년간의 조선 2천만 민족의 생활이다.

슬프다! 일본 사람이 참으로 인간의 양심이 있다면, 이런 짓을 행하고도 꿈엔들 발을 뻗겠는가?

또 종교나 교육은 인류의 전 생활에 있어서 무엇보다도 중요한 것이다. 어느 국가를 막론하고 종교의 자유를 보장하지 아니한 나라는 없는데 하필 조선에는 소위 '종교령'을 발포해서 신앙의 자유를 구속하고, 교육으로 말하면 정신적 교육이 없는 것은 물론 과학의 교과서라야 한낱 '일본말'에 불과하며 그 밖에 천만사에 대한 학정은 일일이 언급할 겨를이 없을 뿐 아니라, 낱낱이 들출 필요조차도 없다.

그러나 조선 민족은 이렇게 가혹한 폭정 밑에서 노예가 되고 우마(牛馬)가 되면서까지 10년 동안 털끝만큼도 반대 운동을 일으키지 않고 숨을 죽이고 유유(唯唯)복종하였으니, 이것은 주위의 압력으로 반대 운동도 불가능하였거니와, 조선 민족은 실로 총독 정치를 그렇게 과대평가해서, 반대 운동까지 일으키고자 하는 사상도 있었다.

왜 그랬던가? 총독정치 이상의 합병이란 근본 문제가 있기 때문이다. 바꾸어 말하면 언제든지 합병을 파괴하고 독립자존을 확보하겠다는 사상이 2천만 민족의 머리 속에 타오르기 때문이다.

그러므로 총독정치는 어떻게 극악하게 할지라도 이에 대해서 보복적인 원한을 가할 리가 없고, 나아가 어떠한 선정을 배푼다 할지라도 또한 감사의 뜻을 표할 리가 없으니, 총독정치는 곧 지말 문제로 인증하기 때문이다.

### 5 조선 독립의 자신

오늘날 조선을 독립한다는 것은 나라를 새로 건국하는 것이 아니요, 역사를 지닌 원래 독립국이 일시적으로 합병의 치욕을 겪고 복구하는 독립이니, 국가의 요소 즉 토지 · 인민 · 정치와 조선 자체에 대해서는 만사가 이미 넉넉히 구비되어 있으니 두 말할 필요가 없고, 각국의 승인에 대해서는 원래로 조선 대 각국의 국제적 교제는 친선을 도모하여 좋은 감정을 가졌을 뿐 아니라, 더구나 「개론」에서 이미 진술한 바와 같이 정의 · 평화 · 민족자결의 새 시대이므로 조선 독립을 환영할 뿐더러 원조할 것이다.

다만 문제는 일본의 승인 여부에 있는 것이다. 그러나 일본도 승인할 것을 의심하지 아니할 줄 생각한다.

대개 인류의 사상은 시대를 따라 변천되는 것이니, 사상의 변천을 따라 사실의 변천이 있는 것은 말할 것도 없다.

사람은 실리만 위하는 것이 아니요 또한 명예를 존중하는 것이매 침략주의 즉 공리주의 시대에 있어서는 타국을 침략하는 것이 물론 실리를 위할 것이나, 평화 즉 도덕주의 시대에 있어서는 민족 자결을 찬동하여 약소국을 원조하는 것이 나라의 빛을 떨치는 명예가 되는 동시에 타고 난 행복의 실리를 얻을 것이다.

만일 일본이 그대로 침략주의를 계속해서 조선독립을 부인하면 이것은 동양, 또는 세계적 평화를 교란하는 것이니, 무섭게도 미 · 일 혹은 중 · 일전쟁을 비롯해서 세계적 연합 전쟁을 재연할는지 알지 못할 것이다. 그러면 일본에 가담할 자는 혹 영국일런지?(영 · 일 동맹관계일 뿐 아니라, 영국 영토문제로) 이것도 의문이다. 그렇다면 어찌 실패를 면하겠는가? 제2의 독일을 연출하는 것에 불과할 것이니, 일본의 총검을 독일에 비하면 누가 강하면 누가 약하겠는가? 일본 사람도 일본이 약하다는 것은 스스로 수긍할 것이다.

그렇다면 오늘날 세계 대세에 역행치 못할 것은 명료하지 아니한가? 또 일본이 몽상하는 조선 민족을 추방하고 일본 민족을 이식하려는 식민정책도 절대 불가능한 것이요, 중국을 상대로 하는 경영도 중국 자체의 반대 운동일 뿐아니라 세계 각국에서도 긍정할 리가 절대로 없을 것인즉, 식민정책으로든지 중국을 경영함에 있어 조선을 발판으로 이용하려는 정책이 모두 수포로 돌아가고 말 것이니, 무엇을 인색하게 여겨 승인을 하지 않겠는가?

일본이 넓은 금도로 조선 독립을 솔선 승인하고, 일본 사람이 입버릇처럼 떠드는 중 · 일 친선을 진정하게 발휘하면 동양 평화의 맹주는 일본을 버리고 누가 있겠는가? 그러하면 20세기 초기에 세계적으로 백천년 미래의 평화적 행복을 위해서 복음을 전하는 천사의 나라는 서반구에 미국이 있고, 동반구에 일본이 있을 것이니, 이 얼마나 영예스러운가? 동양 사람의 체면을 세우는 것이 과연 어떠한가?

또 일본이 조선 독립을 솔선 승인하면 조선 사람은 일본에 대해서 합방의 원한을 풀고 감사의 뜻을 표할뿐 아니라, 조선의 문명이 일본에 미치지 못할 것은 사실인즉 독립한 후에 문명을 수입(輸入)하려면 일본을 버리고 어디서 취하겠는가? 어떠한 까닭인가? 서양 문명을 직수입하는 것도 절대 불능한 사실은 아니지마는 길이 멀어 교통이 불편할 뿐 아니라, 언어 문자로나 경제적으로나 곤란한 바가 많고, 일본으로 말하면 부산 · 하관이 불과 10여 시간의 항로, 조선 사람이 일어와 일본문화를 아는 자가 많은즉 문명을 일본으로부터 수입하기는 사반공배(事半功倍)가 될 것이니, 그렇다면 조선 · 일본의 친선은 실로 밀착 될 것이다. 동양 평화에 대하여 이 얼마나 행복이겠는가? 일본 사람도 결코 세계 대세를 등지고 스스로 앙화를 초래하는 침략주의를 계속하는 우거(愚擧)를 자행하지 말고, 동양의 키를 잡기 위해서 조선 독립을 솔선 승인할 것을 촉구하는 바이다.

가령 오늘날 일본이 조선 독립을 부인하고 현상 유지가 된다 하여도, 인심은 물과 같아서 막을수록 터지는 법이라, 조선의 독립은 산마루에서 떨어지는 바위와 같이 목적지에 도달하지 아니하면 정지되지 아니할 것이니, 조선 독립은 오직 시간문제뿐이다. 일보 영하에 가서 조선 독립이 10

년 후에 된다하면 그동안 일본이 조선으로부터 얻은 이익은 얼마나 될까? 물질적 이익, 즉 재리(財利)로 말하면 수리상 이익을 남겨 일본 국고에 보태 쓰는 것은 그렇게 용이한 일이 아니다. 그러면 일본 사람이 조선 관리로 있고 기타 월급 생활하는 사람의 봉급일뿐이니, 노력과 자본을 상환하면 순이익은 실로 근소할 것이요, 그동안 이식(利殖)된 일본 사람이 귀국치 아니하면 국적을 옮겨 조선 국민으로 귀화하는 외에 다른 방도가 없을 것이다. 그렇다면 10년 동안 근소한 재리를 탐해서 세계적 평화의 기운을 상하고 2천만 민족의 고통을 가하는 것이 어찌 일본의 불행이 아니겠는가?

슬프다! 일본 사람은 기억하라. 청・일 전쟁 후에 마관조약과 로・일 전쟁 후에 포오츠머드 조약 중에 조선 독립의 보장을 주장한 것은 이 무슨 의협심이며, 그 두 조약의 글발이 채 마르기도 전에 변절하고 지조를 바꾸어 위계(詭計)와 폭력으로 조선의 독립을 짓밟는 것은 이 무슨 배신인가? 과거지는 그만 두고 미래를 위해서 충고하노니, 평화의 한 생각이 족히 천지의 상서로움을 이루게 될 것인즉, 일본은 깊이 정신을 가다듬어 힘써야 할 것이다! 〈끝〉

※ 참고 : ①朝鮮 獨立의 書 〈金觀鎬씨 所藏〉
②韓龍雲全集 〈新丘文化社版〉

좌담회 特輯 – 回甲文人

# 文學과 함께 平生을

## 최근의 回甲文人 座談會

『현대문학』, 1969.3

參席者 : 金松(小說), 金廷漢(小說), 朴琦遠(詩), 朴花城(小說), 李敬純(詩), 趙宗玄(時調), 洪曉民(評論)

司會 : 趙演鉉

**司會** : 오늘은 최근에 回甲을 치르신 분들 몇 분을 모시고 좌담회를 가져보기로 했읍니다. 우리의 調査가 미비한 탓도 있고 연락관계가 잘못된 탓도 있고 또 다른 피할 수 없는 일들이 있어서 이 자리에 참석 못한 몇 분이 있습니다. 金素雲, 白鐵, 李周洪, 金五南, 李雪周, 李軒求 諸先生, 이밖에 몇 분이 더 계시리라고 생각이 되는데 이분들이 다 합석되었으면 더욱 좋았겠읍니다. 20以前까지는 아직 無自覺한 時期다, 이러케 본다면 回甲이 넘으시도록 文學에 종사하였다는 것은 한평생을 文學과 같이 살아왔다는 뜻이 되겠읍니다. 한 사람이 이 세상에 태어나가지고 그 生涯의 全部를 어느 한 가지 일에 바친다는 것은 쉬운 일 같지만 대단히 어려운 일이고, 또 어려운 일이기 때문에 존경을 받아서 마땅한 일이 아닌가 생각됩니다. 오늘 여기 모이신 분들 중에는 조금 일찍 回甲을 치르신 분도 있고 또 작년에 치르신 분도 있고 한데요, 제 생각에는 朴花城 선생님이 제일 年長이 되시지 않는가? 洪 선생님 어떻습니까?

**洪曉民** : 回甲입니다.

**司會** : 朴 선생님은 언제 回甲을 치르셨습니까?

**朴花城** : 一九六四年度 四月 十六日이었습니다.

**司會** : 洪 선생님은?

**洪曉民** : 나는 正月 二一입니다.

**司會** : 그 다음은 어떻게 되십니까? 趙宗玄 선생님 ……

**趙宗玄** : 一九六六年 二月 八日입니다.

**司會** : 그 다음이 李敬純 선생님 되시나요?

**李敬純** : 一九六五年度인 것 같습니다.

**金廷漢** : 저는 昨年이었지요.

**司會** : 回甲치고는 一年生이겠습니다. (웃음)

**金廷漢** : 양력 十一月 六日이었으니까 ……

**朴琦遠** : 작년 二月 八日.

**司會** : 아까 回甲이라고 하셨는데 누가 먼저시지요?

**洪曉民** : 내가 먼저지요. 남자가 먼저이지 여자가 먼저인가요? (웃음)

**司會** : 여기에서는 洪 선생이 제일 연장이신 모양인데 회갑을 맞을 때의 소감이라고 할까 그런 것을 말씀해주십시오.

**洪曉民** : 우리 洪 氏네 집에서는 回甲을 안 해먹습니다. 그래서 그냥 집안끼리 모여서 보통 생일 차려먹던 것처럼 치르었지요. 그래서 나는 回甲이 없어요.

**司會** : 文壇에서도 모르게 넘겨버렸군요.

**洪曉民** : 그렇지요. 還甲이라고 하면 늙었다는 觀念이 있어서 알리기 싫었지요.

**司會** : 朴花城 선생은 紀念出版도 했고 文壇의 行事도 있고 했지요?

**朴花城** : 네! 回甲때가 마침 나의 文壇生活 四0년이었어요. 저희 四男妹가 命이 짧아서 일찍 돌아가셨어요. 四0, 五0에 …… 그래서 내가 回甲을 넘기게 되니까 신기하더군요. 그런 때에 마침 나의 文壇生活 四0年이라고 해가지고 出版物도 나오고 後輩들 글도 실리고 했지만 人生 六0年에 해놓은 것이 없고 文學生活 四0年이 되어왔어도 내놓을 것도 없

고 다만 허무할 뿐이라고 생각했읍니다.

**司會** : 가장 최근에 회갑을 맞으신 金廷漢 선생, 回甲 新入生 所感은……

(웃음)

**金廷漢** : 職場에 다니니까 學校行事로 하는 것이 있읍니다만 일부러 피해서 俗離山 法住寺에 가서 보냈읍니다. 서울에서 全國文學人大會인가가 二0日에 있어서 참석하고 나서 내려가니까 釜山文協支部에서 二0餘名이 모여 紀念으로 하나 만든 것뿐이고 紀念論文集도 이달 內로 하나 나올 예정입니다만 객지에 있는 며느리가 와서 할 수 없이 밥만 같이 먹고 俗離山에서 지내면서 누워서 느낀 소감은 아무래도 아직까지는 아무 일도 못했는데 다시 새로 살아보았으면 더 멋있게 살아볼텐데……

**司會** : 李敬純 선생님……

**李敬純** : 글쎄요, 저는 아침에 자고나니까 해가 드니 저의 生日날이라고 해서 집에 사람들이 준비를 하고 하니 내가 六0을 살았구나, 오늘이 바로 그날이다 하는 느낌이 옮어져요. 우리가 하루 時間을 아침 점심 저녁, 이렇게 정해놓고 있지만 그 時間的 移行期가 분명치 못한 것과 마찬가지로 六0을 살았다, 回甲이라고 말하지만 나서부터 二0, 三0, 四0, 五0, 六0년이 되었다…… 연령적인 移行期가 분명치 못하다 해서 하루 日程의 移行期가 분명하지 못한 것같이 별로 年齡을 의식하지 못했읍니다.

**趙宗玄** : 환갑이라고 아이들이 뭣을 준비한다고 하는 것을 거절했고 時調同人들이 해나오던 時調文學에 뭐 特輯을 낸다, 作品을 自選해서 보내고 經歷 조금 써 보내고 寫眞 한 장 보내라 했지만 나는 편지를 내버렸어요. 그 요지는, 내 作品을 내는 紙面에다가 내 後輩 것을 실어주는 것이 좋고, 나는 寫眞 보내기도 싫다, 더군다나 經歷 쓰기도 싫다. 나는 還甲이 없다, 내가 낳은 것도 어머니 아버지에게서 들어서 알았지 잘 모르겠다, 나는 還甲도 잘 모르고 또 還甲이라고 하면 장한 것 같지만

나는 장한 것도 없고 다만 느껴지는 것은 아버지 어머니의 은혜가 이렇게 至重했는가, 내가 또 佛敎에 歸依한 지가 四五年 되던 해인데 부처님의 은혜가 나 같은 사람에게도 내려서 六0년을 살아왔는가 보다 하는 느낌뿐이란 것이었죠. 나는 그때에 觀音祈禱一週日을 절에 가서 했는데 親知들과 弟子들에게서 반지 二個가 왔읍니다. 그래서 받아놓았는데 그날 환갑날에 祈禱를 마치게 될 때에 마침 절에서 觀音法堂을 竣修하겠노라고 勸善하러왔어요. 하나를 끼고 있다가 바쳤지요. 나머지 하나는 紀念이라 해서 마누라에게 주어버리고…… 다만 느낀 것은, 아무 것도 한 것이 없이 예순 한 살까지 먹었다니 말이 되느냐? 人類社會에 아무 한 일이 없이 밥통노릇만 해서 뭣 하느냐? 앞으로 조금 더 精誠을 바쳐서 뭣인가 일을 더 해야 되겠다는 그런 결심이라고 할까, 내 자신을 채찍질하는 마음밖에 가지 않았어요.

**金松**: 아버지를 여읜 것이 三0 나이입니다. 그때 五0 얼마인가에 아버지와 작별했는데 내가 六0이 되어도 아버지보다 젊다는 생각이 자꾸 들고, 또 하나는 이북에 계신 아버지 還甲을 보지 못했으니 내가 무슨 환갑이 있겠느냐는 생각이 들어요, 그래서 집안에서 자꾸 還甲, 還甲, 하고 한 달 전부터 떠들었지만 아주 계획적으로 서울거리를 떠났어요. 濟州島에 갔지요. 濟州島에 가서 漢拏山을 돌고 西歸浦에 가서 한 三日 묵으니까 바로 내 生日날이라고 해요. 마침 비가 오는 날이라 비를 맞으면서 正房瀑布에 구경을 갔더니 海岸으로 물이 자꾸 떨어졌어요. 비가 쏟아지는 속에서 그것을 한참 바라보면서 過去라는 것을 회상했는데 아무래도 나이가 틀린 것 같고 나이 六0이라지만 五0밖에 안된 생각이 자꾸 들어요, 왜냐하면 過去에 아무 해놓은 일도 없고 나이만 먹은 것 같고 내 나이를 잘못 헤아렸다는 생각이 들어서 쏟아지는 비를 고스란히 맞고 瀑布 떨어지는 것을 보았는데요 …… 나는 過去 六0平生을 모두 어둠속에서 살아왔다고 볼 수 있어요. 태어날 때, 一九0八年이니까 아주 지독한 封建社會時代로 캄캄한 時代였고, 그 후 젊어서는

大東亞戰爭이라고 해서 戰爭바람에 캄캄했고, 또 解放이 되어가지고 조금 날이 밝을까 했더니 共産黨治下에서 고생했고, 다시 六·二五를 겪었으니 六0平生을 쭉 어두운 時代만을 헤매며 오늘까지 이르렀는데 내가 내 過去를 회고할 때 해놓은 일이 없어요. 모든 것이 스스로 생각하기에는 부끄럽고 회한스러운 일뿐이에요. 아무리 돌아보아도 내 六0平生이라고 하는 것이 후회되는 일뿐이지 뭣하나 자랑할 만한 일이 없고 앞으로 몇 살을 더 살지 모르지만 어떻게 좀 유익한 일을 앞으로는 더 해볼까 하는 생각밖에 없어요, 現在로서는……

**朴琦遠**: 역시 新入生의 한 사람인 것 같은데……(웃음) 어떻게 살다가보니까 六0이라는 나이가 된 것 같고, 퍽 어리둥절했읍니다. 제 生活이 그렇게 풍족한 생활이 못되고 家族環境이 퍽 좋지 못한 生活을 하고 있기 때문에 그날은 아이들의 집에 가서 간소한 食事정도로 끝마쳤지요. 오랫동안 病魔에 시달렸는데 지난 十一月 六日, 韓國文人協會에서 文人들을 초청해서 回甲頌會라는 것을 열어주시고, 더구나 여기에 나와계신 女流文人協會 朴花城 會長께서 일부러 膳物까지 갖다주셔서 感銘이 깊었읍니다. 그런데 내 나이 六一이라고 하지만 아직 精神年齡은 三五歲입니다. 전혀 내가 還甲이라는 것을 내세우고 싶지 않고 또 거기에 捕虜되고 싶지도 않습니다. 아직 나에게는 젊은 人生이 있다는 것을 自負하고 싶습니다. 옛날 老人들은 세상에 낳았다가 죽을 때까지 세 가지 기쁨이 있다고 했는데 처음에 소리를 지르고 세상에 나올 때의 기쁨, 그 다음에 還甲을 맞이해서 모든 子孫과 一團이 모여서 즐거움을 같이하는 것, 또 한 가지는 마지막 죽을 때 모든 親族들과 家族들이 모인 가운데서 평안하게 웃으면서 殞命하는 이런 기쁨이 있다고 말씀하셨읍니다. 그런데 지금 저의 생각으로서는 나는 永生할 수 있는데, 그것은 요새 생각나는 詩를 보면 나타나니 알 수 있고…… 이것은 내 억지가 아닙니다. 樹木에 祈禱함으로써, 自然에 祈禱함으로써 人生은 永生할 수가 있다는 것을 내 스스로 깨달았읍니다. 내 스스로의 矜

持를 가지고 있읍니다. 좀 더 파란 詩, 싱싱한 詩를 쓸려고 하는데 어쩐지 우리 生日이 나뭇가지에 걸린 것처럼 외로운 것, 孤獨이라는 것이 奢侈品같은 때에는 魅力이 있는데 孤獨이 너무 심하니 한스럽습니다. 하소연 같습니다만 내 스스로의 自白입니다.

**司會** : 옛날 우리말에 배도 익을수록 고개를 숙인다고 하는 말이 있는데 여기에 나오신 분들은 平生을 文學을 위해 보내고 業績도 많이 남겼다고 보겠는데 지금 한결같이 아무 업적도 없고 한 일도 없다고 모두 말씀하시니 六0이라는 年齡이 이렇게 自身들을 겸손하게 만들었나 하는 느낌이 듭니다. 그러나 자신들은 그렇게 자신에 대해서 겸손하고 있지만 역시 객관적으로 나타나 있는 그 업적은 그대로 있으리라고 생각됩니다. 그래서 최초의 處女作을 발표하던 때는 언제이며 그 이후 오늘날까지의 著書가 몇 卷이나 되는가, 여기에 대해서 한 분씩 다 말씀해주시면 좋겠는데요 …… 朴花城 선생님 최초의 處女作 發表가 언제입니까?

**朴花城** : 處女作으로 春園 선생님이 추천하신 것을 의미하는 모양인데요, 쓰기는 一九二三年에 쓰고 그것이 發表된 것이 一九二五年 「朝鮮文學」 二月號입니다. 그 후에 日本에 가가지고 그동안에 「白花」를 쓰느라고 고생을 하다가 겨우 修正을 해서 스물 일곱살, 一九三0年인가 되었을 때에 그 작품이 東亞日報에 나게 되었는데 남들은 歷史小說이라고 하지만 내 딴에는 참 힘을 들여서 쓴 작품이고 歷史的으로 잠깐 背景을 끌어왔을 뿐이지 歷史小說은 아니에요. 완전한 나의 創作人物이고 作品이에요. 그렇게 써서 낸 것을 春園先生님이 보시고 좋다고 하시고, 「東光」 創刊號에서 朱耀翰 씨가 그것을 보시고 創作短篇을 쓰라고 해서 쓰기 시작했어요. 그래서 저의 處女作이라고 하면 그것이 아닐까 생각하고 있읍니다.

**司會** : 그 후에 책을 내신 것을 몇 권이나 되십니까?

**朴花城** : 短篇集 세 卷밖에 내지 못했고 二00餘 篇 쓴 隨筆이 처음으로 隨筆

集으로 나오고 …… 長篇은 모두해서 몇 篇이 되는지 헤어보아야 알겠는데요, 「白花」 「고개를 넘으면」 해서 十八卷, 崔貞熙 씨하고 共著한 것이 女流韓國까지 하면 二0餘 卷 되겠읍니다.

**洪曉民** : 나는 원래 新聞記者가 소원이었는데 어떻게 해서 敦岩町 살 때에 文學하는 친구들이 文學이 뭣인지도 모르고 雜誌장난을 하자고 해서 原稿紙에다가 모두 모아서 꿰어가지고 서로 돌려보고 했죠. 延某라고 하는 사람이 主宰해가지고 「朝鮮小說」이라는 조그마한 謄寫版을 냈어요. 조그마한 一角大門집에다 看板을 커다랗게 붙이고 했는데 그때 一七, 八歲짜리 아이인 내가 檢閱을 받으러 가니까 "이것 네가 하는 것이냐?" "내가 하지 누가 하겠소" …… 그때 許可狀은 鐘路警察署에서 나왔는데 넣을 적마다 놀린단 말이에요. 그런대로 재미있었어요. 그러다가 어떤 생각이 들어서 日本으로 도망을 쳤죠. 延某군 하고 白某군 하고 文學少年 生活을 하다가 달아나니 집에서 萬丈書話가 왔어요. 막 도착하니까 震災가 나가지고 죽을 뻔했는데 집에서 마침 旅費를 보내고 해서 돌아와 살았고 그 뒤에 童話 하나를, 當選되나 안되나 해서 내 보았더니 每日申報에 하나 떡 當選이 되었고, 그러다가 童心이 나오지 않아서 집어치워버리고 그즈음 「별나라」 「새少年」 「새벗」이니 하는 어린이 잡지가 있어 그곳에서 일하다가 돈을 벌어야겠다 해서 印刷所에 들어가서 일을 했었고 社會主義運動인가 靑年運動에 또 心醉해서 다니다가 그 때 東亞日報 記者試驗을 쳐서 들어가서는 校正을 보고 하다가는 記者가 되었죠. 거기 있으면서 「運命」이라는 小說을 하나 냈더니 二等當選이 됩니다. 小說을 쓰다가 「社會主義가 뭣이냐?」하는 책을 번역해냈더니 팔리기 시작해서 社會主義라는 레텔이 또 떡 붙어다니더군요. 그때부터는 자주 警察署留置場 生活을 하다가 볼일 다 보고 東亞日報가 없어지고 나서 집안에서 놀자니 안되겠고, 就職해야겠다 해서 每日申報에 들어갔죠. 白鐵이 學藝部長이고 내가 次席이고 할 적에 趙演鉉씨가 惠專學生으로서 投稿를 많이 했지요 …… (웃음)

**司會** : 그 때 「文學과 自由」라는 評論集도 내셨지요?

**洪曉民** : 「文學과 自由」는 廣漢書林에서 냈지요. 小說로는 「仁祖反正」을 냈더니 好評이어서 絶版이 되고, 「楊貴妃」 「閔妃哀史」 「太宗大王」 「新羅統一」 「永生의 密使」, 大田日報에다가는 「끝없는 사냥」인가 하나 내보고 하니 이제는 小說家라는 레텔이 붙어다니게 되었지요, 評論家라기보다는 ……

**司會** : 洪선생님은 評論에서 출발해가지고 小說로 돌아갔다가 다시 評論을 쓰시고 …… 다양한 生活을 했다고 보겠읍니다. 金廷漢선생은 첫 發表가 언제입니까?

**金廷漢** : 處女作은 一九三六년의 「落日紅」이지요. 그 전에 「집단」 「그물」 「구제사업」이라는 作品이 나오긴 했고 「구제사업」은 題目만 나오고 原稿는 볕을 보지 못했읍니다. 創作集은 하나 一九五七년인가 一九五八년에 나오고 ……

**司會** : 침묵을 지키던 기간이 상당히 길었지요?

**金廷漢** : 그렇지요. 一九三六年에 하나 발표하고 一九四0年에 한참 二次大戰때니까 붓을 꺾고 一九四0年에 東亞日報 發刊될 때는 教鞭生活을 그만두고 東亞日報支局을 맡아가지고 하다가 運命을 같이했지요. 그 뒤로는 붓을 쭉 꺾었읍니다. 東亞日報 廢刊 후에는 文學보다는 青年運動이나 社會運動 하는 데에 관계가 많았지요. 양산 農軍組合事件에 관련되어가지고 學業도 중단하고 지내다가 一九六六年인가 趙演鉉씨나 金東里씨 같은 친구들이 釜山大學에서 매년 가지는 文藝講演會에서 만나 자꾸 作品을 써보라고, 붓이 낡아져 안 된다, 닦아서 써보라고 …… 꼭 쓰고 싶어서 쓴 것도 아닌데 「모로토비안」인가 하나 썼더니 괜찮다고 해서 조금씩 餘暇 나는 대로 쓰고 했지요. 作品集은 하나뿐입니다. 解放後에는 쭉 新聞에 관계해서 新聞論說이나 칼람을 쓰지요.

**金松** : 나는 첫 발표가 희곡입니다. 스물네 살 때에 몇몇이서 같이 劇團을 만들었는데 「地獄」이라는 作品을 써가지고는 朝鮮劇場, 지금 鐘路區

廳자리에 있던 劇場에서 上演했어요. 作品을 쓰고 演出까지 했지요. 첫 날은 檢閱에 통과되었는데 이튿날 日人들이 와서는 중지시키고 「地獄」이라는 題目부터 불온하다 해가지고 鐘路警察署에 붙잡혀 들어가고 三0日間 고초를 받았지요. 車某라고 光州學生事件에 관련된 분이 있었는데 어떻게나 혹독하게 고문을 당했는지 이층에서 뛰어 내렸어요. 그런 정도로까지 拷問을 당하기는 했지만 그 作品을 가지고 木浦에까지 내려가서 公演을 하고 다른 地方에도 가고 해서 번번이 留置場生活을 해서 병을 얻어 고향에 내려가서 쉬는 사이에 戱曲集 「湖畔의 悲歌」를 내고 그 뒤에 「山의 勝敗」도 내서 東洋劇場에서 上演하려다가 못했고, 그러다가 崔載瑞씨가 하던 「人文評論」에 처음 썼고 解放 이후 小說 「男寺黨」을 쓰면서부터 쭉 小說을 썼지요. 著書로는 戱曲集 二卷, 短篇集 三卷하고 長篇이 다섯卷 가량 될 것입니다.

**趙宗玄** : 一九二九年 겨울 童謠 「엄마숨박곡질」을 朝鮮日報에 처음 발표했지요. 그리고 一九三0年에는 줄곧 童謠를 朝鮮日報, 東亞日報, 中外日報에 몇 편씩 발표한 것이 一年에 한 一00餘篇 되더군요. 그 당시에 서울에는 尹石重, 大邱에 金우형, 晋州에 정상중, 釜山에 孫충산, 그래서 그때에 童謠가 每日 學藝面에 七, 八篇씩 쏟아져 나오던 때입니다. 그러다가 一九三一年부터는 時調를 쓰기 시작했는데 그때 발표된 것 중에서 저 자신은 어떻게 하나를 處女作으로 잡을 수 없이 시시한데 李段相씨가 내 時調作品을 보고 「생사관공」이라는 것으로써 내 處女作으로 하는 것이 좋겠다, 文壇先輩로부터 요새 말로 하면 認定이라고 할까 그런 것을 받은 거죠. 그래서 지금 내 기억에도 내 先輩가 골라준 것인 만큼 그것을 處女作으로 삼고 싶다기보다는 삼아지는가보다 생각을 가지고 있었어요. 時調集에 발표한 것이 한 五00餘首 되겠읍니다. 그리고 제가 解放 前에 順天 선암寺에 있을 적에 주종구라는 巡査가 나에게 귀띔을 해주는데 鐘路警察署에 네가 要視察로 되어 있다는 거에요. 그러니 집안에 뭣이 있으면 치우라구요. 夕陽에 일부러 와서

말 해주어서 밤중에 내가 써놓은 原稿를 불에 넣고 …… 그때 내가 죄를 지은 것이 있어요, 泗溟堂文集, 壬辰倭亂 때의 倭軍을 쳐부순 아주 서릿발 같고 칼날 같은 詩集이 있는데 그것도 같이 불에 넣었어요. 내 原稿, 그까짓 것은 뭐 문제도 아닌데 왜 그 文集을 넣었느냐? 지금 같았으면 내가 안 넣었을 것이에요. 그 때에 壬辰錄을 이야운이라고 하는 老僧이 가지고 있는 것을 어떻게 日警이 알고 잡아가서 苦楚를 당하는 것을 보고 얼마나 두려웠던지 …… 泗溟堂文集이 木版이니까 지금까지 남아 있기는 하지만 내 손으로 불에 넣었다는 것은 부처님에게 무릎이 닳도록 懺悔를 해도 벗지 못할 죄입니다. 얘기는 다시 돌아가서 五00餘首되는 가운데에서 친구들이 時調集 하나 내보지 않겠느냐 해서 다시 三六0餘首를 뽑아서는 다행히 現代文學社에서 내주신다 해서 지금 印刷 中입니다.

**司會** : 이번에 나오는 것이 處女集입니까?

**趙宗玄** : 내 作品으로서는 처음이지요. 제가 지금까지 文壇의 여러 先輩를 모시고 살아온 것이 三九年이 되겠는데 이것이 처음입니다. 題目은 「子正의 地球」, 作品 가운데 題目을 하나 따서 그렇게 써보았지요.

**李敬純** : 처음에 作品을 써서 公認된 紙面에 발표된 것을 處女作이라고 말할 수 있다면 제 나이 스물세 살 때에 「百合花」라는 題目으로써 朝鮮日報엔가 김병오 氏가 주선을 해서 발표된 일이 있습니다. 그때가 東京에서 學校다니던 時節이었기 때문에 夏期放學에 나와서 발표하고 다시 들어가서 文學으로서 살아가기보다는 文學을 할 수 있는 자유스러운 精神狀況을 이루어야 하겠다 생각해서 내 딴에는 동키호테的인 생각이었을지 알 수 없습니다만 東京에 있는 思想團體인 黑友會聯盟이라고 하는 것이 있었는데 몇 해 뒤에는 黑風會라 해가지고 同志로서 일을 하게 되었어요. 그래서 祖國의 獨立과 民族의 自由를 먼저 찾는 것이 이 나라에서 진실된 生을 追求하는 사람으로서 떳떳한 길이 아닐까고 생각되어서 二五年間을 東京에서 지냈읍니다. 말하자면 그때에

는 藝術을 자유스러운 精神에서 할 수 있는 整地作業을 해야 되겠다는 생각이었는지 모르겠읍니다만 光復한 이후에 다시 돌아와서 青年時節에 가졌던 꿈을 이룩해보자는 뜻에서 다시 詩를 쓰게 되었읍니다. 이것은 유토피안의 未完成의 꿈을 詩를 통해서 現實化하고 人間 自身의 汚濁한 一面을 淨化시켜나가는 것이 남은 시골에서 살아가는 한 방법으로서 어떨까하고 생각이 되어서 두 번째 발표한 것이 金松선생님이 主管하던 「白民」에 발표되었던 「유성」이란 작품이고, 京鄕新聞에 「蘭」이라는 것이 발표되고, 六·二五 직전에 合同創作集에서 그중에 동기詩集 「생명보」에 十五篇이 編纂되어 들어가고 했읍니다. 單獨作品集으로서는 趙演鉉선생의 序文을 붙여서 작년에 『太陽이 미끄러진 氷坂』라고 해가지고 부끄러운 것입니다만 拙作이 나와 있읍니다.

**朴琦遠**: 제 첫 作品이라면 一九二八年 每日新報 時代입니다. 『나비와 개나리의 約束』이란 童謠를 한 篇 발표한 것이 詩를 쓰게 된 것인데 이것을 들고 자랑하러 一0里길 친구한테 달려가다가 개오지한테 혼난 일도 있습니다. 또 아버지한테서 담배가게에 나오는 專賣通報라는 것을 얻어보고 거기에 書信欄이 있는데 金大鳳 朴芽枝 남홍손, 이런 분들이 있어요, 나도 原稿를 여러 번 보냈더니 每號마다 두 篇 세 篇씩 실어주었어요. 그 후에 몇 篇의 作品을 발표하는 기회를 얻었고, 一九三一年에 「文藝公論」에 「哄笑」라는 詩가 당선된 것이 저로서는 出發이라고 하겠읍니다. 一九四0年 八月一0일 東亞日報가 廢刊되어 故鄕에 내려가서 이제는 남의 일은 그만 하고 내 일이나 좀 해야겠다 해서 시골 印刷所에서 내 詩集 「湖畔의 沈默」이라는 것을 만들었는데 그때에 民聲新報라는 것을 閔泳煥선생의 대나무가 났다는 마루 위에서 할 적에 編輯兼 印刷人이 되고 서성업이라는 분이 놀러 오시고 吳一島씨가 놀러 오시고 할 때에 白某이라는 鐘路署 刑事의 지긋지긋한 尾行과 苦楚를 받았고, 安懷南 金南天 林和 朴芽枝 하고 鐘路五街 상춘원에서 술을 먹다가 너는 도저히 共産黨이 못될 모양이라고 激論을 벌이다가 얻어맞기

까지 했읍니다. 너는 灰色分子니까 우리하고 술을 같이 못 먹겠다 해서 술상을 치고 일어서버린 일이 있었지요. 解放 이후에 東亞日報支局長들이 再建 東亞라는 地下運動까지 만든 것이 연거푸 왔읍니다. 그래서 刑事들이 와서 살고해서 오스기라는 사람의 著書를 읽다가 잡혀갔읍니다. 그때 책이랑 스크랩한 것, 詩가 八0餘篇, 隨筆이 十五篇, 生命같이 모셔두었던 것을 묶여가지고 다 잃어버리고 곧 그것을 내준다고 高等係主任이 얘기를 했는데도 나중에 解放이 되자 못 찾고 말았읍니다. 그리고 釜山 피난시절에 두 사람 共著로서 「한화集」이라는 것을 趙演鉉선생이 跋文을 써주시고 金東里선생이 序文을 써주고 해서 냈는데 그것이 저로서는 第一詩集이고 一般이 인정하기에도 處女詩集이라고 할 수 있겠읍니다.

**司會**: 그러니까 여러분들이 아까 겸손한 말씀을 많이 했지만 著書가 二0餘卷을 훨씬 넘는 분으로부터 最少限 作品數가 四, 五00篇 되는 이런 많은 功績을 그동안 쌓아왔다고 생각이 됩니다. 이번에는 話題를 조금 바꾸어가지고 二0 前後에 있어서 文學生活에 들어와서 지금 回甲을 넘어 왔으니까 거의 四0餘年을 文學生活을 해오시면서 여러 가지 즐거웠던 일이 있었으리라고 생각되는데요, 개인적인 그런 經驗 이외에 文壇이나 文學과 관계되는 면에서 일평생 가장 잊을 수 없는 즐거움이 있었다면 어떤 것일까요. 가령 예를 들면 첫 作品이 발표되었을 때에 가장 즐거웠다든가, 처음 創作集을 냈을 때가 가장 즐거웠다든가, 또는 賞을 탔을 때가 가장 즐거웠다든가, 出版記念會를 가졌을 때가 가장 즐거웠다든가……

**朴花城**: 삭막한 세상을 살아와서 그런지 별로 즐거웠던 일이 없었던 것 같습니다. 處女作 發表되었을 때는 도무지 즐거운 줄을 몰랐고……어떻게 된 셈인지 모르겠어요. 그전에 開闢社에서 하는 婦人雜誌 같은 데에 활자화되어 서너번 隨筆이 나가서 正月 初하루 가니까 그것을 보고서 옆에서들 小說을 쓸 素質이 있으니 써보라 해서 小說을 쓴 것이

열여덟 살부터인데 小說이 推薦作으로 나왔을 때에도 기쁜 줄을 몰랐어요. 그러더니 「白花」가 單行本으로 나오니까 그때는, 이것이 韓國에서는 女流作家로서 처음 나오는 長篇이요 내 處女作品이다, 이런 말을 들으니 비로소 내 책 하나가 생겼다 해서 자식 하나 생긴 것처럼 좋더군요. (웃음)

**金松** : 내가 제일 즐거웠던 것은, 留置場에서 여름에 무덥고 빈대, 이가 지독하게 많아서 무척 고생하다가 그 留置場에서 나왔는데 나오는 길에 얼음氷水를 한 盞 사서 마시니까 그 맛이 어떻게나 좋은지 지금도 잊을 수가 없어요. (웃음)

**李敬純** : 먼저 말씀한 「百合花」를 處女作이라고 했는데 이 詩가 新聞에 활자화되어가지고 발표되었을 때, 마침 治安維持法에 걸려가지고 晋州교도소에 있었는데 出獄해서 나오니까 作故한 친구입니다만 洪斗杓씨가 그것을 오려가지고 마중하러 와서는 그것부터 먼저 내보입디다. 어떻게나 기쁜지 出獄한 기쁨에 겹쳐서 그것을 포켓에 넣고 며칠 동안 가지고 다니면서 보곤 했읍니다. 그때는 靑年時節이니까 기쁨을 느끼는 度가 지금과는 많이 다르겠지만 아직도 기억에 생생합니다.

**趙宗玄** : 나로서 기쁨을 누렸다는 것은 시시한 내 作品이 처음 발표되었거나 先輩로부터 그것이 괜찮다, 處女作을 삼아라 그런 것보다는 다른 두 가지가 있는데 아마 一九五六年이라고 생각이 되는데요, 우리 文壇的으로 「現代文學」과 「自由文學」이 雙璧을 이루고 있어가지고 그때 이들이 한참 新進을 많이 발굴하고 또 그 앞길을 개척해주고 旣成文人이라고 할까, 그분들의 씩씩한 作品이 쏟아져 나올 때에 야! 우리 文壇도 이제는 發表紙 두 개가 있어서 그전 내가 어렸을 때에 마치 東亞, 朝鮮, 中外에서 우리 文學作品을 많이 취급해주듯이 두 잡지가 한 개의 좋은 거름이 되어주는구나 …… 이제 이 두 雜誌에서 우리 文學의 꽃도 피고 結實도 맺어지겠다고 光州西中一高에 있을 때인데 우리 文學을 생각하며 아주 기뻤읍니다. 그때 마침 光州에 있는 朝鮮大學에서

文學 特別 講座를 開催했어요. 내가 기억하고 있는 것은 여기 계신 趙演鉉선생을 비롯해서 金東里선생, 徐廷柱선생이 왔던가? 文壇을 이끌고 갈 그런 틀을 가진 분들이 내려오셨을 때, 그래서 내가 地方에서 그 분들은 맞았을 때에 기뻤읍니다.

**朴琦遠**: 역시 自己의 첫 作品이 발표될 때처럼 기쁜 적이 없읍니다. 自己의 作品이 남에게 전달되었을 때에, 즉 다시 말하면 自己 靈魂의 所産이 다른 사람의 靈魂과 共鳴을 얻어서 잊어버려지지 않을 때에는 참 기쁩니다. 지금도 그렇지만 애송이로서 덤벙거릴 때에 自己 作品이 발표된 것을 다른 사람이 기억해서 다시 나한테 읽어주면 그때처럼 기쁜 것은 없읍니다. 앞으로도 또 그러리라 생각이 됩니다.

**金廷漢**: 저는 기쁜 것을 잘 안 느낍니다. 지난 해에도 발표해 보았습니다만 저는 하나 쓰고 나면 外國作品하고 비교하는 버릇이 있는데, 가령 모파쌍이나 그런 사람들하고 비교해보면 뒤떨어지는 것 같아요. 이것을 할까 말까 하다가 부득이 하고 나서도 후회를 합니다. 그러니 늘 作品에 대해서는 기쁨을 느끼지 못하고 …… 그러나 文學과 관련해서 기쁨을 느끼는 것은 없지 않아 있읍니다. 제일 처음은 제가 國民學校 二學年 때인가 三學年 때에 作文時間에 어떻게 하나 지은 것이 괜찮다 해서 日人敎師한테 칭찬을 받았는데 그때는 참 기뻤어요. 그리고 그 후에 東亞日報 學藝欄에 「鶴」이라는 것하고 해서 두어 번 '목원'이라는 이름으로 냈더니 朱耀翰씨가 좋다는 評을 몇 번 해줘서 …… 朝鮮日報에 당선되고 할 때는 내 본이름이 아닙니다만 그때가 제일 기뻤어요. 寫眞을 보내고 本이름을 밝히고 나서 기쁘다가 그만 되게 나빠졌읍니다. 賞金 받은 돈이 治療費에 다 들어갔읍니다. 作品에 관계되는 人物이 實存人物이 아닌데 實存人物로 誤解를 받아서 좋다가 나빴고, 그 다음 쭉 있다가 一九五八年인가 여러 친구들이 解放前 내 作品을 모아서 낸 出版記念會를 가졌을 때에 기뻤고, 요지음은 原稿料 받을 때가 기쁘지요. (웃음)

**洪曉民** : 나는 文壇에서 귀여움을 받은 셈이 되어서 …… 제일 기뻤던 것이 맨손으로 「文學新聞」이라고 하는 것을 小公洞에다가 차리고 創刊號를 내놓았을 때에 느끼지 않았나 싶어요. 文學에다 新聞이라고 이름 붙인 것은 내가 처음이다 하는 프라이드를 가졌지요. 그 후에 「曉民의 밤」이라고 해서 文壇 친구들이 열어준 것이 기뻤지요.

**金松** : 「白民」 때인데요, 「男寺黨」 出版記念會 때 아까 趙선생이 나보고 울었지요, 하셨는데 내가 기뻐서 울은 것도 아니고 태어난 곳이 以北 시골에 있고 三八線 때문에 아버지를 여의고 했으니까 그런 것이 뒤엉켜서 서러운 생각이 났어요. 또 '풀라워'에 모이는 文人들이 이렇게 出版記念會를 해주고 해서 기쁘기는 무척 기뻤어요.

**司會** : 마지막으로 한 마디씩만 해주셨으면 좋겠읍니다. 人生 六0이면 옛날에는 다 된 것으로 알지만 요새 와서는 새 출발로 압니다. 앞으로 三0年 혹은 四0年 남은 人生의 포부라고 할까, 文學計畫이라고 할까 …… 간단하게 한 말씀씩만 해주셨으면 좋겠는데요.

**趙宗玄** : 나는 이 娑婆世界에서 전적 極樂世界로 하는 것을 머리에 떠올리고 있는데요, 九三이 되면 내가 娑婆世界에서 極樂으로 간다, 최초부터 이런 생각이 들고 전적의 일자를 믿고 있어요. 앞으로 三0년 동안 할 것은 내가 그때까지 時調를 꼭 쓴다, 읽는다, 文學도 꼭 읽는다, 그것 하나 있고, 또 하나는 앞으로 부처님 經典을 더 공부하고 연구할 것이고 觀世音菩薩을 모실 道場을 하나 세운다 그것입니다.

**李敬純** : 저는 그렇게 생각합니다. 文學人으로서 創作生活을 하는 것은 영구한 것이고 하니까 壽命에 한이 없는 것이나 人間으로서, 普通 日常生活人으로 재생한다는 것, 세상에 살아간다는 것은 有限한 것이기 때문에 두 가지로 구별해서 말할 수가 있겠읍니다. 그러나 저는 이렇게 생각해요, 앞으로 人類가 전부다 이 地上에서 사라지는 것을 목격하고 最後證人으로서 남을 것이라고. 그리고 지금도 詩를 拙作하고 있습니다만, 이 하늘에도 검은 구름이 날고 찬바람이 불면 검은 깃발 들고 自

由戰線에 나갈까 생각합니다.

**金松** : 나는 내 책상 앞에다가 금년 초하룻날 적어 놓은 것이 있어요, 座右銘이라고 할까 …… 거기에다 '整理'라고 해서 두 字를 써 놓았는데 금년부터는 과거의 내 文學을 정리해보자는 것이지요.

**朴花城** : 還甲이 되기 전까지는 人生이 무한히 길 줄만 알고, 마음도 젊고 얼굴도 젊고 하니까 …… 그런데 어떻게 人生還甲이 되니까 精神이 바싹 차려지는데 비로소 이제서야 내 文學을 整理하고 매듭지어야 하겠다 하면서 지금 四年이 지났는데요, 여러 선생님께 말씀드리고 싶은 것은 여러 선생님들은 이제 첫 해이시니까 한 해 한 해를 저처럼 그냥 虛送歲月하지 마시고 의미 있고 밀도 있게 보내주셨으면 합니다. 그리고 내 作品에 대한 評價는 이다음 後輩들이 하겠지만 내 스스로 만족하다 하도록 정리해야겠다는 것, 그것 하나 벼르고 있는데 그것이 안돼요. 지금 젊은 사람들도 全集을 낸다고 야단인데 作品은 수두룩하니 벌여놓고 全集 하나 못 내놓고 내 죽은 다음에 누가 해주나 걱정입니다. 죽은 다음에도 文學을 위해서 일을 하다가 文學과 같이 살다가 죽었다는 소리를 들을 수 있도록 됐으면 좋겠다는 생각뿐입니다.

**洪曉民** : 나는 文學新聞하다가 실패했으니까 文學新聞도 다시 하고 싶고, 大河小說도 쓰고 싶고 …… 文壇에서 나를 이만큼이나 키워주었으니 만큼 언제든지 이 文壇에 대해서 은혜를 느끼면서 갚으려고 노력하지만 돈이 안 잡혀서 ……

**金廷漢** : 나는 아직 젊은데요, (웃음) 아닌 게 아니라 還甲을 작년에 지내고 나니까 서운한 감이 있긴 합니다. 마음에 드는 作品 한 여나믄 개 쓰고 죽었으면 좋겠어요. 아까 얘기를 다 안했지만 農村에 가서 六・二五 때에도 오랜동안 現實에서 살아보았고, 最近 五・一六 때에도 現代文學社에 와서 밥도 얻어먹고 했지만 오랜동안은 아니나 일곱 번 가량 붙들려 들어가는 生活을 해왔거든요. 그래서 그동안 별로 作品을 쓰지 않고 살아왔는데 그 쓰고 싶은 얘기, 五・一六 이후에 「軍服을 벗어

라」는 社說을 썼다가 붙들려 들어간 일도 있습니다만 自敍傳的인, 韓國의 農民이 겪어온 이런 것을 短篇 一0餘篇하고 長篇 하나하고 써보았으면 …… 하나 덧붙이고 싶은 것은, 朴花城선생님 오해하지 마십시오 …… 朴선생님 한참 날릴 때에 내가 文學靑年이었습니다. 그때는 女流文士가 별로 없었거든요. 어떻게 그리운지, 女性으로서 어떻게 생겨서 이렇게 글을 쓰는 것인지, 얼마나 잘 생겨서 이렇게 글을 쓰는 것인지, 내가 어떻게 하면 이런 女性을 만나볼 수 있을까? 한 번 언제인 만나보았으면 하는 그런 생각이었읍니다. (웃음)

**朴琦遠**: 우리가 五0年이나 한 一00年 지내면 朴琦遠이가 세상에 나서 文學生活을 하였다는 것이 六號活字로 한 두 줄 쯤 記錄이 될까? …… 이것이 안 된다면 어떻게 하느냐, 지금 하는 일이 뭣이냐 생각하면 등어리에 찬 땀이 흐릅니다. 切實히 느껴집니다. 왜냐하면 늙을 지내놓고 보니까 感情도 整理되고 感情이 整理되니까 理想도 整理됩니다. 詩作에 있어서도 나 자신으로서는 무게 같은 것이 오지 않는가? …… 이렇게 느껴지는 것은 너무 당돌한 것 같습니다만 나도 아까 金廷漢씨 말씀대로 한 一0篇쯤은 남겨 놓아야 하지 않겠나 생각합니다. 百年을 가든 몇千年을 가든 한 一0篇쯤은 不朽의 名作을 내놓고 싶은 생각 그것입니다. 지금도 詩는 되고 있읍니다. 저는 만일 죽는다면 …… (웃음) 죽을 때까지 그냥 그 時間에도 詩를 쓰다가 죽는다는 이 기쁨, 이것 하나만은 결코 버리지 않겠습니다.

**司會**: 오늘 바쁘신데 이렇게 나와 주셔서 대단히 고맙습니다. 아직도 정정하시고 오래오래 三0年 이상 모두 더 사시고 그래가지고 지금까지 쌓아놓으신 것보다도 더 많은 功績을 남겨주셔서 우리나라 文學을 위해서 더 많은 功獻이 앞으로도 계속되기를 바랍니다. 대단히 고맙습니다.

# 철운 조종현의 삶과 문학

이동순(조선대)

## 1. 승려 조종현, 그리고 불교개혁 운동

한 작가의 문학적 출발을 중요하게 여기고 작가의 삶과 문학의 관계를 예의주시하는 이유는 어디에 있는가. 작가의 세계관은 한 순간에 형성되는 것이 아니고 작가의 생애와 주어진 환경에 따라 형성되기 때문일 것이다. 작가의 생애는 작품의 문학성 여부와는 별개로 치더라도 어떤 식으로든 작품에 영향을 미치게 되어 있다. 일제 식민치하에서 활동하였던 작가들의 일면을 들여다보면 그 사정을 금방 알 수 있다. 살아남기 위해서 어쩔 수 없었다는 변명으로 일관하며 일제를 찬양하기에 바빴던 작가들과 훼절하지 않고 꿋꿋하게 민족적 자존심으로 절필을 한 작가들의 작품에서 작가의 세계관이 읽어지는 것과 같다. 이처럼 작가들의 이중성은 시대적인 환경이나 역사적인 사건과 결부되었을 때 주로 나타난다. 작가들의 생애와 역사는 언제나 밀접한 연관성을 지니고 있기 때문이다. 그렇기 때문에 작가정신을 확인할 수 있는 단초는 작가의 삶을 들여다보는 일이라 할 것이다.

조종현은(1906.2.8~1989.8.31)은 선암사로 출가한 승려이자, 58편의 동요를 쓴 동요작가며, 1928년 첫 시조를 발표한 이래 332편에 이르는 시조를 쓴 시인이다. 그의 본명은 조용제(趙龍濟)이며, 법호는 철운(鐵雲)이고, 자는 대순(大順)이다. 아호는 벽로(碧路)이며, 당호는 여시산방(如是山房)이다. 그는 석범(石帆), 철운(鐵雲) 혹은 조철운(趙鐵雲), 조대순(趙大順)으로, 탄향(灘鄕, 彈響), 조탄향(趙灘鄕, 趙彈響), 조혈해(趙血海)라는 필명으로 작품을 발표하였다. 조종현도 한자 표기를 달리하여 조종현(趙宗玄), 조종현(趙宗泫), 조종현(趙鍾峴)을 사용하였다. 이러한 사실은 그의 다양한 활동과 함께 간단하지 않은 이력을 대변하는 그의 정체성이기도 하다.

조종현은 1906년 2월 8일 전남 고흥군 남양면 왕주리 315번지에서 아버지 함안 조씨 용명(趙鏞明)과 어머니 여산 송씨 장동(宋獐洞)의 3남 중 장남으로 태어났다. 그가 태어나 자란 고흥군 남양면은 전형적인 농촌지역으로 대부분 농사를 지었으며, 지역민은 전통적으로 온순하고 순박한 성품을 지녔으며, 한편으로는 보수적인 성향을 지닌 것으로 전하고 있다. 행정구역상의 지명은 백제시대에는 조조례현으로, 신라 757년에는 충렬현으로, 고려 1018년에 남양현으로 바뀌었다가, 조선 1441년에는 흥양현이 되었고, 1906년에는 흥양현 남양면, 1914년에는 고흥군 남양면이 되었다. 조종현은 행정구역이 흥향현 남양면일 때 태어났다.

조종현은 고향인 남양면 왕주리에서 6세 때부터 서당에서 한문공부를 시작하여 주역, 사서, 시경 등을 수학하였다. 그랬던 만큼 뛰어난 수재로 불렸다. 그러던 그는 공부를 하기 위하여 16살이던 1922년 2월 24일 장남의 출가를 만류하는 어머니를 뒤로 두고 542년(신라 진평왕 3)에 아도화상이 창건한 천년고찰 대본산 순천 선암사로 출가하였다. 조종현은 선암사의 강주인 김경운 스님의 손상좌로, 선암사의 강주인 금봉스님을 은사로 사법하였으며, 1924년 김경운 스님의 지도로 사집(四集)을 수료한 뒤 1926년 3월 11일에는 범어사 전문강원 진진응 스님에게 사교과(四敎科)를 수료하고 보살계를 받았다. 그리고 1927년에는 통도사 불교 전문강원을 거쳐 동화사 강원에서 수학하였다. 이것을 보면 그는 전문 강원이 있는 대본산을 찾아다니면서 공부를 하였다는 것을 알 수 있다. 그래서 그는 1928년 1월 동화사 강원 대표로 불교학인대회 발기인이 되어 이운허, 이청담과 함께 불교학인대회를 개최하게 된 것이다.

젊은 승려들이 불교계의 발전에 관한 의견을 모아 새로운 활력을 찾고자하는 중지는 조선불교학인연맹 결성으로 이어졌고, 기관지인 『회광』을 발행하였다. 조선불교학인연맹의 기관지 『회광』을 3년 동안 맡아서 편집하고 발행한 것은 조종현이었다. 그는 각황사에서 1928년 3월 14일부터 17일까지 개최된 불교학인대회에서 교육제도 혁신위원 및 연맹규약 제정위원을 선출되었는데 불교학인대회에서 채택한 강령은 다음과 같다.

> 一, 우리는 佛陀의 救濟者의 中心者로 큰 任務와 굳건한 行實을 가지자.
> 二, 우리는 時代에 適應한 敎化方法을 만들자.
> 三, 우리는 佛敎 朝鮮의 建立에 必要한 모든 經費를 統一的으로 準備하자.
> 四, 우리는 佛陀의 自利利他의 佛旨를 몸으로 實踐하기 위하여 佛敎 敎育制度의 確立을 기하자.

학인대회에서 채택한 강령을 보면 학인으로서 '任務와 굳건한 行實'하고 시대에 부응할 수 있는 '適應한 敎化方法'을 만들고, 불교발전을 위하여 필요한 '經費를 統一的으로 準備'하고, '佛敎 敎育制度의 確立'에 나서자는 것이다. 즉 실천을 위한 교육제도의 확립이 필요하다는 것이다. 이 강령을 기본으로 하여 「講院敎育과 制度改新」[1]을 통해 의견을 피력하고 있다.

---

1 조종현, 「講院敎育과 制度改新」, 『佛敎』 93, 1932.3.

只今은 意識的으로 講院教育을 到處에 奬勵한다느니보다 時代民衆의 佛化를 要求함에 響應할 責任과 義務의 所有의 法侶教徒로서는 純粹 佛學者를 養性치 아니할 수 없게 되엇다. 그리하야 歷史循環의 必然的 過程에서 一時 沈停되엿든 講院教育을 再唱하게되엇으며 方今 施設하고 奬勵하는 한 途中에 잇는 바이다. 그러나 何等의 制度改善의 功課의 完全한 實現을 아즉 볼 수 없는 것만은 事實이니 여긔에는 設立 宗務 當局者의 守舊的 看經만을 要하고 時代思潮와 現代教育을 理解치못함도 한 原因이라 아니할 수 없는 것이다. 어찌 誠意로의 着心치 안는다고만 할가 부냐. 또는 講師로서도 因循姑息的으로 隨問隨答할따름이요. 何等의 注心着眼과 思究的 議論이 없는 것도 이에 痛嘆치 않을 수 없게 되엇다. 教育者는 固定的으로 教授時間에 教科만을 解釋說明하는데 근치고 말것이 아니요, 반듯이 時代가 要求하는 教育制度를 施現하고 改善할 責任이 잇는 바이다. 現講院制度에서 民衆이 要求하는 佛學者를 涵養할 수 잇느냐는 質問에 이에 酬答할 者 躊躇치 아니할이 없으리라 斷言키 어려우리라.

在來의 講院制度 - 卽 現講院의 教育制度가 어떠한 弊端과 不適當한 點이 잇는가를 細審究明하야 嚴密히 批判할 것이다.

이 글을 보면 전통적인 불교 교육제도로는 불교의 발전을 기대하기 어렵다는 의견을 피력하고 있다. 구체적으로 7가지로 교육제도의 폐단을 비판하고 교육 제도의 보완을 위해서 교과과정의 개편이 필요하다는 것을 세세하게 설명하고 있다. 조선의 젊은 학승들이 불교혁신을 위하여 나선 것은 불교의 발전만을 위한 것이 아니라 민중들을 고려한 것이다.

그는 1928년 11월 박한영 스님이 개운사 불교전문강원을 개원하자 그곳에서 화엄 삼현부를 수료하였으며, 개운사 불교연구원에 학적을 두고 불교사상을 연구하였다. 그는 개운사 강원(불교연구원, 훗날 중앙불전, 현 동국대학교)을 1회로 졸업하였으니, 선암사의 경운 스님으로부터, 범어사의 진진응 스님, 개운사의 박한영 스님에 이르기 까지 조선불교의 법맥을 사사받은 대표적인 승려로 자리한다.

일제하 조선불교는 위기에 처해 있었다. 일제의 종교정책은 식민지화에 초점을 두고 있었고 불교종단 내부에서는 불교개혁을 주장하는 단체들은 힘을 모아 일제의 종교정책에 대항하기 위한 움직임이 커져갔다. 불교개혁을 주장하는 핵심단체 중에 조선불교청년회가 있었다. 조선불교청년회는 전국의 유수한 사찰에 지회를 두고 있었는데 조종현이 출가한 선암사도 불교유신을 지지하는 25개 단체 중의 하나였다. 뿐만 아니라 선암사에는 조선불교청년회 지회가 있었고[2] 조선불교청년회는 전국사찰을 순회하면서 강연하였는데 선암사도 그 사찰 중의 하나였다.[3]

일제의 사찰정책을 극복하면서 불교혁신을 이루려는 또 하나의 불교청년조직으로 불교유신회가 있다. 불교유신회는 1921년 12월 21일 창립[4]되어 일제의 사찰령 폐지운동을 전개[5]하였다. 그는 1928년 3월 17일 조선불교청년대회에 참석[6]한 것을 비롯하여, 1930년 5월 결성된 항일비밀결사조직체 '만당(卍黨)'의 맹원으로 활동하였다. 그때는 이미 강원의 강사였기 때문에 그가 지도하던 승려들 또한 뜻을 같이하였을 것은 당연하다. 항일비밀결사체인 '만당'의 선서문에는 그 지향점이 명확하게 드러나 있다.

---

2 『한국근세불교백년사』 2(영인본), 11쪽.
3 『동아일보』, 1922.7.1.
4 『동아일보』, 1921.12.22.
5 『동아일보』, 1922.4.25.
6 『동아일보』, 1928.3.23.

보라! 三千年 法城이 허물어져가는 꼴을 들으라! 二千萬 同胞가 헐떡이는 소리를! 우리는 참을 수 없는 義憤에 敢然히 일어선다. 이 法城을 지키기 爲하여 이 民族을 球하기 爲하여!

向者는 同志요 背者는 魔眷이다. 團結과 撲滅이 있을 뿐이다.

우리는 안으로 教政을 確立하고 밖으로 大衆佛教를 建設하기 위하여 身命을 睹하고 果敢히 前進할 것을 宣言하다.[7]

비밀결사체인 '만당'은 '三千年 法城이 허물어져가는 꼴'을 두고 볼 수 없어 '참을 수 없는 義憤에 敢然히 일어'선 단체로 '法城'과 '民族'을 구하고, '教政을 確立하고 밖으로 大衆佛教를 建設'하는 것에 목적이 있었다. 즉 '만당'의 목표는 민족을 구하는 불교혁신에 있었다. 그랬기 때문에 '만당'은 조선불교청년회가 조선불교총동맹으로 전환할 수 있는 매개 역할을 하였다.

불교개혁을 주장한 불교청년총동맹은 "불교계의 宗憲 및 宗會를 성립시킨 僧侶大會 당시에 구현된 자주적인 통일운동의 정신에 영향"[8]을 받아 1931년 3월 15일 조선불교청년회 임시총회와 3월 22일 열린 조선불교청년대회를 거쳐 총동맹창립대회를 통하여 창립되었다. 이 대회에서 불교청년총동맹이 채택한 "佛陀精神의 體驗, 合理宗政의 確立, 大衆佛教의 實現" 등은 '만당'의 강령과 큰 차이가 없을 뿐만 아니라 만당의 당원이 주요직책을 맡음[9]으로서 조선불교총동맹은 탄력을 받았다. 그리고 1931년 3월 23일에 열린 조선불교청년회대회의 조선불교청년동맹 발기대회[10]에는 조선불교청년회, 조선불교중앙종무원, 조선불교

---

7 이용조, 「한국불교항일투쟁회고록—내가 아는 만자당 사건」, 『대한불교』 55, 1964.8.30(김광식의 논문 「조선불교청년동맹과 만당」, 『한국학보』 80, 일지사, 1995, 223쪽 재인용).

8 김광식, 「조선불교청년동맹과 만당」, 『한국학보』 80, 일지사, 1995, 223쪽.

9 위의 글, 224쪽.

청년동맹, 벌교불교청년회, 김용불교청년회, 언양석남사불교청년회, 진주불교청년회, 이구오팔회, 범어사불교청년회, 동화사불교청년회, 동화사강원, 조선불교여자청년회, 불교사, 동경불교청년회, 범어사, 신계사, 유첩사, 옥천사, 해인사, 수태사가 참여하였다.[11]

당시 '만당'의 회원으로 활동한 인물은 주로 일본 유학자들이고 일본불교의 영향을 받았고, 3·1운동에 참여하였으며, 불교대중화에 관심을 가졌고, 조선불교청년회의나 조선불교총동맹의 맹원이었다.[12] 그가 잡지 『佛教』에 발표한 글의 내용들을 보면 불교개혁의 핵심에서 상당한 자리에 있었던 것 같다.

당시 조선불교를 대표하던 잡지에 『佛教』가 있었다.[13] 잡지 『佛教』 84·85호에는 "우리 조선 문단에 이름이 높으신 龍雲師께옵서 이 책임에 나"왔다는 「社告」를 내서 한용운이 불교사 사장으로 취임하였음을 알리고 있다. 한용운은 "갔다가 다시 온들 / 첨 맘이랴 변하리까. 가져올 것 다 못가져와 / 다시 올 수 없지마는 / 님께서 주시는 사랑 / 한 기루어 다시 와요"라는 시로 「권두언」을 대신하면서 「朝鮮佛教를 統一하라」는 논문으로 강력한 불교개혁론을 주장하였다. 조종현도 한용운과 더불어 불교청년동맹위원으로 활동하면서 불교 쇄신에 노력을 기울였다. 조종현이 『佛教』에 발표한 글은 한용운이 사장으로 있을 때가 대부분이다.

조종현은 잡지 『佛教』에 불교개혁과 관련한 글뿐만 아니라 시와 시

10 경성종로경찰서장이 경성지방법원 검사에게 발송, 종경창고비 제3463호(국사편찬위원회 한국사데이타베이스).

11 『동아일보』, 1931.3.25.

12 김광식, 앞의 글, 219쪽.

13 잡지 『佛教(불교)』는 1924년 7월 15일 창간되어 1933년 7월 통권 108호로 휴간했다가, 1937년 3월 『佛教(신)』으로 속간되어 1944년 12월까지 통권 67호를 냈다. 최덕교, 『한국잡지100년』, 현암사, 2004 참고.

조, 동요를 발표하였다. 그가 불교개혁론의 중심에서 활동하였다는 것을 보여주는 증거이자 작가정신이 어디에 근거하고 있는지를 보여준다.

> 對內的으로 朝鮮佛敎의 宗政이 合理的으로 確立되어야 大衆佛敎! 佛敎의 民衆化를 실현할 수 있음이 本末階次의 必然이요, 內外有序의 行進이다. 青總本部는무론 各同盟은 各所屬本山의 主職者를 時時로 勸告, 警告, 策動, 鞭撻하야 宗憲을 實行하는데 忠職者를 만들어 주어야 한다.[14]

이 글에서 조종현은 '朝鮮佛敎의 宗政이 合理的으로 確立되어야' 한다는 것을 강력하게 주장하고 있다. 그것의 실현을 위해서 각 본산의 '주직자'들에게 '勸告, 警告, 策動, 鞭撻'할 것도 주문한다. 그의 이런 주장은 불교개혁론의 핵심내용과 일치한다. '大衆佛敎! 佛敎의 民衆化를 실현', 그것은 일본 통치로부터 자유를 선언하는 '구국'선언이다. 뿐만 아니라 조선불교를 탄압하기 위하여 일제가 펼친 조선사찰령을 폐지할 것을 다음과 같이 주장하였다.

> 寺法을 改正할 것도 없다. 現 植民地政策으로서 甚히 佛敎團의 宗務行政까지 干與하기 爲하야 本位로 한 그의 認可制인 寺法에 對하야 朝鮮佛徒는 宗務行政上 임이 認可되여 잇는 寺法이 適合하느니 不適하느니를 指摘發論하야 改正의 必要까지를 늣길 것도 없다.
>
> 朝鮮佛敎維新時代로부터 朝鮮寺刹令撤廢運動 及 理論은 無論 只今에는 一層 더 深刻化하야 意識的으로 政敎分立을 主張하고 絶叫함에도 不拘하고 此에 反하야 새삼스러이 寺法改正手續을 政治當局에 한다함은 어찌 朝鮮佛

14 조대순, 「宗憲頒布記念日과 青年同盟」, 『佛敎』 104, 1933.2, 15쪽.

徒로서 脫線의 行動이 아니고 무엇이냐? 運動陣營의 自體矛盾과 우리 (宗徒)의 根本精神에 背馳될 뿐만 아니라 도리혀 앞으로 政治當局의 干與를 自招함이 되겟슴으로 今番에 提論되은 寺法改正에 對하야 自己는 猛烈히 反旗를 든다.[15]

조종현은 불교종단이 종무행정까지 일제의 간섭을 받는 '사법'을 개정할 필요가 없음을 역설하면서, 조선불교에 대한 일제의 '조선사찰령'을 폐지할 것을 주장하고 '사법'을 개정하는 것은 일제의 간여를 자초하는 일로 간주하고 있다. 그렇기 때문에 '사법개정'을 '맹렬히' 반대한다는 입장을 분명히 하고 있다. 불교종단의 일제에 대한 협력을 거부할 것을 촉구한 것 것이다. 그는 불교의 개혁뿐만 아니라 만해 한용운이 「대승기신론강의」를 연재할 것을 부탁할 정도로 불경에도 뛰어난 학승이었다. 이것이 「대승기신론강의」를 『佛教』에 7회에 걸쳐 연재하게 된 이유이다. 만해 한용운과 각별하였던 그는 조선불교의 개혁과 조선불교의 법맥을 이은, 대중불교를 지향한 시대의 선각자였다. 1944년 만해 한용운이 입적하였을 때 선암사에서 서울까지 일제의 눈을 피해 한걸음에 달려가 화장장에서 다비식을 하고 사리를 수습한 것은 스승을 모시는 제자이자, 불교개혁과 불교유신에 함께 한 동지애로 지킨 의인의 면모다.

선암사는 함명태선, 경붕익운, 금봉기림, 경운원기로 법맥을 이은 '禪敎' 중심의 사찰이었다. 조종현은 경운원기, 즉 김경운 스님의 손상좌였다. 경운스님은 "구한말 최고의 강사였다. 그래서 구한말의 강사들치고 경운 강백의 수업을 듣지 않은 사람은 거의 없었다."[16] 김경운

---

15 조종현, 「寺法改正에 對한 意見」, 『佛教』 91, 1932.1.

16 신규탁, 「화엄대강백 경운선사와 법화행자 태어 대법사」, 『한국불교문화의 전승과 실제』,

스님의 지계인 금봉병언, 즉 금봉스님이 일찍 입적하는 바람에 김경운 스님은 손상좌인 조종현에 대한 관심과 기대가 남달랐다. 그래서 경운 스님은 조종현에게 각별한 애정을 표하는 편지를 많이 보내 공부하는 법 등을 일러주었다. 그 중에 한 편으로 '인공(印空)'이라는 호를 내리고 율시 한수를 내렸는데 다음과 같다.

負笈從師融歲還
忻然令我解愁顔
欲參明眼巡何寺
賴帶賢聲重此山
幾劫虛心遊佛界
一生隨願返仙關
若能不變長如許
堪把玄譚戒石頑

책을 지고 스승 찾아 해가 지나 돌아오니,
기쁘게도 나를 수심 찬 얼굴에서 풀리게 하네.
밝은 스승 찾고자 어느 절을 돌았느냐,
어진 명성 띠고 오니 이 산을 무겁게 하네.
몇 겁의 허심으로 불계를 노닐었는지,
일생의 원을 따라 선관으로 돌아왔네.
만약 변하지 않고 오래갈 수 있다면,
그윽한 말로써 돌같은 이도 계도하네[17]

---

범성, 2014, 299쪽.

17 위의 글, 288~289쪽(신규탁의 번역을 옮김).

이 율시는 1927년 음력 7월 여름으로 경운스님의 세수 77세였을 때 지은 것이다. 조선 후기의 불교가 선교겸수(禪教兼修)의 전통이 확산되는 과정에서 선(禪)과 교(教)에 관한 각종 문서들을 문헌적으로 해석하는 전통이 만들어졌는데 선(禪)으로는 『선문염송』이, 교(教)로는 『화엄경』이 있었다. 조종현은 특히 『선문염송』[18]에 능하였다. 후에 불교통신대학원에서 『선문염송』을 강의한 것은 바로 그런 전통을 이은 것으로 아래에 그 뜻이 있음을 밝히고 있다.

禪是佛心이요 教是佛語라. 마음과 말이 함께 어울려 佛華를 莊嚴하니 그 이름이 拈頌이다.

中國禪은 傳燈錄과 從容錄 碧巖錄으로서 그의 기치를 삼고 日本禪은 臨濟錄과 無門關으로서 禪의 通路를 구하였다. 그러나 韓國禪은 普照語錄과 拈頌說話禪家龜鑑등 으로서 禪의 聖書를 삼아왔으니 大川入海에 同一鹹味요 家家祖宗이 一心法界임을 분명히 그 안에 들여 보였기 때문이다.

고려이후 한국불교의 祖宗을 이어온 禪이 그의 본분을 망각하고 齊禮儀式의 祈福佛教로서 糊口之策을 면치 못하니 슬프다. 黃金이 鑛山에 매몰된 것 같고 正法이 巫俗에 사무쳤도다. (…중략…)

愚人은 非才淺學이라 아는 것도 없지만 옛날 朴漢泳 큰스님의 講義를 토대로 螢螢한 道伴들과 香山의 宝玉을 弄現하니 가칭 後光明月이요 雪裡梅花로다. 말과 말은 極을 다하여 폐부를 찌르고 행과 행은 꾀벗은 것과 같아 티끌 하나도 犯接하지 못하였다.

어김없이 불교의 폐단을 '祖宗을 이어온 禪이 그의 본분을 망각하고

---

18 조종현 강의, 한정섭 편, 『선문염송강의』, 불교통신대학, 1988.

齋禮儀式의 祈福佛教로서 糊口之策을 면치 못하니 슬프다. 黃金이 鑛山에 메몰된 것 같고 正法이 巫俗에 사무쳤도다'고 토로하면서 박한영 스님의 '선문염송'강의 시간에는 '말과 말은 極을 다하여 폐부를 찌르고 행과 행은 꾀벗은 것과 같아 티끌 하나도 犯接하지 못'할 정도였으니 불교가 본문을 망각하지 않기를 바라고 있다.

그가 한국불교의 법맥을 이어 선암사 감수로 있던 때 일제의 속박으로부터 벗어나는 해방을 맞았다. 그동안 친일파 승려들이 점유하고 있던 순광사(順光寺), 환선정(喚仙亭)의 환원 계획을 세우고 환수 작업에 착수하였으나 순광사는 좌익계에서 노동회관으로, 환선정은 청년대가 사무실로 점유하고 있었다. 그래서 최소한의 이전비를 지불하고 환수하였으니 1948년 여순사건 때 좌익으로 몰리는 빌미가 되어 생사를 넘나들어야 했다.

1946년 선암사 주지였던 김포광 스님이 중앙불전의 교수로 되돌아가자, 절 대중들의 선거를 통해 주지에 당선되었다. 그에 따라 청년시절부터 주창해온 사찰 개혁을 위해 '절 토지는 소작인에게! 승려는 교화사로! 사찰은 심신 도장으로!'라는 표어를 선암사 입구에 걸고 사찰 개혁운동에 나섰다. 만해 한용운과 불교개혁운동을 펼치면서 대중불교를 지향하였던 그의 주장은 공허한 주장이 아님을 실천으로 보여준 것이다. 그는 '민중 속으로' 들어가고자 하였으나 좌익으로 몰려 생사를 넘나들다 끝내 이데올로기의 희생자가 되어 환속하고 말았다. 그러나 그것은 표면적인 환속일 뿐 그는 끊임없이 불교종단의 움직임에 한국 불교가 가야할 길을 제시하기를 멈추지 않았음을 여러 행보가 말해주고 있다.

그는 평생을 수행자로 살았다고 해도 과언이 아니다. 그는 시인으로서 뿐만 아니라 환속했으나 환속하지 않은 대처승으로, 동국학원(동국대학교)이사, 불교 불입종 교정원장, 총화종 종정으로 오욕칠정을 다스리며 한국불교가 어려울 때마다 불조(佛祖)의 가르침을 따를 것을 설파하였다.

> 이 나라 이 民族에서 뿌리박고 피어난 千六百年의 歷史를 쌓아올린 大韓佛敎라면 이 佛敎의 慧命을 相續하고 輔國安民의 聖스롭고 偉大한 使命을 達成할 敎徒들의 行願이 이렇게 國家民族의 指彈을 받는 逆行 菩薩化해야만 마땅할 것인가. 「大韓佛敎」는 僧侶들만의 專有物이 아니요 그 信徒들만의 歸依道場도 아니란 것을 새롭게 認識해야 할 것이 바로 이 段階이다. 우리들 先民들이 身心과 財産을 바쳐서 悠久한 세월에 亘하여 開拓하고 建設하고 發展시켜 무늬를 찬란히 수놓아 온 것이 「大韓佛敎」이기 때문이다. 三寶의 淨財를, 檀信徒들의 信仰發露의 喜捨誠金을 「헤게모니」 爭鬪戰의 軍資金으로 無限大하게 濫用消費한대서야 어찌 信仰과 良識의 所有者써의 그 自身들이 너무나도 良心에 찔리지 않겠는가 말이다. 於焉 八年間 過積된 齟齬를 相互一念에 頓湯除하고 一鏃으로 被三關하는 禪宗 本然의 氣魄을 漂漂히 發揮하여 變身一擲할 勇氣는 아직도 없는가? 이 나라의 大宗敎인 佛敎에 對한 우리 民族社會는 雙方이 豁然大悟하여 呵呵大笑를 한번 터뜨릴 때라고 渴望하고 있는 것이다.[19]

조종현은 8년간 지속된 불교분쟁을 지켜보다가 '信仰發露의 喜捨誠金을 「헤게모니」 爭鬪戰의 軍資金으로 無限大하게 濫用消費한대서야 어찌 信仰과 良識의 所有者써의 그 自身들이 너무나도 良心에 찔리지 않겠는가'라고 정곡을 찔러, 불교분쟁의 주된 요인을 헤게모니를 장악

19 조종현, 「佛敎紛爭의 止揚點－「分派共存」의 唯一한 解決策」, 『조선일보』, 1960.12.29.

하기 위한 싸움으로 보았다. 그것의 핵심이 '희사성금'에 있다고 보고 불교의 핵심은 '불조'의 가르침에 있고, '불조'의 가름침을 사는 것에 있음을 지적하면서 대오각성 할 것을 촉구하고 있다. 이것은 그가 지켜온 청정한 수행을 보여주는 것으로 '마음의 눈'을 뜨고, 외줄기를 걸어서 도착한 끝에 남긴 말이다.

## 2. '동심'으로 그린 세상

조종현은 그동안 시조시인으로만 알려졌을 뿐이었다. 그러나 조종현은 문단생활 초기에는 시조보다 동요를 더 활발하게 쓴 동요작가였다.

조종현이 여러 필명으로 작품을 발표한 탓인지 아동문학사 어디에서도 그의 이름은 확인되지 않는다. 당시 화제가 된 작품이 있었음에도 그의 이름은 배제되어 왔다. 기왕의 문학사가 유명세를 쫓아 기술된 지 오래고, 새로운 추가 논의는 사실상 차단되어 온 탓이 아닌가한다. 생전의 그는 90여 편의 동요를 썼다고 술회하기도 하였고, 100여 편을 발표하였다고 한 것으로 보아 상당한 작품을 발표한 것으로 보인다. 그러나 지금까지 확인된 조종현의 동요는 58편이다. 그리고 아동문학평론 2편, 동요극이 1편이다.

불교개혁운동에 열심이었던 조종현이 어떤 계기로 동요를 쓰게 되었는지는 구체적이지 않다.

> 돌아다보면 1929년에 시조 「정유화」를 불교잡지에, 동요 「엄마숨바꼭질」 등을 조선일보에 발표한 것이 계기가 되어 1930년에는 주로 동요 「떠나신오빠」 등 90여 편을 조선 · 동아 · 중외일보에 꽤 부지런히 발표했다.[20]

그의 말대로 '꽤 부지런히 발표'한 동요 90여 편, 혹은 100여 편은 아직 확인되지 않는다. 조종현도 동요가 몇 편이나 되는지 정확하게 알지 못하고 있다는 점에서 대략 90에서 100편 정도쯤 될 것으로 추정되지만 현재까지 정리된 것은 58편이다. 위 글에서 밝히고 있는 대로 조종현이 최초로 발표한 동요는 「엄마숨박곡질」로 전문은 다음과 같다.

엄마하고 나하고요
順天邑內 가는길에
엄마소리 안나길래
뒤를살작 돌아보니
엄마발서 숨엇서요
바위뒤로 숨엇서요

*

숨은엄마 뵈지안어
숨은엄마 차지려고
바위돌을 안고도니
어머니도 바위돌을
나와가티 안고돌죠

—「엄마숨박곡질」 전문[21]

동요 「엄마숨박곡질」은 엄마와 함께 숨바꼭질 하는 천진난만한 동심을 가감없이 드러낸 생활동요이다. 동요 「엄마숨박곡질」 속의 어린 화자뿐만 아니라 세상의 모든 어린이들은 엄마와 함께하는 일이라면

20 조종현, 「끝에붙임」, 『자정의 지구』, 현대문학사, 1969, 244쪽.
21 『조선일보』, 1929.11.17.

언제든지 어디서든지 신나고 즐겁다. 그러기에 엄마랑 떠난 '順天邑內' 가는 길은 행복한 길일 수밖에 없다. 그런데 어린 화자를 놀라게 할 속셈으로 엄마는 발걸음을 멈추고 바위 뒤에 몰래 숨었다. 그것을 금세 알아차린 어린화자는 엄마의 반대 방향으로 걸음을 옮김으로써 '숨박꼭질' 놀이가 된다. 다리 아프다고 투덜거리며 걸어야할 먼 길을 엄마의 재치있는 장난으로 어린화자뿐만 아니라 엄마까지도 천진난만한 동심을 지닌 존재로 부각된다. 조종현이 쓴 첫 동요임에도 명랑쾌활한 분위기로 이끌어 가는 시상의 전환은 당대 동요의 분위기와는 사뭇 다른 것이다. 다음의 글에서 그에게 동심은 어떤 것인지 단초를 찾을 수 있다.

「시 삼매」에 들 수 있는 사람은 바야흐로 「열반」의 경지에 헤엄칠 수 있고, 「열반」의 경지에 자재하는 사람은 비로소 「시 삼매」에 넘나들 수 있는 것이 아닐까?

시심, 동심, 불심!

인간은 순수하면 되지 않을까? 순수한 인간에게는 따로이 「극락」도, 「요단강」도, 「사바」도, 「지옥」도 없을 것이다.

「시 삼매」에 들 때의 시인은 인간의 시인이 아니요, 시인의 시인인 것이다. 영감의 시인의 인간은 괴로운 현실에 파고 들어, 달가운 현실을 사는 것이다. 쓰디쓴 인간의 八만四천고뇌-번뇌를 씹을 줄 알고, 되 씹어서 달갑게 맛을 볼 줄 알기 때문이다.[22]

조종현의 시론을 집약해서 보여주는 이 글에서 '시심'과 '동심'과 '불

---

22 조종현, 「끝에붙임」, 앞의 책, 250쪽.

심'을 하나로 보고 있다는 것이 확인되는데 그것이 나오는 것은 '순수'라고 한다. 즉 시심과 동심과 불심은 '순수'에서 나오는 것으로 그것은 '극락도 요단강도 사바도 지옥'도 없는 상태로 수렴된다. 이것은 시심과 동심과 불심을 하나로 보는 조종현 불교론의 핵심이자 시론의 핵심이라고 하겠다. 따라서 조종현의 동요는 '불심' 그 자체라고 할 수 있다. 그가 '괴로운 현실에 파고들어, 달가운 현실을 사는 것'이 시인이라고 했듯이 그의 작품들은 일관되게 '괴로운 현실'을 반영하고 있다. 그런 측면에서 보면 그의 시론은 불교개혁론과 밀접한 관련성을 지닌다. '불교동요운동'을 일으키고자 했던 것으로 추정되는 동요 「成道의 새벽」은 그런 점에서 의미 있는 작품이다.

> 나무나무 가지에 하얀저꽃은
> 엄마품에 잠들때 몰래폈다요
> 오늘아침 새벽은 成道의새벽
> 마지하려 이강산 고히폈다요.
>
> 질거웁게 마지할 오늘아침은
> 까치도 짹! 짹! 반가운듯이
> 송이송이 꽃송이 머리에이고
> 집집마다 동무를 깨워준대요.
>
> ·····脈月八日을 맞으며·····
> 佛教童謠運動의 첫소리로!
> ―「成道의 새벽」 전문[23]

23 『佛敎』 80, 1931.

이 작품에는 '불교동요'라는 것을 명시하였고, 작품 말미에 '佛教童謠運動의 첫소리로!'라는 작품 창작의 뜻을 쓰고 있는 것으로 보아 동요를 하나의 불교운동으로 전개하고자 한 의도가 있었음을 짐작하게 한다. 실제로 불교동요운동이 전개되었는지는 아직 확인되지는 않지만 만약 불교동요운동이 전개되었다면 불교개혁운동과 연관성은 더욱 깊었을 것이다. 그는 '새틀사'라는 소년문예단체에서 활동[24]하기도 하였다.

> 說法은 詩이다. 詩가 아닌 說法은 放光할 수 없다. 純水無垢한 明鏡·止水보다도, 오히려 그 맑은, 그 밝은 마음의 한줄기 靈的 토로이기 때문이다.
>
> 佛心이 아니면 詩心을 가질 수 없고, 詩心이 아니면 佛心에 접할 수 없다. 詩心, 佛心은 그저 童心이어야 한다.
>
> 童心은 可히 써 '定에 들 수'있고, 定中生活-三昧境地는 可히 詩를 形象化할 수 있을 것이다.
>
> 信仰과 詩! 詩와 信仰은 둘일 수 없다. 信仰은 詩라야하고, 詩는 信仰이라야 한다. 詩를 信仰으로 할 때 비로서 詩를 形象化할 수 있는 能力을 가질 것이다.
>
> 詩를 새롭게 꾸준히 쓸 수 있는 活力素는 淸純한 信仰의 源泉을 確保함으로서다.[25]

그의 '佛心이 아니면 詩心을 가질 수 없고, 詩心이 아니면 佛心에 접할 수 없다. 詩心, 佛心은 그저 童心이어야 한다'거나 '童心은 可히 써 '定에 들 수'있고, 定中生活-三昧境地는 可히 詩를 形象化할 수 있'다거나 '信仰은 詩라야하고, 詩는 信仰이'라야 한다는 주장은 앞서 말한 '시심,

---

24 조종현, 「다람쥐」, 『별나라』, 1930.7(소속을 '새틀사'라고 밝히고 있다).

25 조종현, 「끝에 적음」, 『의상대 해돋이』, 한진출판사, 1978, 84~86쪽.

동심, 불심!'이 하나여야 한다는 말과 같다. 즉 '淸純한 信仰의 源泉을 確保'는 '동심'을 통해서 가능하다는 것이다. 조종현은 이 원칙에 입각하여 동요를 창작하였다.

가

방실방실 어린이 재미스럽게
말이뛴다 소뛴다 말온하여도
하는이말 이름을 모른다해서
「한말」이라 이름을 일러줬지요

나

방실방실 어린이 얌전스럽게
가갸거겨 책들고 글은읽어도
읽는그글 이름을 모른다해서
「한글」이라 이름을 갈처줬지요

다

쉽고쉬운 우리글 「한글」이라요
좋고좋은 우리말 「한말」이라요
방실방실 어린이 잘도읽는다
방실방실 어린이 잘도부른다

—1930—

—「한말 · 한글 - 九月二十九日을 맞으며」 전문[26]

26 『동아일보』, 1930.11.19.

그가 불교청년동맹에서 불교개혁론을 이끌었던 것은 불교 내부적인 혁신을 위한 것이기도 했지만 한편으로는 일제를 거부하는 것이기도 했다. 일제의 교육목표는 철저한 신민을 양성하기 위한 것에 있었고, 그것을 위해 일본어를 국어로 사용하게 한 정책을 획책하고 있었던 때 민족정신을 집약하는 한말과 한글의 중요성을 부각시키는 동요를 썼다. 그것은 불교개혁운동과 다를 바 없다. 동요「한말 · 한글」이 바로 그것이다.

조종현이 동요「한말 · 한글」을 발표한 뒤 불과 10일 만에 형석기[27]가 곡을 붙여『동아일보』지면에 발표하였[28]고 이 동요를 본 독자(한말 · 한글배는生)는 '한글質疑欄'에 "『한말이란 名詞』는 이번『한글』四百八十四週年記念日에 貴報에 발표된 趙宗玄氏의 童謠『한말 · 한글』이라는 題에서 처음 보아 알앗거니와 대저 그『한글』이란 名詞는 어느때 누가 지은 것입니까 쏘『한』의 意味와 來歷과 語源을 자세히 說明"[29]을 요구하기도 하였다. 이런 사실로 미루어 동요「한말 · 한글」은 많은 독자들로부터 공감과 호응을 얻었던 작품이다.[30]

조종현이 기억하는 1930년대 동요문단은 "동요작가가 한목 쏟아져 나"온 때였다. 그리고 "수십 명의 작품이 매일같이 문화면을 독차지"하던 때이다. 그리고 그의 고향인 고흥의 "목일신"[31]도 활동한 때였다. 그리고 그 때는 그가 불교개혁을 주장하는 활동의 정점에 있을 때였다.

---

27 작곡가 형석기는 서울출생으로 도쿄음악학교에서 수학한 뒤 30~40년대 〈맹꽁이타령〉, 〈대한팔경〉 등의 신민요와 〈왕자호동〉, 〈심청전〉 등 향토가극을 발표했으며 1994년 3월 26일 사망했다. 가수 하춘화와 김부자를 발굴한 것으로 유명하다(『경향신문』, 1994.3.27 참조).

28 『동아일보』, 1930.11.29.

29 『동아일보』, 1930.12.17.

30 그 뒤에 동요「한말 · 한글」은 강신명이 곡을 붙이기도 하였다(한예종 한국예술연구소,『한국작곡가사전』, 시공사, 1995, 16쪽 참조).

31 조종현,「끝에 붙임」, 앞의 책, 244~245쪽.

이것은 불교개혁운동과 동요쓰기가 한 뜻을 가지고 행한 '불심은 그저 동심'이라던 주장의 구체적인 실천태이다.

······가······
어린남매 두남매 무엇하려고
고무공장 뒷문에 지웃거리나
○
아마아마 엄마가 보고십허서
엄마찾아 온게지 마중온게지
······나······
어린남매 두남매 도룬거리며
양회굴뚝 머하려 손질을할가
○
올치올치 쌍고동 쒸쒸불면은
엄마온다 나온다 속삭이나보

—「어린남매」 전문[32]

單調한 七五調에 衍文이 많아서 더욱 單調하다. 題材는 좀더 細密化햇스면 훌륭한 詩가 될 것이다. 英國의 工場法을 고치게 한 「브라우닝」夫人의 노래 모양으로.[33]

위는 동요 「어린남매」와 주요한의 월평[34]이다. 공장으로 일하러 간

32 『조선일보』, 1930.11.23.
33 주요한, 「동요월평」, 『아이생활』, 1931.1, 47쪽.
34 그때 맺은 인연으로 주요한은 조종현의 첫 시조집 『자정의 지구』에 「자정의 지구에 붙임」이라는 시로 축하했고 막역한 사이가 되었다.

엄마를 마중하기 위해서 나온 남매의 모습을 현실감 있게 그리고 내고 있다. 엄마가 나올 때를 알려주는 '향회굴뚝'을 가리키며 '쌍고동'소리를 기다리며 서성이는 어린 남매의 모습에서 현실에서 눈 돌리지 않고 '민중속으로' 들어가고자 했던 불교개혁론이 숨어있다. 그 때의 대부분의 동요는 정형적인 7·5조에 맞춘 모양이 우세하였던 만큼 거기에서 벗어나고 있지 못해서 주요한은 '단조'로움을 극복하고 '題材는 좀더 細密化'할 것을 요구하고는 있다. 그러나 동심을 통해 고단한 민중들이 모습을 그려내고 있다는 점에서 그의 시론을 잘 반영하고 있다.

이 밖에도 동요 「직공된 누나의 노래」, 「헐벗고 굶주려도」, 「어린거지」, 「자장노래」, 「어린머슴애」, 「동무를 잃고」등은 고단한 민중들의 어려운 현실을 담고 있는데 '만당'과 불교청년동맹에서 내세웠던 불교개혁론의 핵심인 '민중 속으로'를 구체화한 작품들이다. 그것의 또 다른 실천으로 동요극 〈꽃 피는 동산〉이 있다.

> 사월팔일인 우리 부처님의 거룩하옵신 탄신절을 우리 이강산의 소년소녀동무와 한가지 기쁨에 넘치는 마음과 경건한 정성으로써 손맞잡고 긔렴축하하려는 한끄타리의 마음을기우려 이동극은 「꽃피는동산」을 씀이제의 본의란 것뿐이다.[35]

부처님의 탄신을 기념하여 '이강산의 소년소녀동무와 한가지 기쁨에 넘치는 마음과 경건한 정성으로써 손맞잡고 긔렴축하'하기 위해서라고 밝힌 것처럼 〈꽃 피는 동산〉은 축제극이다. 축제극 속에도 어김없

---

"캄캄한 마을에 / 희미한 들창 하나 / 누가 촛불을 켜나부다 // 한개의 촛불은 / 한개의 슬픔을 달랠 게나 / 억만의 촛불은 / 지구를 밝힐 게다 // 붙으럼아 촛불아 / 옮겨 붙어 / 맘서 맘으루 / 연륜서 연륜으루 ……" 주요한, 「자정의 지구에 붙임」 전문.

35 조종현, 〈꽃 피는 동산〉, 『佛教』 83, 1931.

이 가난한 아이들이 등장한다. 그리고 더불어 함께하는 어린이들이 등장하고 있다. 조종현이 불교개혁운동과 동요, 동요극에 이르기까지 변함없이 지향한 세계는 '민중속으로' 들어가는 것이었다. '시심'과 '동심'과 '불심'의 일치를 주장하였던 만큼 그가 현실에서 눈 돌리지 못하고 동심을 통해 구체적인 현실을 반영하고 있다. 그의 동요는 단순히 동심으로 바라본 민중들의 고달프고 힘든 삶의 모습이 아니라 결코 외면하고 피해갈 수 없는 우리의 현실을 직시한 것이다.

## 3. 여백의 미학, 시조와 함께

조종현의 붓끝이 시심으로 향할 수 있었던 것은 불심과 시심을 하나로 본 것에 있다. 그는 1928년 『불교』에 첫 시조 「정유화」를 시작으로 생을 마칠 때까지 332편의 시조를 썼다. 생전에 『자정의 지구』, 『의상대 해돋이』, 『거 누가 날 찾아』, 『나그네 길』 등 4권의 시조집을 발간하였다. 그가 시조를 쓰기 시작한 것은 박한영 스님이 설립하여 운영한 개운사 강원(중앙불전, 현 동국대)에서 유식을 공부할 때 정인보, 이병기, 이은상, 최남선에게 시조를 배우면서 부터다. 1920년대의 시조부흥운동을 이어받은 시조시인으로, 1960년대 이태극과 『시조문학』을 창간하여 신인들을 발굴하여 시조문학의 발전을 위해 헌신의 노력을 게을리하지 않았다. 그는 1928년부터 1988년까지 쓴 시조는 332편이다. 그가 쓴 첫 시조는 「庭有花」[36]이다.

一

36 조종현, 『佛教』 62, 1929.8.

심은꽃 두어떨기 가지마다 피엿것만
말업시 가신님은 어이올줄 몰으신가
이마장 내홀로보니 마음아니 쓰리랴.

二

하단곳 만타커늘 어이뒷뜰 가렷든고
無心코 窓박치면 불연듯이 나는생각
꽃푹이 물주든얼골 두눈앞에 어리네.

三

매암이 소리높여 夕陽하늘 울어오고
千里에 님일흔몸 돌아갈줄 몰으올제
히저시 서웃는저꽃 故懷더욱 자내네.

四

핏빛의 저花瓣은 님의마음 달맛고야
뭐진듯 나는향래 님의넉시 그안인가
花盆에 옴기자한들 님의손짓 앗가워.

—七月二日 故××의 追憶—

—「庭有花」전문

이 시조는 '석범(石帆)'이라는 필명으로 발표된 작품으로 조종현도 첫 작품이 「庭有花」라고 언급하고 있는 작품이다. 기승전결의 구조를 띠고 있는 이 시조는 첫 작품이라고 할 수 없을 만큼 시조의 형식적 조건을 구비하고 있을 뿐만 아니라 각 수마다 화자의 심리가 잘 묘사되어 있다. '말업시 가신님'에 대한 원망이 아니라 그가 가꾸었던 '꽃'을 통해 '말업시 가신님'을 소환하여 그리워하는 마음이 '석양'과 '핏빛'으로 표출되어 있다. 이은상은 『자정의 지구』 서문에 「生死觀空」을 처녀작으로 보는 것이 좋겠다고 하였으나 「정유화」도 그에 못지않다. 작품을 발표한 후인 1930년도부터는 많은 작품들을 발표하면서 시조문단에 그의 이름을 확실하게 새기게 되었다. 「生死觀空」[37]의 전문은 다음과 같다.

산 것이 사는 것가 산 것 같지 아니하니
죽음도 그럴런가 죽음 속을 뉘 알리요
눈 감고 스스로 볼 제 죽고 삶이 없구나

세상 것 있다 하니 있는 줄로 보올 것가
있던 것 없다 하니 없는 줄로 아올 것가
모든 것 나오자마자 고대 죽고 마는걸

죽고 사는 것을 없게 본다 없을 것가
본래 없었으니 이제 봐도 없는 것이
없는 줄 아는 마음도 또한 없다 하노라.

―「生死觀空」 전문

시인이기 이전에 승려였던 그의 생철학을 잘 보여주는 작품으로 그의 마지막 시조집인 『나그네 길』의 작품들과 다르지 않다. 삶은 '운수행각'이자 '나그네길'이라는 생철학은 이미 시조 쓰기의 출발기에 해당하는 작품에 고스란히 담겨있기 때문이다. 10년의 출가수행이 낳은 생사일여요, 생사해탈의 경지에 이르렀음을 보여주는 작품이다. 이미 첫 수에서 '죽고 삶이 없구나'라고 단언하고, 둘째 수에서는 '모든 것은 나

37 조종현, 「生死觀空」, 『新生』, 1931.7.

오자마자 고대 죽고 마는걸'로 확장하고, 마지막 수에 이르러서는 생사란 '본래 없었'기 때문에 '없는 줄 아는 마음' 조차도 없다는 것에 잘 드러난다. 시조의 형식미와 운율미도 빠지지 않는다. "서울 동대문밖 대원암 석진에게서 '唯識'을 연구하던 무렵"으로 "「생사관공」은 유식 공부의 산물이었고, 또 그 뒤로도 그의 작품은 어느 것이나, '모든 삼라만상이 다만 心識하나 임을 설법하는 유식철학의 터전 위에서 이루어지는 것임을 볼 수 있으며, 또 그에게 있어서는 그것이 당연한 일"[38]이었던 것이다.

그는 민족 신문이었던 『조선일보』와 『동아일보』, 그리고 『중외일보』를 중심으로 많은 시조를 발표하였고, 잡지에는 『佛教』와 『東光』에 주로 발표를 하였다. 그는 작품을 발표할 때도 지면을 가려가며 발표하였다는 것을 알 수 있다. 작품 어디에도 항일을 주제로 하고 내세우고 있는 작품은 없다. 대신 민족의 문화유산을 소재로, 제목으로 호명하고 민족정신을 계승하고 있다. 그 작품 중에 「普信閣鐘」이 있다. 그는 잡지 『東光』에 원고 「普信閣鐘」을 보냈다. 그러나 「普信閣鐘」은 일본 총독부 경무국 도서관의 검열에 걸려 삭제되었다.[39] 잡지 『동광』에 실리지 못하고 만 것이다. 그러나 그는 몇 달 후에 잡지 『동광』에 「보신각종」[40]을 그대로 발표하는 비범함을 보였다. 그것을 보면 표면적으로 항일을 드러내지는 않았지만 민족정신을 계승하기 위해 민족의 문화유산을 호출하는 전략을 펼친 것이다. 시조 「紅花門」[41]과 「隆陵」,[42] 「忠武公追慕」[43] 같은 작품이 여기에 속한다.

---

38 이은상, 「머리말」, 『자정의 지구』, 현대문학사, 1969.
39 조종현, 「끝에 붙임」, 위의 책, 246쪽.
40 조종현, 「普信閣鐘」, 『東光』 23, 1931.7.
41 조종현, 「紅花門」, 『동아일보』, 1931.2.27.
42 조종현, 「隆陵」, 『동아일보』, 1931.3.1.
43 조종현, 「忠武公追慕」, 『동아일보』, 1931.6.12.

조종현 시조의 특징은 연시조가 많다는 점이다. 연시조는 한 가지 주제에 천착하여 집중적으로 주제를 형상화한다는 점에서 현상학적이기 쉬운 단점을 극복하기에 좋은 창작법이다. 그런 점에서 조종현의 연시조는 독보적이라고 할 수 있다. 초기 작품인 「三山에 지는 달」[44]은 『매일신보』에 3회에 걸쳐 연재된 시조로 7수에 이른다. 잘 알려진 시조 「의상대 해돋이」는 「東海點描」 중의 한 수이고, 「나도 푯말되어 살고 싶다」도 26수의 연시조이다. 그의 연시조가 갖고 있는 대부분의 특징 중의 하나는 각 수별로 소제목이 있다. 그래서 각 수를 분리하면 한편의 독립된 시조가 된다. 「東海點描」 중의 한 수인 「의상대 해돋이」가 대표적이다. 중학교 국어 교과서에 실리기도 하였는데 전문은 다음과 같다.

천지 개벽이야!
눈이 번쩍 뜨인다

불덩이가 솟는구나
가슴이 용솟음친다

여보게!
저것 좀 보아
후끈하지 않는가.

— 「의상대 해돋이」 전문[45]

의상대에서 바라본, 동해 바다로 떠오르는 해돋이의 광경을 '천지 개

44 조종현, 「삼산에 지는 달」, 『매일신보』, 1931.9.5~8.
45 조종현, 『의상대 해돋이』, 한진출판사, 1978.

벽이야! / 눈이 번쩍 뜨인다'는 직관으로 포착하여 순간적으로 폭발시킨 이 감각앞에서 더 이상 수사는 필요하지 않다. 이 시조가 성속일여의 단순하고 간결한 청빈, 이것이 바로 '覺'의 순간이고, 불타의 가르침이며, '시심'과 '불심'과 '동심'이 하나인 순간을 동시에 보여준다.

> 영감의 시인의 인간은 괴로운 현실에 파고 들어, 달가운 현실을 사는 것이다.
>
> 쓰디쓴 인간의 八만四천고뇌-번뇌를 씹을 줄 알고, 되 씹어서 달갑게 맏볼 줄 알기 때문이다.
>
> 「마음의 눈」이 번쩍이는 시인의 시인이 아닐까?
>
> 시조는 시조가 아니라야, 정말 시조가 될 것이다.

그는 시인은 '인간의 괴로운 현실에 파고 들어, 달가운 현실을 사는 것'이 아니면 시인이 아니고, 시인은 '마음의 눈'을 뜨고 있어야 하며 그것을 가공한다고 해서 써지는 것이 아니라 '번쩍'이는 마음이 있어야 쓸 수 있는 것이라고 전언한다. '괴로운 현실에 파고들어 달가운 현실을 사는' 것이 시인의 임무로 여긴 시인이었기 때문에 그는 차마 현실에서 눈 돌리지 못하고 슬픔과 아픔을 노래하였던 것이다. 시조다운 시조를 위하여 조종현은 이태극과 함께 『시조문학』을 창간하여 발행하면서 신진시인들을 배출하였다. 그래서 그는 시조의 명칭문제에 대한 재고할 필요성을 제시하기도 하였다. 그의 시조의 명칭에 관한 논리는 현 시점에서도 재고해 볼만하다.

> 그러면 〈시조〉의 名稱을 어떻게 표기해야할 것인가? '식調'란 語義에 卽하여, 創作인 우리말의 〈시조〉를 '한글'로 記寫하는 것이 타당하다고 생각

한다. 또 一步讓하여 第二次的으로 思考되는 필연적인 문제가 제기되는 것은 〈시조〉는 곧 詩다. 더우기 定型詩다. 그러므로 만일 〈시조〉의 名稱을 漢字로써 표기할 必要性이 요청된다면 〈詩調〉로 記寫하는 것이 名實相符하고, 合理的이며, 자연스럽다. 보다 오히려 어디까지나 〈시조〉의 名稱과 아울러 그 語義까지 일목요연하여 의심할 바 없을 것이다. 〈詩調〉!

〈시조〉는 원래 文學性과 音樂性이 具有豊富함을 要하는 것이 그의 本質이요 特徵임으로써 〈詩調〉! 이렇게 쓴다면, 이 名稱은 장황한 說明을 새삼요할 필요조차 없이, 일견 視覺的으로 '詩의 노래' '詩의 가락' 또 '詩의 格調'라는 意味, 語義로서의 곧 '定型詩'임을 直覺的으로 인식케 될 것이다. 동시에 〈시조〉는 格調詩이기 때문에 '詩로서의 노래요' '노래로서의 詩다' 이 독특한 妙味와 神風은, 오직 〈시조〉만이 同時具現할 수 있으므로 〈詩調〉!로 表記하는 것이며 더욱 마땅할까 한다.

〈시조〉는 본디 自由詩아닌 定型詩요 더구나 散文詩아닌 格調詩이므로 그 名稱을 前述한 바와 같이 〈詩調〉!로 記寫하는 것이 떳떳하고 最適이 아닐까 한다.[46]

조종현은 '시조'라는 명칭이 언제부터 어떻게 생겨났는지, 그리고 학자들이 어떤 논리를 전개하였는지 일괄한 후 시조는 '視覺的으로 '詩의 노래' '詩의 가락' 또 '詩의 格調'라는 意味, 語義로서의 곧 '定型詩'임을 直覺的으로 인식케 될 것'이니 명칭도 '시조(詩調)'로 표기를 바꿀 것을 주장하고 있다. 그리고 시조에 대한 정의도 '본디 自由詩아닌 定型詩요 더구나 散文詩아닌 格調詩'라고 새롭게 정의하고 있다. 시조를 향한 그의 관심과 노력을 잘 보여주는 대목이다. 그 기저에는 시조는 인위적으

46 조종현, 「시조의 名稱再考」, 『현대문학』, 1964.9.

로 쓸 수 있는 것이 아니라는 사실을 깔고 있다. 시조 「피란가는 길 1」[47]을 보면 알 수 있다.

> 불바다 되다 보니 재밭이 되다 보니
> 눈보라 치는 밤을 들려갈 곳 전혀 없다
> 철 없는 어린 것들은 집에 가자 울부짖고.
>
> 소낙비 바우듯 낯선 마을 달려드니
> 멍사모른 개란 놈들 왕왕 짖고 내닫는다
> 이렇게 초라한 모습 너도 처음 보느냐.
>
> 〈1951. 1·4후퇴에 江景 나바위를 지나며〉

한국전쟁 중 피란길을 형상화한 이 시조에는 삶의 터전이 모두 '불바다', '재밭'이 되어 버려 '눈보라 치는 밤'을 피할 곳 없어 괴로운 현실을 담고 있다. '집에 가자 울부짖'는 어린 자식들을 데리고 바쁜 걸음으로 찾아든 낯선 마을, 뭣 모르는 개까지 짖어대니 고통과 슬픔을 꾹꾹 눌러 앉히고 '초라한 모습 너도 처음 보느냐'로 일갈하는데서 감정을 조작한 흔적은 없다. 이것이 조종현 시조의 격조이다. 이 작품에서 보듯이 현실을 담되 현실을 초월한 시인의 시인이 만나지고, 시조가 '詩로서의 노래요' '노래로서의 詩다'라는 전언과 만나진다.

조종현의 시조에는 기행시조가 많다. 작품 끝에 시간과 장소를 밝히고 있는데서 그의 기행이 갖는 특별한 의미를 확인할 수 있는 것이 특징적이다. 대본산 사찰인 선암사, 통도사, 범어사, 동학사 등의 여러 강

47 조종현, 『자정의 지구』, 현대문학사, 1969.

원에서 강사를 한 것에서 시간과 장소를 밝히게 된 주된 요인으로 보이나, 무엇보다도 수행길에 산수와 진경을 보고 느낀 감회가 '깨달음'이었던 것이다. 그래서 구체적인 지명이 등장하는 제목이 많다. 「동해점묘」 같은 경우를 보면 동해안의 명승유적이 각 수의 제목으로 등장하고 있고, '설악산'은 「雪嶽山에서」, 「雪嶽頌」, 「雪嶽山 단풍」과 같이 여러 작품에서 제목으로 호출되고 있어 각별한 의미의 공간임을 알 수 있다.

한자어가 많지 않다는 것도 조종현 시조의 특징이다. 이는 민중불교를 주장하면서 끊임없이 민중들과 함께 하고자 하였던 그의 불교사상에 기반 하고 있다. 그래서 어려운 낱말이 없고 쉽게 이해할 수 있다. 그렇다고 주제의식이 가벼운 것은 결코 아니다. 깊은 사유로 이끈 여백의 미는 그의 시조가 갖은 미학의 결정체이다. 가볍게 쉽게 읽어지지만 결코 가볍게 쉽게 넘길 수 없는 것, 시조 전편이 거의 그렇지만 네 번째 시조집인 『나그네 길』에는 「나그네 길」 연작 83편이 대표적이다. 그 중에 「나그네 길 1」이다.

어디쯤
왔는지
어디쯤
갔는지

내사 모르겠다

오기는 왔다마는
가기는 갔다마는

나는 그저
그 자리.

누구나 알아 들 수 있고, 쉽게 읽을 수 있는 짧은 시조이다. 그렇지만 결코 쉽지 않고 가볍지 않은 사유가 있다. 삶을 초월하지 않으면 쓸 수 없는, 해탈하지 않고는 그 경지에 갈 수 없을 그것이 종장인 '나는 그저 / 그 자리'다. 이 시조가 남긴 여백은 길다. "어려서부터 불교의 신앙 세계에서 자랐고, 또 일찍부터 화엄의 경지를 주무르기도 했다. 그러기에 거리로 나와서도, 역시 그 맑은 마음 하나 지니고 살아온 사람"이다. 또한 "독경과 강경을 게을리 하지 않았고, 또 그것보다도 차라리 시조를 지음으로써 괴로운 인생을 달래어 온 사람"[48]이기에 깊은 사유와 긴 여운을 남긴 작품을 쓴 것이리라.

내가 83년 동안 묵던 여관을 떠나게 되는 신호를 느낀 것 같다. 그렇게 스스로 믿어진다. 그렇다. 나그네는 떠나는 것이다. 파장이 되고, 해가 질 무렵이면 말이다.

나그네는 훌쩍 떠나는 것이 문제가 아니다. 밥값을 가리고 여비를 챙겨야 한다.

한 푼도 갚을 것이 없어야 한다. 따라서 받을 것도 없어야 한다.

그저 알몸으로 왔다가 알몸으로 가야 한다. 깨끗이 왔으면 깨끗이 가야 한다.

빚을 지고 가는 것이 죄라면, 빚을 놓고 가는 것도 또한 죄가 아닌가.

주인공(主人公)! 너는 '나그네!' '나그네길'을 가야 한다. '끝없는 나그네

48 이은상, 「머리말」, 앞의 책.

의 길을 그저 끝없이 갈 뿐이다!'

나그네의 길은 그대로 영원한 길! 너도 가고 나도 가고, 나도 오고 너도 오고, 우리 모두 우줄우줄 춤도 추고, 노래도 부르는 자유의 길! 평화의 길! 차별도 없고, 계층도 없는 큰 길! 평등한 길일 뿐!

큰 스님들이 입적할 시간을 미리 예견하듯이 조종현도 속세에서 나그네로 머문 시간이 다 되었음을 직감하고 있었다. '한 푼도 갚을 것이 없어야 한다. 따라서 받을 것도 없어야 한다. 그저 알몸으로 왔다가 알몸으로 가야 한다. 깨끗이 왔으면 깨끗이 가야 한다'고 썼다. 그리고 '우리 모두 우줄우줄 춤도 추고, 노래도 부르는 자유의 길! 평화의 길! 차별도 없고, 계층도 없는 큰 길! 평등한 길'을 향해 먼 길을 떠났다. 그래서 일까 시집의 제목도 『나그네 길』이다.

그는 조선불교의 개혁과 민중불교를 지향하면서 일제의 사찰령을 거부했던 승려였고, 1930년대 시조시인으로 활발한 활동을 함으로써 시조부흥운동을 이어왔던 시인이며, 1960년대 시조의 부활을 위하여 문예지를 창간주재하면서 신예문인들을 발굴하였던 사람이다. 평생을 헌신으로 일관한 지사적인 생애를 그는 스스로 '운수행각'이요, '나그네 길'이라고 일갈하였다. 그러나 조종현의 삶에는 일제하의 치열하게 전개하였던 항일민족운동과 불교개혁운동이 서려 있고, 해방기의 생사의 갈림길에서 환속하지 않을 수 없었던 이념대립의 현장이 있다. 또한 한국전쟁과 4·19혁명과 5·16군사 쿠데타, 그리고 유신시대와 1980년 광주민중항쟁까지 온몸으로 살아낸 역사가 있다. 따라서 그의 작품은 곧 시대의 소리요, 시대를 산 역사의 기록이며, 시인의 삶이다.

깊은 골짜기에서 내려오는 물줄기, 그 옥구슬 굴러가는 소리에 귀를 씻고 또 씻고, 모난 마음 구석구석을 둥글게 갈고 또 갈아 아름다운 곡선을 이루었는가? 그곳에는 언제나 사람들의 발길 잠시 멈추어 귀를 씻고 모난 마음들 둥글게 합장을 한다. 푸른 숲을 가로지르는 풍경소리, 지나는 길손들 언 가슴을 녹여 멀리 따뜻한 숨결 보내는 그곳에서 잠시 삶의 가파른 자락을 쉬고 싶다. 깊은 골짜기에 숨어 세상을 엿보는 듯 맑은 소리 흘려보내는 산사, 이제는 조종현의 승려로서의 활동과 동요와 시조들이 선암사의 풍경소리를 타고 널리 널리 퍼지기를 소망한다.

1906년 2월 8일(음력) 전남 고흥군 남양면 왕주리 315번지에서 아버지 함안 조씨 용명(趙鏞明)과 어머니 여산 송씨 장동(宋獐洞)의 3남 중 장남으로 태어나다. 본명은 조용제(趙龍濟)이다.

1912년 6세 때부터 서당에서 한문 공부를 시작하다.

1922년 2월 24일 전라남도 순천 선암사로 출가하다. 경운(金擎雲)스님의 손상좌로, 그 문하의 보광(普光)스님을 은사로 불교 공부를 시작하다.

1924년 경운 스님의 지도로 사집(四集)과정 수료하다.

1926년 3월 11일 범어사 전문강원 진진응 스님에게서 사교과(四敎科)를 수료, 강원을 졸업(중등과)하고, 보살계를 수지하다.

1927년 6월 25일 통도사 불교 전문강원 내 단체인 신진회 집행위원으로 피선되다.

1927~28년 동화사 강원에서 수학하면서 강우회의 문예부장과 서무부 이사를 역임하다.

1928년 1월 동화사 강원 대표로 조선 불교 학인대회(學人大會) 발기인이 되다. 불교 학인대회를 이운허, 이청담과 주도하여 전국 불교학인대회를 개최하다.

2월 동화사 강원 서무부 이사가 되다.

3월 5일 동화사 불교전문 강원의 대교과를 수료하다.

3월 12일~13일 조선불교 학인대회 발기총회 참가하여 좌장 후보로 선출되다.

3월 14일~17일 각황사에서 개최된 조선불교 학인대회에 참가하여 발기인 및 교육제도 혁신위원 및 연맹규약 제정위원으로 활약하다.

조선불교 학인연맹 기관지 『회광』을 3년간 편집 발행하다.

11월 1일 개운사 불교전문 강원에서 화엄 삼현부를 수료하다.

| | |
|---|---|
| | 개운사 불교연구원에 학적을 두고 불교사상을 연구하다. |
| | 개운사 강원 동우회 회원으로 활동하다. |
| 1929년 | 8월 잡지 『불교』에 첫 시조 「庭有花」를 '석범(石帆)'이라는 필명으로 발표하다. |
| | 11월 16일 첫 동요 「엄마숨박곡질」을 『조선일보』에 발표하다. |
| | 『조선일보』, 『동아일보』, 『중외일보』 등의 지면에 지속적으로 동요와 시조를 발표하면서 문학인으로서의 삶도 본격화하다. |
| 1930년 | 만해 한용운 스님을 총재로 한 승려들의 독립운동 비밀결사 '만당(卍黨)' 결성에 참여하다. 선암사 普光스님의 시탕(侍湯)을 하기 위해 동화사 강사직을 사직하고 순천 선암사로 돌아오다. |
| | 시조 「생사관공 · 보신각 종(生死觀空 · 普信閣 鍾)」을 발표하면서 시조시인으로서의 활동을 전개하기 시작하다. |
| 1931년 | 3월 23일~24일 총동맹 발기를 위한 조선불교청년대회에 참가하여 임시집행부 서기 및 맹헌(盟憲)제정 전형위원으로 선출된다. |
| | 조선불교청년동맹 창립대회에서 중앙검사위원회 위원으로 선출되다. |
| 1932년 | 1월 『불교』지에 「사법개정(寺法改定)에 대한 의견」 기고하다. |
| | 3월 『불교』지에 「강원교육과 제도 개신(改新)」 기고하다. |
| | 3월 10일 석전 박한영 스님이 개운사에 대원불교 강원을 설립, 개운사 강원(불교연구원)을 제1회로 졸업하다(개운사 강원(불교연구원)은 훗날 중앙불전으로 개명되었다). |
| | 4월 만해 한용운의 요청으로 『불교』지에 「대승기신론강의」를 7회에 걸쳐 연재하다. |
| | 4월 선암사 전문 강원 5대 강주로 부임하다. |
| | 조선불교청년동맹 중앙집행위원, 순천 선암동맹위원을 겸하다. |
| | 선암사 산중총회에서 평의원으로 선출되다. |
| | 선암사 교육심의위원으로 선출되다. |
| | '만당'의 재무위원직을 맡다. |

1933년 2월 『불교』지에 「종헌반포(종헌반포)기념일과 청년동맹」 기고하다.
3월 『불교』지에 「민중교화와 교화자금」 기고하다.
박성순(朴聖純)과 혼인하다.

1935년 중앙교무원 평의원을 거쳐 상임이사와 심사위원이 되다.

1936년 선암사 감사와 법무(法務)직을 겸하다.
1월 15일 장녀 조양덕 태어나다.

1936년 8월 17일 순천 향림사 주지로 부임하다.

1937년 9월 일본 동경 구택(駒澤)대학에 1년간 유학하여 위등랑응(衛藤郎應)박사에게 불교학을 수료하다. 불교유학생 기관지인 『금강저』를 장원규(張元圭)등과 편집 인쇄해서 귀국, 서울 낙산의 감로암에서 비밀히 발송하다.

1938년 중앙교무원 심사위원이 되다.
3월 2일 차녀 조계덕 태어나다.

1939년 3월 마곡사 강원 조실로 부임하다.
9월 25일 선암사 전문강원 강주로 부임하다.

1940년 8월 29일 장남 조진래 태어나다.

1943년 8월 17일 차남 조정래 태어나다.

1944년 7월 3일 만해 한용운 대선사 영결식에 참석해 경기도 양주군 노해면 미아리 화장장에서 거행된 다비식에서 사리를 수습하다.

1945년 8월 선암사 감무(부주지 역할)로 재직하면서 친일파 승려들이 점유하고 있던 순광사(順光寺), 환선정(喚仙亭)을 환원을 추진계획을 세우다. 해방의 소용돌이 속에서 순광사는 좌익계에서 노동회관으로, 환선정은 청년대의 사무실로 점유하고 있었기 때문에 그 반환을 요구하다. 그 쪽에서는 최소한의 이전비를 대달라는 협상안을 내놓다. 그래서 이전비를 타협해서 지불하다.

1946년 선암사 주지였던 김포광스님이 불전교수로 되돌아가자, 절 대중들의 선거를 통해 주지에 당선되다. 그에 따라 청년시절부터 주창해온 사찰개혁을 위해 '절 토지는 소작인에게! 승려는 교화사로! 사찰은 심신 도

장으로!'라는 표어를 선암사 입구에 걸고 사찰개혁운동에 나서다.

2월 2일 3녀 조정덕 태어나다.

1947년 사찰재산을 좌익운동단체에 임의로 기부했다는 조직적 모함을 당해 선암사를 떠나 환속, 순천시 행동의 적산가옥으로 세 들어 이사하다. 순천에서 목탄상을 하다.

1948년 10월 여순사건 당시 좌익성향을 의심받아 서북청년단에게 끌려가 심한 고초를 당하고, 세 차례 종결처형 상황에서 신자와 지인들의 도움으로 위기를 넘기고 구사일생하다.

1949년 광주고법으로부터 무죄 판결을 받다.

1950년 불교 신자의 도움으로 안전한 충남 논산으로 이주하다. 피난지를 전전하며 서당에서 학동을 가르치고, 장날 따라 괴나리봇짐 포목장사를 하다.

1952년 벌교상업교등학교 교장이 국어교사로 초빙, 부임하여 1955년까지 재직하다.

10월 1일 3남 조건래 태어나다.

1956년 광주제일고등학교 국어교사로 전근해 1958년 3월까지 재직하다.

7월 6일 4남 조광래 태어나다.

1958년 4월 1일 서울 보성고등학교에서 국어교사로 전근해 1968년 2월 28일까지 재직하다.

1960년 시조시인 이태극과 『시조문학』을 창간하고, 시조부흥과 시조시인 배출을 본격화하다.

법화종 이사직을 맡다.

1963년 4월 '민족문화의 계승과 중흥을 불교문화의 재발현으로 이룩하자'는 뜻으로 불교문화예술원이 발족되어 그 이사로 선임되다.

7월 26일 동국대학 재단이사회에서 정이사로 선출되다.

1964년 조계종 고시위원이 되어 활동하다.

12월 30일 한국시조작가협회 창립을 주도하다.

1965년 불경 『관음경』을 번역하여 동국출판사에서 출간하다.

12월 19일 연화사 관음법회 주최 불교강좌 강의하다.

1967년 1월 20일 시조작가협회 3차 정기총기회에서 총무이사로 선임되다.

1968년 1월 24일 시조작가협회 4차 정기총회에서 시조작가협회 부회장으로 선임되다.

서울 우석고등학교(현 고려대 부속 고등학교) 교장으로 취임하여 1972년 정년퇴임하다.

1969년 3월 첫 시조집 『자정의 지구』를 현대문학사에서 출간하다.

원주 불심사 연구원장으로 불교 연구와 강의를 하다.

1976년 9월 제1회 노산문학상 심사위원을 역임하다.

1977년 1월 8일 공주 마곡사 전문강원 원장으로 부임하다.

1978년 총화종 원로원장을 맡다.

6월 제2시조집 『의상대 해돋이』를 한진출판사에서 출간하다.

7월 만해 한용운선생 기념사업회 발기 준비위원이 되다.

1982년 한국불교 포교사협회를 창설하고, 포교사 전문대학 명예교수로 활동하다. 불교통신대학원장으로 불전을 강의하다.

5월 불교 총화종 종정으로 추대되다.

1983년 10월 22일 제 8회 노산문학상 수상하다.

1986년 11월 팔순 기념 제3시집 『거 누가 날 찾아』를 지하철문고사에서 출간하다.

1988년 관음종 종정으로 추대되다.

11월 제4시조집 『나그네 길』을 한국문학사에서 출간하다.

1989년 8월 31일 84세로 입적, 충남 천안 공원묘원에 안장되다.

1998년 고향인 전남 고흥군 남양면 한마음 공원에 시비 「나도 푯말되어 살고 싶다」가 세워지다.

2006년 우리시대 현대시조 100인선 조종현 시조집 『나그네 길』이 태학사에서 발행되다.

2013년 한국대표명시선 조종현 시집 『모란꽃』이 시인생각에서 발행되다.

## 산문 연보

| 제목 | 발표지 | 날짜 | 비고 |
|---|---|---|---|
| 石顚映湖老師의 別語 | 『佛教』 81 | 1931.3 | |
| 歸鄕小曲 | 『佛教』 90 | 1931.12 | |
| 寺法改正에 對한 意見 | 『佛教』 91 | 1932.1 | |
| 講院教育과 制度改新 | 『佛教』 93 | 1932.3 | |
| 文藝日記 | 『回光』 2 | 1932.3 | 灘鄕 |
| 大乘起信論講義(1~7) | 『佛教』 94~105 | 1932.4~1933.1 | 趙灘響 |
| 詩歌總評 | 『佛教』 103 | 1933.1 | 趙大順 |
| 宗憲頒布紀念日과 青年同盟 | 『佛教』 104 | 1933.2 | 趙大順 |
| 民衆教化와 教化資金 | 『佛教』 106 | 1933.4 | 趙大順 |
| 報恩과 自律 | 『매일신보』 | 1935.9.15 | 趙大順 |
| 佛教紛爭의 止揚點 | 『조선일보』 | 1960.12.29 | |
| 人間釋迦牟尼 | 『조선일보』 | 1961.5.11 | |
| 推薦辭 | 『시조문학』 5 | 1962.7 | |
| 推薦辭 | 『시조문학』 6 | 1962.11 | |
| 推薦辭 | 『시조문학』 8 | 1963.10 | |
| 시조의 名稱再考 | 『현대문학』 | 1964.9 | |
| 眞짜? 假짜? | 『기독교사상』 9(5) | 1965.5 | |
| 聖者와 羊 | 『기독교사상』 11(2) | 1967.2 | |
| 羊年羊話 | 『신동아』 29 | 1967 | |
| 슬프다 가람님의 가심이여 | 『경향신문』 | 1968.12.2 | |
| 끝에 붙임 | 『자정의 지구』 | 1969 | |
| 浪漫의 鄕愁 | 『초연곡』 | 1970 | |
| 太古宗의 나아갈 길 | 『佛教』 1(1) | 1970.6 | |
| 六和合은 民主生活의 活力 | 『佛教』 1(3) | 1970.8 | |
| 教役者의 研修와 發掘問題 | 『佛教』 1(5) | 1970.10 | |
| 太古宗의<br>宗旨・宗統・宗風에 對하여 | 『佛教』 1(7) | 1970.12 | |
| 불교인으로서의 만해 | 『나라사랑』 2 | 1971.4 | |

| 제목 | 발표지 | 날짜 | 비고 |
|---|---|---|---|
| 짤막한 보기 | 『나라사랑』 4 | 1971.9 | |
| 산에서 바다에서 보내는 편지 | 『나라사랑』 4 | 1971.9 | |
| 봄비처럼 내리는 겨울 밤비 | 『나라사랑』 6 | 1972.3 | |
| 믿음과 삶 | 『법시』 54 | 1972.3 | |
| 泉石餘韻 | 『법시』 61 | 1972.10 | |
| 경건한 기도는 복된 생활 | 『법시』 67 | 1973.4 | |
| 善은 創造的인 生命의 躍動 | 『법시』 70 | 1973.7 | |
| 六和合정신과 국민총화 | 『법시』 73 | 1973.10 | |
| 대화지강을 건너다 | 『나라사랑』 13 | 1973.12 | |
| 卍海 韓龍雲 | 『한국의 사상가』 | 1975.9 | |
| 편지 | 『나라사랑』 26 | 1977.3 | |
| 신앙 혁명을 일으킨 법장들 (1) | 『법성』 50 | 1977.9 | |
| 한국불교에 바라는 사회적 여망 | 『법륜』 107 | 1978.1 | |
| 植民地치하의 韓國佛教 | 『법륜』 111 | 1978.5.1 | |
| 예술가와 그 예우 | 『오늘과 내일 그리고』 | 1978 | |
| 끝에 적음 | 『의상대 해돋이』 | 1978 | |
| 무엇보다 눈 뜬 생활 | 『나라사랑』 30 | 1978.9 | |
| 寺刹을 어떻게 발전시킬 것인가? | 『법시』 163 | 1978.11 | |
| 居士의 機緣은 大衆教佛教化의 素地 | 『법륜』 117 | 1978.11 | |
| 梅月堂 金時習 | 『법륜』 125 | 1979.7 | |
| 80년대를 향해 한국불교는 어떻게 항해할 것인가 | 『법륜』 130 | 1979.12 | |
| 恩惠 | 『현대불교수필선』 | 1979 | |
| 자평을 대신하여 | 『시조문학』 | 1980 겨울 | |
| 나라사랑에 붙이는 글 | 『나라사랑』 43 | 1982.6 | |
| 뒤에 적음 | 『거 누가 날 찾아』 | 1986 | |
| 나그네 길 | 『나그네 길』 | 1988 | |
| 꿈에 제갈량을 본 서문 | 『나라사랑』 3 | 1971.7 | 번역문 |
| 朝鮮獨立의 書 | 『법륜』 102 | 1977 | 번역문 |
| 文學과 함께 平生을 | 『현대문학』 | 1969.3 | 좌담회 |

부록

# 육필원고 영인

새깃발(2매)
나도 푯말 되어 살고 싶다(14매)
염주를 돌리며(1매)
닉엽(4매)
백묵 가루에(2매)
찾는 길(4매)
못 갚으리(4매)
울음꽃에 술잔 띄워(5매)
“파고다”의 열원(4매)
내 살을 내가 꼬집으며(7매)
피천득 선생님 영문 육필 원고(2매)

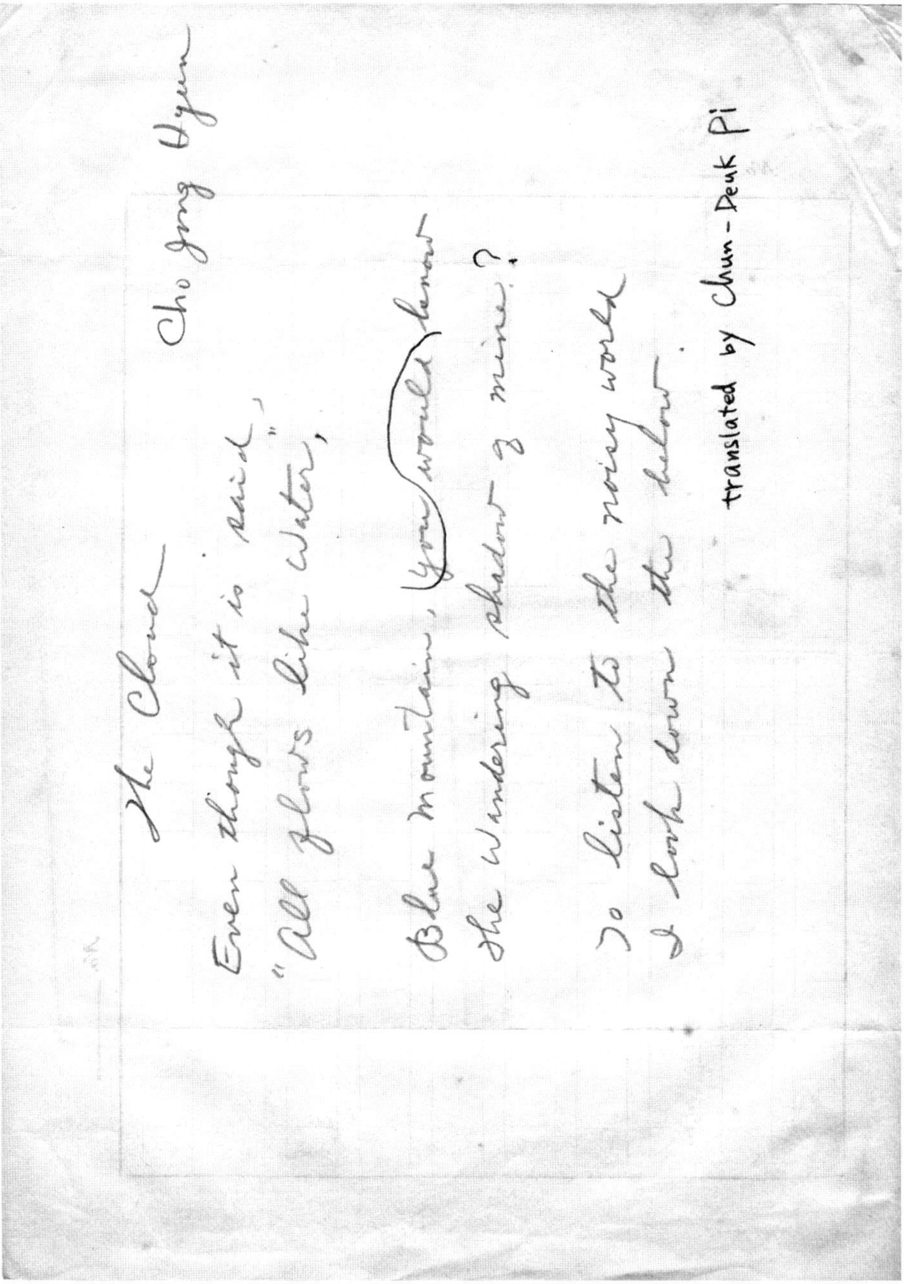

The Cloud

Cho Jong Hyeun

Even though it is said,
"All flows like Water",

Blue mountain, you would know
the Wandering shadow of mine?

To listen to the noisy world
I look down the below.

translated by Chun-Deuk Pi

이 원고는 수필가이며 영문학자인 피천득 선생이 조종현의 시조 2편을 영어로 번역한 것임

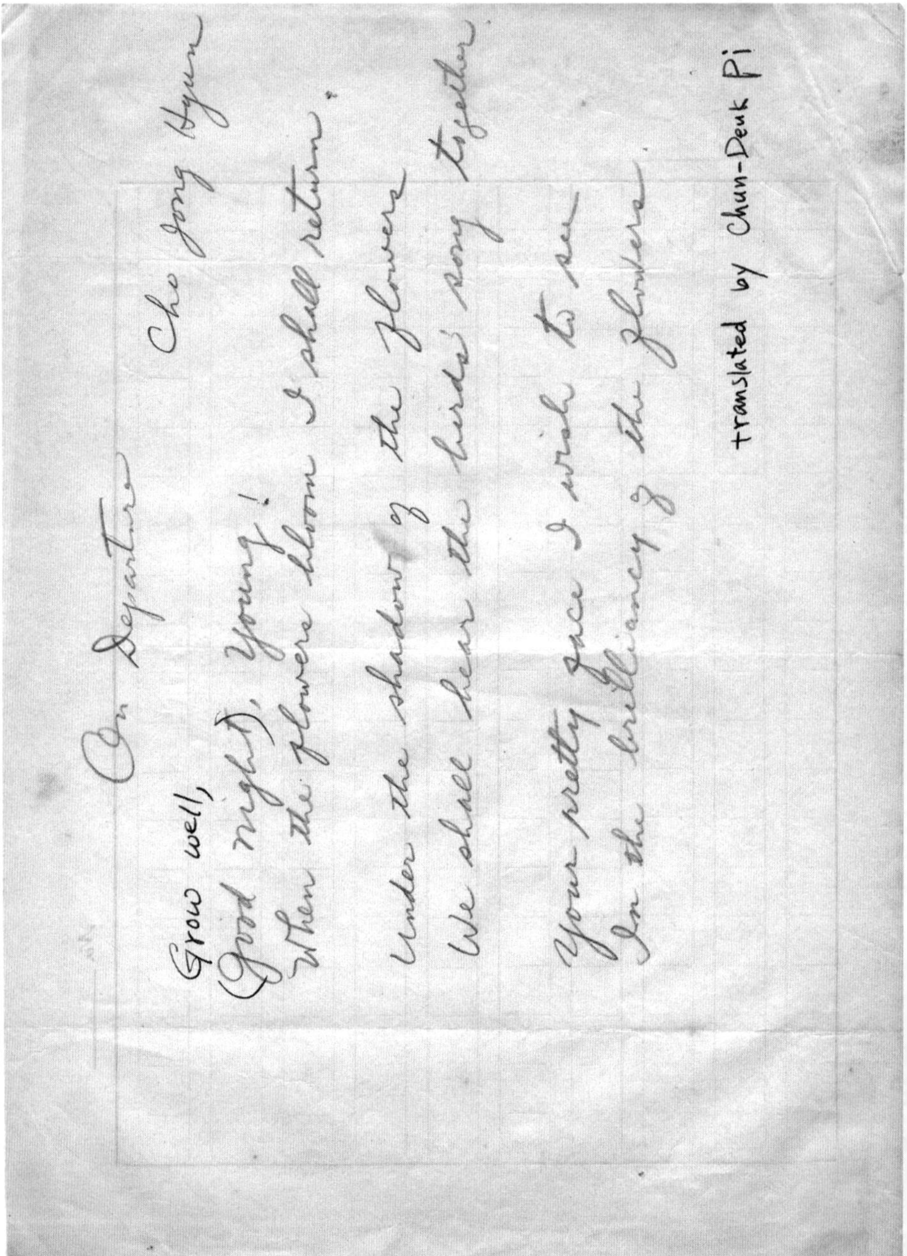

On Departure

Cho Jong Hyun

Grow well,
Good night, young!
When the flowers bloom I shall return.

Under the shadow of the flowers
We shall hear the birds' song together.

Your pretty face I wish to see
In the brilliancy of the flowers.

translated by Chun-Deuk Pi

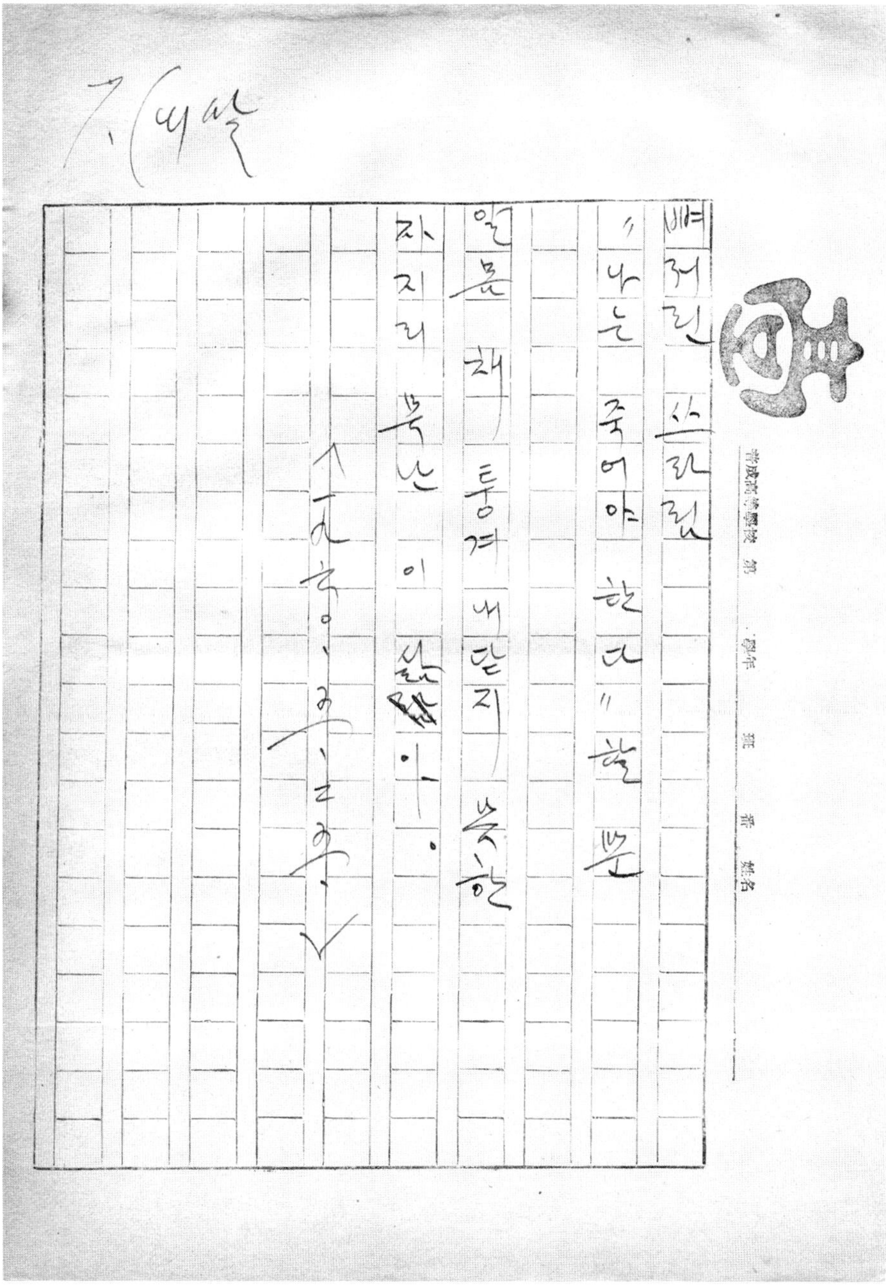

7.(대상

배러린 쓰라림

"나는 죽어야 한다" 할뿐

얼음 채 퉁겨 내닫지 못한

자지러 붙는 이 삶이.

〈五후·2·20〉

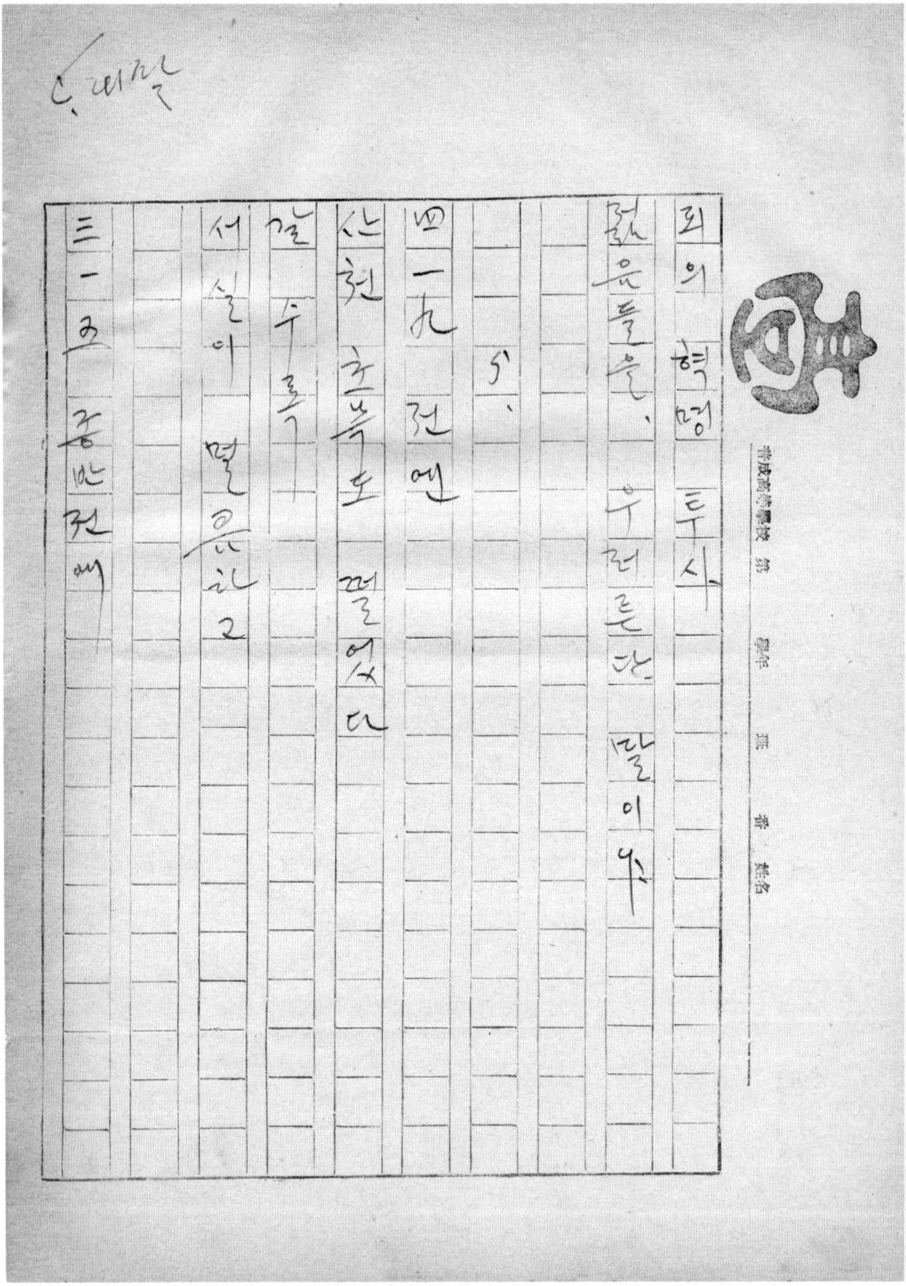
뫼의 혁명 두시
젊음들은, 우러르는 말이냐
5.
四一九 전엔
산천 초목도 떨었다
갈 수록
서실이 멀음하고
三一五 종반 전에

5. (내 살

4、

불의와
부정을
불살으지 못한 이 주제

불법과
포악에
항거치 못한 이 꼬라지

어떻게

普成商業學校 第 學年 組 番 姓名

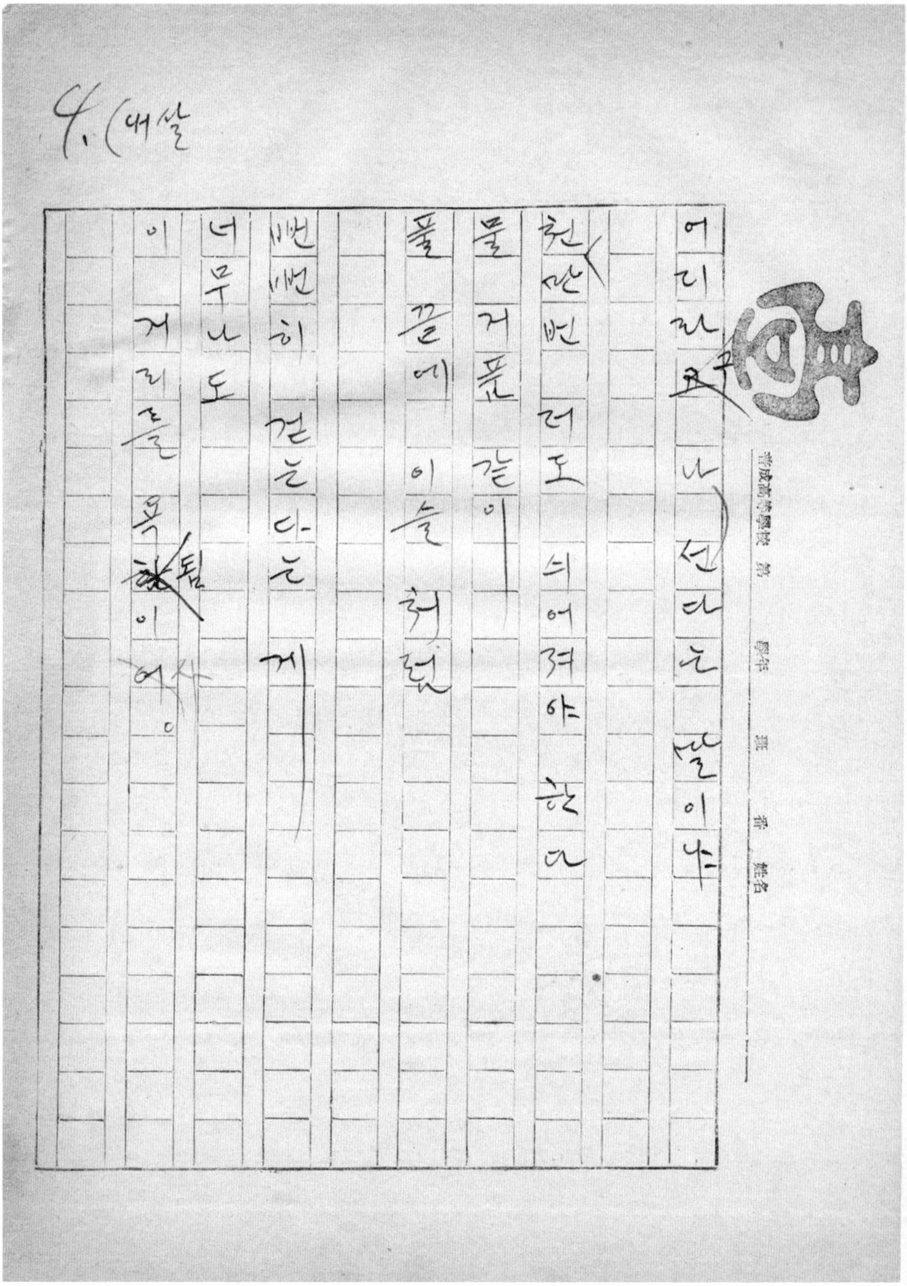
어디라구 나 선다는 말이냐

천만번 더도 스러져야 한다

물거품 같이

풀끝에 이슬 처럼

번번히 걷는다는 게

너무나도

이 거리를 욕됨이.

3. (내 살

새로운 삶들을
어떻게 대한 단

랑 속을
열 걸 파고 들어도
속히려 시원찮게 거나.

3.
말문이 열리기는 커녕
머리를 들고

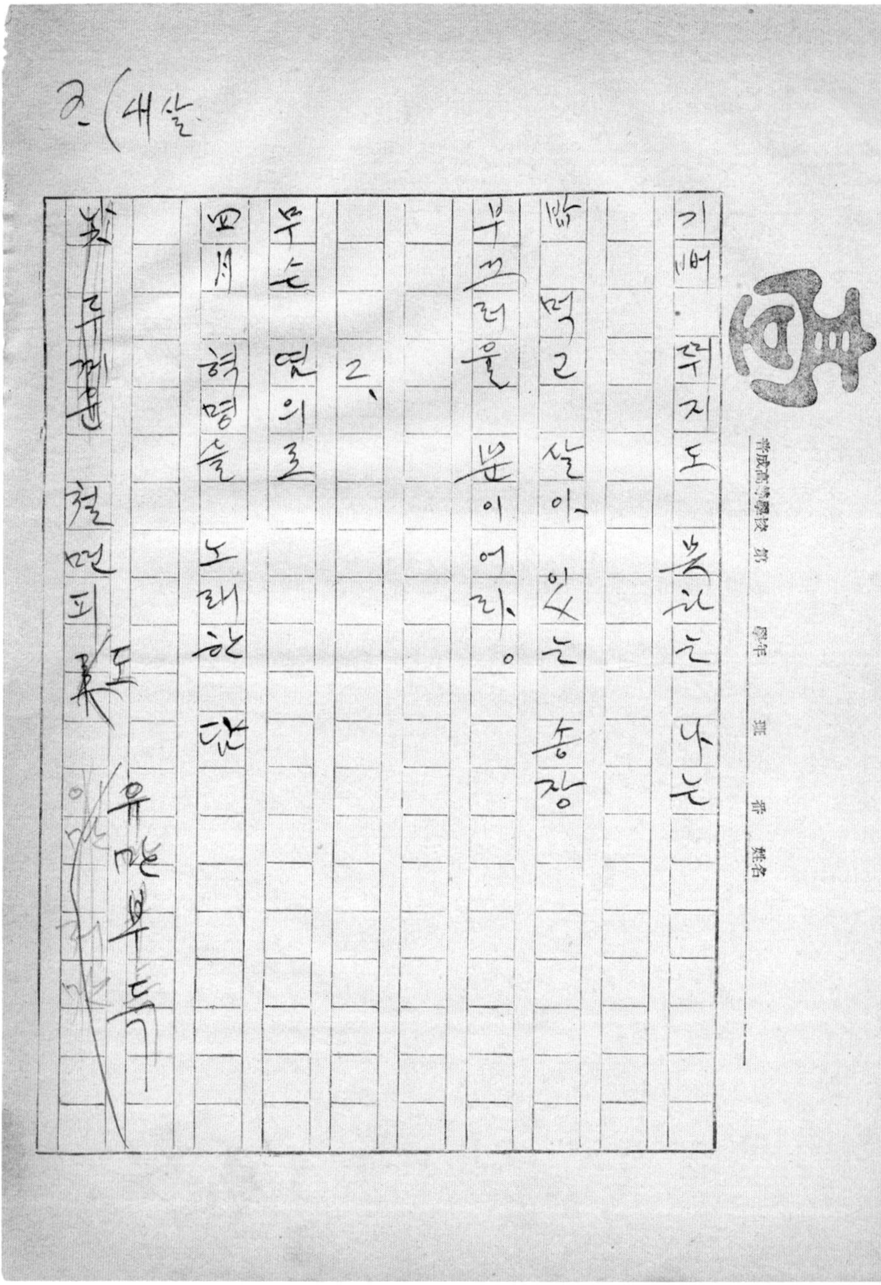
조 (새살

기뻐 뛰지도 못하는 나는
밥 먹고 살아 있는 송장
부끄러울 뿐이어라。

2、
무슨 면의로
四月 혁명을 노래한단
낯두꺼운 철면피도 유만부득

1. (내 살

내 살을 내가 그립우며

趙 [illegible]

1.

젊은이여

젊음의 순국 영들 앞에

나는 무릎을 꿇는다

울 수도 없는

울 줄도 모르는

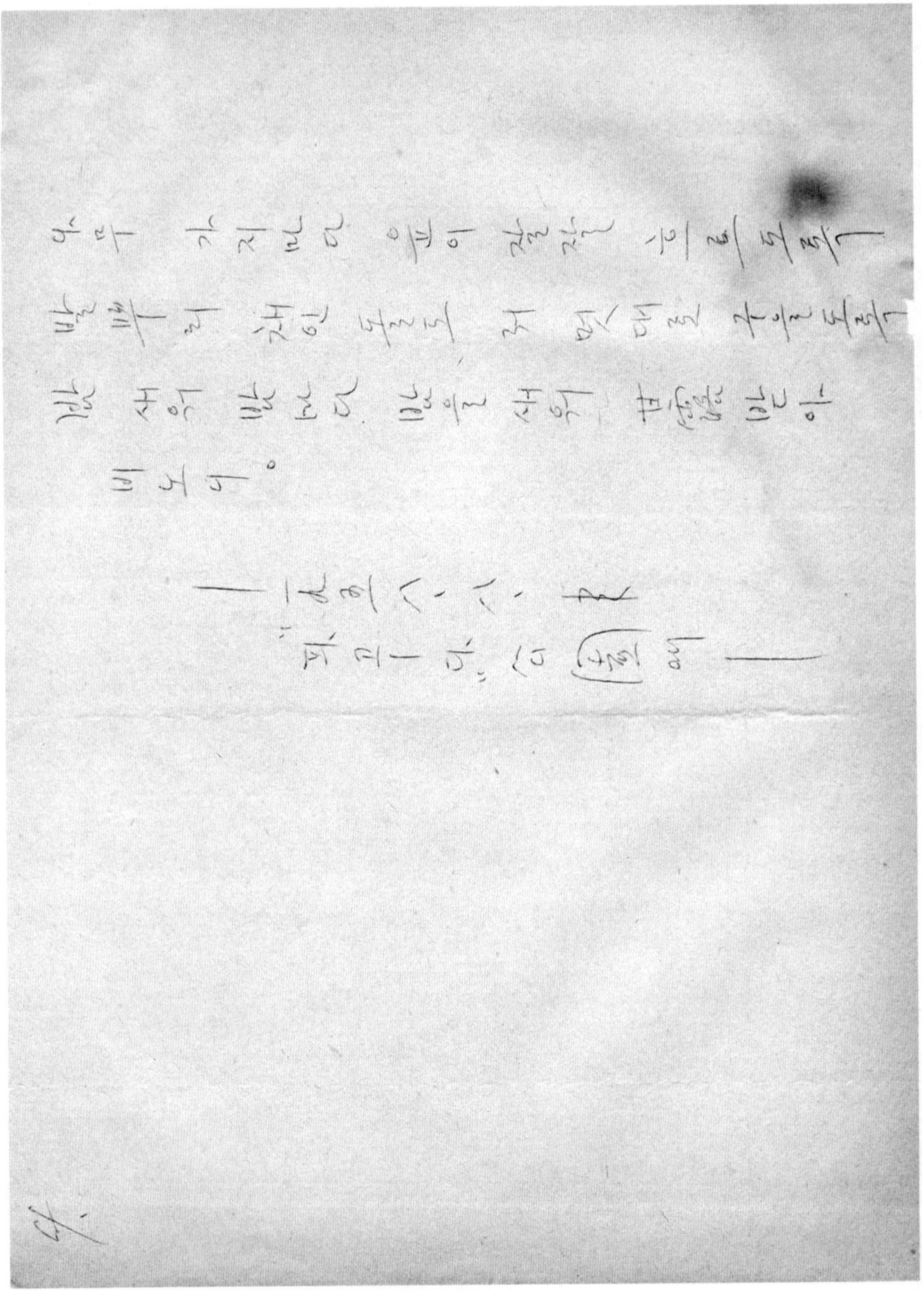

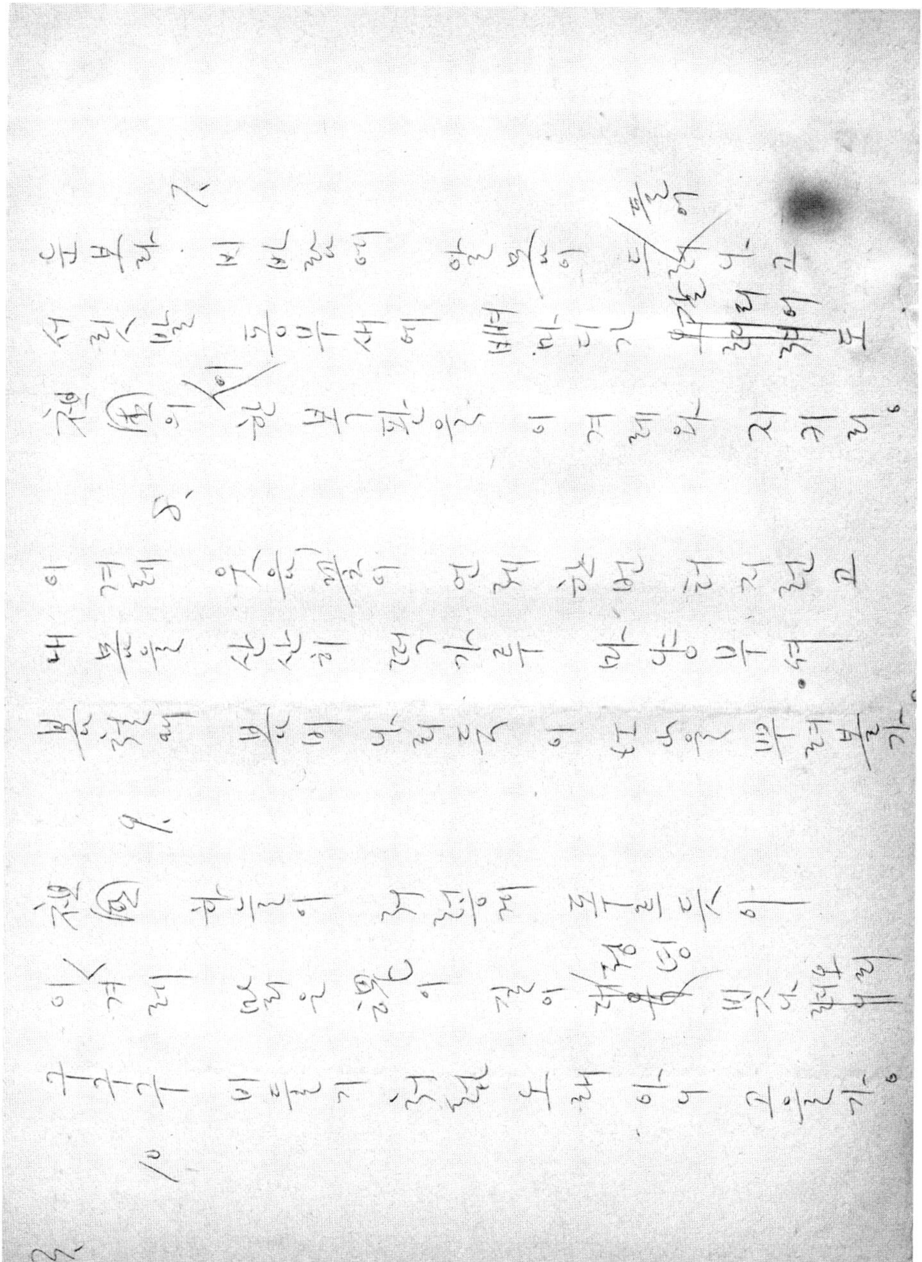

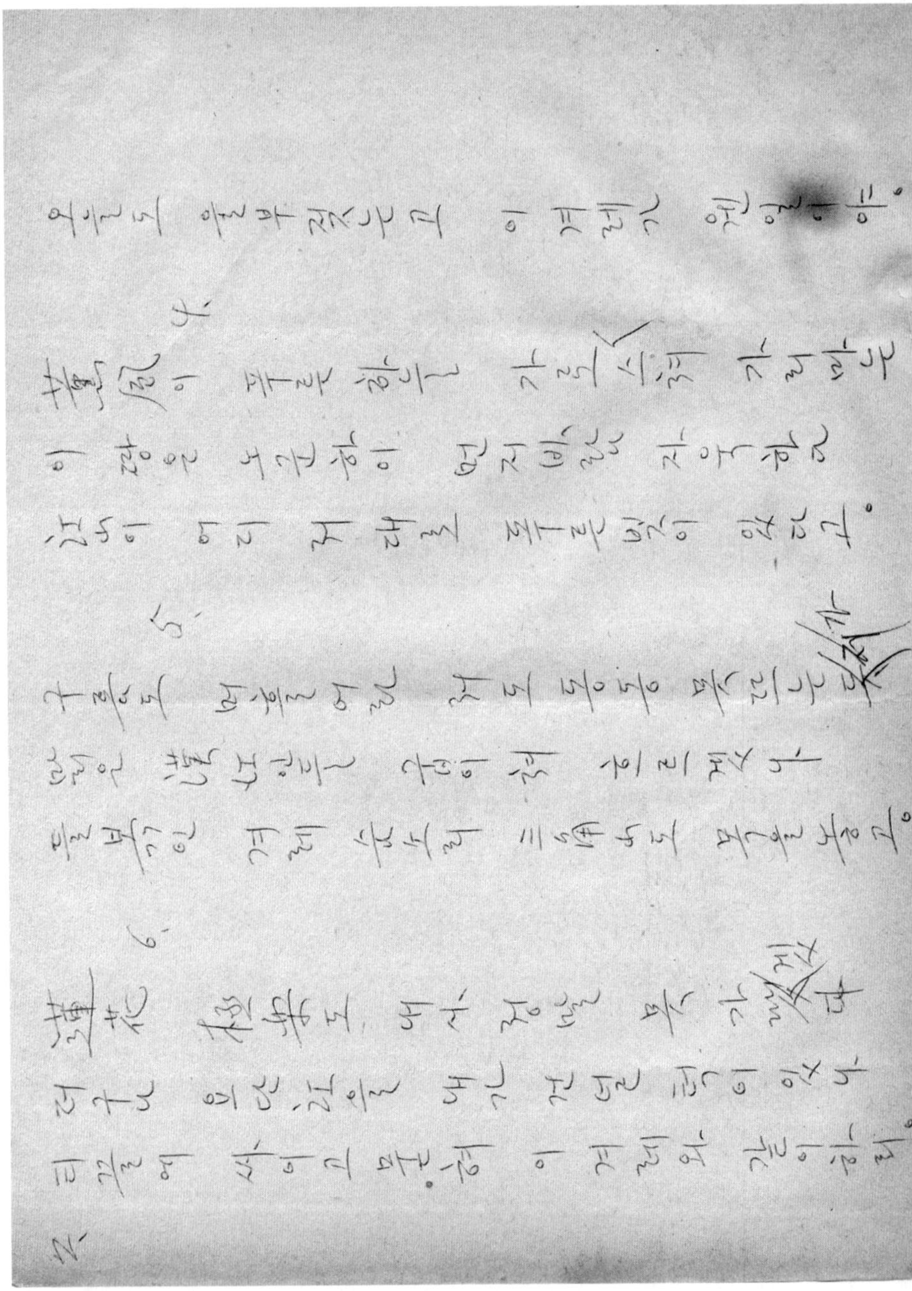

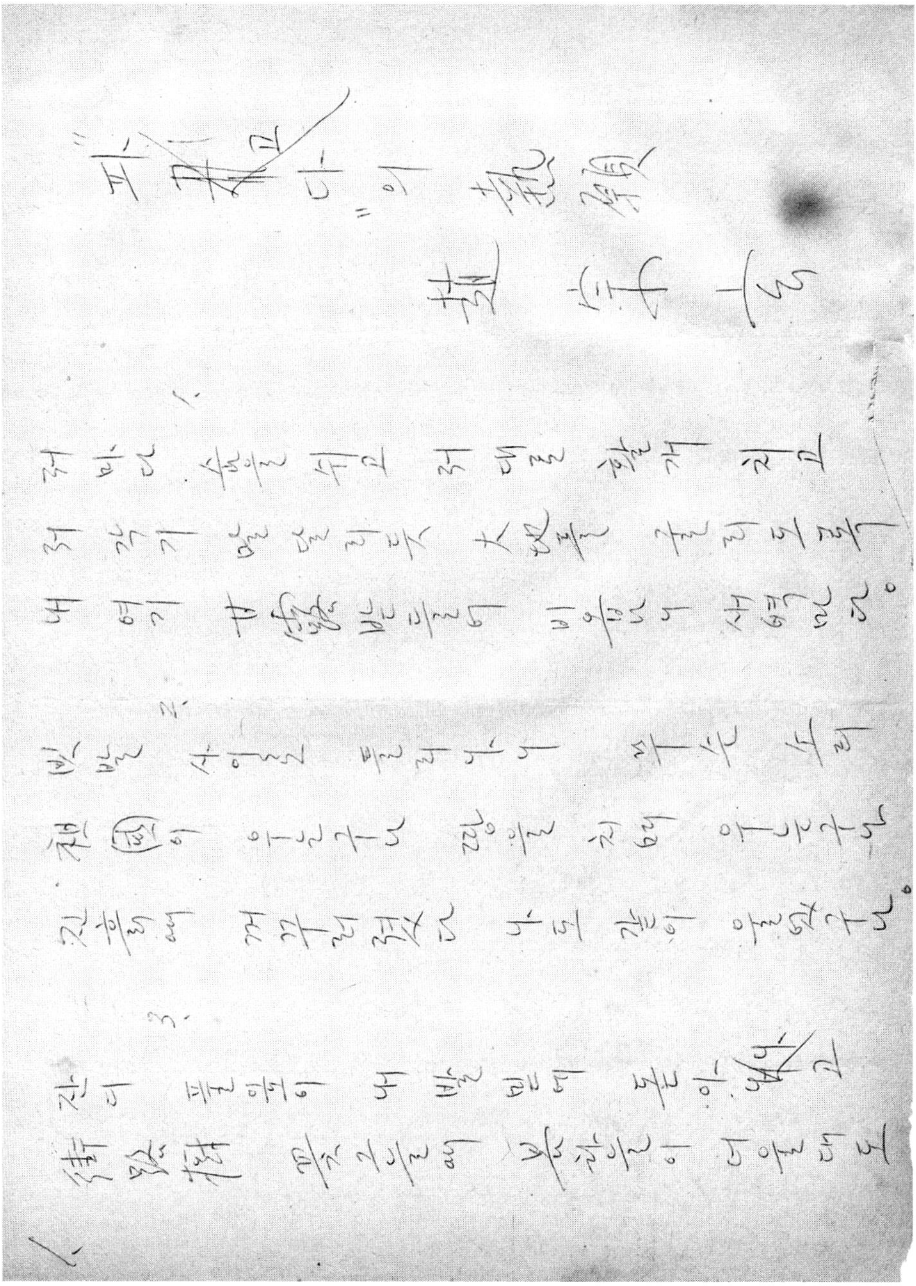

"파고다"의 熱願

趙宗玄

1.

저마다 숨을 쉬고 저대로 활개 치고
저 각기 말 달리듯 大地를 굴리도록
내 여기 甘露받들어 비옵나니 새벽마다.

2.

빗발 사이로 들리나니 무슨 소리
祖國이 우는구나 땅을 치며 우는구나
진흙에 꺼꾸러졌다 나도 같이 울었구나.

3.

잔디 풀잎이 내 발 밑에 돋아나고
街路樹 꽃그늘에 봄하늘이 너울대도

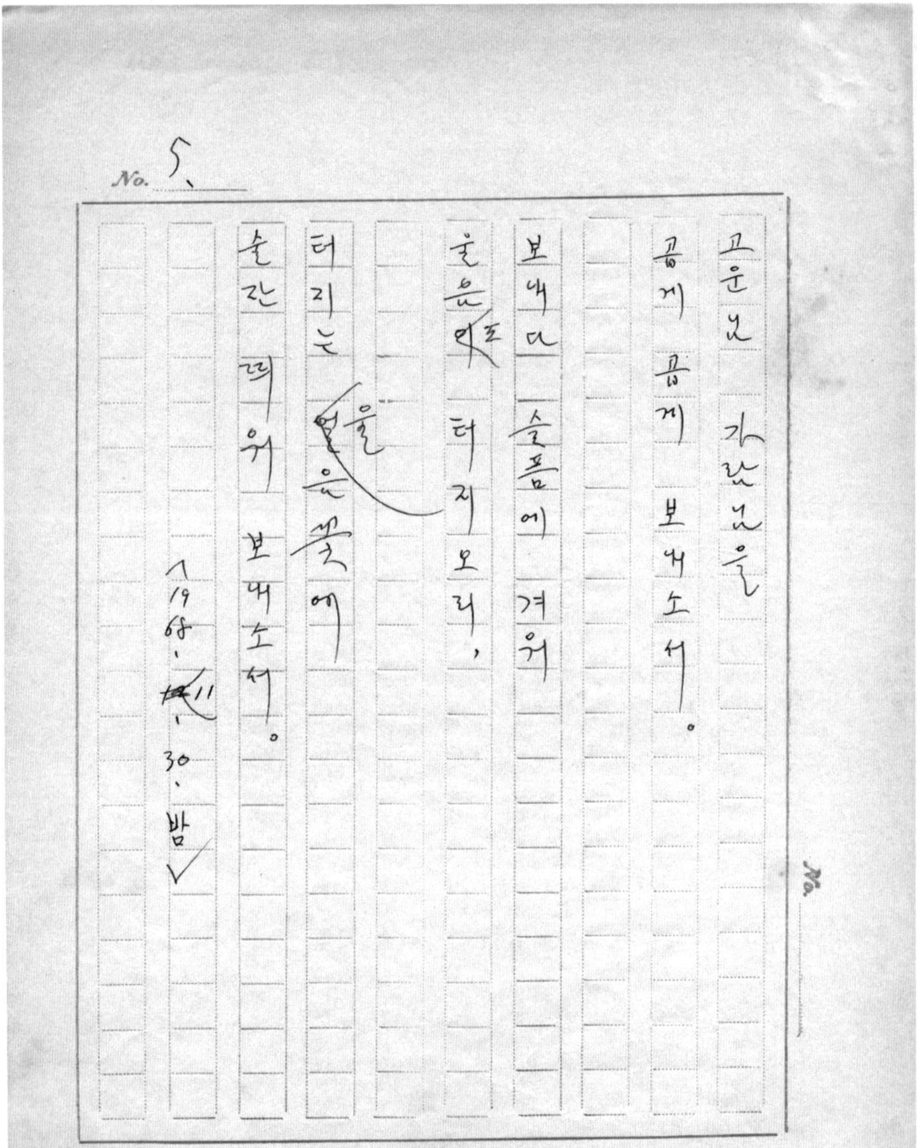
No. 5.

고운 님 가신 님을
곱게 곱게 보내소서。

보내다 슬픔에 겨워
울음로 터지오리,

터지는 울음 꽃에
술잔 띄워 보내소서。

1968. 11. 30. 밤

No. 4.

가람先生이 最后의 걸음을 보내시기에
얼마나 바쁘신지, 얼마나 애닯아하신지
오. 愚弟는 달려가지 못한 스스로를
퍼하고 안타까운 心情 이루 形言할 수
없오.
그곳에 金海剛, 구름재, 崔勝範, 그리
고 여러 文人들이 계시므로 鄭重히 가
람先生의 마중길을 莊嚴하실줄 믿어지
오.

No. 3

文化部에서 徐廷桂詩人에게 取材記事化하였으며, 李崇寧教授의 弔辭를 十二月一日字에 編輯할 計劃이라고 하오.

또 中央日報는 金東旭教授에게 請託한 弔辭를 發表하겠다고 하오. (十一月三十日 午前中의 이야기)

그리고 ~~...~~에 대한 일보와 서울신문社는 이미 계획이 섰다고 直접 들었지요. (이도 三十日 午前中)

또 文協會長团(朴鍾和, 金東里)과 十二月七日 午後 "가람 선생 追悼의 밤"을 베풀기로 約束하였오.

그리고 現代文學社, 月刊文學社, 金海星에 대하여 각각 "가람추도"號를 편집하도록 文協 말씀을 張諱河씨와 合意하였지요.

2

下各新聞紙上에 發表하여 줄 것을 말씀 드렸는바, 모두 놀라운 語調로 快諾은 하였지요.

오늘 夕刊 東亞(李熙昇)、新亞(金相沃)에 發表되었으며、來日(十二月一日) 朝刊 朝鮮日報(李殷相)에 金海星詩人이 傳稿 發表될 예정이며、二日 夕刊 京鄉新聞(趙容萬)에도 發表되게 되었오.

其外 한국일보는 十一月 三十日字, 地平線」에 申石艸씨가 執筆하였고、또

No. 1

울음 끝에 술잔 따와

鐵雲 趙宗玄

辛夕汀 兄,

어제(二九日) 正午에 兄의 電話를 받고 말씀대로 그 자리에서, 即時 李殷相, 李熙昇, 梁相卿, 金庠基, 金相沃, 徐廷柱 諸氏에게 가람 先生의 逝世의 悲報를 慌急히 알려드리고, 각각 弔辭를 柳

4.

이 몸을 부숴 부숴
산산 가루 다시 부숴
티끌 같이 많은 세계
연꽃처럼 이룩하여
千万겁이어 받들어도
도의 은혜 못 갚으리.

〈1967. 10. 21. 서울에서〉

3、

털끝만도 못 갚으리。

멀아락을 나는 쪽쪽
두고 두고 다 뽑아서

금생에 못다 하면
내생까지 다 뽑아서

고운 입성 지어 올려도
은혜를랑 못 갚으리。

20×10

7、

No.

법화경 千万부 써도
님의 은혜 못 갚으리。

무릎이 다 닳도록
반석 위에 꿇어 앉아

즈믄해 다 가도록
향 사릅고 예배해도

가 없는 거룩한 은혜

20×10

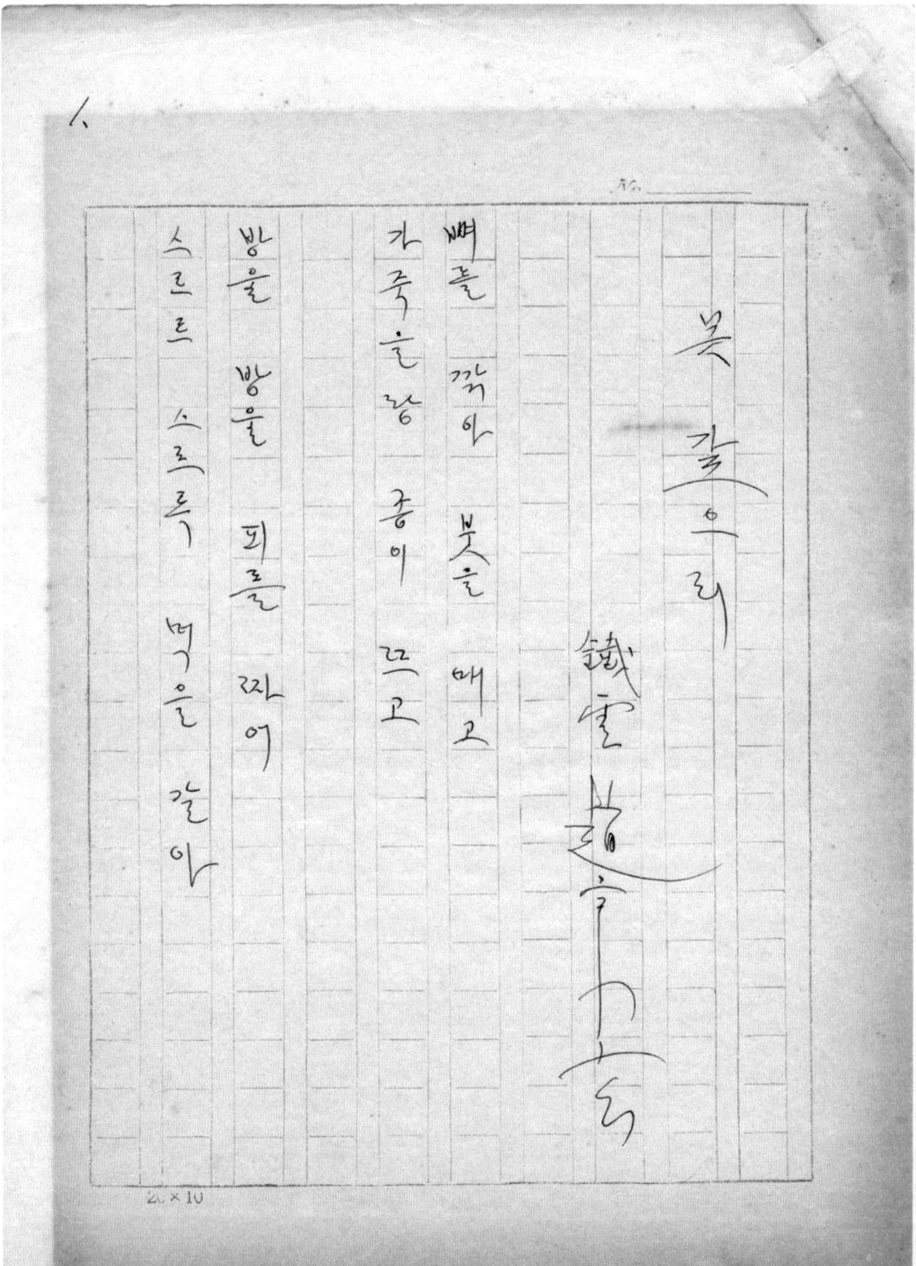
못 갈으리

鐵雲 趙宗玄

뼈를 깎아 붓을 매고
가죽을 랑 종이 뜨고
방울 방울 피를 짜어
스르르 스르륵 먹을 갈아

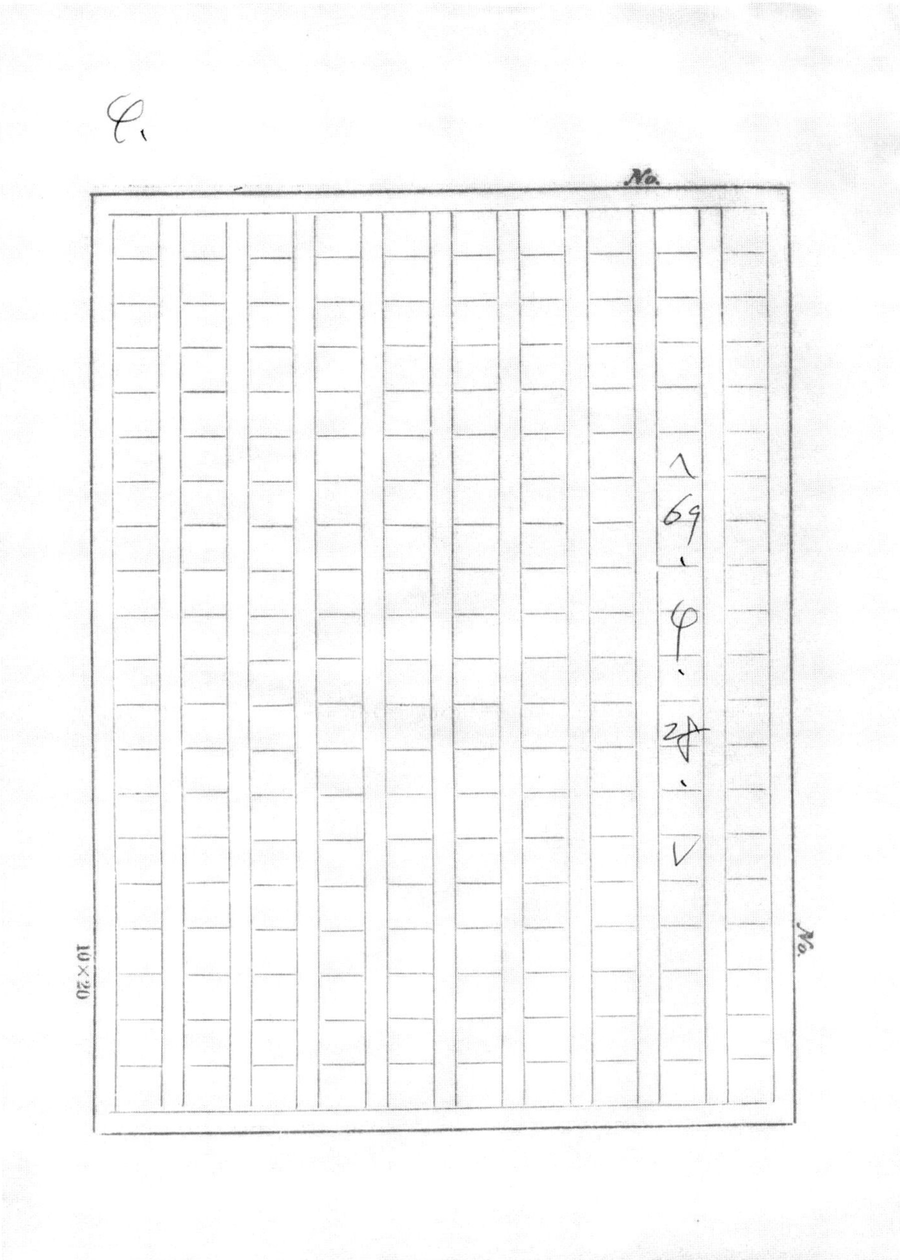
No.
69. 9. 25.
10×20

3

저 테를 조이어 주고。

철 모를 한 평생이

철이 나자 늙는구나

늙으면 애 된다

누구 철이 없는가

어린애 같은 마음이

그리워 찾노라네。

2、

질가리 질건 쑥스슴이
무 오늘을 사는구나。

평 읽다 서울 싫다
서흘다 없을 한데

없보도 가리 가씨
관을 정은 없도 이산

손끝에 백활 없구나

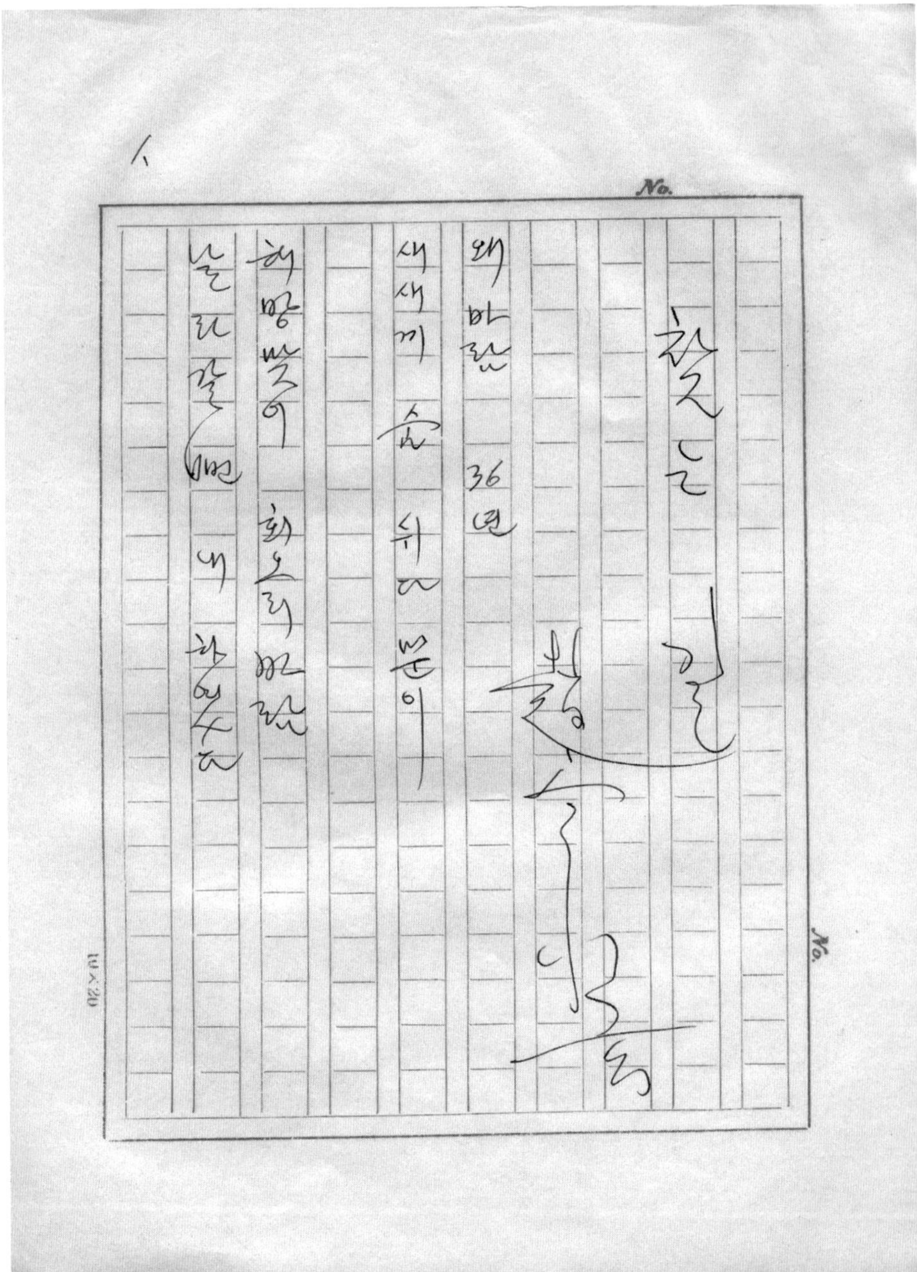
찾는 길
왜바람 36년
새새끼 숨 쉬다 뿐이―

2.

목메인 귀촉도 소리

오늘 따라 섧게 울다.

'69. 4. 30. 友石 樓庵에서

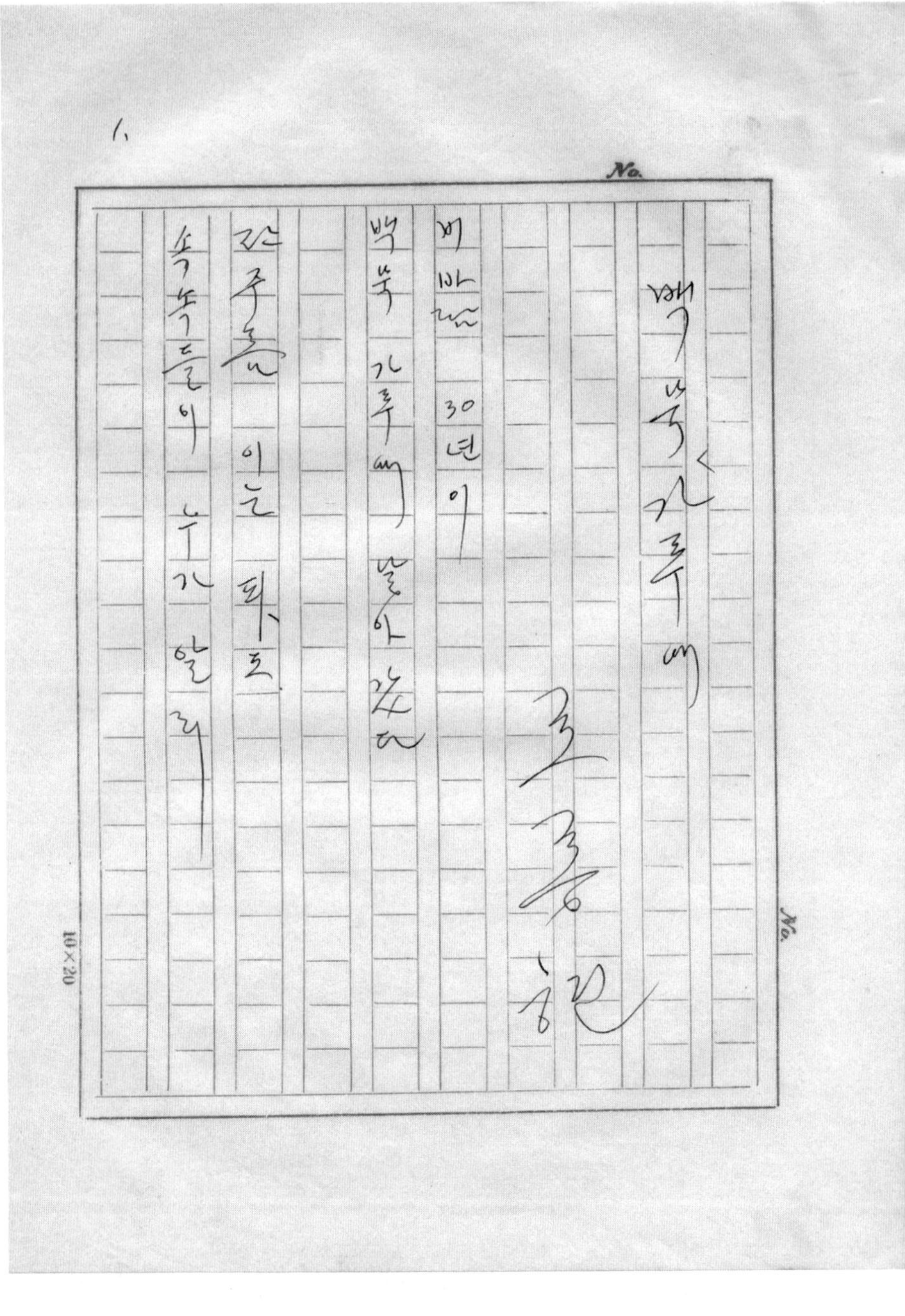

1.

백두산 가루에

조종현

비바람 30년이
백두산 가루에 날아 갔단
잔주름 이는 파도
속속들이 누가 알리—

4.

발길이 놓인 줄 모르게
바람을 타고 ~~가누구나.~~
떠가네.

구름이 쌓여 천리
물이 흘러 만리라네
한 조각 별빛을 지고
꽃노래로 가는 걸음
리광이 저드렁 거리매
제멋대로 ~~찾고 간당.~~
하는구나.

No.

경희대학교

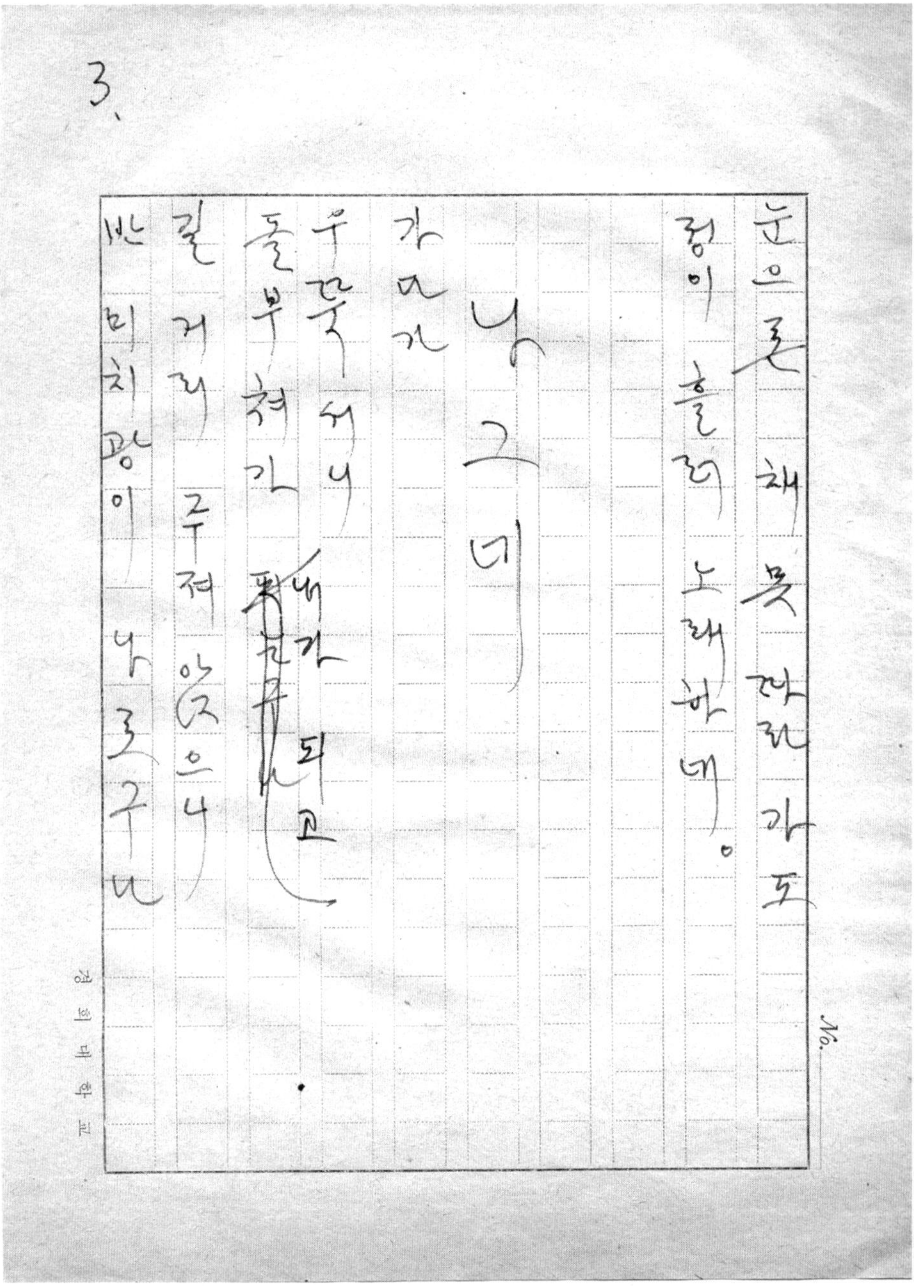
3、

눈으로 채 못 따라가도
렁이 흘러 노래하네。

나그네

가다가
우뚝 서니
돌부쳐가 내가 되고
길 거러 구져 앉으나
반 미치광이 나로구나

경희대학교

2

떠돌때 사는 계집。

훨훨 알몸으로

빨갛게 나는구나

하늘 끝 없이

동

서

남

북

춘추때 날으는구나

No.

경희대학교

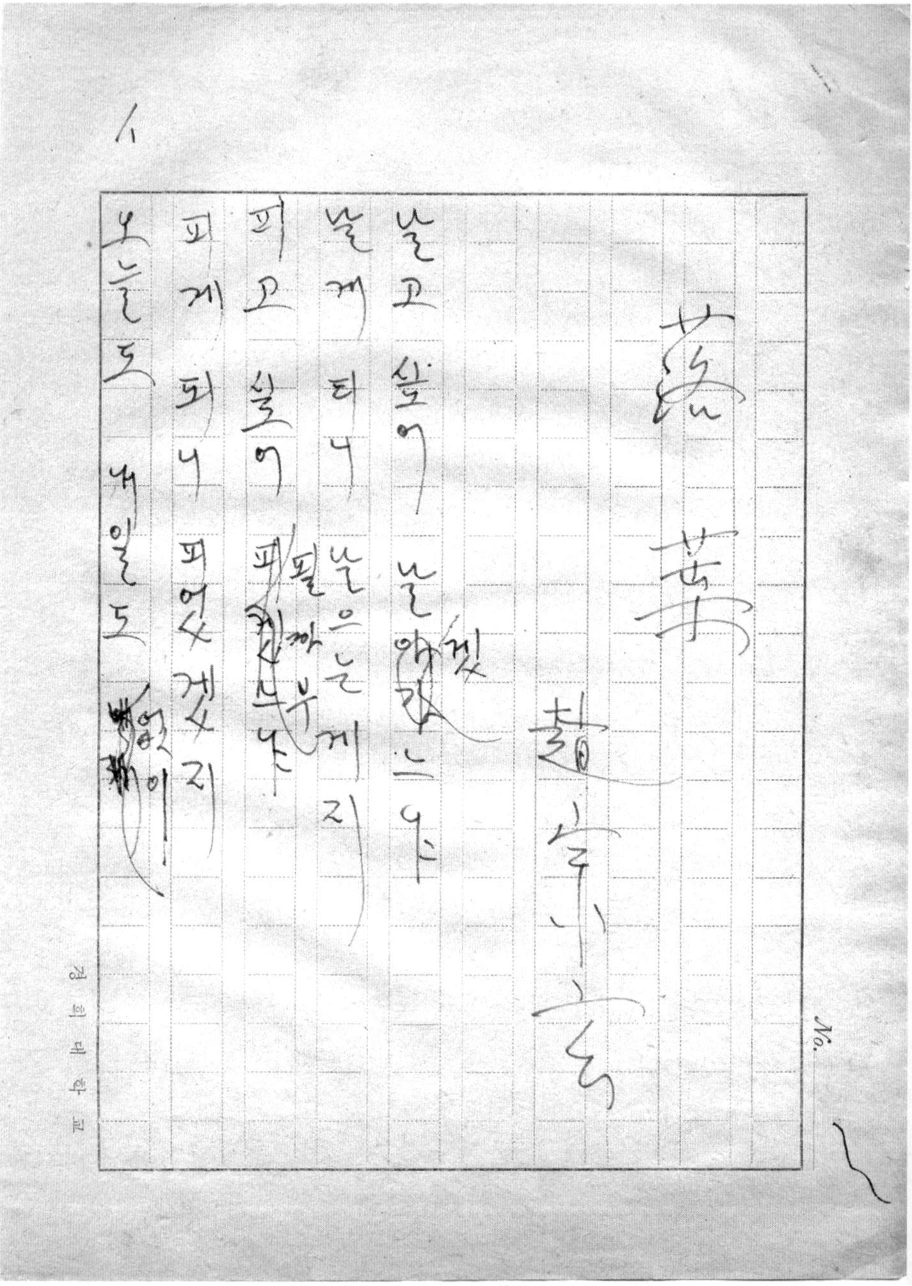
落葉

趙宗玄

날고 싶어 날아갔느냐
날게 되니 날으는 게지
피고 싶어 피었느냐
피게 되니 피었겠지
오늘도 내일도 [illegible]없이

경희대학교

No.

念珠를 돌리며

念珠 한 알 돌릴 적에
三阿僧祇 ~~넘어~~ 지내 간다.

다시 한 알 돌릴 적에
十方世界 돌아 간다.

마음도 한 알이 되어
서로 같이 돌아간다.

1968.6.1
趙宗玄

14. (4. 5

No.

풍덩 한강에 화살같이 뛰어들고 싶다

흰옷만 어루만지고 내 가슴을 어루만지고.

1963. 6. 현충일

「흰옷만」: 국군묘지에 서있는 顯忠木碑.

13. (14. 5

No.

한 줄기 연기가 아니면 한 줌 흙으로 마련되
나.

25. ~~24.~~

내가 풋말 되어 이렇게 섰을 적에
어느 늬 아들 놈이 날 찾아, 노래한 까
허허허 단 실없은 소리 너도 가고 나도
간다.

26. ~~25.~~

미치것다 딩굴꼬다 땅을 치고 울고 싶
다

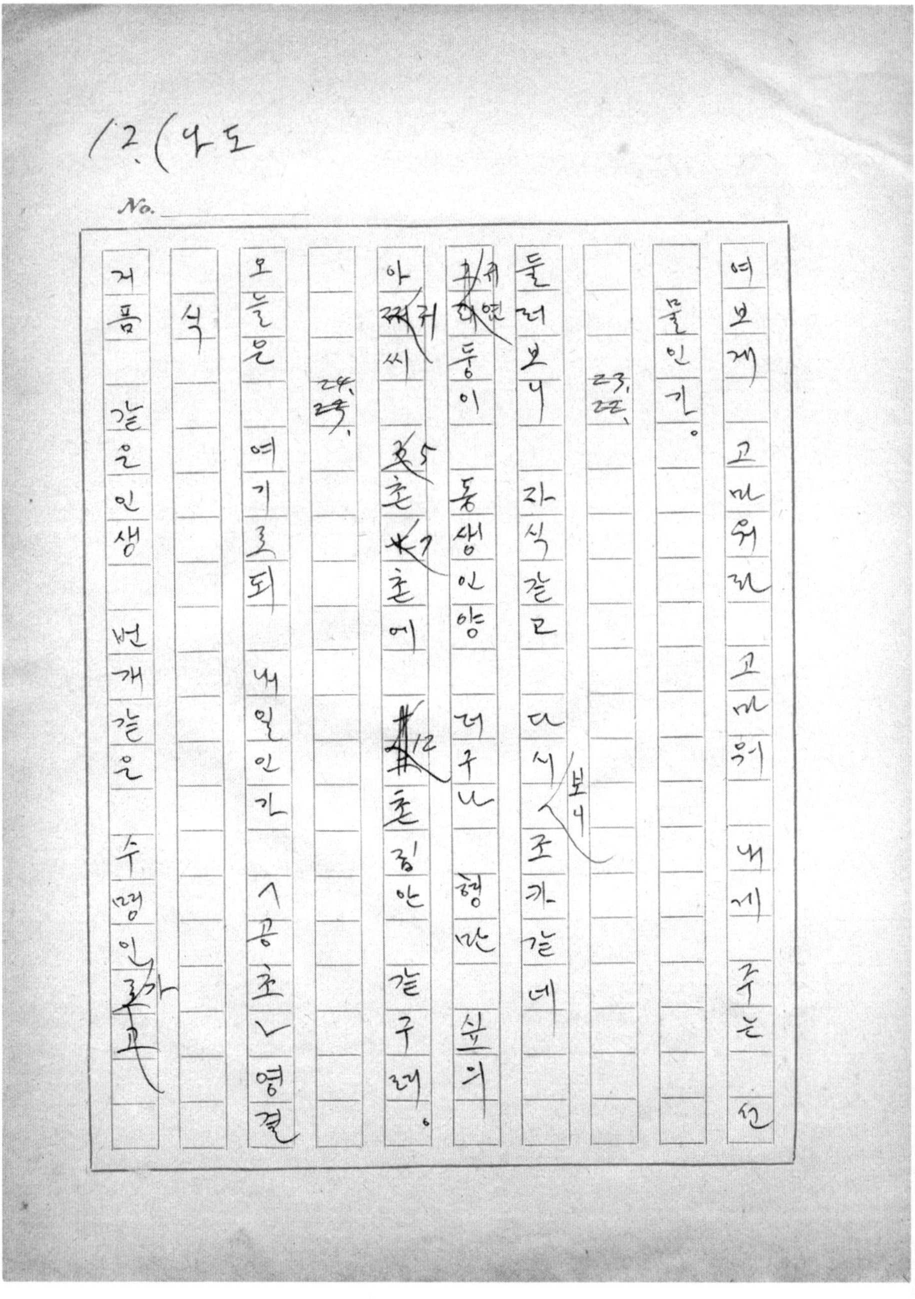
12. (낙도

No.

여보게 고마워라 고마워 내게 주는 선
물인가。

23, 22,

둘러보니 자식 같고 다시 보니 조카 같네

휘연둥이 동생인양 더구나 형만 싶의

아저씨 5촌 7촌에 12촌 집안 같구려。

24, 23,

오늘은 여기로되 내일인가 공초는 영결

식

거품 같은 인생 번개 같은 수명인가

11.1(나도

No.

끝없는 저 창공이 너가 날던 누리더냐

훨훨 활개치고 나도 한번 날았으면

열두번 골백번 더도 너랑 같이 날았으면。

21.20.

떠도는 저 구름이 나 날개가 아니더냐

해보고 달도보고 별과같이 놀았것다

은하수 녹슨 물에 머리칼 감았었나。

22.24.

울때는 한근 반근 발이 묵직하더라마는

몸이 가뿐하이 매미처런 날것구나

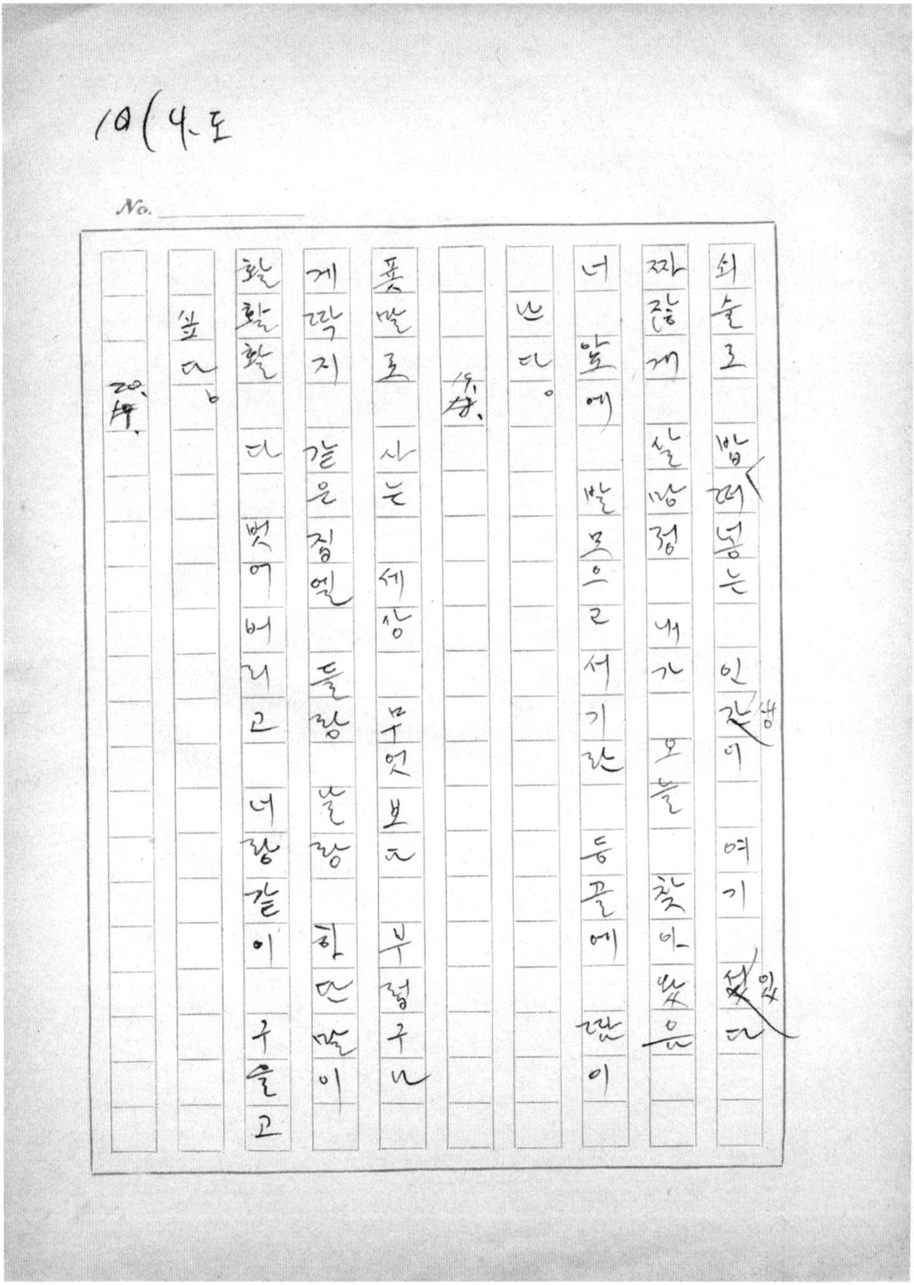
쇠술로 밥떠넘는 인생이 여기 있다
짜잖게 살망정 내가 오늘 찾아왔음
너 앞에 발모으고 서기란 등골에 땀이
난다.

풍말로 사는 세상 무엇보고 부럽구나
게딱지 같은 집엘 들랑 날랑 하던 말이
활활활 다 벗어버리고 너랑같이 구을고
싶다.

9. 14-도

No.

16.

거닐다 문득 보니 보자레가 간데없다

허수아비 같은 인생 내 주제의 과했담

한 손에 보자기 들고 또 한 손에 '파이프'들

고, 한바탕 강바람에 덩실 덩실.

17.

나다려 미쳤다네 미쳐보도 못한 여석

미쳐 볼작시면 미쳐보고 싶을게다

참으로 미치고 보면 미친줄도 모르느니.

18.

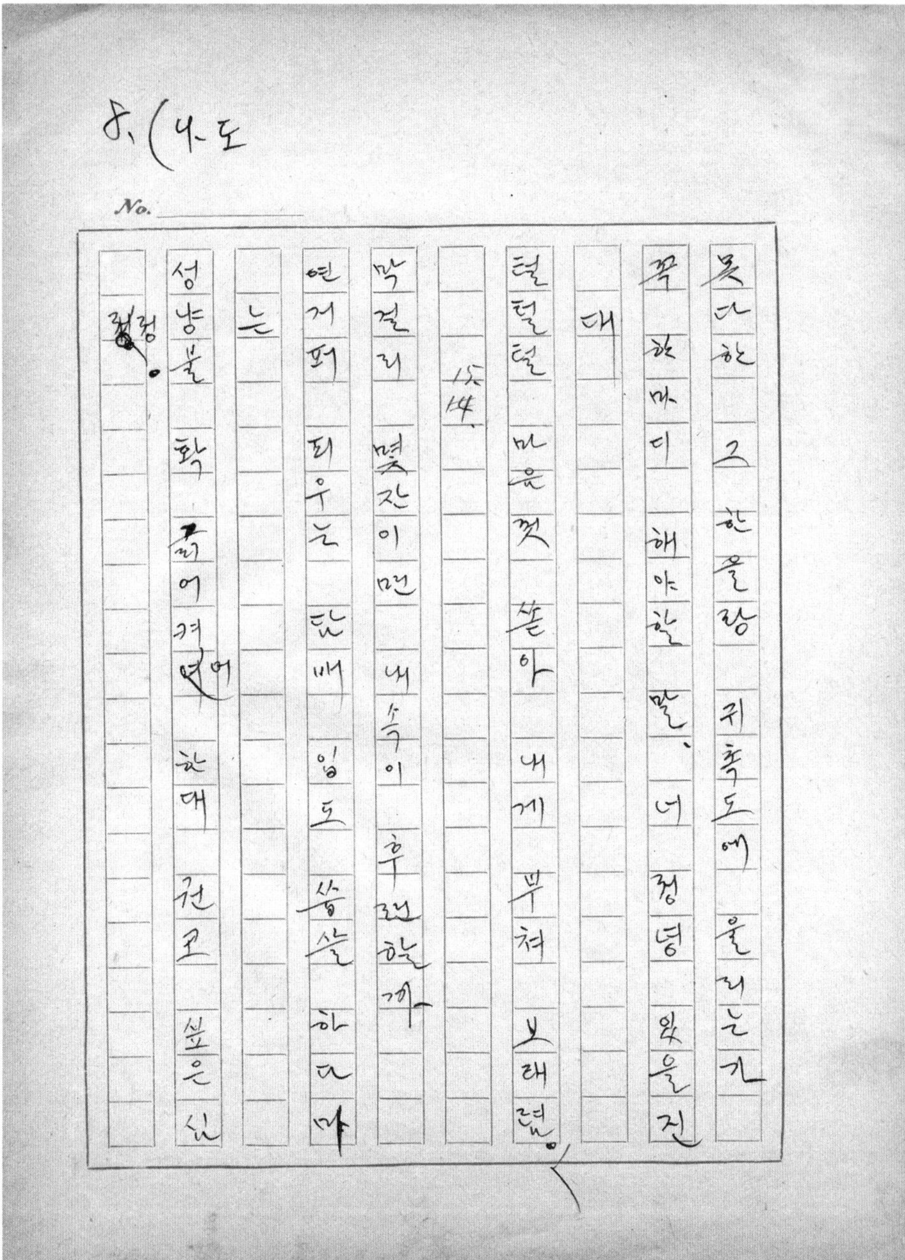
8. (나도

No.

못다 한 그 한을랑 귀촉도에 울리는가
꼭 한마디 해야할 말, 너 정녕 잊을진
대
털털털 마음껏 쏟아 내게 부쳐 보내렴.

15.4.

막걸리 몇잔이면 내 속이 후련할까
연거퍼 피우는 담배 입도 씁쓸 하다마
는
성냥불 확 들어켜 한대 권코 싶은 심
정.

7. (나도

No.

내 할 말 하고 많아 말문이 꺽 막힌다

내가 손 치는 이 순간 천지가 뒤집힐 듯。

13. 12.

오늘은 잎푸른 강산 내일이면 잎 듣는 계절

꽃 피고 잎 질 때는 네가 싸와 이겼었다

손끝에 돌아가는 연주 너 나이 들혜 이런 때。

14. 4.

6. (나도

No. ________

청진기 부질없다 맥조차 쑥스럽고
모래알 같은 세월을 노래봐도 좋으리.

11.40.

그리운 너 숨결이 내 가슴에 고동친다
구릿빛 너 얼굴이 내 눈앞에 마주선다
두 손목 와락 부여잡고 땅이 꺼지도록
뛰고 싶다.

12.45.

은근히 들리나니 너 이야기에 귀가 좋
소

5. (나도

No.

봄돌이 푸르를때 곳노래도 불렀는가
으스름 가을 달에 향수도 그리었나
몬부림 치다가 못해 가슴 활활 탔던가。

#, 9.

향꽃고 ^三귀의✓ 꽃드리고 묵념이요
^바라밀✓ 경외이때 나즉히 정례하고
^원왕생✓ 축원올릴때 다시 합장 하느
나。

#, 10

너몸은 ^금강신✓ 많인들 날리라구

4/ 나도

No.

〈공주〉는 왜 그렇게 누어서 가시었나
한 마당 법말다가 〈광〉이 렇게 가지
않고
말 말자 내 같은 꽃내기야 이도 저도 다
못 나니.

7.
네가 내가 되어 이렇게 와야 할걸
내가 네가 되어 이렇게 서야 할걸
강물이 치흐른다 손이 이것이 웬 말인가.

8.

3. (나도

No.

칼날에 목숨 걸고 죽은 자 마주 쳤다

곶날볕 치깎는 강후위에 싸왔었다

화토불 보다 뜨거운 펄펄 뛰던 그 정
신.

5.

방울의 한 방이 평화를 불러오고
방울의 그 한 방이 빼앗긴 자유 도로찾
고

공퇴든 튀는 방울의 겨레행복 부어주다.

6.

2. (나도

No.

고한은 청천벽력 적군을 굽질렀다
방울쇠 손가락에 건채 돌격하던 그용
자。

3.

우박같이 퍼붓는 총탄 번개같이 반격하
고
회두탄 포연속을 비호같이 날았었다
별보다 빛나는 공훈 해오달을 겨루는
충성。

4.

1. (나도

No.

# 나도 푯말 되어 살고 싶다 〈時調〉

—국군묘지에서—

趙宗玄

1.

나도 푯말 되어 너랑 같이 살고 싶다

별 총총 밤이 드면 노래하고 춤도 추다가

철 따라 멧새랑 같이 골속 골속 울어도 보고。

2.

오월 창공보다 새파란 그 눈동자

깨닫게 하자

우리는
불자의 평화를 우리가 이루고
이루게 하자

우리는
관음의 자비를 우리가 베풀고
베풀게 하자

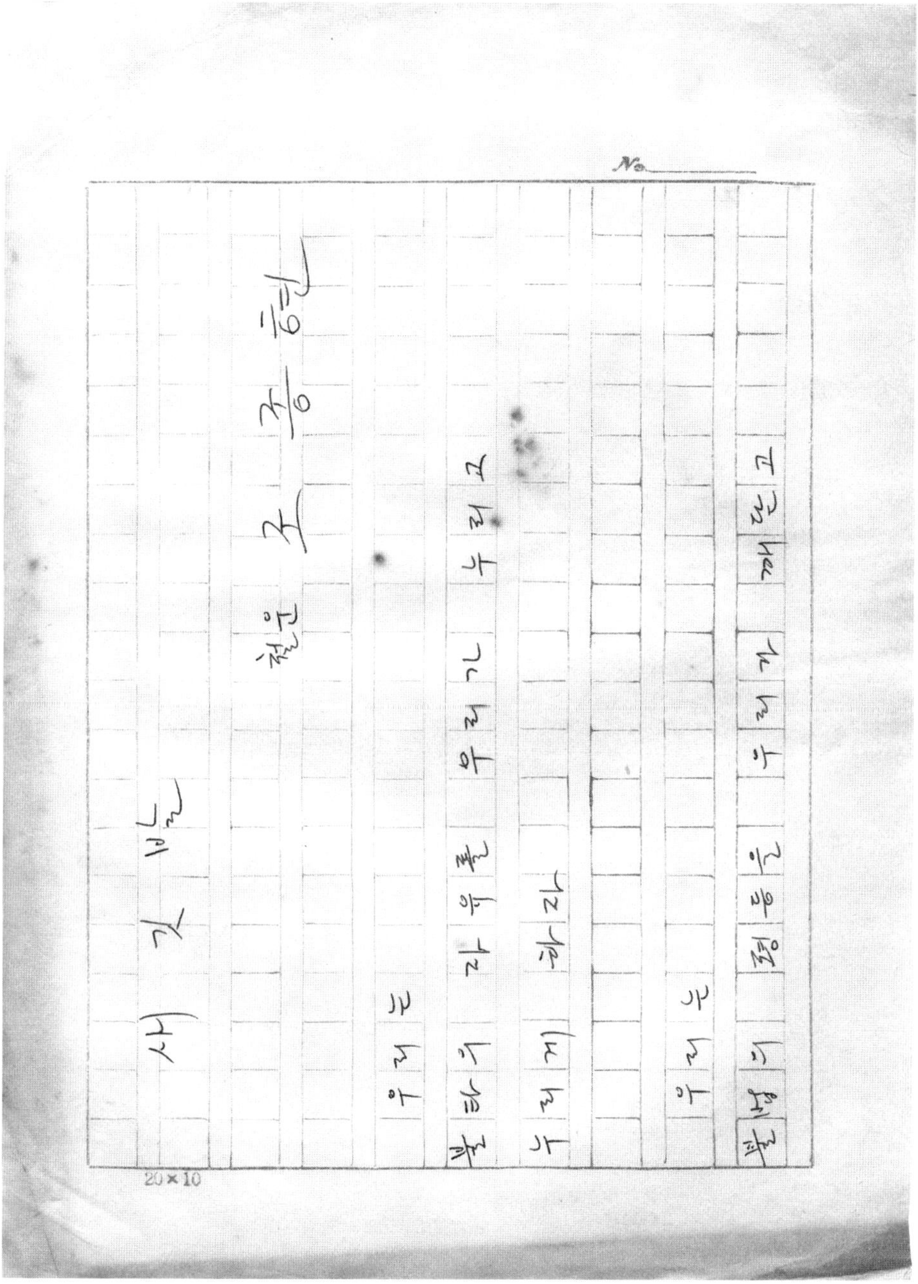

새 깃발

철운 조종현

우리는
불타의 자유를 우리가 누리고
누리게 하자

우리는
불법의 평등을 우리가 깨닫고